우리를 중독시키는 것들에 대하여

우리를 중독시키는 것들에 대하여
병, 캔, 상자에 담긴 쾌락

초판 1쇄 펴낸날 2016년 6월 15일
초판 2쇄 펴낸날 2016년 10월 20일

지은이 게리 S. 크로스 · 로버트 N. 프록터
옮긴이 김승진
펴낸이 이건복
펴낸곳 도서출판 동녘

전무 정락윤
주간 곽종구
책임편집 사공영
편집 구형민 최미혜 이환희
미술 조하늘 고영선
영업 김진규 조현수
관리 서숙희 장하나

인쇄·제본 영신사 라미네이팅 북웨어 종이 한서지업사

등록 제311-1980-01호 1980년 3월 25일
주소 (10881) 경기도 파주시 회동길 77-26
전화 영업 031-955-3000 편집 031-955-3005 전송 031-955-3009
블로그 www.dongnyok.com 전자우편 editor@dongnyok.com

ISBN 978-89-7297-769-8 03900

병, 캔, 상자에 담긴 쾌락

우리를 중독시키는 것들에 대하여

게리 S. 크로스
로버트 N. 프록터 지음
김승진 옮김

동녘

차 례

일러두기

1. 맞춤법과 띄어쓰기는 '한글 맞춤법'에 따랐다.
2. 원서의 이탤릭체 강조는 고딕체로 강조했다.
3. 독자의 이해를 돕기 위해 옮긴이가 주를 단 경우 대괄호(())를 사용했다.
4. 본문에 사용한 기호의 쓰임새는 다음과 같다.

《》: 단행본

〈〉: 논문, 신문, 잡지, 영화, 노래, 웹사이트 등

1장

당근과 초코바

19세기 말경에 발생한 하나의 혁명이 이 책의 주제다. 지난 200년간 세계를 휩쓴 어느 혁명에도 중요성이 뒤지지 않는 혁명이다. 19세기 말경에 여러 가지 신기술이 쏟아져 나와 우리가 먹고, 마시고, 보고, 듣고, 느끼는 방식을 대대적으로 바꿔내면서 인간의 감각 경험을 완전히 변화시켰다. 쉽게 간과되어버리는 경향이 있지만, 오늘날에도 우리는 그 기술들이 불러온 변화의 혜택을 (더불어 고통도) 받고 있다. 현대인은 감각을 포착하고 증폭시키는 법, 감각을 보존하는 법, 감각을 휴대하기 좋고 내구성 있게 만들어 광범위한 계층과 지역에서 접할 수 있게 하는 법을 알아냈다. 수십만 년 전부터도 인류는 이런 변화를 원했을 테지만 이 혁명이 실제로 발생한 것은 19세기 말이었다. 광범위한 종류의 쾌락을 압축하고 상품화하고 운송할 수 있게 만든 테크놀로지들이 대거 등장하고서야 가능한 일이었던 것이다.

그런데 이상하게도 이제까지 역사학자들은 이런 변화에 그리 관심을 기울이지 않았다. 이 시대를 설명하는 일반적인 신화 하나가 학계에 널리 통용되고 있었기 때문이다. 생산의 시대가 있었고 그것이 어찌어찌해서 소비의 시대를 낳았다는 것이 그 신화의 내용으로, 생산의 시대를 연구하는 역사가들은 산업 테크놀로지를, 소비의 시대를 연구하는 역사가들은 상품의 사회적, 상징적 의미를 연구하는 데 각기 치중했다. 하지만 이런 인위적인 구분은 생산의 기술이 소비의 대상과 방식에 미친 영향을 파악하기 어렵게 만든다. 산업혁명을 연구하는 학자들은 테크놀로지가 생산성 향상이나 노동 과정의 변화를 이끌어냈다는 점만을 주로 강조하지만, 테크놀로지가 미친 영향은 여기서 그치지 않는다. 산업 테크놀로지는 우리가 얼마나 많이 먹는지, 어떻게 먹는지, 무엇을 입으며 그것을 왜 입는지, 무엇을 어떻게 (그리고 얼마나 많이!) 보고 듣는지까지도 재구성했다. 또 우리가 일상의 수많은 측면을 경험하는 방식과 일상에서 벗어나고 싶어 하는 방식까지도 바꿔버렸다.

이러한 변화는 근본적인 단절을 하나 가져왔다. 오랫동안 인간의 신체적 욕망은 그 욕망을 충족시킬 기회가 희소하다는 사실에 제약을 받았다. 그런데 기술의 변화는 현대인의 삶에서 이 오랜 길항 관계를 깨뜨렸다. 담배말이 기계, 녹음 기계 등 수많은 신기술들은 만족의 강도만 높여준 것이 아니었다. 인간의 욕망이 훨씬 쉽게, 그리고 끔찍하게 과도한 정도로 충족되게 만들기도 했다. 그 명백한 사례가 식품이다. 한 세기 전쯤부터 인간은 기계를 이용해 설탕 범벅 식품을 제조할 수 있게 됐고 결국 오늘날 건강과 도덕상의 위기에 봉착했다. 언론은 이 위기의 원인을 식품업계의 무책임함과 좌식 생활의 증가(일터에서도, 여가에서도)에 초점을 맞춰 이야기해왔지만, 이 문제는 다르게도 생각해볼 수 있다.

테크놀로지는 사람들이 음식을 먹는 방식에 영향을 미쳤으며, 특히 오늘날 사람들이 매우 **쉽고 빠르게** 열량을 섭취할 수 있게 했다. 시간을 거슬러 올라가보면 이런 변화의 뿌리는 매우 깊다. 1만여 년 전 신석기 혁명으로 인간은 먹을거리를 안정적으로 기를 수 있게 됐고, 상류층에서는 '비만'이라는 전에 없던 현상도 나타났다. 그런데 19세기 '포장된 쾌락의 혁명'이 도래하자 훨씬 많은 수의 소비자들이 그러한 과잉을 경험하게 됐다('소비자consumer'는 그때까지 거의 쓰이지 않던 단어다). 산업화된 식품을 만드는 업체들은 지방, 당분, 염분을 농축해서 먹기 좋은 크기로 뭉쳐 담는 법을 알게 됐고, 이런 식품을 싸게 제조하는 방법과 멀리 운반하기 좋게 포장하는 법도 알게 됐다. 이렇게 해서 한때는 사치품이었던 먹을거리들이 도처에서 우리를 유혹하는 흔한 것이 되었다. 이것이 우리가 알아야 할 첫 번째 사실이다.

오늘날 소비자가 겪는 과잉의 문제를 테크놀로지 혹은 테크놀로지의 혜택을 본 기업들의 책임이라고만 말할 수는 없다는 점도 염두에 두어야 한다. 식품업계만 비난할 문제는 아니다. 누구도 억지로 맥도널드에서 먹으라고 강요를 받지는 않는다. 구매 가능한 가격대에서 편리하게 만족을 얻을 수 있기 때문에 '빅맥'과 프렌치프라이를 선택하는 것이다. 자연의 소리를 듣거나 공연장에 가는 대신 '아이팟'을 켜기로 선택하는 것도 마찬가지다. 그런데 우리는 왜 이런 선택을 하는 것일까? 이런 선택은 온전히 '자유로운 선택'일까? 여기에 우리가 알아야 할 두 번째 사실이 있다. 인간은 열량이 높은 먹을거리를 추구하도록 진화해왔다. 먹을 것이 희소하던 선사시대에는 그런 음식들이 인간의 생존 가능성을 크게 높여줬기 때문이다. 이렇듯 진화의 과정은 인간이 고열량 음식을 (절제하는 것이 아니라) 추구하도록 만들었고, 이런 습성 때문에 인간은 고열량 음식이 더 이상 희소하지 않게 된 상황에서도 그런 음식을 절제할 수 있는 능력을 ('아예'까지는 아니라 해도) 거의 잃어 버렸다. 오늘날 우리가 설탕, 지방, 소금에 사족을 못 쓰는 것은 그런 맛을 추구하는 성향이 오래전 선사시대 인류의 생존에 유용했다는 점과 관련이 있다. 우리가 본능적으로 단맛에 끌리는 이유는 인간이 초식동물, 특히 과일을 먹는 동물의 후손이기 때문이다. 그런 동물들의 신경에는 단맛 나는 식물과 과일은 먹어도 되며 영양가도 높다는 정보가 각인되어 있다. 반면 독성 있는 식물은 쓴맛이 나는 경우가 많다. 이렇게 감각적 쾌락은 생존에 도움이 되는 것이 무엇인지를 알려주는 실마리 역할을 했다.

그런데 한때는 귀했던 고칼로리 음식이 산업화로 싸고 풍부해지면서 문제가 생겼다. 산업 테크놀로지는 인간의 생물학적 욕구와 자연의 희소성 사이에 존재했던 균형을 끊어내고 무너뜨렸다. 우리는 현대를 살아가고 있지만 현대가 오기 한참 전에 귀했던 먹을거리들을 열망한다. 그때는 지방과 당분에 대한 열망이 건강에 위협이기는커녕 생존 확률을 높여주는 요인이었다. 하지만 당분(특히 정제된 형태의 설탕)이 너무 흔하고 많아진 오늘날에는 그 열망이 비만을 비롯한 여러 가지 건강 문제를 일으키는 요인이 됐다. 동물성 지방도 마찬가지다. 선사시대에는 지방이 귀했다. 사슴, 토끼, 조류 고기에서 지방은 2~4퍼센트밖에 되지 않았고, 따라서 당시 사람들에게는 기회가 있을 때 잔뜩 먹어두는 것이 합당한 전략이었다. 하지만 오늘날 공장식 농장에서 생산되는 쇠고기는 지방을 36퍼센트까지도 포함할 수 있으며, 대부분의 사람들은 고기를 획득하는 데 실질적으로 에너지를 전혀 소모하지 않는

다. 그런데도 우리는 여전히 고기를 잔뜩 먹는다.[1]

초코바도 이런 방식으로 당근을 몰아냈고 심지어 사과까지 몰아냈다. 제조된 쾌락의 완벽한 사례인 초코바에는 가공하지 않은 과일, 곡물, 야채에 들어 있는 것보다 훨씬 많은 양의 설탕과 훨씬 다양한 (혹은 다양해 보이는) 맛이 응축되어 있다. '스니커즈Snickers'를 먹고 싶어 하는 것은 우리 안의 침팬지가 표현된 것이라고도 볼 수 있다. 당분과 지방을 최대한 많이 함유한 농축 에너지 꾸러미를 원한다는 점에서 말이다. 하지만 초코바는 안에 에너지가 응축되어 있고 눈길을 끌게끔 포장도 되어 있으며 가격대가 낮고 구하기가 쉬워서, 몸에 좋은 정도보다 훨씬 많은 양을 먹게 되기가 쉽다. 즉 이제 생물학적 욕망은 우리에게 유용한 행동이 무엇인지를 알려주는 지침으로 삼기에는 적합하지 않은 것이 됐다. 희소한 세상에서 생겨난 욕망이 풍요로운 세상에서도 우리를 건강과 행복으로 이끌어주는 것은 아니다.[2]

욕망과 희소성 사이에 존재했던 길항 관계의 단절은 비단 먹을거리만의 이야기가 아니다. 미각뿐 아니라 다른 감각들도 응축되고 포장된 형태로 제공됐을 때 비슷한 양상을 보였다. 따라서 우리는 음식 이외의 영역도 살펴볼 필요가 있다.

생물학적 존재인 인간에게는 다른 것들에 비해 특히 더 끌리는 형태나 소리가 있다. 냄새나 동작도 마찬가지다. 더 끌리는 것들은 진화 과정에서 무수한 생존의 위협을 이겨내는 데 도움이 되었던 것들이다. 신체의 감각기관은 인간의 가장 오래된 도구라 할 수 있다. 우리가 밝은 색이나 특정한 형태, 특정한 동작 등에서 쾌감을 느끼는 것은 먹을 것, 위험한 것, 짝짓기 상대 등을 멀리서도 알아볼 수 있어야 했던 선사시대의 필요성에 뿌리를 두고 있다. 그리고 오늘날 그런 쾌락들은 여가와 휴식의 영역으로 들어왔다. 우리는 집안을 정적이고 동적인 여러 가지 시각물로 채운다. 그러한 시각물이 제시하는 광경과 색과 모양은, 이제는 존재하지 않거나 존재하는 것 자체가 불가능한 세계들을 그려보도록 우리의 감각을 자극한다.

　간단히 말하면 한때는 희소했던 감각들을 이제는 너무나 쉽게 느낄 수 있게 되었다. 시각적 감각이 특히 그렇다. 프랑스 남부의 장식 동굴은 의식을 거행할 때 이용했던 곳으로 과거에는 쉽게 볼 수 없는 장소였지만, 이제는 관광지가 되었고 전자 매체로도 쉽게 볼 수 있다. 시각 테크놀로지의 발달은 우리를 시각 문화에 푹 빠지게 만들었다. 2012년에는 인터넷에 거의 1초에 1만 개씩의 이미지가 올라와 대략 348,000,000,000개의 이미지가 업로드되었다고 한다.[3] 주된 정보 전달 방식도 달라졌다. 처음에는 활판 인쇄가, 그 다음에는 사진이, 그 다음에는 도처의 스크린에 보이는 전자 이미지가 떠오르면서 구어와 청각은 정보 전달 수단으로서의 중요성을 점점 잃어갔다. '보면 믿게 된다 seeing is believing'는 말은 1800년에야 나온 말로, 그 즈음 시각 문화가 압도적으로 우세를 차지하고 있었음을 암시한다. 문명文明 자체도 빛을 찬양했으며, 밤과 골목의 어둠은 조명된 인테리어와 해진 뒤의 불빛, 그리고 점점 널리 사용되고 있는 시각적 감시 체계 등에 자리를 넘겨주었다.[4]

　인간은 다른 포유동물에 비해 후각 능력이 영 없는 편이긴 하지만, 특정한 냄새에도 선호를 가지고 있다. 냄새와 관련한 테크놀로지들은 다른 감각에 대한 테크놀로지들만큼 강도 높게 발달하지는 않았지만, 그래도 인간은 수만 년 전부터 사냥에 개를 동원해 냄새 맡는 일을 시켰다(이런 점에서 개는 인류가 사용한 가장 오래된 '도구'라 할 만하다).

냄새는 서로 다른 부족이나 계급을 구별하는 역할도 해서, 노예와 같은 하층민의 배제와 고립을 정당화하기도 했다. 부유한 사람들은 자신의 사회·경제적 지위를 향기로 드러냈다(고대 그리스인들은 박하와 백리향유를 이런 목적으로 사용했다). 오염을 막기 위해 향기를 사용하는 경우도 있었다. 또 어떤 철학자들은 향불을 피우면 그 향이 신께 닿아 신을 기쁘게 할 수 있으며, 악마와 죄에서는 고약한 냄새가 난다고 믿었다.[5]

그렇더라도 후각은 인류가 진화하는 과정에서 예리함을 많이 잃었다. 냄새에 기반해 인식론을 펴는 철학자는 없을 것이다. 철학자들은 언제나 다른 감각보다 시각을 우위에 두었다. 인간의 뇌가 시각 이미지를 처리하는 데 들이는 노력이 얼마나 많은지를 생각해보면 놀라운 일도 아니다(개들의 세계에 존재하는 인식론이나 문화론이라면 분명 꽤 다를 것이다). 시각중심성은 17세기에 망원경과 현미경 같은 시각을 확장하는 새로운 도구들이 생겨나며 더욱 심화됐고 사진과 영화까지 등장하면서 한층 더 강화됐다. 산업사회에서 냄새의 가치는 계속해서 절하됐고, 냄새 없는 세상을 만들려는 시도까지 나왔다. 파스퇴르Pasteur가 세균의 존재를 발견하면서 '고약한 냄새가 나는 공기('독기 miasma')가 병을 옮긴다'는 속설은 사라졌지만, 사람들은 계속해서 그런 냄새를 퍼뜨리는 세균을 없애려 노력했고(특히 19세기 도시에 설치된 하수 시스템), 결과적으로 대도시 중심부의 악취가 상당히 경감되었다. 또 몸에 뿌리는 향수는 인간이 인간이었던 이래로 존재해왔을 테지만, 최근에는 이런 노력에 '탈취'까지 포함돼, 예민한 후각의 쓸모와 중요성은 더욱 줄어들었다.

시각적인 자극에 푹 빠져 있기는 하지만 우리는 소리에도 민감하며 음악을 사랑한다. 다이앤 애커먼Diane Ackerman이 음악을 "귀에 들리는 향기"라고 말한 것은 참으로 적절한 비유다. 음악은 늘 어떤 영적인 각성을 불러 일으켰으며, 초기 인류에게는 사회적 유대를 촉진시켜주는 역할도 했다. 현악기와 타악기의 역사는 5,500년밖에 되지 않았지만(메소포타미아 문명에서 찾아볼 수 있다), 피리임이 분명해 보이는 유물의 기원은 4만 년 전으로까지 거슬러 올라간다(독일 남부에서 독수리와 백조의 뼈로 만들어진 것이 발견되었다).[6] 그리고 노래는 유물로 추정할 수 있는 어떤 연대보다 훨씬 오래전부터 존재했을 것이다.[7]

역사학자 윌리엄 맥닐Wiliam McNeill이 주장한 대로 "함께 노래하며 일하면 집단적 업무를 훨씬 효율적으로 해낼 수 있다"는 점에서 보면 음악에는 경제적인 효용도 있다. 또한 음악은 "무의식에 단단히 자리를 잡고" 연상을 돕는 보조 장치의 역할도 한다. 음악은 느낌을 실어 나르면서 사람 사이에, 또 세대 사이에 감정을 보존하고 전달한다('스타 스팽글드 배너Star Spangled Banner'[미국 국가]나 '라 마르세이예즈La Marseillaise'[프랑스 국가]를 생각해보라). 계급 사회에서는 음악이 사회적 차이를 나타내는 표식 역할도 한다. 이를 테면 18세기경부터 유럽의 상류층은 전통적인 공동체의 축제에서 벌어지는 음악과 소리의 장에 더 이상 참여하지 않았다. 그 대신 자신들을 대중과 구분하기 위해 실내악의 질서 있고 양식화된 소리를 선호했으며, 청중은 공연 중에 조용히 있어야 한다는 감상 방식을 만들기까지 했다. 이 시기의 상류층이 더 이상 공동체의 축제에 참여하려 하지 않고 외부의 무질서와 소음을 피해 자신들만의 공간에서 음악과 춤을 즐기려 했다는 사실은 의미심장한 경향성을 예고한다. 음악은 사회적 유대를 형성하는 데도 기여하지만, 분리와 고립의 매개로 작용하면서 사람들이 공동체에서 벗어나는 것을 촉진하기도 한다.[8] 이어폰을 생각해보면 쉽게 알 수 있을 것이다.

또한 우리는 몸의 근육을 과거 선조들이 사냥감을 쫓으며 활력을 느꼈을 법한 방식으로 움직이면서, 특정한 동작과 신체적 접촉에 대한 선호를 느끼기도 한다. 이제는 창을 들고 매머드 떼를 쫓지는 않지만, 그에 수반됐던 흥분의 요소들을 스포츠에서 되살려서 힘 대결과 속도 대결을 펼치기도 하고 각종 목표물에 무언가를 쏘아 맞춘다. 춤 역시 흥분을 표현하는 아주 오래된 동작이다. 몇몇 동굴과 암벽에는 초기 인류가 의례 때 행했던 몸짓에 대한 기록이 남아 있다. 감정을 격하게 실어 추는 춤은 문명화된 상류층의 삶에서 점점 사라졌지만, 19세기 말 놀이공원이 제공하는 육체적 흥분을 통해 되살아났다. 오늘날 스포츠 경기나 록 음악 공연장에서 모르는 사람들과 부딪치고 엉기며 환호하는 관객들의 동작에서도 그런 요소들을 찾아볼 수 있다.[9]

이렇듯 감각적 쾌락은 인간이 진화적 적응을 통해 얻은 "두터운 보상의 양탄자"에서 핵심을 이룬다. 진화 과정에서 얻은 보상들이 뇌 쾌락중추의 복잡한 회로에 각인된 것이다.[10] 먼 과거에는 쾌락을 추구하는 것(그리고 고통을 피하는 것)이 분명 나쁜 일이 아니었다. 오히려 진화 과정에서 환경에 적응하는 데 명백히 도움을 주는 일이었다. 두려움, 놀라움, 혐오 등 적응에 도움을 주는 여타의 감정들처럼, 쾌락과 쾌락의 추구는 사회적 결속에 필요한 역량을 만들어내는 데도 기여했다. 언어를 배우고 사용하는 데도 마찬가지였을 것이다. 가령 아기의 지각과 동작이 성숙하려면 뇌의 신경망들이 연결되어야 하는데, 리듬감이나 울림이 있는 소리, 밝은 색상, 친근한 얼굴, 되튀는 움직임 등이 아기에게 주는 쾌락은 신경망의 연결에 도움을 준다.

탐닉을 추구하는 생물학적 경향은 물론 새로운 것이 아니다. 수천수만 년 동안 인간의 유전적 구성이 거의 달라지지 않았다는 데서 이 점은 명확하다. 또 감각적 쾌락을 증강하고 강화하기 위한 시도 역시 산업 문명이 생기기 훨씬 전부터 있었다. 언급했듯이 희소한 맛, 광경, 냄새, 소리, 동작에 대한 우리의 열망은 선사시대에 뿌리를 두고 있다. 인간은 이를 테면 늑대처럼, 게걸스럽게 탐닉하도록 진화했다. 하지만 과거에는 자연의 인색함 때문에 탐닉의 기회가 드물었고 탐닉이 인간의 신체, 정신, 사회성에 미치는 영향도 제한적이었다.

이는 매우 중요한 점을 말해준다. 쾌락은 결핍에서 생기고 희소성 덕분에 유지된다. 그리고 인류는 존재해온 이래 대부분의 시간을 희소성이라는 조건 속에서 살아왔다. 사실 희소성은 쾌락의 전제 조건인 경우가 많다. 음악이든, 게임이든, 아이스크림이든, 오페라든, 아무리 좋은 것도 너무 많으면 지루해진다. 즉 대부분의 쾌락에는 상대적 희소성이라는 맥락이 필요하다. 선사시대에는 이 맥락이 자연스럽게 주어졌다. 꿀은 아주 드물게만 얻을 수 있었고 사냥감을 쫓는 기회도 흔하지 않았다. 하지만 먹을거리를 조리하고 보존하면서, 그리고 더 나중에는 찰나의 감각 경험을 재생산과 전파가 가능한 쾌락의 꾸러미로 만들기 시작하면서, 인간은 쾌락거리들을 남을 만큼 생산하고 저장하는 능력을 더 발달시켜 나갔다. 초코바, 탄산음료, 종이담배는 물론, 사진, 축음기, 영화도 그런 사례다. 그리고 이 모두가 19세기 '포장된 쾌락의 혁명' 시기에 등장했다.

물론 어느 면에서 보면 희소성의 패배는 이보다 더 오랜 역사를 가지고 있다. 용기에 무언가를 담는 기술이 발달하면서부터 시작됐다고 볼 수 있기 때문이다. 신석기시대(대략 1만 년 전) 이전에는 **어떤 종류의 감각적 잉여든 간에** 그것을 저장할 수 있는 기술적 수단이나 사회적

우리를 중독시키는 것들에 대하여

조직이 없었다(일부 육식동물이 그렇게 하듯이 특정한 장소에 고기를 쟁여두는 정도만 가능했을 뿐이다). 그러나 농경 기술 및 농경에 수반되는 여타의 기술들이 발달하면서 상황이 달라졌다. 수십만 년의 수렵과 채집 시대가 지나고 농경의 시대가 도래하면서, 인간은 드디어 자신이 먹을 것을 '기르기' 시작했고, 기른 것을 용기에 담아 보관하기 시작했다. 주로 토기를 용기로 사용했고, 동물 가죽으로 만든 주머니나 식물 섬유로 만든 바구니도 이용했다. 농경은 인류 역사상 최초로 가시적인 부의 불평등을 낳았다. 이 시기는 또한 비만, 만취 등과 같은 신체적 문제들이 꽤 드물지 않게 나타난 최초의 시기이기도 하다. 물론 부유한 사람들(고대 도시국가나 제국의 지도층과 성직자, 중세 종교 중심지의 대주교나 군주 등)이 그렇지 못한 사람들보다 감각적 열망을 더 자주, 그리고 반복적으로 만족시킬 수 있었다.

이러한 감각적 방탕함에 대한 반작용으로 기독교가 나오기도 했지만(기독교는 억압받던 노예들의 종교이자 로마의 방탕함에 경악한 상류층의 종교로 시작됐다), 중세의 귀족들은 수렵시대 때처럼 불에 직접 구운 사냥감을 즐기고, 도축 전에 동물을 고문하면 고기를 더 맛있게 만들 수 있다는 부조리한 생각을 하면서 고릿적의 애착으로 회귀하는 모습을 보이기도 했다. 중세 유럽의 귀족들은 호화로운 점심과 수시로 열렸던 저녁 향연에서 섹스, 냄새, 맛을 뒤섞어 즐겼다.[11] 기독교 신부들은 향수와 장미를 로마 시대의 타락으로 규정하며 금했지만, 십자군 전쟁과 이후 동방 세계와의 접촉으로 이러한 종류의 치장과 자극적인 향기에 대한 열망이 되살아났다.[12]

최근까지도 이 정도로 풍족하게 쾌락을 추구하는 것은 자연을 용기에 담고 증강시키는 수단에 상시적으로 접근할 수 있는 극소수에게나 가능한 일이었다. 사실 오래전부터 권력자들은 가난한 사람들이 먹고 입고 즐기는 것을 제한하려 들면서 그들의 쾌락을 방해했다. 이는 (부당하게 보이긴 해도) 때로는 경제적 합리성이 있는 일이었다. 가령 영국에서 흑사병으로 식량이 부족해졌을 때 에드워드 3세는 하인들의 식사를 제한했다. 또 16세기 프랑스의 법은 넉넉지 않은 식량이 동나지 않도록 한 끼니에 생선과 고기를 둘 다 올리지 못하게 했다. 농업의 소출이 많지 않았기 때문에 '사치품'에 접근을 제한하는 것에는 어느 정도 합리적인 측면이 있었다. 하지만 권력자들은 때로는 그저 남들의 쾌락을 방해하는 데서 즐거움을 얻는 듯이 보이기도 했다. 그렇지 않다면 비싸고 색상이 화려한 옷은 귀족만 입을 수 있다며 평민에게는 금지한 사치금지법을 어떻게 이해할 수 있겠는가?[13]

쾌락에 접근하는 것은 오랫동안 권위와 권력의 표현이었지만, 적은 것을 가지고도 많이 누릴 수는 있는 법이며 어느 문화권에서도 쾌락을 누릴 수 있는 장이 완전히 억압된 경우는 없었다. 절기에 따른 축제, 특히 수확 시기의 축제들을 생각해보라. 사람들은 표출하고 싶어 안달이 난 듯한 감각들에 자신을 내맡겼다. 그리스의 바쿠스 축제, 로마의 사투르날리아[농신제], 중세 유럽의 마르디 그라[재의 수요일 전에 열리는 사육제] 등 어느 사회에나 수확이 끝난 뒤에는 색색의 의상과 춤, 음악, 음식으로 진탕 즐기면서 자신들의 일상 세계가 희소성의 세계임을 잊게 하는 축제가 있었다. 축제와 단식의 주기는 농경 주기에 의해 결정됐는데, 한 역사학자의 말을 빌리면 이러한 주기적 의례는 "식생활의 균형을 맞추는 자기 조절적 메커니즘"이었다.[14]

물론 고대의 철학자와 현자들 중에는 특권층의 쾌락주의(와 가난한 사람들의 축제 문화)를 제한하려 한 사람들도 있었다. 중용을 설파한 아리스토텔레스나 욕망을 절제하며 사는 삶을 이야기한 공자처럼 말이다. 히브리 예언자, 청교도주의자, 예수회 신자, 그리고 수많은 아시아의 금욕주의자들도 감각의 향연을 제한하려 했다. 중세 유럽의 당국자들은 수요일, 금요일, 그리고 수많은 금식의 날에 고기를 먹지 못하게 해서 사람들은 다 합하면 1년에 거의 150일을 금육禁肉해야 했다. 중용이라는 고전적인 이상이 되살아났고 곡물 위주의 식사가 도덕적으로 우월하다는 주장이 생겨났다. 폭음과 폭식은 정욕과 더불어 비난을 받았다. 기독교적 천국이 쾌락의 장소가 아니라 자기향상의 장소라는 점을 보면 쾌락은 내세에서마저 규율돼야 했다. 이러한 금욕주의적 도덕관념들은 불안정한 공급량에 적응하는 데 도움이 됐을 것이다. 또 부유하고 권력 있는 사람들의 탐욕에 제동을 거는 데도 일조했을 것이다. 과잉을 억제해야 한다는 생각은 모든 종류의 육체적 쾌락으로 확장돼, 섹스처럼 꼭 희소하지 않은 것에까지도 적용됐다.[15]

이런 점에서 춤도 곱지 못한 눈초리를 받았는데, 특히 무아경의 상태로 추는 춤이 그랬다. 16, 17세기에 유럽의 탐험가들은 아프리카와 아메리카에서 "황홀경에 빠진 원주민들"의 요란한 몸짓에 눈살을 찌푸렸다. 유럽 안에서도 상류층은 공동체의 행사에서 벌어지는 춤을 억눌렀다. 이유는 많았다. 성직자들은 성일聖日과 의례가 사람들의 소란스럽고 신성 모독적이기까지 한 관습으로 훼손되지 않도록 보호해야 한다고 주장했다. 부자들은 평민들의 축제에서 나타나는 감정의 격렬함에 동참하지 않기로 하고 이어서 그것을 억누르기로 하면서, 자신들만의 사적인 모임에서 고상한 춤을 즐겼다. 군대도 새로운 유형의 군인과 새로운 방식의 훈련을 필요로 했다. 병사들의 감정을 고양시켜 육탄전에 대비시키는 것은 더 이상 필요하지 않았다. 이제는 총과 대포를 향해서도 움츠리지 않고 행군하게 하는 훈련과 규율이 필요했다. 개개의 전투원은 기계의 부품처럼 정확하게 행동해야 했고 여기에는 행진곡의 규칙적인 리듬이 황홀경의 춤보다 더 적합했다.[16]

사람들이 알코올 증류법처럼 감각을 증강하는 방법을 알아냈을 때도 국가와 교회는 이에 종종 제약을 가했고 때로는 매우 엄한 방식을 동원했다. 1720년대에 런던에서는 광범위하게 소비됐던 진gin(주니퍼베리 향이 나는 술)이 금지됐다. 제약 없는 욕망이 존중을 받기 시작한 산업혁명 초기에도 아담 스미스Adam Smith와 데이비드 흄David Hume 같은 철학자들은 여전히 개인의 절제와 도덕적인 공감을 설파했다.

그런데 중용과 자기절제를 요구하는 목소리는 이 무렵에 새로운 종류의 도전을 맞게 된다. 그리고 이 도전은 19세기, 특히 1880년부터 1910년 사이에 더 심화된다. 이는 무언가를 용기에 담고 강화할 수 있는 신기술이 대거 생겨나면서 벌어진 일로, 이러한 기술상의 변화는 포장된 쾌락의 혁명으로 정점에 달했다. 새로운 종류의 기계들은 역사상 처음으로 꽤 값이 싸고 저장과 휴대가 쉬운 물건들을 대거 쏟아내면서 새로운 감각을 평민에게까지 가져다주었다. 통조림이나 병조림된 음식은 계절의 변화를 무시하고 과일과 야채를 연중 소비할 수 있게 했다. 어느 신문 가판대나 가게에서도 구할 수 있는 초코바는 산딸기나 벌집을 발견해야만 얻을 수 있었던 드문 경험을 대체했다. 옛날에도 담뱃대로 담배를 피우고 통에 든 미지근한 맥주를 마시기는 했지만, 19세기 말에는 종이담배의 치명적인 편리함과 차가운 음료의 신선한 청량감이 대중에게 확산됐다. 감각의 강도와 범위에 이렇듯 대대적인 변화가 일어나면서, 예전에 존재했던 욕망과 희소성의 [길항] 관계는 완전히 교란됐다.

미각뿐 아니라 다른 종류의 감각적 쾌락에서도 비슷한 변화가 발생했다. 1800년대 초의 미국인과 유럽인은 디오라마diorama(6장 참조)와 환등기 쇼magic lantern show에 열광했지만 그것들은 1900년 이후에 나온 원릴one-reel 영화의 추격 장면에는 비할 바가 아니었다. 오페라는 호화로운 공연장에서 부유층이 즐기는 여흥이었지만, 1904년에 원통형 왁스 축음기가 나오면서부터는 카루소(이탈리아의 유명한 테너 가수)를 언제고 (또 몇 번이고) 거실로 불러내 노래를 시킬 수 있게 됐다. 남태평양 바누아투 섬의 담대한 사람들은 번지점프가 유행하기 한참 전부터도 덩굴을 붙잡고 높은 데서 뛰어내리곤 했지만, 신체적 스릴을 정확히 계산해서 대중 상품으로 제공한 것은 1890년대에 인기를 끈 롤러코스터가 등장하기 이전에는 존재하지 않았다. 왁자하게 즐기는 축제에서도 비슷한 변화의 양상을 볼 수 있다. 축제는 오래전에도 있었지만 과거에는 국가나 교회 당국이 정해준 짧은 기간에만 열리는 드문 행사였다. 그러나 19세기 말 상업용 놀이공원이 생겨난 이후로는 치밀하게 계획된 축제적 즐거움이 사시사철 제공됐다.

특히 주목할 부분은 포장된 쾌락이 감각 경험의 강도를 크게 높였다는 점이다. 극단적인 사례로 아편을 꼽을 수 있다. 예전에는 씹거나 연기로 피우거나 차로 마셨던 아편이 모르핀으로, 그 다음에는 헤로인으로 정제됐고, 이어 1850년대에는 새로 발명된 주사기를 통해 혈관에 직접 주입됐다. 화학적으로 정제된 강렬한 감각을 실어 나르기 위해 주사기를 비롯한 다양한 종류의 '튜브'들이 개발됐다는 점은 이 시기 테크놀로지의 주요 특성 중 하나다(이 책에서는 이를 '튜브화tubularization'라고 부를 것이다). 또 하나의 치명적인 사례는 종이담배다. 1880년대에 제임스 본색James Bonsack이 발명한 담배말이 기계가 나오고 담뱃잎을 가공하는 새로운 기법이 개발되면서, 담배는 저렴해졌을 뿐 아니라 '순해졌다'(이는 치명적으로 해로워졌다는 의미다). 본색의 담배 기계는 제조 비용을 자릿수가 달라질 만큼 낮춰주었고, 화력 건조와 같은 새로운 가공법은 알칼리도를 낮춰 연기 맛을 순하게 만들어서 담배 연기를 폐 깊숙이 흡입할 수 있게 했다. 이렇게 해서 새로운 대중 소비재 하나가 시장에 등장했고, 대중의 중독과 (폐, 심장 질환이 야기한) 대중의 사망이 뒤따랐다.

담뱃잎이 종이담배로 '튜브화'되었듯이, 다른 상품들에 대해서도 넣고 담고 포장하는 테크놀로지들이 대거 등장했다. 원통형 깡통에 음식을 담는 통조림 제조의 기계화는 1904년 이중권체 방식을 적용한 '위생 깡통' 기계로 정점에 올랐다. 1890년대 말에는 병과 병뚜껑 제조가 기계화됐다. 탄산음료가 발명되면서는 새로운 형태의 설탕 소비가 시작됐다. '코카콜라'는 1886년에 약국잡화점drugstore(약국과 잡화점이 섞여 있는 형태의 소매점)의 음료수대에서 처음 판매됐고 병 제품으로는 19세기 말에 나왔다. 1890년대에는 쓴맛 나는 초콜릿에 설탕을 다량 섞은 초코바가 등장했다(1900년에 나온 허쉬 사 제품들이 그런 사례다). 이러한 종류의 포장된 쾌락, 즉 원료를 정교하게 계량해서 편리하게 들고 다닐 수 있는 분량씩 뭉쳐놓은 종류의 제품들을 만들면서, 제조업체들은 천상의 감각적 즐거움을 능가했노라고 주장할 수 있게 됐다. 또 자연이 창조한 맛과 냄새와 모양을 넘어서는 합성 식품과 합성 약품을 개발하기 위해 화학자들을 고용하기 시작했다. 마케팅이라는 새로운 분야도 나타났다. '마케팅marketing'이라는 단어 자체가 1884년에 생겼으며, 쏟아져 나오는 새로운 상품들을 소화하기 위해 수요를 창출하는 것이 마케팅의 임무였다. 포장된 쾌락들은 귀에 감기는 슬로건과 눈길을 끄는 컬러 상표로 점점 더 강렬하게 치장됐다.

새로운 테크놀로지들은 시각, 청각, 동작적 감각의 소비도 증폭시켰다. 1839년에 등장한 다게레오타이프Daguerreotype는 미니 '카메라'(문자 그대로는 '방'이라는 뜻이다) 안에 있는 금속판에 화학적으로 상을 고정시켜 그 이전에 존재했던 카메라 오브스쿠라camera obscura(깜깜한 '방' 한쪽 벽에 작은 구멍을 뚫어서 외부의 이미지가 내부의 벽에 투사되도록 한 도구)에 혁명을 가져왔다. 초창기 다게레오타이프는 상을 고정시키는 데 긴 노출 시간을 필요로 했지만, 19세기에는 노출 시간이 극적으로 짧아져 1888년경에는 아마추어용 스냅사진 카메라가 출시됐고 3년 뒤에는 활동사진 카메라가 나왔다. 그 결과 사람들이 세상을 바라보고 회상하는 방식이 대대적으로 달라졌다(이 이야기는 6장에서 다룬다). '소리'의 포착(그리고 보존과 판매)이 가능해진 것도 이 시기다. 1877년에 토머스 에디슨Thomas Edison이 발명한 축음기는 이후 성능이 개선되고 (처음에는 주로 기업용이었던 것이) 가정용으로 바뀌면서, 소리를 경험하는 새로운 방식으로 자리잡았다. 1887년에는 에밀 베를리너Emile Berliner가 '레코드판'을 내놓으면서 소리를 원반에 찍어 대량생산하는 것이 가능해졌다. 이제 연주회나 강연은 2, 3분짜리 레코드에 담겨서 적합한 장비만 있으면 누구나, 어디서든지 들을 수 있게 됐다.

1884년에는 미국 중서부 출신 라 마커스 톰슨La Marcus Thompson이 기계화된 롤러코스터를 선보이면서 감각 경험에 대한 접근성과 속도가 새로운 형태를 띠게 된다. 진짜 기차였다면 위험이나 죽음까지도 경고하는 것이었을 신체 감각이 '자유낙하 선로' 위에서는 2, 3분짜리의 신나는 모험이 됐다. 1886년에 개발된 '톰슨의 유람용 꼬마기차 Thompson's scenic railroad'는 이국적인 자연 풍경과 환상적인 광경을 그려

넓은 인공 터널까지 만들어 유쾌한 긴장의 수준을 한 차원 더 상승시켰다. 이는 응축된 쾌락의 새로운 형태였다. 전에는 며칠이고 '실제 여행'을 해야만 경험할 수 있었던 광경과 소리들을 한데 추출해놓은 것이다. 다중 감각적인 볼거리들과 놀이기구들이 특정 공간에 밀집된 '놀이공원'은 일종의 '포장된 레크리에이션' 경험을 제공했다. 이런 공원에는 1890년대에 등장한 교통수단인 전차를 타면 쉽게 갈 수 있었다. 초창기 놀이공원들로는 뉴욕 브루클린 남단의 코니아일랜드에 있던 공원들이 유명하다.

이러한 종류의 혁신은 감각의 속도, 강도, 접근성에서 전에 없던 새 세계를 가져왔다. 거리와 계절은 더 이상 제약이 아니었다. 깡통과 병에 든 식품이 기차, 배, 더 나중에는 트럭으로 광대한 공간과 기후를 넘나들며 이동하게 됐기 때문이다. 이는 건강과 후생에 양면적인 결과를 가져왔다.

새로운 테크놀로지 중 어떤 것은 싸고 위생적이고 다양한 먹을거리로 영양분을 제공하면서 건강을 증진시켰다. 또 어떤 것은 편리하고 효능이 큰 약품과 위생용품을 제공했다. 음악과 새로운 종류의 '시각 예술', 자연의 아름다움(혹은 적어도 그 이미지만이라도)을 즐길 수 있는 기회를 유례없이 확장한 것도 있었다. 놀이기구들은 위험함이 주는 흥분과 황홀을 (비교적) 해롭지 않은 방식으로 경험하게 하며 가상의 여행 경험까지 제공했다. 사진은 찰나의 광경을 포착해 전에는 가능하지 않았던 규모와 거의 완벽한 정확성으로 이미지를 보존할 수 있게 해주었다.

하지만 포장된 쾌락은 전례 없는 건강과 도덕상의 위험도 야기했다. 극단적인 사례로 취기를 일으키는 물질이 농축되면서 중독의 문제가 생겼다. 중독이란 일정한 효과를 유지하려면 점점 많은 양을 흡수해야 하고 끊었을 때 상당한 신체적 괴로움을 수반하는 신체적 의존증을 일컫는다. 정제된 아편을 주사기로 주입하는 것이 중독의 전형적인 사례고, 담배 중독과 알코올 중독도 일반적인 중독의 범주에 포함된다. 하지만 농축 고열량 식품도 이들과 완전히 다르다고는 할 수 없다. 일반적으로 지방과 당분이 많이 든 식품은 에너지뿐 아니라 엔도르핀도 생산한다. 엔도르핀은 모르핀과 비슷한 진통제로, 안락함과 안정감을 준다(그래서 그런 먹을거리들을 '컴포트 푸드comfort food'('안락을 주는 식품'이라는 의미)라 부르기도 한다). 지방과 당분이 농축되어 있는 식품은 뇌 신경전달물질의 균형을 교란해 우리 몸이 그런 식품을 계속해서 원하게 만든다.[17] 이와 달리 운동으로 자연스럽게 얻는 신체적 쾌락은 우리 몸을 피곤하게 하기 때문에 중독성이 훨씬 적으며, 어느 정도의 '과잉'은 신체를 더 건강하게 하기도 한다(여기에서의 괴로움은 곧 이로움이다).

포장된 쾌락에 대한 의존증이 전부 화학적 작용만인 것은 아니다. 제조된 쾌락은 처음 접할 때는 놀랍고 즐겁지만, 자극에 대한 기대치를 높여 자연 경관이나 보조적 자극이 없는 사회적 모임과 같이 '포장되지 않은' 자극에는 우리를 무뎌지게 만든다. 녹음된 소리, 포착된 이미지, 놀이기구와 전자 게임 등이 주는 쾌락이 '래칫 효과rachet effect'(수준이 한번 올라가면 다시 내려가지는 않는 효과)를 일으켜, 자연과 사회에서 얻을 수 있는 상품화되지 않은 쾌락을 밋밋하게 만들어버리는 것이다. 포장된 쾌락은 전에는 귀하고 드물었던 것을 흔하고 따분한 것으로 만든다. 포장된 쾌락 밖의 세계에 대한 흥미는 점차 약해지며 우리는 더 이상 그 세계를 열망하지 않게 된다. 망원 렌즈와 영상 편집(편집 과정에서 '지루한 조각들'은 모조리 잘려 나간다)은 있는 그대로의 자연을 삭막해

보이게 만들거나 아무 감흥도 불러일으키지 못하는 것으로 만든다. 동물원이나 놀이공원에서 압축된 형태로 경험할 수 있는데, 아니면 아이맥스나 고화질 평면 TV로 볼 수 있는데, 폭포나 숲에는 굳이 왜 간단 말인가? 이러한 종류의 포장된 쾌락은 신체적 의존증을 일으키지는 않지만 경험의 기대치를 점점 더 높이거나 응축도가 낮은 종류의 경험을 가치 절하한다.

포장된 쾌락은 흔히 **탈사회적인** 방식으로 소비된다는 점도 주목할 필요가 있다. 포장된 쾌락은 종교적 환희, 신체적 움직임, 사회적 상호작용, 성적인 상호작용 등이 유발하는 것과 비슷한 신경 반응을 일으킨다. 즉 이런 활동을 통해 얻을 수 있는 즐거움을 포장된 쾌락이 대체할 수 있는 것이다. 과거에 약한 와인과 순한 자연 환각제는 영적이고 사회적인 경험을 고양시켜주었지만, 현대의 포장된 쾌락은 충족을 개인화시키고 군중으로부터 고립시킨다. 휴대 기능한 MP3 플레이어가 공공장소를 개인화하고 TV가 고립의 효과를 내는 것처럼 말이다.

우리가 사는 세계는 포장된 쾌락의 혁명이 오기 이전의 세계와 매우 다르다. 포장된 쾌락의 혁명으로 광범위한 영역의 감각적 쾌락이 병에 담기고, 캔에 들어가고, 응축되고, 증류되고, 그 밖의 여러 가지 방식으로 강화됐다. 이러한 변화가 모든 영역에서 동일한 영향을 미친 것은 아니다. 하지만 그 모든 변화가 우리의 감각적 세계를 크게 바꾸었으며 우리가 아직 그 영향에 대해 조금밖에 모른다는 점만큼은 분명해 보인다.

이 책은 여러 포장된 쾌락 가운데 종이담배, 초코바, 청량음료, 축음기와 레코드, 사진, 영화, 놀이공원 등을 다룬다. 물론 튜브화되고 포장되고 휴대성이 커지고 내구성이 높아진 모든 것을 '포장된 쾌락'이라는 범주로 이야기할 수 있는 것은 아니다. 이 책에서 다루는 포장된 쾌락은 다음과 같은 상호 연관된 요소들을 가지고 있다.

1. 포장된 쾌락은 감각적 만족을 강화하고, 보존하고, 응축하고, 용기에 담아서 인위적으로 만든 상품이다.
2. 대개 값이 싸고 접하기 쉽다(바로 구할 수 있다). 또 대체로 휴대와 저장이 가능하며 가정에서 사용할 수 있다.
3. 일반적으로 포장재에 싸여 상표가 붙어 있고 브랜딩 활동을 통해 마케팅되는 경우가 많다. 대개는 들고 다닐 수 있는 '물건'의 형태지만 특정한 공간에 쾌락이 담긴 놀이공원의 경우처럼 '공간'에 브랜드가 붙은 형태도 있다.
4. 꼭 전국적이거나 전 세계적이지는 않더라도 상당히 넓은 지역을 포괄하는 기업이 생산한다. 이로써 '개인 소비자'와 '기업 생산자'의 관계가 분명하게 발생한다.

이 책에서 다루지 않은 소비재 중에도 이런 특성들을 일부(혹은 전부) 갖고 있는 것이 많이 있다. 의복, 자동차, 책, 시리얼, 코카인, 포르노, 백화점 등 사례를 들자면 끝이 없을 것이다. 하지만 우리는 이러한 변화가 발생하기 시작한 초기에 포장된 쾌락의 핵심적인 특성을 보여주었던 것들, 특히 용기화, 압축, 강화, 동원, 상품화의 요소를 포함하고 있는 것들로만 이 책의 소재를 한정했다. 압축되고 증강되고 포장된 쾌락들을 모조리 담으려 하지는 않았기 때문에, 가령 포르노나 향수의 역사는 다루지 않았으며 마약성 물질과 술은 간략하게만 다뤘다.

우리는 포장된 쾌락의 혁명이 여전히 진행 중이며, 욕망을 강화하는 방법이 점점 더 정교해짐에 따라 더 심화되고 있다는 점도 기억해야 한다(최근의 역사는 8장에서 간단하게 다룬다). '응축 주입된 재미'는 접할수록 지루해지기 때문에 쾌락 제조자들은 감각의 강도를 계속해서 높여왔다. 단순한 초콜릿에 땅콩과 누가가 들어갔고, 니코틴을 더 효율적으로 실어 나르기 위해 담배에 향료와 화학물질이 첨가됐다. 영화는 점점 더 빠른 컷으로 사람들의 정신을 빼놓았다. 녹음된 소리의 정확성과 음역 범위도 대폭 커졌다. 롤러코스터는 더 높아지고, 더 빨라지고, 그러면서도 더 안전해졌다. 포르노도 점점 더 보기 쉬워져서 오늘날에는 누구든 인터넷만 있으면 거의 공짜로 볼 수 있다. 오페라 애호가들마저도 이제 좋아하는 아리아를 유튜브만 클릭하면 들을 (그리고 볼) 수 있다. 돈도 안 들고 집 밖으로 나갈 필요도 없으며 '지루한 조각'들을 꾹 참고 다 듣고 있을 필요도 없다. '근성' 없이 즐기는 엔터테인먼트라고 말할 수도 있을 법하다.

여기에서 알 수 있듯이 포장된 쾌락의 혁명이 가져온 또 하나의 결과는 지난 한 세기 동안 감각적 경험이 점점 더 정교화되었다는 점이다. 이렇게 감각 경험을 정교하게 재구성하는 과정의 핵심은 만족을 '최적화'하는 기법들인데, 포장된 쾌락이 연구 개발과 마케팅 부서를 갖춘 기업에 의해 상품으로서 제조된다는 점을 생각하면 놀랄 일도 아니다. 1930년대에 담배를 약초로 되돌린다는 개념에서 멘톨이 첨가됐고, 이후에는 암모니아, 레불린산, 그리고 단맛이 나는 향료들이 첨가되어 니코틴의 쾌감을 증강시켰을 뿐 아니라 나이가 어린 사람들까지 담배 맛을 알아버리게 만들었다. 향미 화학자들은 카페인과 당분의 양을 정교하게 조절해 '소프트드링크'의 자극을 조절하는 방법을

우리를 중독시키는 것들에 대하여

개발했다. 과자업체들은 정밀한 '맛의 프로필'을 개발해서 옛날식의 딱 딱한 사탕을 뛰어넘는 감각의 복합체(가령 스니커즈)를 만들어냈다.

최적화와 계량화는 놀이공원에서도 볼 수 있다. 1890년대에 코니 아일랜드에서 선보인 '루프 더 루프' 놀이기구의 스릴은 곧 '테마형' 놀이기구가 제공하는 다중적인 감각에 밀려난다. 그러는 한편으로 롤러 코스터는 구토나 상해를 일으키기 직전까지 흥분의 강도를 높이는 방향으로 발달했다. 이는 도박장에도 적용되는 원칙으로, 도박장은 사람들이 지면서도 게임을 계속하게 만들기 위해 돈을 따는 순간들을 (정확한 계산 하에) 주기적으로 제공하도록 조건화되어 있다. 게임 분야에서도 쾌락 제조자들은 초보자도 할 수 있을 만큼 쉬우면서도 숙달된 사람도 흥미를 잃지 않을 만큼 복잡한 게임을 개발했다. 가상공간에서 벌이는 게임이 신체와 사회성에 안 좋은 영향을 미친다는 비판이 일자, 게임 업체들은 신체적 움직임과 사회적 상호작용이 필수 요소로 포함된 게임을 만들기까지 했다('위Wii' 게임이 그런 사례다).[18]

이 책은 이러한 변모와 관련된 테크놀로지들의 기원을 다룬다. 새로운 테크놀로지가 등장할 때면 항상 비판이 따랐다. 비판자들은 과도하게 만족을 느끼는 소비 대중이 통제력을 잃고서 노동과 가족에 대한 책임을 저버리게 될 것이라고 우려했다. 하지만 실제로 기술이 사회에 미친 영향은 그런 우려와는 꽤 달랐다. 최적화된 쾌락 때문에 소비자들이 노동을 하고 규율에 복종하고자 하는 의지가 줄어든 경우는 별로 없었다. 일부가 우려한 신경과 지각의 손상도 거의 발생하지 않았다. 오히려 영화, 과자, 음료, 담배 등을 누리는 데 쓸 돈을 벌어야 한다는 새로운 필요성에서 새로운 노동 윤리가 생겨났다. 시간이 가면서, 그리고 대체로 매우 짧은 시간 안에 상업화된 즐거움들은 인간 감각의 두 번째 본성이 되었다. 우리가 먹고, 숨쉬고, 보고, 듣고, 느끼는 일반적인 방식으로 자리 잡은 것이다.[19]

학계에서는 오래전부터 '현대 소비문화'가 미친 영향에 대해 논의를 해왔다. 그런데 그 역사적 기원에 대해서는 별로 생각하지 않은 채, 부정적인 어휘로만 논의를 펴는 경우가 많았다. 1890년대에 프랑스 사회학자 에밀 뒤르켐Emile Durkheim은 기술적 근대화가 인간의 감각을 너무나 많이 공격해서 '대중'이 무력하고 비활성적인 상태가 될 것이라고 우려했다. 올더스 헉슬리Aldous Huxley는 1932년에 펴낸《멋진 신세계 Brave New World》에서 앞으로 다가올 상업화된 쾌락의 문화에서는 사람들이 압제에 눈을 감게 될 것이라고 우려했다.[20] 비관론들은 이렇게 각기 다른 것을 문제의 원흉으로 꼽았지만, 가장 흔한 비판의 요지는 대중이 그러한 유혹에 '취약하다는 점'과 상업가나 기업가들이 대중의 욕망을 조작한다는 점이었다. 그리고 이들은 자연을 찬미하고 소박함을 옹호하는 소수의 고상한 사람들이 즉각적인 만족을 추구하고 가치를 떨어뜨리는 소비주의를 막는 성채城砦가 될 수 있을 것이라고 기대했다.[21] 한편 현대 소비사회의 도래로 대중이 방대한 선택지와 즐거움에 '보편적으로 접할 수 있게' 되었다는 점을 강조하는 사람들은 비관론을 반박했다. 산통을 깨는 엘리트주의자들이 제조된 쾌락이 제공하는 즐거움에서 억지로 단점을 찾아내려 한다고 말이다. 이러한 입장은 사회과학계, 특히 신고전주의 경제학자들의 견해에서 많이 볼 수 있다 (조지 스티글러George Stigler와 게리 베커Gary Becker는 취향에 대해서는 논의나 반박이 불가능하다는 유명한 테제를 제시한 바 있다).[22]

하지만 비관론자와 자유시장적 대중주의자 모두에게서 흔히 볼 수 있는 과도한 일반화는 경계해야 한다. 물론 '포장된 쾌락의 혁명'이

우리를 중독시키는 것들에 대하여

라는 개념 자체가 종이담배, 음료수, 레코드, 카메라, 영화, 놀이공원 사이에 관련이 있음을 시사하고 있다. 하지만 영역마다 테크놀로지가 미쳐온 영향은 매우 달랐고, 그것들을 모두 '현대 소비문화'라는 하나의 개념으로 뭉뚱그릴 수는 없다. 각각은 신체와 문화에 매우 상이한 영향을 미쳤으며, 따라서 개인적으로나 정책적으로나 상이한 대응들을 필요로 한다. 가령 우리는 현재와 같은 형태의 종이담배는 판매를 강하게 규제하고 궁극적으로 금지해야 한다고 보지만, 음료수의 경우에는 (무거운) 조세 정도면 충분하리라고 본다. 또 우리는 영화나 소리의 꾸러미에 대해서는 규제 정책을 제안하지 않는다. 하지만 이런 테크놀로지들이 인간의 감각을 어떻게 구성하고 정교화(혹은 왜곡?)해왔는지에 대해서는 파악할 필요가 있다.

포장된 쾌락의 혁명이 미치는 영향이 전 지구적이라는 점도 명심해야 한다. 그리고 전 지구적 영향은 지금까지보다는 앞으로 더욱 두드러질 것이다. 이 혁명은 아직 끝나지 않았으며, 그 과정에서 전 세계 사람들의 건강을 해치는 문제(특히 가공 당분과 종이담배를 통해)라든지 과다한 소비의 문제 등도 생겨날 것이다. 응축된 감각의 인공적인 세계가 지구 곳곳의 새로운 영역에, 그리고 신체와 사회의 새로운 영역에 속속들이 퍼져나가면서, 포장된 쾌락의 혁명은 계속되고 있다. 이 멋진 신세계를 빠져 나오거나 피하기는 어렵겠지만 그 세계를 떠오르게 한 전제 조건들을 파악하고 그에 맞서는 일은 필요하다.

이 책은 많은 이야기를 담고 있다. 소비주의에 반대하는 비관주의자와 상업화된 쾌락의 보편화를 옹호하는 낙관주의자 사이의 오랜 논쟁을 넘어서는 것이 우리의 바람이다. 이 책에서 우리는 새로운 테크놀로지들이 욕망과 희소성 사이의 오랜 길항 관계를 교란하면서 감각에 일으킨 혁명을 대중 소비의 기원으로 보면서, 테크놀로지가 인간의 본성을 어떻게 변화시켰는지에 대해 새로운 시각을 제시하고자 한다.

2장

문명을 담고, 순간을 보존하고, 모든 것을 튜브에 밀어 넣다

자연은 찰나적이다. 적어도 자라나고 죽는 부분은 그렇다. 식물은 뽑히면 시들거나 썩어 없어진다. 빨갛고 달콤한 사과는 물컹해진다. 따뜻한 고기는 부패한다. 보존되지 않은 상태로 두면 빛, 소리, 냄새 모두 찰나적으로 왔다가 사라진다. 적어도 인간이 인식할 수 있는 한에서는 그렇다. 이 책의 주제인 포장된 쾌락의 혁명으로 들어가기 전에, 더 폭넓은 문제 하나를 생각해볼 필요가 있다. 인간은 자연이 주는 물질적, 감각적 선물을 용기에 담아내는 법을 어떻게 알게 되었을까?

인간 문명의 발흥을 가져온 결정적인 도약 중 하나는 수확물을 저장하고 보존하는 방법을 알아낸 것이었다. 수렵·채집 시대의 인간은 기회가 있을 때 최대한 먹어둬야 했으며, 만성적으로 기아의 위협에 시달렸다. 그런데 먹을거리를 보존할 수 있게 되면서부터 상황이 달라졌다. 초기 인류는 도구, 언어, 예술, 종교 의식 등 여러 가지 흔적을 남겼는데, 희소한 시기를 계획적으로 대비하려던 노력의 흔적도 여기에서 빼놓을 수 없다. 인간은 바구니, 주머니, 도기, 사발 등 자연을 끌어 모아 담는 데 쓸 수 있는 도구들을 발명했고, 이로써 그런 시기를 이겨낼 수 있는 능력을 갖게 됐다. 용기容器는 인간을 자연에서 조금이나마 해방시켜주었다. 이를 가장 명백하게 보여주는 것이 먹을거리일 것이다. 1만여 년 전부터 신석기시대 사람들은 먹을거리를 담거나싸서 보관하기 시작했다. 그렇게 하면 음식이 상하는 것을 막을 수 있었고 발효주처럼 완전히 새로운 음식과 새로운 감각적 즐거움을 누릴기회도 생겨났다. 음식을 들고 다니거나 훗날을 위해 저장해둘 수도있었다.

초기의 보존 기술에서 중심을 차지한 것은 항아리, 주머니, 바구니, 그리고 (좀 더 나중에는) 병이었다. 혁신은 수천 년에 걸친 길고 지난한 과정을 통해 이루어졌는데, 그 과정을 파악할 수 있는 단서가 충분히 남아 있시는 않다. 아주 초창기의 용기들은 잎, 줄기, 풀, 가죽 등부패하는 물질로 만들어져서 고고학적 증거물을 거의 남기지 못했을것이다. 좀 더 나중에 나온 도기나 유리는 자연을 담고 보존하는 인간의 능력을 크게 확장시켰고, 중국, 인도, 수메르, 메조아메리카 등에서고대 문명이 등장하는 데 일조했다. 용기의 발달은 산업혁명으로 가속화됐고 이는 1900년을 전후한 시기에 특히 두드러졌다. 용기화가 산업적으로 이뤄지면서 먹을거리는 전 지구적으로 이동할 수 있게 됐다. 양철 깡통이나 종이 곽, 병에 든 음료가 없는 세계는 이제 상상하기어렵다. 탄피, 립스틱, 치약, 종이담배 등 튜브에 담긴 그 밖의 온갖 물건들이 존재하지 않는 세계도 마찬가지다.

'튜브화'의 형태는 이처럼 다양하지만, 이것들은 제조상의 그리고개념상의 공통된 기원을 가지고 있다. 또한 이 책에서 살펴볼 소재들의 경우에는 효과 면에서도 공통점이 있는데, 짧게만 존재하다 흩어졌을 자연을 보존하고 증강했으며 그것의 소비를 개인화했다는 것이다. 또한 튜브화는 자연에서 어느 부분을 떼내어 상품으로 변모시키는 데도 일조했다. 자연의 일부를 포장하고 그 위에 상표를 붙여 내용물을 알리고 (좀 더 나중에는) 광고까지 할 수 있게 한 것이다. 색상, 이미지, 문구를 넣어 적절하게 포장하면 안에 든 것을 실제 속성보다 더 나은 무언가로 보이게 만들 수 있었다. 그리고 튜브화된 제품은 대체로 대량생산될 수 있었기 때문에 전에는 특권층만 누리던 것들을 광범위한 인구가 접할 수 있게 됐다.

그릇에 담긴 문명

인간 사회에서 먹을거리는 오랫동안 '공동체'와 관련이 있었다. 먹을 것을 구하고 보존하려면 협동이 필요했기 때문이다. 고기를 잡아 오는 사람과 식물을 거둬 오는 사람은 구해 온 것들을 함께 나눠야만 했을 것이다. 이들 사이에 특권이 어떤 방식으로 분배되었는지는 알 수 없지만, 인구의 대부분이 씨앗이나 산딸기와 같은 식물성 먹을거리에 의존했으리라는 점은 분명해 보인다. 먹을거리를 공유하는 것은 수렵·채집 사회에서뿐 아니라 그 이후의 농경 사회에서도 계속 이어졌다. '동반자'라는 의미의 영어단어 '컴패니언companion'에서도 이런 점을 볼 수 있는데, '컴패니언'은 '함께 식사를 나눈다'는 뜻을 가지고 있다. 오늘날 미국에서도 본국의 언어는 잊어도 본국의 식습관은 세대를 거쳐 유지하며 사는 사람들을 종종 볼 수 있다. 가령 시칠리아 출신의 이민 2세들은 이탈리아어는 잊어버렸을 수 있지만 파스타는 여전히 좋아한다. 또한 인간은 수천수만 년 동안 함께 먹고 마시며 죽은 자들(또는 신들)과도 교감을 나눴다. 먹는 것의 즐거움의 기저에는 이렇게 사회적인 성격이 짙게 깔려 있다.[1]

먹을거리를 보존하는 데도 협동이 필요했다. 5만 년 전에 인류는 동물 가죽, 뿔, 대나무, 큰 박, 잎 등 자연에서 바로 구할 수 있는 물질을 이용해 음식을 보존했을 것이다. 그보다 이전의 수십만 년 동안 현생 인류에 앞선 원인猿人들 역시 그랬을 것이다. 갈대 바구니나 가죽통, 가죽 주머니같이 자연 물질을 손질해서 만든 용기는 길게 잡아 2만 년 혹은 3만 년 전부터 사용된 것으로 보인다. 음식을 용기에 담거나 막대에 매달아 운반할 수 있게 되면서 다 같이 모여 식사를 하는 것이 가능해졌고 규모의 경제도 어느 정도 누릴 수 있게 됐다. 협업을 하지 않는 침팬지는 하루 시간의 70퍼센트를 먹을 것을 찾는 데 써야 하지만 인간은 하루에 한두 시간만으로도 충분히 먹을거리를 구할 수 있었을 것이고, 따라서 문화적인 것들을 추구할 시간을 가질 수 있었을 것이다. 또 고기를 먹는 쪽으로 식습관이 바뀌면서 과일, 채소, 곡물보다 훨씬 더 응축된 형태의 양분도 섭취할 수 있게 되었다. 가축화된 동물은 일종의 천연 용기 역할을 하면서 우유나 혈액을 지속적으로 공급해주었다. 먹을 것을 공동으로 소유하게 되면서 기회가 있을 때 최대한 먹어둬야 할 필요성이 줄었다. 먹을거리를 공유하는 것은 공동체를 강화하는 역할도 했다. 집단에 참여해야 가축을 더 쉽게 관리할 수 있었고 고기가 상하지 않도록 건조, 염장, 훈제하는 일도 더 용이하게 할 수 있었기 때문이다.

음식의 부패는 인간이 겪은 최초의 거대 미스터리 중 하나였을 것이다. 사람들은 여러 가지 시도를 통해 부패를 막는 다양한 방법을 알아냈을 것이고, 그렇게 발명된 기법들은 인간이 이룩한 가장 위대한 발명으로 꼽기에 손색이 없다. 부패를 막는 효과적인 기법들은 미생물이 음식을 상하게 한다는 사실이 밝혀지기 훨씬 전부터 이미 많이 알려져 있었다. 아마도 시행착오나 우연으로 발견되었을 것이다. 신석기시대 사람들은 고기와 과일을 꿀, 엿당(발아한 보리에서 나온다), 만나manna(타마리스크에 기생하는 곤충을 통해 분비되는 식물 분비액으로, 당분 등이 들어 있다), 소금, 메이플 시럽 등에 절이면 오래 보존할 수 있다는 것을 알게 됐다. 이런 기법들은 음식을 부패시키는 박테리아나 이끼가 자라는 속도를 늦춰주었다. 포도, 과일, 곡물의 당분을 발효해서 얻을 수 있는 식초도 박테리아의 성장을 방해했다. 차갑거나 건조한 환경도 비슷한 역할을 했다. 음식 보존에 사용된 방법은 기후대와 지역에 따라 각기 달랐다. 사막에서는 고기를 길게 찢어 햇볕에 말렸다. 노르웨이 사람들은 생선을 바람에 말렸다. 철기시대 스코틀랜드 사람들은 버터, 고기, 옥수수 종자를 땅에 묻었다. 서양에서는 흔히 우유를 응고해 치즈를 만들었고, 동양에서는 생선을 소금에 절여 발효시켰다. 요구르트, 치즈, 젓갈, 피클, 베이컨, 햄, 각종 빵, 다양한 종류의 술 등 오늘날 우리가 먹는 음식 중 많은 것이 먹을거리의 '저장 수명shelf life'을 늘리려던 위와 같은 노력들에서 나왔다. 먹을거리 자체가 용기로 쓰이기도 했다. 중세 유럽에서는 고기와 야채를 보관하기 위해 빵을 항아리로, 버터를 밀폐제로 사용했다. 영국 농부들은 양념한 고기와 야채(양파, 잘게 썬 순무, 당근 등)로 속을 채운 코니시 패스티cornish pasty(영국 콘월 지방의 파이)나 두꺼운 빵 껍질 속에 잼을 넣은 음식을 점심으로 먹었다. 고기나 과일을 넣은 파이의 빵 껍질도 비슷한 역할을 했다.[2]

THEBAN GLASS-MAKERS.

그림2.1 유리를 불고 있는 고대 이집트의 장인들.

하지만 훨씬 옛날에는 무엇보다도 도기陶器가 음식을 담고 보관하
는 데 가장 효과적인 도구였다. 토기 항아리와 장식품의 기원은 적어
도 2만 5,000년이나 3만 년 전으로까지 거슬러 올라가지만, 흙으로 만
든 용기의 질이 급격히 좋아지고 양 또한 획기적으로 증가한 것은 기
원전 6000~4000년에 근동 지방에서 물레기 발명된 뒤였다. 물레는
도시 형성 과정에서 특징적으로 나타나는 물건이다. 한편 유리는 메
소포타미아에서 기원전 3500년에 발명됐고 기원전 1500년경에는 이
집트에서도 널리 생산됐다. 유리는 탄산칼륨이나 소다회灰(나무나 해초
의 재에서 나온다), 실리카silica(모래에서 흔히 나온다), 그리고 더 나중에 강
도를 높이기 위해 쓰이게 되는 석회석과 같이 쉽게 구할 수 있는 물질
로 만들 수 있었다. 처음에는 녹인 실리카를 끈 모양으로 만든 뒤 빙
빙 돌려 쌓아 유리그릇을 만들었고, 기원전 1200년 즈음부터는 녹인
유리를 주형틀에 부어 유리그릇을 만들었다. 불어서 만드는 유리 용
기 제조법은 기원전 27년에서 기원후 14년 사이에 시리아에서 발명됐
는데, 이로써 스며들거나 새지 않는 유리 튜브 용기, 즉 유리병을 만들
수 있게 됐다. 유리 제조 기술은 로마 제국이 멸망하면서 유럽에서는

우리를 중독시키는 것들에 대하여

잊혔지만, 이슬람권에서는 계속 보존됐고, 이탈리아 르네상스 시기에는 유럽에서도 되살아났다.[3]

초기의 용기가 그렇게나 중요했던 이유는 무엇일까? 우선 용기 덕분에 사람들은 반영구적인 정착촌을 꾸릴 수 있었고 그로써 먹을 것을 구하기 위해 끊임없이 이동해야 할 필요가 없어졌다. 여기서 흥미로운 사실 하나는 그릇이 농경보다 먼저 생겨났으며 처음에는 실용적인 목적으로 만들어진 것도 아니었다는 점이다. 몇몇 고고학 증거들에 따르면 초기의 항아리는 조상의 유해遺骸를 담기 위해 사용된 것으로 보인다. 또 그릇은 인간이 인공적인 거처 안에 스스로를 '담는' 정착 과정의 일부였다고도 볼 수 있다. '주거지'라는 '용기'에 인간이 스스로를 담는 과정은 대체로 가축을 키우고 작물을 재배하는 것이 일상화되기 전에 발생했고, 이는 농경과 축적을 촉진해 정주定住 생활과 용기화를 더 발달시켰다.[4]

음식을 담는 용기의 발명은 특권 계층이 생겨날 수 있게 했고, 점차 음식을 모으고 보존하는 활동이 갖고 있던 공동체적 속성을 약화시켰다는 점에서도 중요성을 갖는다. 루소Rousseau가 언급했듯이, 잉여물을 보관할 수 있게 되면서 사유재산이 생겨났고, 가장 생산성이 높은 땅과 가장 많은 잉여물을 통제할 수 있는 사람이 특권을 갖게 됐다. (프루동Proudhon 같은 아나키스트들의 주장과는 달리) 꼭 정복이나 약탈을 통해서만 권력이 생겨난 것은 아니다. 그보다는 공동의 저장물, 특히 먹을거리의 배분을 관리·감독하는 역할에서 권력이 생겨났다고 보는 것이 더 타당한 설명으로 보인다. 물고기, 순록, 씨앗 등을 사냥하고 채집하며 살아가던 이들이 집단으로 조직되면서 먹을거리를 말리고 저장하는 일을 더 효율적으로 할 수 있게 됐다. 야심 있는 사람들은 그러한 잉여물, 그리고 잉여물의 존재를 가능케 한 집단의 통제권을 두고 경쟁을 벌였을 것이다. 그리고 공동의 축제나 위기 상황을 대비해 저장해둔 먹을거리를 관리하고 통제하는 역할을 계기로 권력과 특권이 결합했을 것이다.

그러나 희소성과 불안정성이 점점 줄면서, 특권 계층은 개인적인 욕구를 충족하거나 특권을 과시하는 수단으로도 잉여물을 사용하기 시작했다. 여기에서도 용기는 매우 중요한 역할을 한다. 특권 계층은 예술품, 구슬, 장식품 등과 더불어 항아리와 토기를 자신의 권위를 내보이고 호의를 베푸는 데 종종 활용했다. 축제는 잠재적인 연합 세력에게 강렬한 인상을 줄 수 있는 기회이기도 했는데, 화려하게 장식된 병과 항아리가 이런 자리에 종종 전시됐고 이는 유리와 도기의 수요를 더 증가시켰다. 도기와 유리가 명예를 과시하는 수단이 될 수 있었던 것은 그것들이 굉장히 많은 노동력을 필요로 하는 물건이었기 때문이다. 도기를 빚는 데는 전문 장인 기술을 가진 노예들이 동원됐다. 이후 도기와 유리 용기가 더 널리 쓰이게 되자 상류층이 권력을 드러내는 수단은 금, 보석, 모피 같은 새로운 물건으로 옮겨갔다.[5]

귀족들이 무역을 독점해 멀리서 들여 온 물품들을 통제할 수 있게 되면서 특권 계층의 지배는 더 강화됐다. 가령 원거리에서 제조된 포도주를 구하려면 특권 계층이 아니고서는 접근할 수 없는 사회적 네트워크가 필요했다. 새롭게 부상한 귀족들은 경쟁적으로 향연과 증여贈與 행사를 벌이고 비장품備藏品을 축적했다. 이러한 경쟁은 자원의 통제를 두고 전쟁이나 불화를 야기하기도 했지만, 더 정교한 용기가 개발되는 데 기여하기도 했다.[6]

공동체의 축제는 물론 사라지지 않았지만 특권을 과시하려는 경향은 배타적이고 사적인 쾌락의 추구를 더 강화시켰다. 도기는 19세기 후반에 병과 캔이 널리 퍼지고 나서야 부유층의 전유물이라는 성격을 잃었다(그때까지 가난한 사람들은 물건을 그냥 쌓아두고 쓰거나 구덩이에 보관했으며, 그렇지 않으면 흔한 질항아리나 나무통을 사용했다).[7]

초기의 용기화는 또 다른 영향도 낳았는데, 이는 이 책의 주제와 특히 밀접하게 관련이 있다. 항아리와 그릇은 음식을 익히고 섞어서 먹을 수 있게 함으로써 "자연에 존재하지 않는" 감각 경험을 새로이 만들어냈다. 일찍이 클로드 레비스트로스Claude Levi-Strauss는 '조리'가 자연과 문화를 가르는 가장 근본적인 행위라고 언급한 바 있다. 불을 사용하는 능력은 마이클 폴란Michael Pollan이 "잡식 동물의 딜레마"라고 부른 현상을 낳았다. 먹을 수 있는 동식물의 범위가 너무나 넓어져서 그 많은 것 중에 무엇을 먹어야 할지 고민하는 상황에 빠졌다는 것이다. 조리는 재료에서 독소를 없애주었을 뿐 아니라 음식이 소화가 더 잘 되게 만들어주기도 했는데, 이는 소나 양처럼 길고 복잡한 소화기관을 가진 동물에게는 필요치 않은 이점이었다.[8] 재료를 불에 직접 대고 익히는 것은 '조리'라는 문화적 행위의 가장 간단한 형태일 것이다. 그런데 용기는 조리의 수준을 이보다 한 차원 더 높여서 인류 역사상 최초로 끓이고, 볶고, 굽는 것을 가능하게 했다. 이러한 조리 기법들은 토기가 나오고 나서 오래 지나지 않아 발명됐을 것이다. 토기로 된 조리 도구 중 가장 오래된 것은 일본의 조몬Jōmon 토기로, 그 유래는 기원전 13000년으로 거슬러 올라간다. 비슷한 기법들이 1만 2,000년 전에서 6,000년 전 사이에 중국에서 근동으로, 그리고 유럽으로 전해졌다. 조리 도구(와 끓이고 굽는 먹을거리)는 대체로 여성이 발명했을 것이라고 보는 인류학자들도 있는데, 확실한 가설인지는 알 수가 없다.

확실히 알 수 있는 것은 용기에 담아 익히는 조리법이 생기면서 전에는 먹을 수 없었던 많은 종류의 씨앗, 식물, 과일, 조개, 달팽이 등을 먹을 수 있게 됐을 뿐만 아니라 그것이 맛있어지기까지 했을 거라는 점이다. 또 고기를 불에 직접 굽지 않고 용기에 넣어 조리하면서 육즙을 버리지 않게 되어 그 국물을 다른 요리에 사용할 수 있게 됐고 여기에서 국과 죽이 생겨났으리라는 점도 분명하다. 용기에 넣어 조리하는 기법들은 점차 전 세계로 확산됐다. 한편 중세 유럽의 귀족들이 사냥감을 불에 직접 구워 먹으면서 전사이자 사냥꾼으로서의 담력과 권력을 과시하려 한 데서 볼 수 있듯이, 옛 시절로 회귀한 듯한 모습이 나타나기도 했다.[9] 오늘날의 야외 바비큐 등에도 이런 관습이 어느 정도 남아 있다고 볼 수 있다.

그리고 우리는 고대 농경 사회에서 사냥과 목축이 원시적이거나 뒤떨어진 것으로 치부되곤 했다는 점도 확실히 알고 있다. 농경 문명(이자 용기 문명) 사회였던 고대 그리스와 로마에서 작가들은 불에 직접 구운 고기와 동물의 젖에 의존하는 "야만인들"을 비웃곤 했다. 《일리아드Iliad》와 《오디세이Odyssey》에는 "빵을 먹는" 문명인이 영예롭게 묘사되어 있다. 4,000년 전에 쓰인 메소포타미아의 서사시 《길가메시Gilgamesh》에도 날것을 먹는 "미개인"에게 한 여성이 빵과 발효한 빵(맥주)을 주자 그가 "인간"이 되었다는 이야기가 나오는데, 빵과 맥주를 만들려면 용기에 넣어 가열하는 과정이 필요하다.

우리를 중독시키는 것들에 대하여

튜브 속으로 들어간 희열

조리의 연장선에서, 상하기 쉬운 자연(주로 곡물)을 발효시켜 술로 만드는 기법도 생겨났다. 술은 수확한 뒤에 식물이 부패한다는 사실을 가장 영리하게 활용한 발명품이라 할 만하다. 오늘날에는 끓인 맥아에 이스트를 넣고 발효를 시켜서 맥주를 만들지만, 최초의 맥주는 오래 방치해둔 곡물을 우연히 맛본 행복한 경험에서 나왔을 것이다. 홉이 첨가된 것은 훨씬 나중(중세)의 일로, 그렇게 해서 안정적이고 톡 쏘는 맛도 얻을 수 있게 됐다. '맥麥주'를 빚는 데는 밀, 귀리, 호박, 심지어는 아티초크나 옥수숫대(식민지 시대 북미에서 흔했다) 같은 여러 가지 씨앗과 곡물이 쓰였다. 주로 빚는 술의 종류는 지리와 기후에 따라 차이가 있었다. 와인은 고대 세계에서 중요한 무역 상품이었다. 맥주와 달리 특화된 양조 중심지에서부터 비교적 쉽게 운송, 저장될 수 있었기 때문이다. 와인은 자그로스Zagros 산맥에서 이르게는 기원전 5400년에 등장했으며, 조지아Georgia에서는 이보다도 일찍(기원전 7000년경) 나타난 것으로 보인다. 기원전 3000년에는 이집트로 전파되었고, 고대 그리스 제국들의 경제에서 빠질 수 없는 품목이 되었다. 그리고 기원전 5세기에는 암포라amphora(양 손잡이가 달리고 목이 좁은 항아리)에 담겨 배를 통해 프랑스 남부 연안에 닿았다.[10]

와인을 발견한 것은 그리 어려운 일이 아니었을 것이다. 포도 껍질에 자연적으로 생기는 이스트가 포도의 당분을 알코올로 변화시키므로, 포도나 포도즙을 항아리에 한참 방치해두어 본 사람이라면 누구든 이 변화를 알아챌 수 있었을 것이기 때문이다. 나중에 양조가들은 필요한 미생물을 종균 배양해 와인의 발효 속도를 높이는 법도 개

발했다.[11]

오늘날 우리는 알코올이 (식품용이라기보다는) 여흥용 물질이라고 생각한다. 하지만 알코올의 의례적이고 '영적인' 측면(즉 비식품적인 측면)은 어원에서 벌써 드러난다. 알코올alcohol이라는 단어는 아랍어로 '영혼'을 뜻하는 '구울ghoul'에서 나왔으며 영어 단어 '스피릿spirit'은 '영혼'과 '독주'라는 뜻을 둘 다 가지고 있다. 하지만 대부분의 인간 역사에서 술은 기초적이고 필수불가결하기까지 한 '식품'이었다. 인류학자 마이클 디틀러Michael Dietler는 농경에서 생산된 곡물의 15~30퍼센트는 발효 음료에 쓰였을 것이라고 추산한 바 있다. 영어에는 '취하다'라는 뜻을 가진 표현이 수백 가지나 되는데, 이러한 언어적 풍성함을 가능하게 한 데는 용기 혁명의 공이 컸다.[12]

곡물과 과일을 발효시키는 기법에 더해, 고대의 화학자들은 증류라는 또 다른 기법으로 감각적 효과를 강화하는 법을 알게 됐다. 자연이 제공하는 지극히 즐거운 감각(가령 달콤한 꽃향기)을 추출하고 보존하는 가장 극명한 사례를 꼽으라면, 허브와 꽃을 병에 담긴 향수로 만드는 것을 들 수 있을 것이다. 향수를 뜻하는 영어 단어 '퍼퓸perfume'의 어원인 라틴어 '파르퓨마레parfumare'는 '연기를 통해서'라는 뜻으로, 종교 의식 등에서 피우던 향이 향수의 기원임을 말해준다. 향수 제조의 핵심은 방향유芳香油의 추출이다. 방향유, 즉 '에센스'는 증발하면서 향을 뿜는 액체로, 초기에는 고대 이집트에서도 쓰던 냉침법을 이용해 추출했다. 냉침법은 라드(돼지기름)나 쇠기름 같은 동물 지방으로 꽃잎을 눌러서 포마드pomade, 즉 향이 나는 기름을 뽑아낸 뒤, 그 기름을 알코올 기반의 용매에 녹여 방향유를 만드는 기법이다. 또 다른 추출법으로는 감귤류의 껍질을 짜서 방향유를 얻는 압착법이 있었다.[13]

그러나 방향유를 추출하는 가장 일반적인 방법은 그때나 지금이나 **증류법**이다. 증류법은 일찍이 고대 그리스와 로마에도 알려져 있었고 중세 아랍의 연금술사들에 의해 더 발전했으며 살레르노Salerno(이탈리아 남서부)를 경유해 중세 유럽에도 들어갔다. 중세의 증류소가 갖추고 있던 전형적인 증류기를 보면, 우선 밀폐할 수 있는 가열로가 있어서 여기에 식물 원료와 물을 넣게 되어 있고, 뚜껑에는 거위목 형태의 관이 달려 있다. 그리고 그 관은 다시 긴 냉각용 관으로 연결된다. 가열로의 원료를 끓이면 내용물의 각 성분이 끓는점에 따라 각기 다른 속도로 기화氣化되고, 그 증기가 관을 따라 이동하다 식으면서 차례로 응결돼 액체 상태의 방향유가 나오게 된다. 오늘날 석유 정련 공장에서 원유를 분리하는 방식과 비슷하다고 보면 된다. 방향유와 수분은 각기 다른 속도로 응결되므로 증류법을 이용하면 (수분이 제거된) 비교적 순수한 상태의 방향유를 얻을 수 있었다. 이렇게 추출한 방향유는 병에 담을 수 있었고, 필요에 따라 판매할 수도 있었다.

행복한 우연으로, 증류는 와인을 브랜디로 바꾸는 데도 사용될 수 있었다. 알코올은 물보다 낮은 온도에서 기화하기 때문에 와인을 증류하면 도수가 더 높은 독주를 추출할 수 있다. 이스트는 15도이상의 알코올에서는 견디지 못하기 때문에 와인은 15도보다 독하게 발효시킬 수 없다. 이 점에서 증류는 매우 놀라운 기법이었다. 반복해서 증류를 하면 알코올 도수를 임의로 높일 수 있는데, 이는 자연 발효로는 넘을 수 없었던 한계를 깨뜨리는 일이었기 때문이다. 증류된 와인에는 불도 붙일 수 있었다. 그래서 이 술은 독일어로 '불에 태운 와인'이라는 뜻을 가진 '브랜디'로 불리게 되었다.

14세기의 유럽인들에게 증류는 너무나 마법 같고 초자연적인 일이었다. 따라서 그들은 정제 향수와 독한 증류주를 귀한 의약품으로 사용했다(비슷한 이유로 설탕과 향신료도 의약품으로 사용했다). 브랜디는 '생명수'라는 뜻의 '아쿠아비타aqua vitae'라고도 불렸으며 약재상이 판매했다. 약재상들은 브랜디가 우울증부터 흑사병까지 오만가지 병을 낫게 한다고 주장했다. 빅토리아시대 미국에서는 술을 마시지 않는 가정에서도 "혼절을 일으키는 저주"가 왔을 때 응급약으로 쓰기 위해 위스키를 보관해두었다.[14]

아랍 무역상들이 대서양 제도에서 사탕수수를 재배하게 되면서(4장 참조) 증류는 더 널리 퍼졌다. 17세기 중반에는 열대 지방의 사탕수수 농장주들이 당밀(설탕 정제 과정에서 나오는 부산물)을 증류해 '럼불리온rumbullion(야단법석, 소란 등을 뜻하는 단어 '브롤brawl'의 속어 표현)'을 만들었다. 줄여서 '럼rum'이라고 불렸던 이 싸고 새로운 증류주는 영국과 영국의 식민지에서 브랜디를 밀어내고 취기를 빠르게 일으키는 대표적인 술로 자리 잡았다(알코올 도수가 48도 정도였다). 발효 곡물을 증류해 주니퍼베리로 향을 낸 진은 17세기 초에 네덜란드에서 생겨나 30년 전쟁 중에 영국 군인들에게 공급되면서 영국으로 들어왔다. 사과주로 만든 칼바도스calvados, 체리주로 만든 키르시kirsch 등 과일 기반의 증류주도 있었다. 한편 독립혁명 이후에 미국은 발효한 곡물로 싸게 만들 수 있었던 위스키를 특화했다. 그 혁신을 촉진한 것은 처치 곤란하던 옥수수였는데 이는 일종의 폐품 처리였다고도 볼 수 있다. 1820년대 오하이오 밸리에서 과잉 생산된 옥수수를 '농축 옥수수', 즉 위스키와 돼지고기(즉 사료)의 형태로 처치한 것이다. 미국인들은 옥수수 농업이 폭발적으로 성장하기 전인 1790년에도 평균적으로 오늘날보다 두 배나 많은 술을 마셨다(15세 이상의 미국인 1명이 1년에 마시는 술이 평균 약 6갤런이었다). 이 시기의 미국에서는 사과도 상당량이 사과주를 빚는 데 쓰였고, 사과주 중 일부는 증류되거나 냉동되어(수분을 얼음으로 분리해서 독주를 얻는다) 애플잭applejack이라는 독주가 되기도 했다.[15] '조니 애플시드Johnny Appleseed〔미국인 묘목상으로 본명은 조니 채프먼Johnny Chapman이다. 사람들에게 사과 묘목을 나눠주며 사과를 전파해 애플시드라는 별명을 갖게 됐고, 그런 이야기가 디즈니 애니메이션으로도 제작됐다〕가 나눠준 묘목에서 수확된 사과의 대부분이〔디즈니 만화에서는 주로 그냥 먹는 용도로 소비됐지만〕 사실 술의 원료로 쓰였다.

각종 술의 발명에 들어간 창조적인 에너지는 놀라울 정도다. 와인, 곡물, 과일 등의 찌꺼기로 술을 만들던 유럽 농민들은 1800년경 감자를 증류하면 독주를 더 싸게 만들 수 있다는 사실을 알게 됐다. 이렇게 해서 감자 슈냅스schnapps가 집에서 빚은 맥주를 몰아냈다. 맥주가 다시 인기를 끈 것은 19세기 말경으로, 이 무렵은 대규모 맥주 공장들이 전통적인 짙은 색의 에일ale 맥주 대신 밝은 색의 '라거lager' 맥주(에일보다 더 낮은 온도에서 발효시킨다)를 대량생산해서 점점 증가하는 도시 인구에게 판매하고 있을 때였다.[16]

브랜디, 럼, 위스키 모두 아주 오랜 기간 보관할 수 있었고 오래 묵히면 심지어 풍미가 더 좋아졌다. 또 증류주는 와인이나 맥주보다 싸고 운반도 쉬워서 국제 교역 물품으로도 많이 쓰였다.[17] 럼과 브랜디는 점점 더 조직화, 규율화 되어가던 17, 18세기의 군대에도 도움이 되었다. 도수가 높은 술은 빠르게 취기를 일으키기 때문에 빨라지는 군 생활의 페이스와 군 복무의 위험(과 만성적인 지루함)에 번갈아 대처하는 수단으로도 유용했다. 압생트absinthe도 그런 사례였다고 볼 수 있다. 쓴쑥풀(아르테메시아 압신티움Artemisia absinthium)을 증류해 만든 술인 압생트는 아프리카에 식민지 전쟁을 나갔던 프랑스 군인들이 들여왔고,

1850년이 되면 파리의 보헤미안들이 즐겨 마시는 술이 된다. 값이 제일 쌌기 때문에 가난한 사람들이 즐겨 찾는 술이기도 했다. 그러나 압생트('초록 요정'이라는 뜻의 '라 페 베르트la fée verte'라고도 불렸다)가 간질, 결핵, 정신이상, 범죄, 심지어 인체의 자연 발화까지 일으킨다는 주장이 제기되면서, 많은 나라에서 금지됐다(미국에서는 금주법이 실시되기 8년 전인 1912년에 압생트가 금지됐다).[18] 그런 부작용은 대부분 가짜 술이 일으킨 문제였다.

향정신성 물질의 소비는 '장기의 18세기'(1660~1820)에 급격히 증가했다. 이때는 유럽인들이 (식민지 미국인들도) 전 세계에서 향정신성 물질들을 긁어모으고 또 생산하기 시작한 시기였다. 두드러진 사례로 진을 꼽을 수 있는데, 18세기 영국에서는 전염적이라 할 만큼 많은 인구가 진을 소비했다. 1684년에 영국에서 소비된 진은 50만 리터 정도였는데 1737년에는 500만 리터로 증가했다. 비슷한 소비 급증이 나른 향정신성 물질에서도 나타났다. 당밀로 만드는 럼은 물론, 카페인, 설탕, 니코틴의 소비가 중동, 아시아, 아메리카에서 많고 적은 중독을 일으키면서 급증했다. 향정신성 물질들은 축제, 야외극, 종교 의례 등 지배 계층이 대중의 행동과 분위기를 통제하는 방편으로 활용했던 사회적 행사와 활동들을 대체하기도 했다. 과거에 사람들은 종교 의례나 절기에 따른 공동체적 축제 문화를 통해서 희열과 도취를 경험했지만, 장기의 18세기를 거치면서는 도취의 사회적 양상이 병에 담긴 환각제를 알아서 처방하는 방식으로 달라졌다.[19]

자연에서 향정신성 물질을 찾아내 정제하는 기술은 물론 이미 오래전부터 알려져 있었다. 아편 양귀비의 신비로운 능력은 인도부터 중부 유럽까지 여러 지역에서 각기 독자적으로 발견된 것으로 보이는데,

가장 이른 기록은 기원전 1600년경 유럽에서 찾아볼 수 있다. 양귀비의 영양가 높은 씨앗과 기름은 3,000년 가까이 뱃사람, 농부, 노동자들이 기아, 피로, 고통, 지루함을 완화하는 데 도움을 주었다. 하지만 발효주를 증류해 독주로 만드는 것은 아주 일찍 시작된 반면 양귀비에서 모르핀이라는 강력한 알칼로이드를 분리해낸 것은 1803년이 되어서였다. 이것은 독일 약재상 프리드리히 제르튀르너Friedrich Sertürner의 업적으로 실로 의학상의 위업이라 할 만했다. 의사들은 아편의 용량을 정확히 계량할 수 있게 돼 더이상 환자의 고통을 줄이기 위해 위험할 정도로 많은 양의 아편을 줄 필요가 없어졌다. 모르핀은 화학적으로 순수한 물질이어서 양을 측정할 수 있었고, 물에 녹기 때문에 소화기관에 부작용을 주지 않으면서 빠르게 효과를 낼 수 있었다. 하지만 상상의 증상이건 실제 증상이건 할 것 없이 온갖 증상에 모르핀이 남용되면서 (심지어 의사들도 모르핀을 남용했다) 중독도 더 많이 발생했다. 독일 총리였던 오토 본 비스마르크Otto von Bismarck도 모르핀을 불면증과 소화불량을 치료하는 데 사용했다고 한다.[20]

향정신성 물질의 강도를 한 차원 더 높인 것은 피하주사기였다. 유리관이나 금속관에 바늘을 달아 주입량을 조절한다는 아이디어는 이미 9세기에 이슬람의 외과의사 알자라위Al Zahrawi가 저서 《키타브 앗-타스리프Kitab At-Tasrif》에서 제시한 바 있는데, 그는 이 장치를 백내장 치료에 사용했다.[21] 1760년에는 유럽의 내과 의사들이 인체에 약품을 주입하는 데 속이 빈 바늘을 사용하기 시작했다(처음에는 종기나 뽀루지처럼 피부 위로 돌출돼 자라는 부분들에 사용했다). 하지만 결정적으로 중요한 발명한 1853년 프랑스인 샤를 가브리엘 프라바즈Charles Gabriel Pravaz가 발명하고 영국인 알렉산더 우드Alexander Wood가 대중화시킨 피하주사기였다. 피하주사기에는 찔러도 피부를 상하게 하지 않을 만큼 가는 바늘이 달려 있었고, 주사기를 이용하면 정확한 용량의 화학물질을 혈관에 직접 투입할 수 있었다. 이후 눈금 표시, 유리 피스톤, 플런저, 더 가는 바늘 등이 추가로 발명되면서, 병원과 보건소에서 주사기를 널리 이용하기 시작했다. 그리고 한참 뒤인 1956년에 플라스틱 주사기가, 1974년에 일회용 주사기가 등장했다.[22]

혈관을 뚫고 들어간다는 게 두렵기는 했지만 진통제를 몸에 흡수시키기에는 주사기가 알약이나 약을 술에 섞어 마시는 등의 다른 방법들보다 훨씬 나은 방법이었다. 주사기를 이용하면 약물이 혈액에 직접 들어가 효과가 빨랐고, 주입된 약물이 소화기관에 부작용을 일으키는 일도 없었다. 한편 모르핀은 주사기로 혈액에 직접 주입되지 않는 한 중독성이 크지 않다. 그런 점에서 '바늘을 쓴다'는 말이 부정적인 이미지와 함께 모르핀을 연상시키게 된 것은 놀랄 일이 아니었다. 1880년대에 모르핀을 주사로 주입하는 것이 모르핀 중독과 관련 있다는 사실이 알려지자, 의사들은 의사들만이 주사기를 다룰 수 있게 해야 한다고 주장하기 시작했다. 화학적 효과를 내는 고통 완화제(이자 쾌락 증강제)인 모르핀 사용의 급증은 도덕적 우려와 공포를 불러일으켰으며, 특히 주사기는 들키지 않고 남몰래 사용할 수 있는 도구였기 때문에 더 큰 우려를 샀다. 그렇긴 하지만 의학이 발달하면서 주사기는 점점 더 많이 사용됐고 1880년대에는 항독소와 백신이 널리 사용되면서 더 많이 쓰이게 되었다. 주사기가 이렇게 다양한 용도로 사용되자 사람들은 주사기에 대해 도덕적으로 양가적 감정을 갖게 되었는데, 이는 오늘날에도 마찬가지다.[23] 한편 종이담배도 니코틴을 폐에 직접 주입하는 효과를 낸다는 점에서 주사기와 비슷하다고 볼 수 있다

(이 내용은 3장에서 상세히 다룬다).

통조림, 우유 팩, 콜라 병의 등장

튜브화 기술은 산업혁명으로 완전히 새로운 단계에 올랐다. 오늘날 값싼 병, 양철 깡통, 금속 탄피, 치약, 헤어크림, 립스틱, 종이담배가 없는 세계를 상상하기란 쉽지 않다. 그리고 이 모든 것이 19세기에 등장했다. 당시 튜브화는 어쩌면 불가피한 추세였을지도 모르겠다. 튜브는 물질을 담고 보존하기에 매우 효율적인 방법이었고 오랜 세월 이뤄져온 용기 혁명의 정점이라고 할 만했다. 또한 튜브는 음료, 치약, 부순 담뱃잎처럼 액체나 연고 형태, 혹은 흩어지기 쉬운 형태의 원료를 담아두었다가 분절적으로 내보낼 수 있게 해서 제조 공정에 규모의 경제를 가져다줬다. 그런 원료들은 제조에 쓰이는 튜브를 거쳐 소비에 쓰이는 튜브로 들어갔다.

사실 튜브 형태의 상품을 대량생산하게 된 것 자체가 기계화의 결과였다. 1770년대 이후 수차水車를 몰아낸 증기기관은 회전 동력 기계의 혁명을 일으켜 선반, 드릴, 착공기 등의 사용을 널리 확산시켰다. 이런 기계들은 다시 주형기나 절삭기, 롤러나 파이프 같은 튜브형 생산 장비들을 만드는 데 사용됐다. 이런 장비들은 현대적인 제조업의 핵심이었다. 이들 중 어느 것도 카메라나 축음기처럼 감각적이거나 시각적이지는 않지만 튜브화 혁명은 매우 인상적인 기술 발전임에 틀림없으며, '연속 공정' 생산을 가능하게 했다는 점에서 특히 중요성을 갖는다. 회전 동력 기계를 장착한 공장들에서는 기계의 동작이 쉼 없이 이어지면서, 롤러, 스프링해머, 캠 금형 등에 의해 모양이 잡힌 제품들이 컨베이어벨트와 미끄럼대를 타고 계속해서 이동했다. 1880년대 초 무렵이면 이렇게 새로운 방식으로 조직된 기계 장비들이 제조 공정을 거의 전부 자동화해 인간의 노동력이 대체로 (연구개발, 마케팅, 판매 기능과 함께) 유지보수 기능으로만 축소된다.

하지만 연속 공정이 완벽해지기까지는 시간이 좀 더 걸렸다. 가령 1880년대 말까지도 금속 평판을 원통형 깡통으로 만드는 데 필요한 밀봉 작업을 기계화하는 방법을 알아내지 못했고 이는 한동안 튜브화 혁명의 속도를 늦추는 요인으로 작용했다. 하지만 연속 공정에 필요한 다른 요소들은 19세기 중반이면 거의 다 발명되어 있었다는 점도 잊지 말아야 한다. 헨리 브라운Henry Brown이 1868년에 펴낸《507가지 기계의 움직임507 Mechanical Movements》에는 수차와 증기기관으로 작동시키는 수많은 기계의 움직임이 그림과 함께 나와 있다. 이후 두 세대 동안 기계공과 발명가들은 이러한 (그리고 더 많은) "기계의 움직임"들을 결합해 소비재를 제조하는 복잡한 기계들을 무수히 만들어냈다. 그리고 1900년경에는 원료를 절삭, 성형, 봉인하는 제조 과정이 연속적으로 이뤄질 수 있게 되면서 담배, 병 음료, 통조림 등 용기에 담긴 소비재의 제조 속도가 엄청나게 빨라졌다.[24]

이 혁명의 첨단에 있었던 것 중 하나는 깡통이었다. 깡통은 유리를 불거나 물레로 흙을 돌려서가 아니라 금속판을 원통형으로 말아서 만든 획기적인 용기였다. 전쟁은 탄약포의 튜브화를 촉진하기도 했지만(대포, 총, 탄피 등) 통조림의 발달에도 영향을 미쳤다. 1792년부터 1815년까지 프랑스의 혁명군과 유럽의 왕가들 사이에서 벌어졌다가 나폴레옹의 패배로 막을 내린 일련의 전쟁이 통조림 혁신의 주된 촉매였다. 먼 곳에 오래 주둔해야 하는 군인에게 식량을 공급할 방법을 찾기 위해서, 1795년에 프랑스 정부는 비용이 적게 들면서 간편하게 휴대할 수 있고 효과적으로 음식을 보관할 수 있는 방법을 개발하는 사람에게 1만 2,000프랑의 상금을 걸었다. 엉뚱한 제안서도 많이 쏟아졌지만 1809년 니콜라스 아페르Nicolas Appert가 병조림 법으로 이 상금을 따냈다. 통조림의 아버지로 불리는 아페르는 과일, 야채, 계란, 고기, 생선 등을 끓여서 입구가 넓은 유리병에 넣고 코르크로 밀봉하는 병조림 법을 개발했다. 그렇게 하면 음식이 몇 달, 심지어 몇 년까지도 상하지 않았다. 이 간단한 해결책은 말리거나 소금에 절이는 전통적인 음식 보존 기법의 대안을 찾으려던 아페르의 노력이 거둔 성과였다. 전통적인 보존 방식은 음식을 너무 질기거나 거칠게, 혹은 신맛이 나게 만드는 문제를 가지고 있었다.[25] 아페르의 발명품은 비용이 많이 들었기 때문에 나폴레옹의 출정 때는 빛을 발하지 못했다. 하지만 1801년에 영국의 피터 듀런드Peter Durand가 깨지기 쉬운 유리병 대신 금속으로 된 캔can(깡통)을 발명했다. '캔'이라는 단어는 대나무처럼 마디가 있는 줄기로 만든 전통적인 통을 일컫는 단어 '캐니스터canister'에서 나온 것이다. 듀런드의 깡통은 녹스는 것을 방지하기 위해 주석을 입힌 철판인 '틴tin(양철)'으로 만들어졌는데, 여기에서 '틴 캔tin can(양철 깡통)'이라는 명칭이 나왔다. 1813년에 듀런드는 항해 중 병이 난 군인들의 식량과 비상식량용으로 고기 통조림을 만들어 영국 해군에 납품했다. 양철 깡통은 탐험가와 장거리 항해자에게 유용했고 유럽 권력자들의 세계 정복을 한층 용이하게 만들었다.[26]

초창기의 깡통은 수작업으로 납땜을 해서 만들었다. 먼저 양철판에서 몸통이 될 사각형 부분과 위아래가 될 동그라미 부분을 잘라

낸 후, 사각형 판을 원통 틀에 대고 구부려 원통 모양을 만들고 옆 솔기와 한쪽 바닥을 납땜해 붙인다. 그리고 열린 쪽으로 조리된 음식을 넣고 다시 뚜껑 부분을 납땜해 붙이는데, 김이 빠져나올 수 있게 작은 구멍을 남겼다가 음식이 식은 뒤에 그 구멍도 납땜으로 막는다. 이런 수작업 방식으로는 숙련된 제조공이라도 하루에 깡통을 60개 정도밖에 만들 수 없었고 연납이 많이 들었다.

미국에서는 1839년부터 통조림을 제조하기 시작했는데, 초창기 통조림 공장은 주로 뉴욕과 뉴잉글랜드 지역에 위치해 있었다. 당시에는 통조림이 비쌌고, 제조업체들이 내용물을 제대로 가열하지 않고 가공하는 경우도 많았기 때문에 형편없는 음식이라는 평판을 얻기도 했다. 또한 통조림 음식은 단순하게 끓이는 것보다 훨씬 더 높은 온도로 가열해야 했는데(특히 산성이 아닌 음식인 경우에 그랬다), 그러면 음식의 맛과 향이 떨어지고 정체를 알 수 없는 덩어리가 돼버리기 십상이었다. 게다가 납땜 과정에서 내용물이 손상되는 경우도 있었고 납 중독의 위험까지 있었다. 더 큰 문제는, 아직 깡통 따개가 없었다! 그래서 군인들은 총검으로, 보통 사람들은 끌로 깡통을 땄다. 1850년대까지도 유럽에서 통조림은 그저 부자들이 한번 사보는 신기한 것 정도로나 여겨졌다.[27]

그러다가 1856년에 미국의 신문업자 게일 보든Gail Borden이 우유에서 물을 증발시키고 설탕을 더해 만든 가당연유를 쉐이커 교도 공동체에서 쓰던 진공 기법을 이용해 깡통에 넣은 제품을 만들면서 통조림 기술을 한층 진전시켰다. 보든은 음식을 응축해서 용기 안에 집어넣는다는 개념에 완전히 매료되어서 이렇게 선언했다. "나는 감자를 칸막이 알약 통에 들어가게 하고 호박을 밥숟가락에 들어가게 할 것

우리를 중독시키는 것들에 대하여

이다."[28] 우유는 상하기 쉬워서 예전에는 생산지에서 멀리 떨어진 곳으로 운반하기 어려웠지만 물기를 날리고 농축시키면 먼 곳으로 쉽게 운반할 수 있었고, 이로써 농민들은 근방을 벗어난 지역에서 판매하기 위해 우유를 치즈로 만들지 않아도 됐다. 또 통조림 업체들은 소금을 첨가해 조리 시에 온도를 높이는 방법도 개발했다. 통조림은 남북전쟁 때 군 식량으로 제공됐다(대부분은 북군에게 제공됐고 내용물은 돼지고기, 콩, 연유 정도였다). 또 보든은 자신의 연유 기계로 부상병용 블랙베리 주스도 만들었다. 1862년에는 캘리포니아산 복숭아, 베리, 토마토가 깡통에 담겨 장교들에게 제공됐다. 통조림 음식에 맛을 들여 돌아온 군인들은 주변에 이 신기한 것을 소개했고 그에 따라 시장이 확대됐다. 통조림은 1874년에 볼티모어의 통조림업자 A. K 슈라이버A. K. Shriver가 압력 살균 솥 특허를 받으면서 기술적으로 한 번 더 도약하는데, 이로써 공정이 더 빠르고 안전해졌다.[29]

기계화된 식품 가공은 계절적인 식품의 수요뿐 아니라 공급도 증가시켰다. 늘어난 수요에 안정적으로 대응할 수 있을만큼 공급량을 확대할 수 있었던 데는 서부가 '열리면서' 곡물과 가축을 생산할 수 있는 땅이 늘어난 것이 결정적인 기여를 했다. 사실 서부가 '열렸다'는 말은 그 과정에서 드러난 폭력성을 많이 미화한 표현이다. 원주민의 강제 이주와 버펄로의 몰살 등이 벌어진 그 과정은 인종주의와 총알(혹은 총기에 사용된 튜브화 기술)에 힘입어 1870년대 말경에 완수되었다. 평원의 원주민은 축산업자와 어마어마한 수의 가축(그리고 밀 농장)에 의해 빠르게 밀려났고, 이 가축들은 모두 고기에 대한 상업적 갈증을 충족시키는 데 들어갔다. 캔자스 주 애빌린에서 끝나는 동서 가축 운송 열차도 시장의 확대에 매우 중요한 역할을 했다. 1867년에는 철로가 애빌린에서 시카고의 육가공 공장으로 이어지는 남북 노선으로 연결되었고, 2년 뒤에는 유타 주에 '골든 스파이크'[유타 주 프로몬토리 서밋에서 동서 철도가 연결되면서 미 대륙 전체를 횡단하는 철도가 완성되었는데 이때 마지막으로 박힌 황금 못을 골든 스파이크라고 한다]가 박히면서 미 대륙의 동쪽과 서쪽이 철도로 완전히 이어졌다. 새로운 철도 시스템 덕에 가축을 효율적으로 운송할 수 있게 됐고, 빠르게 인구가 증가하고 있던 북동부 지역에 육류를 안정적으로 공급할 수 있게 됐다. 이는 현대 미국의 식품 공급망을 형성하는 데 결정적인 역할을 했다.[30]

이 놀라운 일들의 정점에는 냉장 기술의 발달이 있었다. 1879년에 구스타부스 스위프트Gustavus Swift는 살아있는 가축을 배로 운반하는 대신 도축한 고기(무게가 3분의 2나 덜 나갔다)를 드라이아이스로 냉장한 철도 차량으로 운송하기 시작했다. 냉장 칸의 등장으로 시카고의 가축 집산지인 유니온 스톡 야드Union Stock Yards와 육가공 공장들이 미국 육류 소비의 급증에 보조를 맞추는 생산의 중심지가 되었다.[31] 그리고 이제 사람들은 햄버거와 냉육에 대한 욕구와 동물을 도살해야 한다는 암울한 현실을 머릿속에서 분리할 수 있게 됐다. 좋게든 나쁘게든, 상업적인 육가공 덕분에 우리가 먹는 고기를 그것이 살아 있었을 때의 원천에서 도덕적으로 떼내어 생각할 수 있게 된 것이다.

운송이 빨라지고 운송 도중에 식품을 보존할 수 있는 기술이 향상됨에 따라, 예전에는 운송이 불가능했던 먼 지역까지 식품을 나를 수 있게 됐다. 시카고에서 뉴올리언스까지 철도가 확장되면서 중서부 사람들이 겨울에 남부의 과일과 채소를 먹을 수 있게 되었고, 남부 사람들이 북부의 밀, 옥수수, 절인 돼지고기를 먹을 수 있게 되었다. 조지아 주 복숭아가 전국적인 명성을 얻은 것도 1870년대에 남북 철도가 확장되면서 가능해진 일이었다. 캘리포니아 주의 과일은 1869년부터도 철로를 따라 동쪽으로 운송됐으며, 19세기 말이 되면 부유한 사람들만이 먹을 수 있었던 상추처럼 연한 채소도 누구나, 심지어 겨울에도 쉽게 구할 수 있게 되었다. '얼음 상추'는 포장이 쉽고(처음에 얼음을 넣어 포장했기 때문에 이런 이름이 생겼다) 캘리포니아 주에서 동부까지 오랜 시간 기차로 이동해도 별로 손상되지 않아서 상추계의 승자가 되었다. 또 토마토는 어느 계절에도 미국의 어느 지역에선가는 자라기 때문에, 철도가 놓인 뒤부터는 '제철'의 의미가 없어졌다.[32]

그렇긴 해도 이동이나 보관 중에 과일과 야채가 손상되거나 썩는 문제는 완전히 사라지지 않았다. 보존은 막대한 이슈였고 특히 생산지와 소비지의 거리가 멀어지면서 더 심각한 문제가 됐다. 사실 제철이 아닌 음식에 대해 식욕을 떨어뜨리는 것은 그리 어렵지 않았다. 누가 2월에 토마토와 체리와 연한 고기 대신 콩과 파스닙과 말린 고기를 먹겠는가? 그런데 여기에, 통조림과 병조림이 구원자로 등장한다.

깡통 제조는 역사가들에게 받아 마땅한 관심을 받지 못했다. 전통적으로 학계의 관심을 많이 받은 베서머 제강법이나 와트 증기기관 같은 거대 기술과 달리 깡통 제조에서는 기술 변화가 조금씩 점진적으로 생겨났기 때문일 것이다. 깡통의 몸통과 위아래 판이 될 네모와 동그라미를 찍어서 잘라내는 도구는 각각 1847년과 1849년에 나왔고 당연히 특허를 받았다. 밀봉과 납땜은 1850년대에 위아래 판을 녹인 납에 담가 돌려가며 봉하는 작은 탁상용 기계 '리틀 조커'가 나오면서 자동화됐다. 1849년에는 미국인 헨리 에반스Henry Evans가 위아래 판을 찍어서 잘라내고 끝을 구부리기까지 할 수 있는 복합 주형틀을 발명했다. 이런 혁신들이 이어지면서 깡통 제조의 속도와 양이 크게 늘었다. 1860년 500만 개이던 미국의 연간 깡통 생산량은 불과 10년 뒤에는 3,000만 개로 늘어났다. 1870년대 말이면 '리틀 조커'가 땜납 가장자리를 편편하게 고를 수 있도록 개선되면서 두 사람의 노동자가 조수를 거느리면 하루에 1,500개의 깡통을 만들 수 있게 됐다. 이는 깡통 제조공들이 기계에 일자리를 잃지 않기 위해 10년간의 (결국에는 지게 될) 전쟁을 치르는 계기가 됐다. 1880년대에는 여러 개의 뚜껑을 한꺼번에 씌우는 기계, 상표를 붙이는 기계, 양철판을 세로로 길게 자르는 기계, 옆 솔기를 봉하는 '로커' 등 다양한 기계가 발명됐다. 솔기를 봉하는 기술은 깡통 제조 기계화의 발목을 잡은 결정적인 병목 지점이었다. 그러다가 1880년대 초에 시카고의 에드윈 노튼Edwin Norton이 솔기를 접은 후 겉에서 납땜을 하는 기계를 개발했다. 이 방식은 기계 하나의 산출량을 시간당 2,500개로 높여주었다. 그리고 10년 뒤에 나온 더 개선된 기계로는 시간당 6,000개의 깡통을 만들 수 있었다.[33]

물론 깡통이 성공하려면 편리한 깡통 따개가 있어야 했다. 깡통 따개도 실용적인 중요성에 비해 주목을 받지 못한 발명품 중 하나다. 열쇠 모양의 따개로 돌려가며 뜯어내는 '개봉띠'는 1866년에 나왔으며 지금도 정어리 통조림 등에 쓰이고 있다. 그리고 1875년에는 우리에게 익숙한 '쐐기로 구멍을 뚫는' 깡통 따개가 등장한다.

하지만 깡통 제조 공정을 가장 획기적으로 발전시킨 것은 이른바 '위생 깡통'의 발명이었다. '위생 깡통'은 1905년경에 기술 개발이 마무리됐는데, 여기에 쓰인 '이중권체' 방식은 깡통을 완벽하게 밀봉시켜 납땜을 거의 필요 없게 만들었다. 이 공정은 (역시 기술사학자들은 별로 주목하지 않았지만) 실로 산업공학의 경이라 할 만했다. 설명을 하자면, 우선 네모낳게 자른 양철판을 주형틀에 둘러 원통형으로 구부린 뒤

만나는 부분을 '이중 솔기'(양 손끝이 서로를 감싸 쥐도록 두 손을 마주잡을 때처럼, 솔기
의 만나는 부분이 서로를 감아 조이도록 해서 봉하는 방식. 그림2.2의 맨 위에 있는 그림을 참고하라)
로 처리한다. 그 다음에 위아래 가장자리를 롤러로 밀어 끝이 바깥쪽
으로 펴지게 한다. 그 위로 동그란 판을 덮는데, 가장자리를 구부려 덮
개의 가장자리가 원통의 가장자리를 감싸도록 하면서 아래로 단단히
눌러 카운터싱크(덮개 면이 원통 끝보다 약간 움푹 들어간)가 생기도록 한다. 마지
막으로 카운터싱크 위쪽의 가장자리를 조여서 덮개의 구부린 면 안
쪽에 발라져 있는 고무 컴파운드(1896년에 발명된다)로 완전하게 밀봉한
다. 위생 깡통의 옆 솔기는 단순히 겹치는 방식이 아니라 감아 조여서
접는 이중 솔기 방식이어서 납땜은 바깥쪽에서 아주 얇게만 하면 됐
고, 따라서 내용물에 땜납을 전혀 닿지 않게 할 수 있었다. 위생 깡통
은 다양한 통조림 음식을 도시 인구에게 선보일 수 있게 했고, 업체들
이 경쟁적으로 제품을 더 싸게 그리고 점점 더 화려한 상표로 치장해
내놓으면서 이런 경향은 더욱 가속화됐다.[34]

한편 쥐어짤 수 있는 유연한 튜브의 디자인은 깡통과는 매우 다
른 방향으로 발달했다. 짤 수 있는 금속 튜브는 1841년에도 물감 용기
로 사용됐지만, 반세기가 더 지나서야 코네티컷 주의 한 치과의사가
이를 치약에 적용했다. 이 튜브형 치약은 '콜게이트Colgate'라는 상표명
으로 판매됐다. 아주 최근까지도 치약용 튜브는 금속으로 만들어졌는
데 이와 비슷한 금속 튜브가 오늘날에도 (특히 유럽에서) 토마토 페이스
트, 마요네즈, 약품 등을 담는 데 사용된다.[35]

물론 위생 깡통이 나온 뒤에도 유리 용기는 사라지지 않았다(아
페르가 만든 최초의 '깡통'은 유리병이었다). 깨진다는 단점이 있었지만 유리
병에는 다른 장점들이 있었다. 유리는 화학적으로 비활성이어서 내용

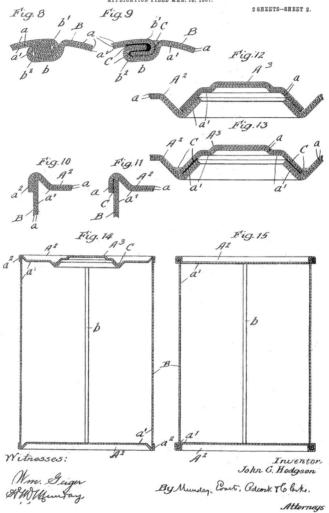

No. 857,736.

PATENTED JUNE 25, 1907.

J. G. HODGSON.

PROCESS OF MAKING SHEET METAL PRESERVING CANS.

APPLICATION FILED MAR. 18, 1907.

2 SHEETS—SHEET 2.

Fig. 8

Fig. 9

Fig. 12

Fig. 13

Fig. 10

Fig. 11

Fig. 14

Fig. 15

Witnesses:

Wm. Geiger

Inventor.

John G. Hodgson

By Munday, Evarts, Adcock & Clarke.

Attorneys

그림2.2 이중권체 방식의 '위생 깡통' 특허 중 뚜껑
밀봉 방식을 보여주는 부분.

우리를 중독시키는 것들에 대하여

물을 손상시키지 않았고, 유리를 부는 기술은 이미 수천 년 전부터 잘 발달돼오고 있었다. 실제로 유리를 부는 파이프는 고대에 생겨난 이후 19세기까지 기술이 크게 달라지지 않았다. 병의 입구를 봉하는 것은 다양한 종류의 마개를 이용하면 꽤 간단했다. 나무나 기름에 담근 해진 천도 마개로 많이 사용됐고, 17세기에 프랑스 와인 제조업자들은 포르투갈, 스페인, 아프리카 북부 등에서 나는 코르크나무로 만든 마개를 사용하기 시작했다.

다만 코르크는 입구가 좁은 병에만 사용할 수 있었다. 입구가 넓은 병에는 코르크 마개가 실용적이지 못하다는 문제를 해결한 것은 1858년에 존 랜디스 메이슨John Landis Mason이 발명한 (역시 학계에서 주목받지 못한) 돌려 따는 뚜껑의 '메이슨 병'이었다. 이보다 더 간단하면서도 영구적인 변화를 가져온 발명품이 또 있을까? 오늘날에도 메이슨 유리병은 피클부터 땅콩버터, 그 외 집에서 만든 여러 가지 절임 식품(과일 잼이 대표적이고, 토마토나 콩 등도 절이거나 병조림을 할 수 있다)을 담는 용도로 쓰인다. 사실 집에서 병조림을 하게 된 것은 매우 최근의 일로, 20세기 초에 개선된 메이슨 병이 널리 쓰이기 전까지는 가정에서 병조림 식품을 만드는 일이 흔하지 않았다.[36]

테크놀로지의 관점에서 보면, 유리병과 관련해 더 까다로웠던 문제는 거품이 이는 탄산음료의 병뚜껑이었다. 탄산음료는 1806년에 호텔과 약국잡화점의 음료수 판매대에서 인기를 끌기 시작했지만, 광범위한 소비자 문화의 일부가 된 것은 병입甁入 공정이 기계화된 이후였다(4장 참조). 음료수병의 경우에는 내용물의 손상 가능성이나 재밀봉이 문제였다기보다는(일단 따면 대개는 다 마시기 때문에 재밀봉은 별로 문제되지 않는다), 뚜껑을 열기 전에 기포를 병 안에 붙잡아두는 것이 문제였다. 탄산음료의 핵심은 뭐니 뭐니 해도 기포이니 말이다. 초창기의 해법 중 하나는 독일 태생의 스위스 시계공 요한 슈웹스Johann Schweppes가 1794년에 내놓은 '누운' 병이었다. 둥글린 바닥으로 된 누운 병은 코르크가 젖은 채로 입구를 꽉 막아서 기포가 새어나가는 것을 막아주었다. 이보다 개선된 뚜껑은 1857년에 헨리 퍼트남Henry Puttnam이 선보인 것으로, 코르크를 철사 집게로 고정시켜놓은 뚜껑이었다. 더욱 독창적인 발명품은 1860년대에 존 매튜John Matthew가 발명한 '가라앉는' 내부 마개였는데, 내용물을 채운 뒤 병을 뒤집어서 안에 들어 있던 마개가 병목 쪽으로 가라앉게 해 입구를 봉하는 방식이었다. 찰스 G. 허친슨Charles G. Hutchinson이 1879년에 선보인 손잡이가 달린 내부 마개는 고무로 된 원반 모양의 마개 위에 두꺼운 철사로 된 고리 모양의 손잡이가 달려 있어서, 그것을 잡고 아래로 누르면 마개가 병 바닥으로 떨어지지 않게 하면서 뚜껑을 열 수 있었다. 이 마개는 안으로 밀 때 '팝' 하는 소리가 났는데, 여기에서 탄산음료를 뜻하는 '소다팝'이라는 단어가 나왔다. 1890년대 초창기 '코카콜라' 제품이 허친슨 병을 사용했다.[37]

음료수병의 입구를 막는 방법은 1892년에 볼티모어의 윌리엄 페인터William Painter가 발명한 '왕관 뚜껑'으로 결정적인 전환을 맞는다. 페인터는 코르크로 속을 댄 원형 모양의 철판을 병 입구에 대고 주름을 잡아 봉합하는 특이한 방식으로 특허를 받았다. 작은 왕관처럼 생겨서 '왕관 뚜껑'이라는 이름이 붙은 이 발명품은 빠르게 부상하던 소다 팝 업계에서 1,500개쯤 되는 경쟁 디자인을 누르고 뚜껑의 표준이 되었으며[38] 오늘날에도 널리 쓰인다.

마이클 J. 오웬스Michael J. Owens가 발명한 유리병 부는 기계의 중요성도 이에 못지않다. 1890년대에 고안되어 1904년에 특허를 받은 오웬스의 제병기는 회전축에 달린 여러 개의 '팔'이 녹인 유리에 (자전거포의 공기주입기처럼) 공기를 불어넣어 병의 모양을 잡게 되어 있었다. 먼저 주형틀에서 병목의 형태를 잡고 그 다음에 공기를 정확하게 불어넣어 유리병을 만드는 이 기계는 유리병 제조 속도를 어마어마하게 높였다. 옛날의 유리 장인이 하루에 200개의 병을 만들 수 있었다면 오웬스의 기계는 하루에 5만 7,000개를 만들 수 있었으며, 이 모든 병을 거의 균질한 모양으로 만들 수 있었다. 그래서 1899년 코카콜라 병입권을 획득한 벤저민 토머스Benjamin Thomas와 조지프 화이트헤드Joseph Whitehead는 오웬스의 기계로 (그 유명한 모양의) 콜라병을 만들었다. 1916년에는 표준 디자인이 도입되었고 1920년대에는 1,000개 이상의 공식 코카콜라 병입 공장이 운영되면서 연간 십억 개가 넘는 병 제품이 생산되었다.[39]

사치품이었던 병과 캔은 1800년대 말이면 흔한 물건이 되고 심지어는 한 번 쓰고 버리는 편의품이 된다. 이런 변화가 일상에 미친 영향은 막대했다. 병과 캔은 1년에 한두 주일만 먹을 수 있었던 식품을 연중 언제라도 먹을 수 있게 했고, 구할 수 있는 음식의 범위를 크게 넓혔다. 캔이 처음 나왔을 당시의 사람들은 자연이 부과하던 계절적 제약이 깨졌다는 점을 명백하게 인식할 수 있었을 것이다. 하지만 오늘날 우리는 이것을 당연하게 여기면서 병과 캔이 가져온 엄청난 영향을 잊곤 한다. 기계로 만든 병과 캔은 고대에 항아리와 그릇이 수행했던 기능을 크게 확장했고, 접근의 범위와 편리성을 넓혔으며, 새로운 맛과 새로운 형태의 식품을 낳았다. 자연 세계를 튜브에 넣으면서 감각, 시간, 공간이 변화했고, 이는 아직 우리가 다 파악하지 못한 영향들을

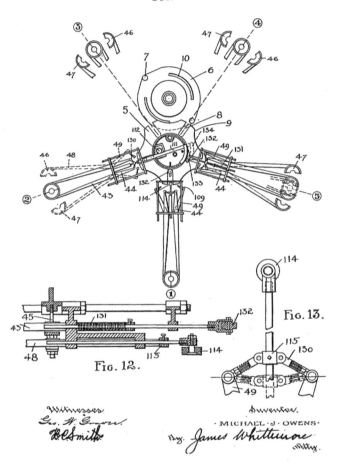

그림2.3 마이클 오웬스의 제병기 특허. 각각의
'팔'이 공기를 불어 병의 모양을 잡는다.

    우리를 중독시키는 것들에 대하여

낳았다.

종이 튜브와 플라스틱 튜브

유리와 금속을 다루는 새로운 방법들은 포장된 쾌락의 혁명을 가능케 했다. 하지만 종이와 (좀 더 나중에는) 플라스틱도 중요성이 뒤지지 않는다. 물론 종이는 오래전부터 자연을 보존하고 포장하는 데 쓰였다. 종이는 식물 섬유질을 빻아서 얇게 편 것으로, 펄프를 평평한 틀망에 걸러서 만든다. 중국에서는 기원전 2세기부터도 뽕나무 섬유질로 종이를 만들어서 음식을 쌌다고 알려져 있으며, 나중에 종이는 휴지, 지폐, 화약포, 포르노 잡지 등 무수한 곳에 쓰인다. 초기의 종이는 주로 아마亞麻에서 섬유질을 추출해 만들었는데 아마는 리넨의 원료이기도 하다. 중국의 제지 기술은 지중해를 건너 중세 유럽에 전해졌고 1310년에는 영국 북부로도 전파됐다. 프랑스에서는 1798년에 제지 기계가 나오면서 포장재로 사용할 수 있을 정도로 종이 비용이 낮아졌고 이어 가벼운 마분지 상자가 나오면서 나무 상자를 대체하기도 했지만, 오랫동안 종이는 비교적 사치품이었다.

　　1800년대 후반까지도 종이는 오늘날 우리가 생각하는 값싸고 익숙한 소비재가 아니었고 그때서야 (역시 별로 주목받지 못한) 일련의 기술적 발전에 힘입어 싸고 흔한 소비재가 될 수 있었다. 목재 펄프에서 섬유질을 추출할 수 있게 돼 넝마나 아마 대신 목재가 종이의 주원료가 된 것도 1867년이 되어서였다. 종이 값이 싸진 것의 효과는 신문과 책을 보통 사람들도 사 볼 수 있게 된 데서만 그치지 않았다. 값싼 종이

덕분에 '유연 포장flexible package'도 급속하게 확산됐다. 1844년에는 영국에서 종이봉투가 발명됐고, 1852년에는 미국인 프랜시스 울리Francis Wolle가 최초로 종이봉투 만드는 기계를 선보였다(이후로도 수많은 종이봉투 기계가 등장한다). 1860년대가 되면 바닥이 네모난 독창적인 종이봉투가 나오면서 물건을 더 안정적으로 담아 나를 수 있게 됐다. 그리고 병 제조, 위생 깡통 제조와 함께, 1905년경에는 종이봉투 제조도 연속 공정으로 이뤄지게 됐다.[40]

판지와 마분지로 된 종이 곽도 포장 혁명에서 중요한 역할을 했다. 중국인들이 17세기에 비교적 빳빳한 형태의 종이를 발명하기도 했지만, 최초의 마분지 곽은 영국에서 1817년이 되어서야 나타났다(초기의 종이 곽은 대개 둥글거나 타원형이었다. 깔끔하고 펴지지 않게 사각 형태의 주름을 잡기가 어려웠기 때문이다). 두 장의 빳빳한 판지 사이에 골판지를 끼워 만든 종이 상자는 1850년대에 처음 등장했으며 무거운 나무 상자나 드럼통의 훌륭한 대체재 역할을 했다. 골판지 상자는 가벼우면서도 튼튼하고 값이 쌌으며 1900년이면 1,000여 개의 특허가 나와 포장재로서의 성능이 더욱 개선됐다.[41]

하지만 소매 유통 분야에서는 1880년대가 되어서야 판지가 널리 사용됐는데, 여기에는 아침식사용 시리얼이 크게 기여했다. 시리얼은 1863년에 제임스 C. 잭슨James C. Jackson이 발명했고, 채식주의자 석학인 실베스타 그레이엄Silvester Graham은 아침에 고기와 달걀 대신 곡물로 된 시리얼을 먹으라고 설파하기도 했다. 그러나 시리얼이 정말로 도약한 것은 1890년대가 되어서였고 이때 제7안식일 요양원이 있던 미시건 주 배틀크리크가 미국 시리얼의 중심지로 떠올랐다. 1877년에 이 요양원에서 일하던 젊은이 존 하비 켈로그John Harvey Kellogg와 윌리엄 케이스

켈로그William Keith Kellogg 형제는 채식주의자 고객들에게 츠비박zwieback 〔비스킷처럼 딱딱하게 구운 빵의 일종〕 같은 단단한 빵을 갈아 만든 시리얼을 아침식사로 제공했다. 1894년에는 존 하비가 익힌 밀을 롤러로 눌러 납작한 플레이크 형태로 만든 '그래노즈granose'를 선보였으며 2년 뒤에는 옥수수로 만든 플레이크('콘플레이크')를 요양원 고객들에게 제공했다. 1906년에는 윌리엄 케이스가 형인 존 하비와 결별하면서 대대적인 광고 공세와 함께 '켈로그 토스티드 콘플레이크Kellogg's Toasted Corn Flakes'라는 (설탕이 많이 들어간) 제품을 내놓는다. 콘플레이크라는 새로운 음식만큼이나 중요했던 것은 새로운 포장재였다. 파라핀지로 속을 댄 판지 상자는 플레이크 알갱이들이 부서지거나 퀴퀴한 냄새가 나는 것을 막아주었다. 습기를 막는 포장이 개발되지 않았다면 곡물 플레이크는 성공적으로 판매되지 못했을 것이다. 한편 상자에 포장되어 나온 새로운 식품 중에는 설탕이 많이 들어간 당과들도 있었다. 설탕에 팝콘과 땅콩을 버무린 '크래커 잭Cracker Jack'은 1898년에 파라핀지 포장재를 사용하면서 판매량이 놀랍도록 급증했다. 대량 판매를 위해 자동 포장 기계도 도입했고, 그렇게 해서 내용물에 들어가는 단가는 1센트였는데 포장에는 2센트가 들어가게 됐다(소매가격은 한 상자에 5센트였다).[42]

20세기부터는 플라스틱도 부서지거나 상하기 쉬운 물질을 담는 용도로 활약하게 된다. 스티렌이 1831년에, 염화비닐이 1835년에, 셀룰로이드가 1860년대에 나왔지만, 1900년대가 되기 전에는 어느 것도 포장재로서 실용적이지는 못했다. 발삼 나무를 정제해 만든 스티렌은 잘 부서졌다. 1933년에서야 독일에서 제조 공정이 개선됐고, 스티로폼〔폴리스티렌〕이 나온 것은 1950년대가 되어서였다. 식물 섬유질을 질산으로 처리해 만든 셀룰로이드도 대표적인 초창기 플라스틱 중 하나다.

일찍이 상아 당구공의 값싼 대체재로 쓰였고, 의치, 셔츠의 깃과 앞부분, 빗, 코르셋 등에도 쓰였다. 하지만 비스코스viscose라고 불리는 셀룰로이드 파생 물질이 (프랑스에서 처음 발명됐다) 유명한 투명 포장재인 셀로판이 된 것은 1914년이었다.[43] 셀로판은 시간이 지나면 색이 바래고 잘 부서졌으며 불에 잘 탔다(질산과 셀룰로스는 무연화약의 주원료다).[44] 또 셀로판은 1930년대부터 담뱃갑을 싸는 용도로 널리 쓰이면서 담배를 강하게 연상시키게 되었다. 1937년에 담배를 맹비난한 어느 글은《셀로판 안에서의 죽음Death in Cellophane》이라는 제목으로 출간됐다.[45]

종이 포장은 제조업체들이 겪던 무수한 곤란을 해소해주고, 비용을 줄여줬으며, 해충 때문에 식품이 버려지는 문제도 없애줬다. 또 소매상에서는 통에 든 물품을 일일이 계량해 퍼 담을 필요가 없어져서 판매에 드는 시간이 크게 줄었다. 종이 갑과 종이 곽이 상품을 더 쉽고 싸게, 더 먼 거리로 운반할 수 있게 해주면서, 사람들은 자신이 사는 물건이 어디에서 왔으며 누가 만든 것인지 모르게 됐다. 또한 포장은 주머니에 쏙 들어가는 과자나 담뱃갑처럼 작은 용량 단위로 판매하는 것을 가능하게 만들어서, 수시로 구매하거나 선물용으로 구매하거나 충동적으로 구매하는 습관을 촉진했다.[46]

상표 붙이기와 포장 판매하기

오늘날 상업화된 포장 제품에는 으레 내용물을 알려주는 상표가 붙어 있다. 하지만 애초에 상표는 편의성만을 위해 고안된 것은 아니었다. '제미마 아줌마Aunt Jemima'라는 상표를 붙여 상자에 담아 판매했던 팬케이크 가루는, 동네 제분소에서 만들어 통에 담아놓고 파는 팬케이크 가루와 (성분은 동일하더라도) 매우 다른 의미를 지니고 있었다. 상표는 내용물 자체가 무엇인지보다 더 많은 것을 전달할 수 있었다. 가령 전문가의 권위나 감정적인 친밀함을 전달해서 소비자의 선택에 영향을 미치고, 소비자와 소매상, 소매상과 중개상, 소매상과 제조업체 간 관계의 양상을 변화시켰다.

오래전부터 푸주한, 제빵사, 양초공 등은 다른 이들이 만든 것과 구별하기 위해 자신의 물건에 표식을 붙였으며, 종이 상표를 사용한 사례는 15세기에도 발견된다. 1660년대 영국의 상인들은 품질이 좋지 않다고 알려진 수입품과 자신의 물건을 구별하기 위해 종이 상표를 사용했다. 1800년대 초에 일부 소매업자들은 대량으로 떼어 온 물건을 다시 포장해서 자신의 상표를 붙여 팔았다. 하지만 1870년대까지만 해도 깡통, 병, 상자에 든 제품들은 여전히 수작업으로 제작됐고 값도 비쌌다. 또 1840년대에 다색 석판술이 나오기 전까지는 화려한 색상의 상표를 대대적으로 포장에 넣는 것이 사실상 불가능했다. 즉 그때까지 컬러 상표는 품질과 자부심의 표장標章이 박힌 사치품에만 쓰일 수 있었다. 그러다가 1866년에 뉴욕 주 포킵시poughkeepsie 시의 스미스 브라더스Smith Brothers 사가 시장을 확대하기 위해 기침약을 유리병에 담아 상표를 붙여 판매하는 방식을 개척했다. 1870년대에는 의회도서관이 소매 상표 등록을 받기 시작하면서 제조업체들은 타사 제품과 구별되고 상표권이 보호되는 '브랜드'로 자사 제품을 규정할 수 있게 됐다.[47]

포장 상품이 발전하자 상표도 발전했다. 상표 붙이기는 초창기 마케팅 기법 중 하나로, 주로 포장된 쾌락의 혁명으로 발생한 대량의 잉여를 처분하기 위해 발명됐다. 기계화로 생산량이 급증했고 기계에 투여한 자본비용을 뽑으려면 판매를 늘려야 했다. 상표로 소비자를 유혹해 수요를 창출하는 것은 그에 대한 하나의 해결책이었다. 역사학자 수전 스트라서Susan Strasser가 설명했듯이, 제조업체들이 제품에 상표를 붙이면서 소매상인들의 영향력은 줄기 시작했다. 소비자들이 '믿을 만하고' 전국적으로 광고된 '이름 있는 브랜드'를 원하게 되면서, 소매 상인들이 지역 브랜드나 자체 브랜드, 혹은 통에서 바로 퍼주던 [상표 없는] 물품들을 권하던 예전의 권위를 잃게 된 것이다.[48]

위조나 변조 등 브랜드의 침해를 막기 위한 상표법도 이 시기에 등장했다. 1870년부터 상표를 등록할 수 있게 됐지만 미국 대법원은 1879년까지는 브랜드명이 제조업체가 독점적으로 소유하는 자산이라는 주장을 인정하지 않았다. 미국 상표의장협회는 이에 굴하지 않고 계속 주장을 밀어붙였고 의회는 1905년에 마침내 상표 등록이 곧 상표에 대한 배타적 소유권을 인정하는 것임을 분명히 밝힌 법을 통과시켜 위조를 불법화했다. 상표는 만료 기간이 없다는 점에서 특허나 저작권과 달랐다.[49]

포장 제품에는 이렇게 내용물이 '특별한' 것임을 알리는 상표가 붙어 있었다. 그렇지만 상표가 효과를 보게 된 것, 즉 판매 증대 효과를 내게 된 것은 광고 덕분이었다. 광고는 세상에다 대형 상표를 내거는 것과 마찬가지였다. 강렬한 이미지와 감성으로 눈길을 사로잡는 광고는 브랜드 제품과 함께 등장했다. 현대적인 광고의 기원은 빅토리아 시대에 상품이나 소매상을 선전하는 데 쓰이던 '트레이드카드trade card'에서 찾을 수 있다(오늘날 전문 직업인들이 돌리는 명함과 비슷하다). 초기의 트레이드카드에는 정보 위주의 평범한 내용이 담겼다. 하지만 1860년대부터는 화려한 색상과 매력적인 그림, 가령 상징적인 풍경, 애국심을 고취시키는 문양, 이국적인 원주민이나 일본의 이미지, 유명한 오페라 가수나 스포츠 영웅, 세계 각지 아이들의 모습 등 다양한 그림들이 들어갔다. 트레이드카드는 담고 있는 주제 면에서 1873년에 루이스 프랑Louis Prang이 개발한 인사 카드와도 비슷했지만 차, 커피, 비누, 담배 제품의 상자에 끼워 넣게 돼 있었다(특히 담배에는 포장을 빳빳하게 만들기 위한 목적으로 카드가 삽입됐다). 소매업자들은 트레이드카드를 소비자에게 나눠주면서 카드를 모으거나 엽서로 사용하도록 독려했다. 트레이드카드는 아이들에게 특히 인기가 있었기 때문에 상인들은 아이들이 부모를 졸라 물건을 사도록 만드는 효과를 노렸다. 트레이드카드는 음료, 비누, 약품 등과 같은 다양한 제조품들에 대해 전국 규모 시장이 형성되는 데도 일조했다. 상자에 든 시리얼이나 깡통에 든 음식, 포장된 과자 등의 초창기 광고는 대개 트레이드카드를 통해 이뤄졌다. 본색 담배 기계로 담배 시장을 독점하고 있던 벅 듀크Buck Duke의 담배 회사 아메리칸 타바코American Tobacco는(3장 참조)는 담배가 대량으로 생산되고 있다는 '좋은 소식'을 트레이드카드로 퍼뜨렸고, 일찍이 1870, 1880년대에 오늘날의 야구카드와 같은 것을 대중화시켰다. 사실 야구카드는 담배 회사들이 발명한 것이었다.[50]

트레이트카드의 황금기는 1870년부터 1900년대 초까지였고 이때부터는 잡지 광고가 트레이드카드를 대체하기 시작했다. 미국 중산층 가정들이 많은 부수가 제작되는 정기간행물을 구독하기 시작한 것도 이 무렵이다. 새로운 매체들은 이전의 상류층 잡지와 달리 구독료보다는 광고 수입에 의존했다. 이러한 변화는 1870년대에 〈스크라이브

너스Scribner's〉와 〈하퍼스Harper's〉가 처음으로 전면 광고를 게재하면서 시작됐다. 1869년에 N. W. 아이어스N. W. Ayers가, 1878년에 J. 월터 톰슨J. Walter Thompson이 세운 광고 회사들은 제조업체들에 전문 카피라이터가 쓴 광고 카피를 제공했고 인기 있는 신문과 잡지에 광고가 실리도록 매체 영업도 담당했다. 1883년에 필라델피아의 출판업자 사이러스 커티스Cyrus Curtis는 〈레이디스 홈 저널Ladies' Home Journal〉의 연간 구독료를 겨우 50센트로 책정해 광고를 게재하지 않는 다른 잡지보다 많은 독자를 확보해서 [제조업체의 잠재 고객인] 그들에게 광고를 전달하겠다는 전략을 짰다. 5년 뒤 커티스의 출판물들(〈새터데이 이브닝 포스트Saturday Evening Post〉 등)에는 경쟁지들에 비해 두 배나 많은 광고가 실려 있었는데, 대다수가 포장 제품들의 광고였다. 이렇게 해서 대중 엔터테인먼트 매체와 대대적인 광고가 현대적으로 결합했고, 오늘날 우리 세계를 가득 채우고 있는 브랜드화된 소비자 문화가 생겨났다.[51]

이 시기에 포장과 광고는 일종의 과학이 됐다. 워튼 경영 대학원의 광고학 교수 허버트 헤스Herbert Hess는 광고의 목적이 소비자에게 새로운 제품을 소개하는 것을 훨씬 넘어선다고 보았다. 그에 따르면 광고의 목적은 욕망을 창조하는 것이었다. 1915년에 나온 초기 저술에서 헤스는 "각각의 제품은 우리의 감각 경험 중 하나와 직접적으로 관련이 있다"며 제조업체들은 광고에 (그리고 포장에) 이미지를 사용해서 "아직 해당 제품에 반응하도록 깨어나지 않은 감각을 불러 일으켜야 한다"고 주장했다. 가령 김이 모락모락 나는 커피 잔 그림을 보면 커피 향기가 불러일으켜질 터였다. 또 "투명하고 하늘거리는 젤라틴을 보면 부드러움이 떠오를" 것이었다. 시각적인 매혹이 특히 중요했다. 헤스는 굵은 글씨, 유혹적인 그림, 눈에 띄는 색상 등을 활용해서 "각각의 광고가 사람들의 의식 속으로 파고들 수 있을 만한 강력함을 담아내야 한다"고 주장했다. 현대의 많은 마케팅 전문가들처럼 헤스는 특정한 색상이 불러일으키는 본능적인 호소력을 강조했다. "빨간 바탕에 흰색이나 검은색 글씨는 항상 눈길을 끌어서 지나가다가도 멈춰서서 보게 만들" 것이었고 (빛을 암시하는) 노란색을 빨간 바탕에 써도 눈길을 끌수 있을 것이었다. 또 색상은 특정한 감정을 연상시키기 위해서도 사용될 수 있었는데, 가령 철제 같은 회색은 내구성을, 녹색은 물을, 보라색은 충성을, 금색은 번영을 떠올리게 한다는 식이었다.[52] 여기에서 포장은 매우 중요했다. 샬린 엘리엇Charlene Elliott이 설명했듯이, 포장 위에 붙은 상표가 "상점 선반에서 광고판 역할을 해주기" 때문이다. 세심하게 구성된 상표는 "2초 광고"의 역할을 해서 잠재적 구매자의 지갑을 열 수 있었다. 심지어는 안의 내용물보다 포장이 더 중요하다고 여겨지기도 했다. 1920년대의 상업 미술가이자 제품 디자이너인 W. A. 드위긴스W. A. Dwiggins는 "상자 안에 든 것은 상자보다 덜 중요하다"고 대놓고 말했다. 광고에 대한 신체 반응은 단순히 정신생리학의 문제였다. 그는 "소화기관은 먹을 것을 그린 그림이 아니라 네모난 카드지에 희고 붉은 줄이 대각선으로 번갈아 들어간 그림을 보고 군침을 내도록 훈련된다"고 주장했다.[53]

1920년대에는 인쇄 광고와 상표의 색상, 색조, 형태가 심리에 미치는 영향에 대한 연구들이 쏟아져 나왔다. 뉴욕 주 스케넥터디 카운티에 소재한 제너럴 일렉트릭Genera Electric 사의 조명 엔지니어 매튜 루키시Matthew Luckiesh는 적어도 포장에 대해서라면 남녀 공히 초록, 노랑, 오렌지 색보다 (자연에서는 드물게 볼 수 있는) 파랑, 빨강, 자주를 선호한다고 주장했다. 또 뉴욕 대학교의 리처드 프랭켄Richard Franken과 광고업계 저널 〈프린터스 잉크Printers' Ink〉를 펴낸 출판업자 C. B. 래러비C. B. Larrabee는 제품명이란 적절한 "감각적 톤"을 갖고 있어야 하며 발음이 쉽고 "좋게 들려야 한다"고 주장했다. 가령 레몬즙 제품의 이름은 '레몬 스쿼시'가 아니라 '레몬 크러시'여야 한다는 것이다. 이러한 '과학'은 상당 부분 자의적으로 보인다. 파란색은 고요함을 불러일으킨다고 이야기되었지만 잘못 사용하면 우울함을 일으킬 수도 있었다. 1920년대에 수행된 한 시장조사에 따르면 커피는 노란 캔에 담겼을 때 가장 잘 팔렸고, 빨강이나 검정에 담긴 것이 노랑이나 파랑에 담긴 것에 비해 더 무겁게 느껴지는 것으로 나타났다.[54] 영리한 광고업자들은 전략적으로 제품명을 짓고 세심하게 색상을 정하는 것만으로도 비누나 귀리처럼 평범한 것을 무언가 특별하고 욕망할 만한 것으로 만들 수 있었다.[55]

　포장 상품의 주요 품목으로 약품도 빼놓을 수 없다. 매력적인 포장, 장식적인 상표, 영리한 광고 덕분에 이 시기에는 약품의 소매 판매액 역시 크게 늘었다. 약품 회사들은 매출액의 30~40퍼센트를 판촉비용으로 썼고, 1890년대 미국 광고업계 수입의 절반 정도가 약품 회사에서 나왔다는 추산치도 있었다. 그런데 약품이라고 주장된 제품 가운데는 미심쩍은 것도 많았다. 정부 규제가 없는 상황에서 특허 약품들은 의사들이 치료법이 없다고 한 증상들에 대해 치료제를 자임했다. 이러한 만병통치약을 만드는 업자 중에는 사실 의사들이 많았다. 예를 들면 필라델피아의 의사 데이비드 제인David Jayne은 1847년부터 양모제와 (간을 위한) '회복정Sanative Pill'을 팔아 큰돈을 벌었다. 18도의 알코올과 약초를 함유한 '혼합 식물액Vegetable Compound'을 만든 리디아 핑크햄Lydia Pinkham도 여성 질환을 치료해준다고 광고해 제품을 꽤 많이 팔았다. 이가 나기 시작하는 아이가 울 때 달래준다는 '윈슬로우 부인의 물

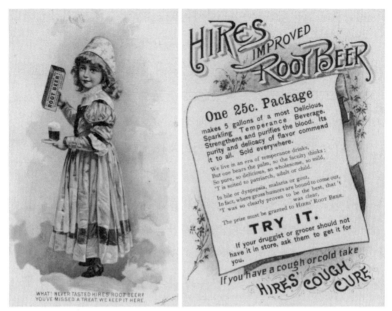

그림2.4 1870년대의 트레이드카드. 하이어스 사의 루트 비어 가루가 약품이자 강장 음료라고 광고하고 있다. 혁신적인 제품이라는 점을 강조하기 위해 아이의 이미지를 등장시킨 것에 주목하라.

약Winslow's Syrup'도 (모르핀이 들어 있어서 아이를 안정시키는 효과를 내긴 했다) 마찬가지였다.[56]

약품 광고에는 어머니, 할아버지, 즐거워하는 아이 등 안심을 시켜주는 그림이 많이 등장했다. 또 동양의 신비를 암시하는 포즈를 취한 이국의 '원주민'이 등장하기도 했는데, 그 제품이 건강에 좋거나 놀라운 효험이 있다는 인상을 주기 위한 것이었다. 절박한 사람이나 잘 속아 넘어가는 사람만 이런 종류의 광고를 믿은 것은 아니었다. 당시 광고에서는 식품과 의약품의 구분이 명확하지 않았다. 트레이드카드는 둘 다에 쓰였고 의약품으로 시작했다가 나중에 일반적인 소비재가

된 제품들도 많았다. 혈액이나 간에 좋다는 강장제, 지친 신경에 좋다는 안정제 등으로 광고됐던 제품들이 곧 인기 있는 '음료수'가 됐다. 사르사와 진저에일이 대표적인 사례다.[57] 초창기 음료 제품 중 하나인 '목시Moxie'도 1860년대에 처음 나왔을 때는 '목시 신경 식품Moxie Nerve Food'이라는 이름의 특허 약품으로 판매됐다.[58]

시리얼 같은 단순하고 일상적인 제품도 영리한 상표와 이미지로 득을 봤다. 눌린 귀리가 그런 사례다. 1854년에 페르디난드 슈마허Ferdinand Schumacher의 아메리칸 시리얼 컴퍼니American Cereal Company는 찐 귀리를 롤러로 눌러 시리얼을 대량생산할 수 있는 기계를 발명했다. 하지만 그는 대량생산의 장점을 충분히 활용하지 못했다. 대량생산의 장점을 활용하려면 공격적인 판촉을 해야 했기 때문이다. 그의 회사는 1877년에 마케팅에 능한 헨리 크로웰Henry Crowell이 인수했고 눌린 귀리 시리얼은 통 대신 상자에 담겨 판매되면서 정직하고 건전한 퀘이커교도 이미지로 장식됐다. 장식된 상자는 그 자체로 광고가 되었고 많은 미국인이 '퀘이커 오트'를 눌린 귀리 시리얼을 뜻하는 보통명사로 여기게 되었다. 정직한 퀘이커교도의 이미지는 오래전부터도 청렴함의 상징이었고 약품 광고에도 오래 쓰였다. 하지만 크로웰은 여기에 더해 훗날 널리 일반화되는 새로운 마케팅을 도입했다. 영업인이 소매 점포들을 돌아다니면서 퀘이커 오트를 취급하도록 설득하게 하는 대신, 광고와 포장을 사용해 제품을 소비자에게 직접 소구한 것이다. 크로웰의 성공은 빠르게 모방되었다. 1880년대와 1890년대에는 모더니즘의 미학을 따라, 단순하면서도 눈길을 끄는 이미지로 소비자가 제품과 감정적인 유대를 형성하게 만드는 쪽으로 디자인의 추세가 변화했다. 어떤 회사는 소매상인이 쇠락하면서 사라져버린 관계를 다시 연상

우리를 중독시키는 것들에 대하여

시키기 위해 로맨틱한 이미지를 쓰기도 했다. 제분 회사 펄 밀링 컴퍼니Pearl Milling Company를 인수한 신문업자 크리스 러트Chris Rutt는 평범한 팬케이크 가루에 베이커와 파렐이라는 배우들이 열연한 민스트럴쇼minstrel show(19세기 중·후반 미국에서 유행했던 코미디 풍의 쇼)에 등장한 흑인 아주머니 이미지의 상표를 붙였다. 그 공연에서는 흑인 배우들과 흑인 분장을 한 백인 배우들이 나와서 낙천적이고 넉넉한 마음을 가진 '제미마 아줌마'에 대한 노래를 불렀다. 러트는 팬케이크 가루와 '제미마 아줌마'를 연결시켜서 '남부의 환대'라는 정서를 불러일으키려 했다.[59]

　'캠벨 수프Campbell's Soup'도 비슷한 아이디어를 도입했다. 1869년에 필라델피아에서 설립된 캠벨은 이미 깡통 제조와 깡통에 내용물을 주입하는 기계 분야에서 선도적이었지만, 정말로 도약을 한 것은 창업자의 조카 존 토랜스John Torrance가 1898년에 반半조리 수프에서 수분을 줄여 가정에서 물을 부어 끓이기만 하면 되는 캔 제품을 만들면서였다. 토랜스는 단순하면서도 통합적인 브랜드 이미지를 통해 전국 브랜드로 자리 잡는 전략을 쓴 초창기 기업인이기도 하다. 그는 종류가 다른 여러 수프에 각각 다른 디자인을 넣기보다, 모든 제품에 단순하면서도 시각적으로 눈길을 끄는 빨갛고 흰 무늬와 1900년 파리 박람회에서 받은 메달 그림을 넣은 디자인을 사용했다. 캠벨의 광고는 조리가 쉽고 내용물이 신선하다는 점을 강조하면서, 수프가 가족의 밥상에서 중심이 될 수 있다는 생각을 퍼뜨렸다. 또 캠벨 상표는 안에 든 내용물이 캠벨이 보증하는 고품질이라며 소비자들이 '대체품에는 절대로 만족할 수 없을 것'이라고 장담했다. 이러한 메시지의 호소력은 전차와 광고판, 그리고 중산층 잡지인 〈새터데이 이브닝 포스트〉, 〈아메리칸 매거진American Magazine〉 등을 포함한 잡지와 신문에 대대적으로

그림2.5 캠벨 토마토 수프 광고. 아이다운
생기발랄함과 애국심을 부각시킨 이미지가 캠벨
수프를 일상적인 가정 식품으로 자리 잡게 하려는
광고 효과를 높여주고 있다.

우리를 중독시키는 것들에 대하여

등장한 광고를 통해 더욱 강화되었다. 결과는 놀라웠다. 1898년 50만 캔이던 생산량은 1924년에 1,800만 캔으로 늘었다.[60]

'스카치Scotch 테이프', '클리넥스Kleenex 티슈', '허쉬Hershey 초콜릿', '크리스코Crisco 쇼트닝' 등도 공격적인 상표 광고로 각자의 시장에서 지배자가 되었다. 리글리Wrigley의 '스피어민트 껌Spearmint Gum'도 1905년에 녹색의 '스피어'[화살표] 포장 디자인으로 비슷한 성공을 거뒀다. 상표화된 이미지는 판매를 확장하는 것 이상의 역할을 했다. 경영사학자 리처드 테드로Richard Tedlow는 상표가 있는 브랜드가 고객의 충성도를 형성해서 그 브랜드를 가격 경쟁에서 어느 정도 보호하는 효과를 낳는다고 설명했다. 물론 품질이 안 좋으면 브랜드 가치가 손상되겠지만, 만족스러운 품질이라는 전제 하에서라면 공격적인 상표와 유명한 브랜드는 이름이 없거나 잘못 지어진 이름을 가진 경쟁사 제품에 비해 (실제로는 크게 다를 것이 없더라도) 우월하거나 더 믿을 만하다는 인상을 주게 된다는 것이다.[61]

'코카콜라'가 좋은 사례다. 애틀랜타의 본사에서 엄중한 보안 하에 지켜지고 있다는 비밀 제조법에도 뭔가 특별한 것이 있긴 하겠지만, 초기의 코카콜라는 "감귤 기름과 콜라 열매 카페인의 신비로운 조합"이 그리 균질하지 않았다. 코카콜라 성공의 핵심은 상표가 붙은 독특한 모양의 병이었다. 1923년에 코카콜라 판매 담당 해리슨 존스Harrison Jones는 광고와 포장이 함께 작용하면서 "소비자들이 코카콜라에서 벗어나는 것을 불가능하게" 만들었다고 자랑스레 언급했다. 초창기인 1886년부터도 광고는 코카콜라의 지출에서 큰 비중을 차지했다 (4장 참조). 1892년에는 회사 지출의 20퍼센트가 광고에 들어갔고, 1913년 한 해에만도 석판 인쇄 광고판 500만 개, 달력 100만 개, 종이 성냥

1,000만 개, 종이 냅킨 5,000만 장, 음료수 판매대 쟁반 200만 개, 쇼윈도 장식 5만 개, 6만 9,000개의 음료수 판매대 전시, 20만 개의 간식 스탠드 벽면 광고판 등에 코카콜라의 상표가 붙었다. 브랜드 가치가 높아지면서 1926년에는 가짜 콜라가 등장해 브랜드를 침해하는 일이 수천 건이나 발생했다. 법원은 대체로 코카콜라에 협조적이었다. 1912년에 법원은 '코카coca' 또는 '콜라kola'라는 말을 상표에 사용한 업체들이 애틀랜타의 코카콜라 사가 가진 권리를 침해했다고 판결했다.[62]

회의주의자들 설득하기

광고와 포장이 얼마나 매력적이었든지 간에, 사람들이 포장 제품을 늘 믿는 것은 아니었다. 특히 통조림이 그랬다. 제조업체들도 이를 모르지 않았고, 소비자들이 가지고 있는 꺼림칙함을 해소해주기 위해 업체들은 정부에 (제한적인) 규제를 요구했다. 1891년에 아머Armour와 스위프트Swift 같은 거대 육가공 업체들은 연방 차원의 육류 검사법이 제정되도록 로비를 했다. 지역의 푸주한들을 몰아내고 소비자의 신뢰를 얻어 시장을 확장하기 위해서였다. 브랜드 제품을 만드는 다른 제조업체들도 "물이나 안 좋은 것을 섞어 품질을 낮춘" 제품을 판매하는 저가 업체들을 몰아내고 자사의 포장 제품이나 병입 제품을 보호하기 위해 입법화를 지지했다. 이러한 흐름을 타고 1906년에 '식품 의약품 위생법Pure Food and Drug Act'이 제정됐고 이 법을 근거로 오늘날의 미 식품의약국FDA이 설립됐다.[63]

소비자들의 불신이 남아있었다는 점은 포장 제품과 통조림 제품의 광고가 단지 해당 제품의 판매를 촉진하는 것보다 훨씬 더 나아갔던 이유를 설명해준다. 광고는 소비자들이 (혹여 일부 다른 회사 제품은 그렇지 않을지 몰라도) 포장 식품이라는 범주 자체가 위생적이고 안전하며 포장이나 가공되지 않은 식품은 갖지 못한 장점까지 갖고 있다고 믿게 만들려 했다. 통조림과 포장 식품은 생식품이나 포장되지 않은 식품보다 안전하고 "위생적"이라고 광고됐다. 이러한 주장은 역사학자 잭슨 리어스Jackson Lears가 위생과 효율성에 대한 "모더니즘적 추구"라고 부른 것을 반영하고 있었다. 한발 더 나아가 광고들은 포장 제품을 통해 사람들의 습관과 열망까지 바꾸어내려 했다.[64]

20세기 초에 나비스코Nabisco 사는 자사의 포장 제품인 '유니더 비스킷Uneeda Biscuits'이 통에 담아놓고 팔던 옛날식 크래커보다 우월하다는 점을 수시로 강조했다. 습기를 막아주는 포장 덕에 "크래커가 오븐에서 갓 구워져 나온 것처럼 바삭바삭해서 포장을 열면 손에서 바로 부서질 정도"라는 것이었다. 유니더 비스킷은 파라핀지로 한 겹이 싸인 뒤 판지로 다시 한 번 포장되어 있었는데 상자에는 귀여운 남자아이가 노란 비옷을 입고 있는 그림의 상표가 있었다. 이 모든 것이 통에 들어 있는 눅눅한 비스킷과 달리, 유니더 비스킷은 바삭바삭하고 맛있다고 말하기 위한 장치였다. 1913년에 〈콜리어스Collier's〉에 실린 광고에서도 동일한 메시지를 볼 수 있다. 이 광고는 "고양이가 버터 통이나 (…) 뚜껑 없는 설탕 통에 호기심 많은 코와 부드러운 발톱을 넣던 시절에는 사람들이 세균이나 미생물에 대해 오늘날처럼 많이 알지 못했다"며, 이제는 누구도 "고양이를 쓰다듬거나 말을 빗질한 손으로" 설탕을 만지는 식품점에서는 설탕을 사고 싶어 하지 않는다고 주장했다. 광고에 따르면 그에 대한 해결책은 현대식 공장에서 가공하고 포장한

제품을 사는 것이었다. 공장의 실제 환경이 얼마나 위생적인지를 소비자가 알 수 없는데도 말이다.[65]

통조림 광고도 비슷한 주장을 폈다. 1920년대에 캘리포니아 주의 통조림 중개상 존 리John Lee는 내용물이 운반 도중에 "공기나 먼지, 악취나 부패"에 노출되지 않으므로 통조림이 생식품보다 우월하다고 주장했다. 그는 기계화된 공정으로 만든 고기는 가공 과정에서 "자연적인 살균 과정"인 가열만 거치기 때문에 깨끗하고 건강에 좋으며, 통조림에 든 채소나 곡물도 집에서 조리한 요리와 마찬가지로 '요리'이고 원료가 풍부한 지역에서 조리됐기 때문에 값도 싸다고 주장했다. 더불어 통조림이 안전하고 싸게 "자연의 풍성한 잉여물을 (…) 세계 어느 곳으로든" 운반할 수 있게 해줬고 "여름의 제품을 겨울의 찬장에, 겨울의 제품을 여름의 다과상에 올릴 수 있게 해줬다"며, "통조림은 인구가 빠르게 증가하는 세계에서 식품 경제를 운용하는 신의 방법"이라고까지 주장했다.[66]

우려하는 대중을 안심시키려는 듯이 주요 브랜드 업체들은 자사의 '부엌'이 얼룩 하나 없다고 주장했다. 1904년에 밀워키 카운티의 슐리츠Schlitz 맥주 회사는 주부들이 식기를 한 번 닦을 때 슐리츠는 병을 네 번 닦으며 보통 사람들은 수돗물을 쓰지만 슐리츠는 지표 아래 수백 미터에서 길어 올린 물을 쓴다고 광고했다. 또 맥주를 "흰 목재 펄프"로 걸러서 "건강에 좋고 순수한 음료"로 만든다고 주장했다.[67] 금주법(1919~1933)의 분위기가 아직 남아 있던 시절에, 맥주를 "건강에 좋은" 음료라고 말하는 것은 분명 식품 안전에 대한 주장만은 아니었다. 웰치스Welch's 사도 자사의 포도 주스에 인공 색소, 화학물질, 설탕, 그리고 알코올을 첨가하지 않는다고 광고했는데, 이 역시 일부 비도덕적

인 식품업체를 우려하는 대중을 안심시키려는 것이었다.[68]

몇몇 식품업체들은 더 엄격한 규제를 요구하기도 했다. 1913년에는 '켈로그'(시리얼), '크리스코'(쇼트닝), '목시'(탄산음료), '녹스Knox'(젤라틴), '비치넛Beech-Nut'(땅콩버터), '카로Karo'(옥수수 시럽), '럼포드Rumford'(베이킹 파우더) 등 다양한 제품을 생산하는 업체들이 매사추세츠 주 웨스트필드 보건국의 지원을 받아 모든 포장 식품에서 자연 물질이 아닌 첨가제를 없애도록 규제할 것을 요구했다. 그런 첨가제로는 콜 타르 색소, 백반(피클에 사용됐다), 사과주 찌꺼기(잼에 사용됐다), 벤조산염(음료수에 사용됐다) 등이 있었다.[69]

식품 위생과 안전 외에도 포장 제품의 우월성을 주장하는 근거가 또 있었다. 근대성의 또 다른 미덕인 편리성과 시간 절약이었다. 밴 캠프Van Camp 사의 콩은 주부의 조리 시간을 16시간이나 줄여준다고 주장했다. 주부들은 이제 8월에 더운 부엌에서 콩을 익힐 필요 없이 통조림에 든 돼지고기와 콩을 냄비에 몇 분 데우기만 하면 되었다. 하인 즈Heinz 사는 가정에서 잼이나 토마토 페이스트를 만드는 데 들어가던 모든 노력을 없애준다며, 자사 제품은 숙련된 노동자가 엄선해 고른 체리에서 씨를 발라내고 정확한 온도에서 정확한 시간 동안 조리한 것이라고 주장했다. 또 젤라틴 디저트인 '젤로Jell-O'는 어린아이도 쉽게 준비할 수 있는 간식이라고 광고했다.[70]

식품뿐 아니라 다른 포장 제품들도 편리함을 강조했다. 콜게이트의 튜브에 든 치약은 칫솔에 깔끔하게 짜낼 수 있었다. 질레트Gillette 사의 안전면도기는 면도날을 계속 갈아 줘야 하는 구식 면도기에 비하면 "계단이 아니라 엘리베이터를 이용하는 것과 마찬가지"였다. 〈콜리어스〉는 하버드의 석학 찰스 엘리엇Charles Eliot이 고전을 엄선해서 발췌

한 '5피트 책꽂이Five Foot Shelf of Books' 선집 시리즈가 독서의 효율성을 높여주고 시간을 절약해준다고 주장했다. 핵심만 추린 '5피트 책꽂이' 덕에 이제 독자들은 "빠르게 사라질 쓸모없는 책들"에 노력과 시간을 낭비할 필요가 없게 될 터였다. 야망은 있으나 대학에 갈 시간과 돈이 부족한 비즈니스맨과 전문직업인을 겨냥한 '5피트 책꽂이'는 독서를 알약 복용과 비슷한 행위로 만들었다. 하루에 15분씩 책을 읽으면 "문명 진보의 개요를 제대로 보여주는" 지침을 쉽게 얻을 수 있다는 것이었다. 광고에 따르면 이러한 문학, 과학, 예술 작품들은 바쁜 사람들이 "분명하게 생각하고", "조리 있게 이야기하는" 법을 배울 수 있도록 해줘서 "성공적인 사람"의 대열에 들어갈 수 있게 도와줄 터였다.[71]

엘리엇과 〈콜리어스〉가 핵심만 추려놓은 지식의 포장 제품을 제공한 것을 보면, 식품업체들이 포장된 시리얼이나 통조림에 든 콩으로 개인의 향상을 이룰 수 있다고 주장한 것도 놀랍지 않을 것이다. '퀘이커 오트', '퍼프 휘트Puffed Wheat'(밀 튀밥), '퍼프 라이스Puffed Rice'(쌀 튀밥) 등은 기적의 음식으로 찬양됐다. 사용된 테크놀로지가 인상적이기는 했다. 쌀이나 밀을 통 안에서 빠르게 가열해 내부의 수분을 날려버리는 것으로, 그렇게 하면 단단한 곡물이 부풀면서 부드럽고 소화가 잘 되는 튀밥이 되었다(팝콘을 튀기는 것과 비슷하다). 빵보다 네 배나 질감이 성긴 튀밥은 가정에서는 불가능한 방식으로 녹말 입자를 분해해준다고 광고되었다. 밴 캠프의 찐 콩 광고도 "땅콩 같은" 향미가 "맛의 모든 분자에" 스며들어 있으며 콩이 "드디어 소화가 잘 되는 음식이 되었다"고 주장했다.[72]

또 광고들은 통조림과 포장 제품이 자연의 한계를 초월했다고 주장하기도 했다. 캠벨은 "자연이 완벽하게 작동할 수 있도록 훈련시키

우리를 중독시키는 것들에 대하여

는 것"이 자신의 역사적 임무 중 하나라며, 뉴저지 주 캠던에서 이종 교배로 수프용 토마토 품종을 개량하고 이를 그 사례라고 주장했다. 보든의 전지분유는 "아기를 먹이는 문제"를 해결했다며 깡통에 든 분 유는 "안전하게 멸균되어 있기 때문에" 소에서 짠 생우유보다 우월하 다고 주장했다. 퀘이커 오트도 자사 제품에 대한 찬양을 아끼지 않았 는데, 시리얼 튀밥이 바삭하면서도 부드러울 뿐 아니라, 남자아이들은 땅콩 먹듯이 여자아이들은 과자 먹듯이 먹기 때문에 "식사로도, 간식 으로도" 손색이 없다고 주장했다.[73]

어디에서나 평등하게 접할 수 있다는 것도 이런 식품의 미덕으로 자주 강조됐다. 소비자는 어디에 살더라도, 심지어 "덥고 인구가 복닥 대는 도시에서도 캠벨 야채수프가 가져다주는 비옥한 땅의 신선한 식 품을 누릴 수 있을 것"이었다.[74] 케첩, 야채 통조림, 과일 통조림 업체 들은 자연을 포착하고 향상시킬 수 있는 방법을 터득했다고 계속해서 주장하며,[75] 동시에 소비자들이 새로운 식습관을 받아들이도록 유도했 다. 아침식사용 시리얼 '크림 오브 휘트Cream of Wheat'는 하루에 세 번씩, 심지어 디저트로도 먹으라고 조언했다. '홀릭스 맥아 우유Horlick's Malted Milk'는 피곤한 날 "원기를 줄" 뿐 아니라 사탕 형태의 '런치 태블릿Lunch Tablet' 제품을 먹으면 바쁠 때 간단한 점심 식사도 될 것이라고 제안했 다. 시시때때로 간식을 먹는 '주전부리 습관snacking'은 아직 널리 퍼지 지 못했지만(구글 '엔그램뷰어'에서 검색하면, '스낵snack'이라는 단어는 1950년 대까지만 해도 널리 쓰이지 않았다), 시대는 확실히 달라지고 있었다.[76]

이렇게 포장 식품을 전례 없이 많이 소비하도록, 그것도 설탕과 지방을 인공적으로 넣어 '강화'한 식품을 많이 소비하도록 독려하는 메시지들은 중용과 절제라는 오랜 가치를 위협했다. 하지만 제조업체

"We
Demand
Our
Rights"

Kellogg's
TOASTED CORN FLAKES
THE ORIGINAL HAS THIS SIGNATURE
W.K.Kellogg
KELLOGG TOASTED CORN FLAKE CO.
BATTLE CREEK, MICH.

"—we want more KELLOGG'S! Since they came in that new WAXTITE package, daddy and mother eat two bowls a-piece every morning an' Bettie 'n I aren't getting what we used to. An' KELLOGG'S tastes better 'n ever now—um-m-m!—so *crisp*. If this outrage keeps up we'll write to *W.K.Kellogg*

그림2.6 "우리는 우리의 권리를 요구한다." 켈로그가 1906년 콘플레이크를 내놓은 지 8년 뒤에 대대적으로 게재한 광고. 욕망하는 아이의 일반적인 이미지에 더해, 이 아이를 참정권 운동과 연결시킴으로써 '유머'를 가미했다.

우리를 중독시키는 것들에 대하여

들이 이 추세를 공고히 하기 위해 사용한 방식은 노골적이기보다는 미묘하고 간접적이었는데, 즐거워하고 욕망하는 아이들의 이미지를 광고에 사용하는 것도 그런 방법 중 하나였다. 트레이드카드 시절부터도 그랬듯이, '호이트 독일 향수Hoyt's German Cologne', '스타Star 기침약' 같은 제품은 노 젓는 배를 만져보는 용감한 남자아이나 나무 그네를 타는 여자아이의 이미지를 판촉에 활용했다. 이런 그림들에서는 아이의 '버릇없는' 행동이나 욕심 부리는 행위(두 여자아이가 과자 한 조각을 두고 싸우는 그림에서처럼)까지도 대수롭지 않은 일인 양 묘사됐다. 이런 이미지들은 더 광범위한 문화 트렌드를 반영한다. 1880년 이후 '경이로운 순수함'과 '귀여움'의 이미지가 성인들 사이에서 인기를 끌기 시작해서 그 다음 세기에 만화, 광고, 잡지 표지 등에서 정점에 올랐는데, 포장식품 광고에 등장한 아이의 이미지는 이런 흐름의 초기 사례로 볼 수 있다. 한편 즐거워하는 (그리고 약간 버릇없는) 아이의 이미지는 사람들이 '자연스러운 욕망'이라는 개념을 받아들이게 됐음을 보여주는 것이기도 하다. 이는 청교도적 자기부정과 공리적 가치의 윤리관을 거부하는 광범위한 경향의 일부였다. 전형적인 사례를 1905년의 '캠벨 키즈Campbell's Kids' 광고에서 볼 수 있다. 캠벨 키즈는 그레이스 드레이튼Grace Drayton이 그린, 코트 차림에 통통하고 볼이 빨간 두 명의 아이 그림으로, 1905년에 〈레이디스 홈 저널〉에 실린 광고에서 처음 등장했다. 캠벨 키즈는 캠벨 수프가 거의 모든 미국 가정의 찬장에 들어가게 하는 데 일조한 수천 건의 광고에서 핵심적인 이미지가 되었고 배지, 엽서, 인형에도 사용됐다. 이와 비슷한 아동 이미지들이 이 시기에 다른 제품의 광고들에도 많이 등장했는데, 그런 사례로는 '모튼Morton 소금', '페어리Fairy 비누', '클리코Clicquot 진저에일', '유니더 비스킷', '피스크Fisk

타이어', '크래커 잭', '아머 고기 통조림', '포스트Post 토스터 시리얼', '더 치 보이Dutch Boy 물감', '캘러밋Calumet 베이킹파우더', '스키피Skippy 땅콩버터' 등이 있다.[77]

어째서 이렇게나 다양한 제품들에 아이의 이미지가 사용됐을까? 어떤 광고는 직접적으로 아동 소비자를 대상으로 하고 있었다. '브라우니Brownie 카메라'(6장 참조)는 매우 명백한 사례이고, 그 밖에도 아동에게 소구하는 광고가 많이 있었다. 가령 '크래커 잭' 제조업체의 F. E. 룰린F. E. Ruhlin은 크래커 잭 소년(과 그의 개)이 아이들의 기억 "속으로 들어가서 아이들과 친구가 되도록" 해야 한다고 주장했다.[78] 하지만 아이가 등장하는 광고의 대부분은 성인을 향하고 있었다. 광고의 모티프는 자녀의 건강과 발달에 신경 쓰는 부모에게 소구하도록 짜여 있었다. 영·유아 사망률이 여전히 높던 시기여서 이 점은 매우 중요했다.[79] 하지만 이보다 더 두드러진 주제는 미국의 산업이 제공하는 풍부함에 제약 없이 (이상적으로는 많은 양을 소비하며) 참여할 아동의 권리, 그리고 이를 더 확장시킨 어른의 권리라는 새로운 개념이었다. 퀘이커는 곡물을 '억지로 먹는 것'으로 만들지 말라고 조언하며 해결책으로 '퀘이커 오트의 크림맛 플레이크'를 내놓았다. 아이에게 열량뿐 아니라 즐거움도 주기 때문에 억지로 먹이지 않아도 아이가 먹고 싶어 한다는 것이었다. 여기에 깔려 있는 주장은 아이들의 욕망은 통제할 방법이 없으며, 따라서 그것을 억누르기보다는 충족시켜주는 편이 더 낫다는 것이었다. 소비재에 대한 순수하고 이기적이기까지 한 욕망은 더 이상 통제되거나 억눌러야 할 것이 아니었다. 새로운 형태의 상품들은 소비자들에게, 제약받지 않는 욕망을 (그리고 소비를) 자연스럽고 심지어 건전한 것으로까지 여기라고 제언했다. 이 또한 미국인들이 청교도 윤리를 버리고, 욕망의 추구를 자연스럽고 불가피하며 바람직하고 상품의 소비를 통해 충족할 수 있는 것으로 여기도록 만들려는 광범위한 노력의 일부였다.[80]

포장된 쾌락의 도약

1880년에서 1910년 사이의 시기에는 무언가 특별한 것이 있다. 여러 가지 발명들이 합쳐지면서, 토기가 (운반, 저장, 조리에) 처음 사용된 이래 생겨난 경향이 가속화된 것이다. 새로운 테크놀로지의 급속한 확장, 특히 병, 깡통, 상자에 무언가를 담는 테크놀로지의 급속한 확장은 '싼 값에 언제나 어디서나 구할 수 있으며 지니고 다닐 수 있는 개인용 상품'이라는 형태로 새로운 소비자 문화에 기초를 놓았다. 앞으로 살펴보겠지만, 포장과 튜브화의 혁명은 깡통, 병, 상자뿐 아니라 담배를 마는 종이, 음반에 새겨진 홈, 카메라의 필름, 롤러코스터의 트랙까지도 포함한다. 이것들은 각기 상이한 신체적, 사회적, 심리적 영향을 미쳤지만, 불과 한 세대 동안에 벌어진 테크놀로지와 마케팅의 혁신에 뿌리를 두고 있다는 공통점을 갖는다. 포장된 쾌락의 테크놀로지들은 인간의 '경험 경제'를 극단적으로 변모시켰다. 우리는 놀라울만큼 다양한 식음료와 향정신성 물질을 새로이 접하게 됐고, 종이담배라는 새로운 형태로 니코틴을 신체에 주입하게 됐으며, 설탕, 초콜릿, 탄산수를 기반으로 만들어진 무수한 슈퍼푸드들을 먹게 됐다. 포장된 쾌락의 테크놀로지들은 보고 듣고 움직이는 것이 의미하는 바를 변화시키고 증강시켰다. 감각을 응축함으로써, 이런 테크놀로지들은 삶을 경험한다는 것의 의미를 대대적으로 바꿨다. 이것이 포장의 위력이었다.

새로운 형태의 소비가 나타나는 한편 비용도 따랐다. 수백만 명이 동일한 브랜드의 수프, 시리얼, 음료수를 먹으면서 미각이 동질화됐다. 음식은 맛이나 영양상의 가치보다는 상표나 상표가 연상시키는 것들에 의해 욕망됐다. 과거의 금기와 제약들이 사라졌지만 그와 함께 계절적이고 의례적이고 축제적이던 먹을거리와 마실 거리도 사라졌다. 대규모의 상업적 용기화는 식품이 실제로 어디에서 오는지를 알기 어렵게 만들었다. 이국적인 것이 일상이 되면서, 드문 것을 경험한다는 것 자체가 따분한 일이 되기도 했다. 포장된 쾌락은 우리를 더 쾌락주의적으로 만들었다. 그리고 우리는 아직 그 영향을 제대로 생각해보지 않았다.

이제부터 우리는 가장 극단적이고 건강에 해로운 형태인 담배부터 가장 미묘한 형태인 놀이공원까지, 여러 형태의 포장된 쾌락들을 3~7장에 걸쳐 하나씩 살펴볼 것이다. 그 과정에서 이 모든 것들의 공통점과 각각이 우리 삶에 미친 상이하고 독특한 영향들을 함께 살펴볼 수 있을 것이다.

우리를 중독시키는 것들에 대하여

3장
종이담배 이야기

['cigarrete'은 '종이담배' 또는 '지紙궐련'으로,
'cigar'는 '시가' 또는 '엽葉궐련'으로 옮겼다. 'cigarrete'이
종이에 싼 담배가 아닌 '작은 시가'를 의미하거나
둘을 통칭하는 경우에는 별도로 표기했다.]

포장된 쾌락 중에 이보다 영향이 크고 치명적인 사례를 꼽기는 어려울 것이다. 종이담배는 오늘날 우리가 니코틴을 체내로 주입할 때 사용하는 주主 도구다. 사람들이 종이담배를 피우는 이유, 그것도 늘상 피우는 이유는 바로 니코틴 때문이다. 우리는 종이담배로 니코틴의 약리학이 주는 악마적인 쾌락을 흡수하고 니코틴에 중독된다. 담배 제조업자들은 니코틴이 담배의 **필수 불가결한 요소**라고 말한다.[1] 오늘날 종이담배는 지구상에서 가장 널리 이용되는 (그리고 남용되는) 약물이다. 매년 6조 개비의 종이담배가 소비되고 있으며, 이는 지구를 1만5,000번 감을 수 있는 양, 지구에서 태양까지 갔다 오고도 화성까지 몇 번을 더 왕복할 수 있는 양이다.

포장된 쾌락의 진수인 종이담배는 어떻게 생겨난 걸까?

인류가 담뱃잎을 사용한 역사는 매우 길다. 미국 원주민들은 니코티아나 타바쿰Nicotiana tabacum, 루스티카rustica 등 여러 종류의 담뱃잎을 소비했다고 한다. 그들이 담배를 재배하고, 말리고, 피우는 방식은 오늘날 산업화된 사회에서의 방식과는 크게 달랐다. 감각적 강렬함을 제공하는 다른 물질들처럼 담배도 일반적으로는 협상에서 결론을 맺을 때나 종교 의식에 쓰이는 등 의례적인 목적으로 사용됐다. 오늘날처럼 강박적이고 강도 높게, 자기 파괴적인 방식으로 사용되는 경우는 거의 없었다. 지금의 담배는 19세기 이전의 담배와는 많이 다르다. 의례적이고 여흥적인 물질이었던 담배가 중독적인 물질로 바뀌게된 것은 19세기 말 담배 제조가 기계화되면서 일어난 일이다. 그 시기를 거치면서 담배의 생산 방식과 마케팅 방식은 물론, 담배라는 사물 자체가 달라졌다. 그리고 담배의 소비 규모 역시 달라졌다.

　미국의 연간 담배 소비량은 1900년까지만 해도 20~30억 개비에 불과했지만, 2014년에는 약 3,000억 개비에 달한 것으로 추정된다. 사람들은 흔히 담배가 분화적으로 먼 과거에서 왔을 것이라고 생각하며, 할리우드 영화나 〈매드맨Mad Men〉(1960년대 뉴욕의 광고 회사를 배경으로 제작된 드라마. 드라마 속 주인공은 담배 연기가 자욱한 사무실에서 날마다 담배를 수십 대씩 피우며 일한다) 같은 TV 쇼는 그런 통념들을 더 강화한다. 하지만 실제로는 오늘날의 미국인들이 이전 세기 미국인들보다 담배를 훨씬 많이 소비한다. 1800년에는 1억 파운드(약 4,500만 킬로그램) 정도였던 담뱃잎 소비량이[2] 1860년에는 3억 파운드, 1910년에는 10억 파운드로 늘었고, 제2차 세계대전이 끝나고 몇 십 년 후에는 연간 20억 파운드까지로 늘어 담배 생산량이 최고조에 달했다. 이런 변화는 세계 각지에서 벌어졌으며 미국보다 정도가 더한 곳들도 있었다. 이를테면 중국의 담배 소비량은 1911년에 75억 개비였던 데서 2012년에는 거의 **2조4,000억** 개비로 증가했다.

소비 양상도 극적으로 바뀌었다. 이는 제조 과정의 기계화와 매스 마케팅, 그리고 중독성이 더 높은(그리고 더 치명적인) 담배를 만들어낼 수 있는 새로운 담뱃잎 건조 기법 등이 만들어낸 결과였다. 종이 담배를 피우는 흡연자들은 보통 하루에 200 내지 400 '모금'의 연기를 흡입하는 '자가 투약'을 대개는 날마다 한다. 흡연자 중에 하루라도 담배를 거르는 사람은 아마 없을 것이다. 하지만 이렇게 강도 높고 일상적이며 강박적인 방식의 담배 소비는 현대적인 종이담배가 발명되기 이전에는 상상할 수 없는 일이었다. 담배는 가끔씩만 탐닉할 수 있는 여러 향정신성 물질 중 하나일 뿐이었다. 미국 원주민들은 일상적이고 강박적으로가 아니라 의례적인 맥락에서 담배를 소비했다. 중독자도 물론 있었겠지만 흔하지는 않았다.[3]

종이담배는 사실 굉장히 해롭지만, 역설적이게도 19세기에 상품으로 처음 등장했을 때는 담뱃대나 시가보다 순하고 편리하며 쉽게 피울 수 있는 방식의 담배로 여겨졌다. 종이담배는 연기가 덜 독해서 피우기가 덜 '어려웠다.' 이 점은 인기의 요인이기도 했지만 우려의 요인이기도 했다. 더 싸고 순하며 (패스트푸드처럼) '패스트흡연' 할 수 있는 (즉 빨리 피울 수 있는) 종이담배가 여성과 아이들까지 유혹할지 모른다는 우려가 있었던 것이다. 또한 종이담배는 '댄디dandy'(멋 내기를 좋아하는 남자들)나 과도하게 교양 떠는 '양키' 등 여자 같은 남자들이 피우는 담배로 여겨지기도 했다. 여기에서도 동일한 아이러니를 볼 수 있다. 종이담배는 더 '순한' (따라서 덜 해로운) 담배로 여겨졌지만 사실 연기를 폐 속으로 흡입하게 하기 때문에 (실제로 '완전히 만족'스러우려면 종이담배는 **속담배로 피워야 한다**) 훨씬 더 해롭고 치명적이며 중독성도 크다. 종이담배는 계속해서 다른 형태의 담배들보다 훨씬 치밀하게 (그리고 교활하게) 제조되는 소비재로 발달해갔고, 오늘날 미국에서만도 담배 회사들은 종이담배 제품을 개발하는 데 문자 그대로 수백억 달러를 쓴다.

일반적으로 종이담배의 기원은 19세기로 알려져 있지만, '시가레트cigarette'를 무엇으로 보느냐에 따라 훨씬 이전으로 거슬러 올라갈 수도 있다. 가령 시가레트를 단순히 '크기가 작은 시가'로 본다면 ('시가레트'는 프랑스어로 '작은 시가'라는 뜻이다) 그 기원은 콜럼버스가 미 대륙을 발견하기 이전으로까지 거슬러 올라간다. 아메리카 원주민들은 (담배의 한 종류인) 니코티아나Nicotiana를 여러 가지 형태로, 신체의 다양한 구멍(입, 코, 항문)을 통해 피웠는데, 그 중에는 가늘고 짧은 시가처럼 생긴 것도 있었다. 또한 메조아메리카에서 발견되는 토기 유물과 마야Maya의 고대 문서에서도 담배를 피우는 그림을 수백 점 가량 볼 수 있는데, 그 가운데도 작은 시가처럼 보이는 것이 있다. 한편 시가레트를 담뱃잎을 '종이'에 싸서 피우는 것으로 본다면 그 기원을 좀 더 최근으로 볼 수 있다. 17세기에 스페인의 부랑아들이 담뱃잎 찌꺼기를 버려진 신문지에 말아 피웠다고 하는데, 이는 종이에 담뱃잎을 싸서 피운 최초의 사례로 알려져 있다. 그러므로 이 가난한 소년들이 사용한 종이말이 담배, '파파레트papalet'를 최초의 지궐련으로 볼 수도 있는 것이다.[4]

하지만 현대적 종이담배의 기원은 19세기로 보는 것이 더 일반적이며, 이 기원은 전쟁과 관련이 깊다. 지궐련이 사용된 초기 사례 중 하나는 1832년 (오토만-이집트 전쟁 때의) 아크레Acre 공방전에서 볼 수 있다. 한 이집트 포병이 속사포 사격 후 포상으로 받은 담뱃잎을 화약 마는 종이에 말아서 피워 보았는데(담뱃대가 부서져서 그랬다는 설이 있다), 그 방법이 담배 연기를 꽤 잘 만들어낸다는 사실을 알게 된 것이다. 그렇게 해서 종이담배가 태어났다. 이후 크림 전쟁(1853년부터 1856년까지 계속됐던 영국·프랑스·터키·사르데냐 연합국 대 러시아의 전쟁) 때 영국 군인들이 터키와 러시아 군인들(이들도 바로 얼마 전부터 신문지에 담배를 말아 피우고 있었다)을 따라 종이에 담뱃잎을 말아 피우면서 종이에 만 담배는 더 널리 퍼지게 됐다. 담뱃잎을 종이에 말아 피우는 흡연 방식이 동방에서 왔다는 사실은 초기 담배 제품들의 이름이 '뮤라드Murad', '압둘라Abdulla', '메카Mecca', '오마르Omar', '카멜Camel' 등이었던 데서도 엿볼 수 있다.

하지만 19세기까지는 전체 담배 소비 중에서 종이담배 소비가 차지하는 비중이 미미했다. 1890년까지도 미국 내 종이담배 판매량은 보잘 것 없었고, 씹는담배나 시가, 아니면 담뱃대로 피우는 형태가 일반적이었다. 종이담배는 댄디나 퇴폐적인 부자, 아니면 어린 부랑아들이 주로 피우는 것으로 여겨졌으며, 도덕적으로 좋지 않은 이미지가 있었기 때문에 널리 퍼지지 못했다. 한때는 종이담배가 금지되기도 했다(미국의 15개 주가 1890년에서 1927년까지 종이담배를 금지했다. 여성과 아동의 타락, 그리고 종이담배에서 흔하게 발견됐던 불순물의 신체적 유해성에 대한 우려 때문이었다).[5] 즉 아직까지는 종이담배가 "끔찍하게" 인기 있지는 않았다.

쿠바 온라데즈 담배 공장의 수시니 기계

기계화와 매스 마케팅으로 (그리고 제1차 세계대전 때 군인들에게 담배를 무상으로 지급하면서) 상황이 달라졌다. 통조림도 그랬듯이, 기계화는 종이담배의 가격을 크게 낮췄고 단위 시간과 단위 노동당 산출량을 엄청나게 높였다. 1880년대 이전까지는 손으로 말아서 종이담배를 만들었다. 담배 공장에 고용된 여성들과 소녀들은 통상 1분에 네다섯 개비의 담배를 말 수 있었다. 공장은 수백 명의 여공들을 고용했고, 각각에 작업대를 배정했다.

　담배 제조는 생각보다 일찍 기계화됐고, 기계화가 시작된 장소는 쿠바였다. 알려져 있는 것 중 가장 오래된 담배말이 기계는 1860년대 돈 루이스 수시니Don Luis Susini가 아바나Havana(쿠바의 수도) 시의 온라데즈Honradez('정직'이라는 뜻) 공장에서 개발한 것으로, 분당 60개비를 말 수 있었다(그림3.1 참조). 이 기계는 손으로 말 때처럼 담배를 한 개비씩 말아 끝을 꼬아서 마감하도록 설계돼 있었다. 수시니 기계로 만든 '시가로cigarros'는 길이가 1인치 반(약 3.8센티미터) 정도로, 요즘 담배들보다 많이 짧았다. 종이의 양끝을 꼬아서 마감했다는 점도 이후의 기계들과 크게 다른 점이었다. 이후의 기계들은 부순 담뱃잎을 압축해서 '끈'처럼 길게 만든 뒤에 절삭한 노출면을 그대로 열어두는 '오픈 컷open-cut' 방식을 사용했다. 그런데 그렇게 단면을 열어두면 (끝을 꼬아서 마감한 것보다) 종이 안에 있는 담뱃잎이 빨리 마르기 때문에, 오픈-컷 방식의 연속 제조 공정에서는 담배를 마르지 않게 하는 글리세린, 당밀, 그리고 나중에는 디에틸렌글리콜과 같은 '습윤제'를 첨가해야 했다. 오늘날에도 종이담배에는 (무게 기준으로) 10퍼센트 정도의 첨가물이 들어가는데, 절반가량이 연속 제조 공정에서 생기는 부작용을 막기 위한 것이다.

　오늘날 우리는 '쿠바' 하면 시가를 떠올리지만 19세기 중반에 쿠바는 (시가보다는) 종이담배의 주요 생산지였고, 매년 200만 갑('카야티야cajatilla')의 종이담배를 수출했다(담뱃갑의 크기가 균일하지 않았기 때문에 개수는 한 갑에 10개비에서 50개비까지 들쭉날쭉했다). 1848년에 쿠바에

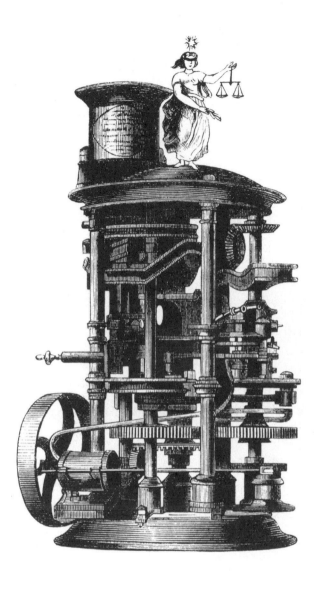

그림3.1 1867년에 온라데즈 공장에서 사용하던
수시니 기계. 수시니 기계로는 1분당 60개비의
담배를 말 수 있었다. 기본적으로 수작업 방식을
모방해 설계된 기계였으며, 얼마 지나지 않아 본색
기계에 밀려났다. 본색 기계는 담배의 양 끝을 꼬지
않아서 훨씬 빠르게 담배를 말 수 있었다.

는 약 400개의 담배 공장이 있었고 그 중 일부에서 오늘날 우리가 종이담배(시가레트)라고 부르는 것을 생산했다. 당시의 종이담배는 '시가로cigarro', '시가리토cigarito', '파페리토papelito', '파페레타papeleta', '파페레트papelete', '파페로트papelote', '파페릴로papelillo' 등 다양한 명칭으로 불렸다(시가(엽궐련)는 '타바코tobacco'로 불렸다). 그러다 쿠바 담배 업계에 인수합병이 일어나면서 1861년에는 담배 공장('시가레리아cigarrerias')이 38개만 남게 됐다. 쿠바 담배는 "중동산 담배로 만드는 러시아 종이담배나 마우스피스와 필터가 달린 터키 물담배와는 크게 달랐다."[6] 당시의 종이담배는 짧기도 했지만 매우 가늘어서(1/8인치[약 3밀리미터] 두께밖에 안 됐다) 타들어가는 꽁초를 잡고 끝까지 피울 수 있게 '꽁초 클립'을 사용하는 경우가 많았다.

최초의 종이담배 전용 공장은 1853년 아바나 시내에 돈 루이스 수시니가 세운 온라데즈 공장으로 알려져 있다. 온라데즈 공장에서는 찢어졌거나 부서졌거나 그 밖의 결함이 있어서 엽궐련을 만들기에는 적합하지 않은 담뱃잎을 사용했다. 초기의 종이담배는 불을 꺼뜨리지 않고 계속 붙여두기가 쉽지 않았다. 그래서 업체들은 담뱃잎을 매우 잘게 잘랐고 나중에는 나트륨이나 구연산칼륨처럼 불붙는 것을 도와주는 첨가물을 넣었다(그래서 종이담배는 화재의 원인이 되는 경우가 많았다. 땅에 떨어졌을 때도 불이 꺼지지 않고 계속 붙어 있었기 때문이다).[7] 종이담배는 하급품 원료를 사용한다는 평판이 있었기 때문에 돈 루이스 수시니 앤 선Don Luis Susini & Son 사는 자사의 공장과 제품에 영예로운 이름을 붙여서 이를 극복하고자 했다(라 온라데즈는 '정직' 또는 '고결'이라는 의미다). 하지만 당시는 상표권 침해에 대한 법적 보호가 별로 없던 시절이었던지라 위조와 모조가 횡행했다. 그래서 수시니는 자사 제품에 뚜렷이 구별되는 상표를 인쇄해 붙이기 시작했다. 컬러 상표가 붙은 상품 가운데 매우 초창기 상품에 해당했던 수시니 사의 담배는 당시로서는 신기술이었던 다색 석판술을 활용했다. 1850~70년대에 나온 화려한 수시니 사의 상표는 가장 아름다운 포장재로 꼽히기에 손색이 없을 만큼 예술적인 디자인을 갖추고 있었다. 수시니 사의 상표가 나온 1850년대는 미국에서 트레이드카드가 널리 쓰이기도 전이었다. 모조품을 막기 위해서는 다른 수단들도 쓰였는데 그 중 하나는 포장 디자인을 정기적으로 바꾸는 것이었다. 토니 히먼Tony Hyman은 온라데스 공장을 다룬 역사책에서, 아바나에 있는 호세 마르티 국립 도서관이 소장한 스크랩북에는 쿠바의 초기 종이담배 상표가 총 4,000개가량 보관되어 있다고 언급한 바 있다.[8]

이 당시 종이담배 업계가 사용한 포장 테크놀로지는 기술적으로 매우 앞서 있었다. 다색 석판술을 가장 처음 상업적으로 사용한 곳이 담배업계였으며, 그것은 이후 담배 회사들이 선도적으로 선보였던 수많은 마케팅 혁신 중 하나이기도 했다(담배업계가 처음으로 도입한 혁신들로는 공중광고, 스카이캐스팅, 광고판용 감광 석판술, 전국적인 라디오 후원, 스톱모션 애니메이션 등이 있다). 다색 석판술은 포장을 혁명적으로 바꾸었고, 이는 자극적인 시각물에 익숙하지 않았던 당시 소비자들에게 상당히 놀라운 일이었을 것이다. 1860년대 말 아바나 시의 수시니 로얄 임페리얼 온라데즈 공장을 둘러본 어느 방문자는 당시의 광경을 다음과 같이 묘사했다.

석각실에서 다른 공장에서는 본 적이 없는 것을 보았다. 그들이 말하기를, 완전히 새로운 기술이라고 했다. 그것은 화학적 작용과 기계를 사용해서 돌 위에 그림을 그리는 기계다. 그 기계는 '마그네토-엘렉트리크Magneto-Electrique 머신'이라고 불렸으며 프랑스인 E. 가이프E. Gaiffe 씨가 발명했고 세계 박람회 등 여러 박람회에서 상을 탄 것이라고 한다. 기계는 전기로 돌아가는데, 프랭클린이 전기를 발명한 이래 산업계에서 이런 종류의 작업에 전기를 실용적으로 쓴 것은 이 기계가 최초라고 한다. 기계는 혼합 염료가 전류를 교란해 주형틀 위에 그림을 그리는 원리로 되어 있다. 새겨지는 면과 새기는 도구가 둘 다 회전하면서, 끝에 다이아몬드가 달린 전자석의 도움으로 인간의 힘을 크게 들이지 않고도 완벽한 그림이 완성된다.[9]

수시니 사의 공장은 방문객의 경탄을 자아내곤 했다. 사람들은 사무실 간의 소통에 전신과 기송관을 사용하는 깃이라든지, 포정과 관련된 신기술 등을 보면서 놀라워했다. 또 수시니 사의 기계는 거대한 소비 규모를 이야기하는 새로운 화법을 가져왔다. 1872년에 조지프 데 수시니 루이세코 백작Count Joseph de Susini-Ruiseco은 전 세계적으로 70밀리미터 길이의 담배가 매년 2,940억 개씩 생산된다고 (과장되게) 추산하면서, 이것을 모두 더하면 약 20,600,000킬로미터에 달한다고 언급했다. 지구의 원주가 약 4만 킬로미터니 그가 추산한 전 세계 연간 종이담배 생산량은 지구를 514바퀴 감을 수 있는 양이었다. 1억 4,400만 제곱미터의 면적을 덮을 수 있는 양이기도 했다. 또 지구에서 담배 연기를 줄줄이 뿜어 올린다고 했을 때 그 연기는 7년 반이면 태양에 닿을 수 있었다.[10] 수시니 루이세코는 이렇게 많은 양의 담배를 생산하는 데 드는 비용을 기계화가 대폭 줄여줄 것이라고 기대했다. 기계화

우리를 중독시키는 것들에 대하여

그림3.2 수시니 사에서 제조한 담뱃갑에 들어갔던 상표
그림. 수시니의 공장은 기술적으로 매우 앞서 있었으며, 자사
제품을 다른 제품과 구별하기 위해 컬러 상표를 부착하는
방식을 최초로 도입했다. 수시니 공장은 1850년대부터 이런
상표를 사용했다. 이 그림은 1867년 것이다.

는 그의 자부심의 원천이었고 수시니의 기계는 1872년 리옹 세계 박람회에서 메달도 받았다. 수시니 루이세코는 자신의 기계를 전신이나 인쇄술, 혹은 가이프의 전기 조각기 등에 맞먹는 중요성을 가진 것으로 여겼다. 그에게는 이 모두가 인류에게 은혜로운 진보를 선사한 기계였다.

담배 제조의 기계화를 옹호하며 내세운 또 하나의 논리는 노동자의 건강이었다. 노동자가 제품에 직접 접촉하지 않도록 해 눈, 폐, 목구멍 등으로 독성 있는 담배 먼지가 흡입될 때 생기는 피해를 막을 수 있다는 것이었다. 수시니 기계 한 대는 손으로 담배를 마는 노동자 스무 명의 몫을 할 수 있었다. 이런 이유로 수시니 루이세코는 기계가 인류에게 막대한 자선을 베푸는 것이라고 주장하며 기계화를 옹호했다. 기계가 사람들의 일자리와 생계를 앗아가는 결과도 낳았는데 말이다.[11]

기계화와 매스 마케팅

수시니 기계는 작동법이 까다로워서 널리 사용되지는 않았다. 이 기계는 1867년에 파리 박람회에 출품됐고 1872년 리옹 박람회에도 출품됐지만, 이 시기 기계화가 미친 영향을 너무 과장해서는 안 된다. 1900년까지도 기계로 만들어진 종이담배는 미국 전체 담배 소비량에서 무게 기준으로 4~5퍼센트 정도밖에 차지하지 않았다. 그보다는 씹는담배나 담뱃대로 피우는 방식, 아니면 시가의 형태로 소비되는 것이 훨씬 더 많았다. 종이담배가 전 세계 담배 문화를 지배하게 된 것은 1920, 30년대가 되어서였다.

그리고 종이담배 소비를 증가시킨 요인에는 기계화만 있는 것이 아니었다. 가령 성냥도 종이담배의 대중화에 기여했다. 인으로 만든 성냥은 1820년대에 출시됐으며, 긁는 표면이 있어야 불을 붙일 수 있는 '안전성냥'(발화성 약제를 성냥개비와 성냥갑에 나눠 발라두어서 양쪽을 마찰시켜야만 불이 붙는 성냥)은 1840년대에 나왔다. 성냥은 빠르고 정확하게 불꽃을 일으킬 수 있게 해서 종이담배의 소비 증가에 일조했다. 성냥은 불을 만들어내는 인간의 오랜 능력을 (획기적으로 간단하게 만들고 '포장'해서) 상품화했고, 점화하는 데 별다른 기술이 필요하지 않게 만들었다. 19

우리를 중독시키는 것들에 대하여

세기 말이 되면 액체 연료가 든 라이터가 이와 비슷한 역할을 하게 된다. 바람에 영향을 받지 않는 이 '불꽃 생성 도구'는 1890년대에 특허를 받았고, 1930년대에는 지포 라이터가 등장해 인기를 끌었다.[12]

　여타의 포장된 쾌락들과 마찬가지로, 매스 마케팅도 종이담배 소비의 급증에 큰 역할을 했다. 다색 석판술이라는 첨단 기술로 상표를 만들어 붙인 데서도 볼 수 있듯이, 마케팅은 담배 제조가 기계화되기 전부터도 존재했다. 또 제조업체들은 마분지를 대 담뱃갑을 빳빳하게 만들었는데, 흐물흐물한 포장 안에서 담배가 부서지는 것을 막는 것이 원래의 목적이었지만 그 종이를 광고판으로도 쓸 수 있다는 사실을 곧 깨달았다. 이렇게 해서 담배카드가 생겨났고 1870년대부터는 거기에 스포츠 스타, 풍경, (나중에는) 유명 인사의 이미지를 넣기 시작했다. 2장에서 언급한 트레이드카드처럼 담배카드는 수집가들에게 인기 아이템이 됐고 유명인 열풍이라는 현상을 불러오는 데도 일조했다(또한 수집이라는 취미가 확산되는 데도 기여했다. 앞서 언급했듯이 담배 회사들은 오늘날의 야구카드와 비슷한 것을 만들었다). 이러한 의미에서 마케팅과 기계화는 완벽한 보완재였다. 기계화는 담배 공급량을 크게 늘렸고 마케팅은 그 늘어난 공급량을 처치할 수 있게 해줬다. 또 마케팅 전문가들이 사람들을 '안달나게' 만들면 제조업자들이 제품을 공급해 가려운 부분을 '긁어'줬다.[13]

　기계화로 제조비용이 크게 낮아지면서 마케팅은 더욱 중요해졌다.[14] 수작업으로 만들 때는 숙련된 노동자라도 1분에 네다섯 개비밖에 말 수 없었기 때문에 점심시간 등을 고려하면 건강한 '소녀공'이 하루에 생산할 수 있는 양은 약 1,000개비 정도였다. 그런데 기계화가 되면서 더 적은 수의 노동자가 훨씬 많은 양의 담배를 생산할 수 있게 됐다. 미국의 담배 소비가 정점에 달했던 1980년대에 미국인들은 매년 **6,300억** 개비의 담배를 피웠는데 이것을 다 수작업으로 만들려 했다면 담배는 미국 최대 규모의 산업이 됐을 것이다. 수작업으로 만들 때한 명이 하루에 1,000개비, 1년에 20만 개비를 생산할 수 있다고 치면, 1년 치 미국의 담배 소비량 6,300억 개비를 대기 위해서는 300만 명이 풀타임으로 일해야 한다는 뜻이 된다. 그러나 오늘날 노동 생산성은 19세기보다 현저하게 높아져 1만 명의 노동자가 매일 10억 개비의 담배를 생산하고 있다. 이는 1명당 하루 10만 개비씩을 생산하는 것으로, 손으로 담배를 말았던 19세기 노동자보다 생산성이 100배나 높은 것이다.

담배 제조의 기계화는 단번에 벌어진 일이 아니었다. 잎을 부수는 기계는 1866년에 특허를 받았고, 담뱃잎을 말기 좋게 만들어주는 몇 가지 다른 장비들도 그 전에 나와 있었다. 하지만 가장 중요한 혁신을 하나만 꼽으라면, 기계가 꼭 수작업을 모방하지 않아도 된다는 아이디어를 생각해낸 것이었다. 바로 그 생각에서 부순 담뱃잎을 긴 끈형태로 뽑아낸 뒤에 알맞은 길이로 절삭하는 방식의 기계가 나올 수 있었다. 인간의 노동을 기계화하는 과정에서 많이 볼 수 있듯이, 여기에서도 혁신은 수작업을 모방하려는 노력을 포기하고서야 나올 수 있었다. 버지니아 주의 제임스 앨버트 본색James Albert Bonsack이 그런 기계를 최초로 발명했고 이로써 연속 공정이 도입되어 담배 업계에 대변혁이 일어났다.[15]

물론 본색 기계도 갑자기 뚝 떨어진 것은 아니었다. 그전부터도 종이담배 제조업자들은 담배 제조를 더 빠르고 안정적으로 자동화할수 있는 방법을 연구하고 있었다. 1875년에 버지니아 주 리치몬드 카

우리를 중독시키는 것들에 대하여

운티의 앨런 앤 긴터 컴퍼니Allen & Ginter Company는 수시니 기계를 훨씬 능가하는 성능을 갖추고 더 안정적으로 담배를 생산할 수 있는 기계를 공모하면서 7만 5,000달러의 상금을 걸었다. 1880년 당시 스무 살이었던 본색은 학교를 그만두고 이 도전에 뛰어들었다. 본색은 부모가 운영하던 모직물 공장의 부품들을 이용해 기계를 만들기 시작했다. 본색이 1881년에 특허를 받은 담배 기계는 롤러, 기어, 벨트가 놀라운 조화를 이뤄 10시간에 2만 개비의 담배를 생산해냈다. 이 기계는 떠오르고 있던 종이담배 시장에 대대적인 변화를 가져왔고 사람들의 건강에 전례 없는 재앙을 초래할 기반을 닦았다.[16]

본색의 기계는 이전의 기계들과 몇 가지 중요한 면에서 차이가 있었다. 물론 속도가 가장 큰 미덕이었는데, 그 속도는 담뱃잎을 밧줄이나 철사처럼 끈 형태로 길게 뽑아낼 수 있게 되면서 단축시킨 것이었다. 수작업을 흉내 내 한 개비씩 일일이 말고 끝을 꼬아서 마감했던 수시니 기계와 달리, 본색 기계는 무한한 길이로 담배를 뽑아낸 뒤 강력한 회전 절삭기를 이용해 알맞은 길이로 잘라냈다. 이 새로운 접근법의 핵심은 부순 담뱃잎이 일련의 압축용 튜브들을 빠르게 통과하게 만든 데 있었다(튜브의 중요성이 여기에서도 드러난다). 그렇게 해서 압축된 담뱃잎이 밧줄 형태로 모양이 잡혀 나오면, 커다란 두루마리에 말려 있던 종이가 빠르게 지나가는 밧줄 모양의 담뱃잎을 감쌌고, 그 다음에는 솔기를 풀로 얇게 봉했다. 담뱃잎을 채우고 절삭하는 속도를 정확히 통제할 수 있게 되면서 담배개비의 길이와 무게를 조절할 수 있게 됐고 담뱃갑과 담배 상자(한 보루를 넣을 수 있는)의 표준화가 가능해졌다. 이로써 수입할 때나 세금을 매길 때 종이담배의 규격이나 용량을 법적으로 정확하게 규정할 수 있게 됐고, 표준화된 크기의 담뱃갑을

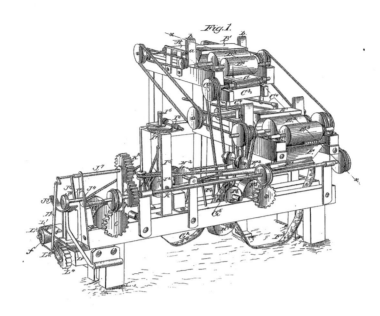

그림3.3 본색 기계는 무한한 길이로 담뱃잎을 뽑아낸 뒤
회전 절삭기로 잘라내는 방식으로 종이담배를 생산했다.
본색 기계가 등장하면서 담배는 연속 공정으로 생산된
초창기 소비재 중 하나가 되었다. 그 결과 담뱃값이
엄청나게 하락했고 사치품이던 담배는 일상품이 되었다.

자동판매기에서도 판매할 수 있게 됐다.[17]

초기의 담배 기계들은 다루기가 까다로웠고, 본색처럼 잘 만들어
진 기계라 해도 처음에는 개선할 점이 많았다. 1884년 미국의 담배 공
장에서는 총 7대의 본색 기계가 사용되고 있었고 유럽에서도 7대가
쓰이고 있었다.[18] W. 듀크 선스 앤 컴퍼니W. Duke Sons & Company의 제임스
뷰캐넌 듀크James Buchanan Duke는 담배 기계가 황금 알을 낳을 신기술임
을 알아보고, 차후에 나올 기계들에 대해 독점 계약을 따냈다. 그렇게
1886년에는 15대의 본색 기계를 소유했고, 1889년에는 24대로 연간 7
억 5,000만 개비의 담배를 생산했다. 기계를 사실상 독점한데다, 당시

우리를 중독시키는 것들에 대하여

담배의 개당 판매 수익률은 상당히 높았기 때문에 듀크의 아메리칸 타바코 컴퍼니American Tobacco Company(1890년에 규모가 큰 경쟁사 네 곳을 합병해서 만든 회사다)는 시장을 빠르게 석권했다. 듀크의 '담배 트러스트'는 작은 제조업체들을 계속 합병해가며 규모를 키우다가, 1911년에 셔먼 반독점법Sherman Antitrust Act이 발효되면서 R. J. 레이놀즈R. J. Reynolds, 로릴라드Lorillard, 리겟 앤 마이어스Liggett & Myers, 그리고 (규모가 줄어든) 아메리칸 타바코 사로 분할돼 과점 시장을 형성했다(필립모리스Philip Morris 사는 당시 아직 종이담배 생산을 시작하지 않은 상태였고, 1950년대까지도 미국 담배 시장의 5퍼센트 정도만을 차지하고 있었다. 훗날 필립모리스의 카우보이 이미지가 세계적으로 인기를 끌게 된 것은 순화 기법과 영리한 마케팅 덕분이었다).[19]

하지만 역사는 본색 기계에서 끝나지 않았고, (많이 알려져 있지는 않지만) 이후 한 세기간 담배 회사들은 계속해서 더 빠른 기계들을 개발했다(표3.1 참고). 1874년 아바나 시에서 수작업 담배 공장으로 문을 연 호세 몰린스Jose Molins의 회사는 아들인 해롤드Harold와 월터Walter가 물려받았고, 1911년 런던에 진출했을 무렵에는 담배부터 차까지, 여러 가지 종류의 포장된 상품을 제조하는 기계를 만드는 회사로 다각화돼 있었다. 고속 생산의 중요성을 잘 알고 있었던 몰린스는 '마크 1'이라는 담배 기계를 개발했고(1924년에 특허를 받았다), 1931년에는 미국 담배 제조의 중심지인 버지니아 주 리치몬드 카운티에 공장을 열어 아메리칸 타바코와 그 외 몇몇의 지역 담배 회사에 기계를 공급했다. 월터의 아들인 데스몬드Desmond는 1937년에 경첩 뚜껑이 달린 담뱃갑의 특허를 받았다. 경첩 뚜껑은 필립모리스가 1954년에 여성적인 담배로 인식되던 필터 담배를 남성적인 이미지로 재브랜드화하면서 내놓은

기계의 유형(제조사)	연도	분당 생산되는 개비 수(단위: 개비)
수작업	1800년대	4~6
수시니	1867	60
본색	1885	210
버나드 배론	1897	480
엑셀시어 III B (유니버셀)	1910	250
살리아 UD5 (드쿠플레)	1914	500
4 CC (듀 브룰 오브 신시내티)	1919	500
엑셀시어 래피드 (유니버셀)	1922	1,100
마크1 (몰린스)	1926	1,000
트라이엄프 (유니버셀)	1929	1,200
프로그래스 컴퍼니 (드레스덴)	1930	1,800
마크 5 (몰린스)	1930	1,000
래피드 엑셀시어 (유니버셀, 개선됨)	1930	1,300
드쿠플레 LOB (아렌코)	1934	1,500
마프 6 (몰린스)	1935	1,000
엑셀시어 래피드 KDC (하우니-베르크)	1949	1,350
엑셀시어 수퍼 래피드 KDZ (하우니)	1953	1,400
마크 6 (몰린스, 개선됨)	1953	1,350
LOD (드쿠플레)	1955	1,500
LOF (드쿠플레)	1957	2,000
마프 8 (몰린스)	1958	1,600
가란트 1 (하우니)	1959	1,500
가란트 4 (하우니)	1968	4,000
LOG (드쿠플레)	1970	4,000
마크 9 (몰린스)	1971	4,000
마크 9-5 (몰린스)	1976	5,000
PROTOS (하우니)	1978	6,000
PROTOS (하우니, 개선됨)	1982	7,200
마크 10 (몰린스)	1984	8,000
마크 10 (몰린스, 개선됨)	1986	9,000
PROTOS 100 (하우니)	1988	10,000
PROTOS 100 MAX 100 (하우니)	1993	12,000
121 P (GD)	2006	20,000
PROTOS M-8 (하우니)	2008	19,480

표3.1 담배말이 기계의 속도. 기계의 속도에 대한 자료는 한스 디트리히 클로퍼의 '속도에 관한 탐구The Quest for Speed'(타바코 인터내셔널, 1992.10.15, 29~32쪽, http://legacy.library.ucsf.edu/tid/onj79boo.)를 참조했다.

말보로Malboro 포장 디자인의 핵심 요소였다. 몰린스는 인도(콜카타 인근의 베할라Behala)와 브라질(상파울루)에도 공장을 열고 1970, 80년대에는 티백 기계, 골판지 기계 등으로 제품군을 더 다각화했다.[20] 오늘날 담배 기계를 만드는 회사로는 이탈리아의 지디GD: Generate Defferences, 런던의 몰린스, 함부르크의 하우니Hauni 등이 있지만, 그 수가 많지는 않다. 최근에는 중국이 담배 초대강국으로 부상하면서, 담배 기계 시장에도 진출하려 하고 있다. 중국은 이미 세계 담배의 40퍼센트를 생산하고 있는데, 중국이 차지하는 비중은 앞으로 더 증가할 것으로 보인다.[21] 어쨌든 우리가 알아야 할 중요한 사실은 오늘날의 담배 기계가 본색의 첫 기계보다 100배나 빠르다는 점이다.

담배 개비를 마는 기계의 속도는 담배 개비를 갑에 넣는 속도가 따라잡을 수 있어야 한다. 담뱃갑에 담배 개비를 빠르게 넣을 수 없다면 개비를 빠르게 말아 봤자 소용이 없기 때문이다. 초창기에는 기계로 만 담배 개비를 담뱃갑에 넣는 것이 수작업으로 이뤄졌지만 곧 빠르게 기계화됐고 갑을 보루 단위로 상자에 넣는 것 역시 마찬가지로 기계화됐다. 오늘날의 담배말이 기계는 갑에 개비를 넣는 기계와 연결되어 있어서 담배 개비를 갑에 넣고, 갑을 보루 단위의 상자에 넣고, 그 상자를 더 큰 상자에 넣고, 그 더 큰 상자를 컨테이너에 넣는 것까지 모두 일련의 과정으로 이뤄진다.[22] 이는 노동 비용과 생산 시간을 현저하게 단축시켰다.

담배 업계는 생산성을 '노동 시간당 담배 개비 산출량CPLH: cigarette per labor hour'이라는 지표로 나타낸다. 이 지표는 1970년대부터 미국에서 사용되기 시작했다. 1973년 필립모리스 공장의 CPLH는 약 9,700이었는데 1986년에는 16,000으로 높아졌다.[23] CPLH는 계속 개선돼서

1990년 미국 R. J. 레이놀즈 사의 CPLH는 22,000이 넘었으며, 얼마 후 필립모리스 사의 CPLH는 28,000에 달했다.[24] 20세기 말에는 기계가 더 발달해서 R. J. 레이놀즈 터키 공장에서 노동자 한 사람이 연간 284만 7,000갑을 생산할 수 있게 됐다.

현재 세계에서 가장 빠른 담배 기계는 1분에 약 2만 개비, 1초에 340개비의 담배를 생산한다. 담배 기계가 고도화되면서 담배 회사들은 그 기술을 다른 영역에 적용해 사업을 다각화하기도 했다. 1991년에 일본담배공사는 담배 기계에 쓰인 기술을 응용해 "반도체를 회로 기판에 고속으로 적용할 수 있는 기계"인 'MH-5000'을 개발했다. 도시바와 공동 개발한 이 기계는 초당 8개의 반도체를 적용할 수 있었고, 그 속도는 세계에서 가장 빠른 수준이었다.[25] 물론 기계의 고도화가 담배 업계에 가져다준 더 중요한 결과는 판매 수익률을 계속 높은 수준으로 유지할 수 있게 해 투자자들의 투자 수익성 또한 계속해서 높게 유지되도록 했다는 점이다. 1958년에 필립모리스 사에 1만 달러를 투자했다면 오늘날 5,000만 달러의 가치가 됐을 것이다. 또한 기계화는 훨씬 적은 수의 노동자가 훨씬 많은 양의 담배를 생산할 수 있게 됐다는 의미이기도 하다. 미국은 연간 4,000억 개비의 담배를 생산하는데 거기에 드는 노동력은 1만 명 정도다. 그렇게 생산되는 담배 중 4분의 1이상은 해외로 수출되며, 그로써 미국 담배 회사들은 매년 전 세계 수십만 명의 사람들이 목숨을 잃는 데 일조하고 있다.

종이 이야기

종이담배는 기본적으로 종이 주머니로 담뱃잎을 단단하게 싼 작은 궐련이다(담배업계에서는 종이 주머니를 친근한 크리스마스 선물처럼 들리게 하기 위해 '포장지wrapper'라고 부른다). 주머니 비유가 이상하게 느껴진다면, 그것은 우리가 담배를 감싸고 있는 종이까지 태우지 않고서는 담배를 태울 수 없다는 사실을 쉽게 잊어버리기 때문일 것이다. 종이담배에서 종이가 차지하는 비중은 (무게 기준) 5퍼센트 정도며, 이는 1그램당 0.05그램에 해당하는 양이다. 20세기에만 총 100조 개비의 담배가 소비됐는데, 이는 흡연자들이 1억 톤의 담뱃잎과 500만 톤의 종이를 태우고 흡입했다는 뜻이다. 20세기의 흡연자들은 수백만 톤의 종이를 태우면서 담배를 흡입했고, 이와 함께 수백만 톤의 화학 첨가제, 수천 톤의 농약, 그리고 그 밖의 많은 다른 많은 것들도 흡입했다. 이 모두가 쉽게 구할 수 있고 매력적인 디자인으로 장식된 갑에 종이담배가 담겨 나온 덕/탓이었다.

초창기에 종이담배를 비판했던 사람들은 종이담배가 일으키는 해악이 시가가 일으키는 것보다 커 보인다는 점을 놓치지 않았고, 담배를 싸고 있는 종이를 그 해악의 주범으로 꼽았다. 그런데 여기에는 흥미로운 아이러니가 하나 있다. 종이담배는 다른 형태의 담배보다 더 '순하다'고 여겨졌지만, 그 때문에 여성, 아동 등 담배에 취약한 사람들도 피울 수 있게 되어 결과적으로 더 위험해졌다. 그리고 그 당시 사람들 사이에는 종이담배가 새로운 방식으로 인체에 해를 입힌다는 공포도 퍼져 있었는데, 그 원인으로 종이가 의심을 받았다(흡입을 해야 한다는 점도 의심을 받았다. 종이담배는 대개 속담배로 피웠기 때문이다). 1914년

헨리 포드Henry Ford는 "흰 색의 작은 노예상에 반대한다Case Against the Little White Slaver"라는 제목의 글에서(토머스 에디슨Thomas Edison이 서문을 썼다) 여러 가지 이유를 들어 종이담배를 비난했다. 주로는 "살롱이나 당구장을 어슬렁거리는 고질적인 흡연자"가 범죄를 일으키는 경우가 많다는 지적이었지만 신체적인 유해성에 관한 이야기도 있었다. 포드와 에디슨은 모두 종이담배의 신체적 피해는 "주로 종이를 태우는 데서 온다"고 믿고 있었다.[26] 에디슨을 포함해 당시의 많은 사람들은 종이담배에만 있는 무언가 때문에 종이담배가 (상대적으로 무해한) 시가와 달리 치명적인 것이 된다고 생각했고, 그 '무언가'로 종이와 화학 첨가물(비소 등)을 의심했다.

담배를 싸는 종이에 대한 관심은 이후로도 수십 년간 계속 쏟아졌으며, 폐암의 급증이 종이담배와 관련 있다는 사실이 밝혀졌던 1950년대에는 더 심했다. 선염병 연구, 동물 관찰, 화학 분석, 사망자의 세포 분석 등을 통해 폐암과 종이담배의 관련성이 밝혀졌을 때, 그 메커니즘으로 제시된 가설 중 하나는 담배 자체가 아닌 종이가 폐암의 원인일 수 있다는 것이었다. 담배를 싼 종이는 태우면 최루성의 아크롤레인을 방출하는 것으로 알려져 있었는데 그것은 프랑스가 제1차 세계대전 때 사용했던 물질이기도 했다. 종이를 비난하는 가설은 '시가는 폐암을 많이 유발하는 것 같지 않다'는 생각(율리시스 S. 그랜트 Ulysses S. Grant 미국 전 대통령이 1885년 후두암으로 사망한 원인이 시가에 대한 애정 때문이라고 널리 알려져 있기는 했지만)에도 잘 들어맞는 것이었다. 아메리칸 타바코 컴퍼니는 1953년에 폐암의 원인을 알아내기 위한 일련의 비공개 연구에 자금을 댔고, 문제는 종이가 아니라 담배였다는 사실이 밝혀졌다. 이 연구 결과는 분명 세계 최대의 담배 종이 제조업체에쿠스타 페이퍼 코퍼레이션Ecusta Paper Corporation을 크게 안도시켜주었을 것이다(이 회사도 그 연구에 참여했다). 또한 그 결과는 이제 에쿠스타가 담배의 해로움을 자신의 수익으로 만들 수 있게 됐다는 의미기도 했다.[27]

다시 궐련 이야기

오늘날 우리가 담배의 성분이라고 생각하는 것들은 사실 담뱃잎 자체가 갖고 있는 속성이라기보다는 우리 의식이 만들어낸 '물화物化'의 산물이다. 가령 담배업계는 '타르와 니코틴'이라는 말을 쓰면서 마치 이것들이 고유한 특성이 있는 자연적인 물질인 것처럼 이야기하는데, 사실 그것은 '타르와 시안화물' 혹은 '페놀과 니코틴' 혹은 '니코틴과 벤조피렌'이라고도 이야기할 수 있다. 타르는 그저 응축된 연기를 의미하는 것이고, 담뱃잎에 니코틴이 들어 있는 이유는 (그것이 담뱃잎 자체에 들어있는 핵심적인 성분이어서라기보다는) 중독을 일으키고 그것을 유지시키기 위해 업체들이 담뱃잎 속에 니코틴을 계속해서 남겨두기 때문이다. 사실 종이담배는 속성을 명확히 규정하기 어려운 사물이다. 대체 지궐련의 **본질적인** 속성은 무엇인가? 크기가 작다는 것? 종이로 말았다는 것? 연기를 흡입할 수 있게 만들었다는 것? 연기를 흡입할 수 있게 만들었다는 것은 확실히 종이담배의 핵심적인 특성이라 말해도 무방할 것이다. 그리고 이것은 종이담배의 치명적인 결함이기도 하다. 폐로 연기를 흡입하게 하는 것이 바로 종이담배를 치명적이고 중독적인 것으로 만드는 요인이기 때문이다. 우리에게 잘 알려져 있지는 않지만, 담배 업체들은 흡입이 쉽지 않은 담배도 얼마든지 만들 수 있었다(그저 연기의 알칼리도(pH)만 높이면 됐던 것이다). 그런 의미에서 종이담배는 '본질적으로 위험하다'기보다는 '위험해지도록 고안되었다'고 봐야 한다. 여기에는 역사적인 뿌리가 있는데, 이는 담뱃잎을 건조하는 기법을 알아야 제대로 파악할 수가 있다.

초기의 종이담배는 대체로 그다지 좋지 않은 담뱃잎을 원료로 사용했다. 구멍이 나거나 찢어져서 엽궐련을 만들기에는 부적합한 것들이 지궐련의 재료였다. 하지만 사실상 종이담배와 시가 속에 들어가는 잎은 적어도 아메리카 대륙 내에서는 별 차이가 없었다. 가령 쿠바에서는 색이 어둡고 알칼리도가 높으며 당분 함량이 낮은 '공기 건조' 잎을 종이담배와 시가 모두에 사용했다. 그 잎은 알 쿠아드라도al cuadrado라고 불렸으며, 순하고 색이 밝은 '화력 건조' 잎이나 크기가 더 작은 터키산 화력 건조 담뱃잎과는 차이가 있었다. 후에 담배 화학자들이 밝혀낸 바에 따르면, 당분 함량이 낮은 담뱃잎은 연기 맛이 강하고 독하다. 따라서 초창기 종이담배는 그 연기를 폐로 흡입하기가 쉽지 않았고, 자연히 폐에 손상도 덜 입혔다.

종이담배가 더 치명적이고 중독적인 물질이 된 것은 화력 건조 방식이 널리 쓰이면서부터였다. 화력 건조 방식에서는 담뱃잎이 벽돌로 된 연통을 통과하면서 공기 건조에서보다 높은 온도를 쐬게 된다. 공기 건조는 시원하고 건조한 곳에서 담뱃잎을 그냥 말리는 방식으로, 미국 원주민들이 썼던 방식이다. 19세기에는 건조 속도를 높이기 위해 담뱃잎에 장작불을 쪼이는 경우가 있었지만, 그것 역시 공기 건조 방식의 일종이었다. 고온의 화력 건조 방식이 갖는 장점은 1830년대에 우연히 발견됐다. 노스캐롤라이나 주의 아비샤 슬레이드Abisha Slade 농장에서 한 노예가 담뱃잎을 말리던 헛간에서 불을 지키다가 깜빡 잠이 들었는데, 깨어 보니 불씨가 꺼져 가고 있었다. 연료를 더 넣어야 했지만 남은 장작이 없어서 인근 대장간에서 석탄을 가져다가 불에 넣었다. 더 높은 열기가 가해지자(석탄은 장작보다 높은 온도에서 탄다) 담뱃잎은 황금색으로 변했고 거기서 나온 연기는 매우 순했다. 그 화학 작용 덕에 석탄불을 쪼인 담뱃잎은 경매에서 훨씬 높은 가격에 팔렸다.

화력 건조는 잎에서 당분이 분해되는 것을 막아주기 때문에, 당분 함량이 높은 담뱃잎을 만들 수 있다. 당분 함량이 높은 담배는 태울 때 나오는 연기의 알칼리도가 낮아서(pH 6 정도) 공기 건조한 담뱃잎을 태울 때(pH 8이상)보다 연기를 폐로 들이마시기가 쉽다. 화력 건조한 담뱃잎을 피우면 알칼리도가 높은 담배를 피웠을 때 느낄 수 있는 강렬한 자극을 느낄 수 없기 때문에 **흡입을 해야만** 니코틴의 만족을 충분히 얻을 수 있었고, 따라서 화력 건조한 종이담배는 폐로 흡입하는 속담배로 피워졌다. 흡입은 니코틴을 혈액과 뇌로 보내는 데도 더 효과적이었다(폐의 표면적은 테니스 코트만하다). 그렇게 해서 종이담배는 이전에 소비되던 형태의 담배들보다 강한 중독성을 갖게 됐다.[28] 공기 건조에서 화력 건조로의 변화는 아편에서 헤로인으로, 먹는 마약에서 주사 마약으로의 변화와 비슷하다고 볼 수 있다. 증강된 형태로 포장되어 신체에 주입되는, 새로운 형태의 소비인 것이다.

당분은 현대적인 종이담배의 성장에 두 가지 면에서 중요한 역할을 했다. 우선 화력 건조를 하면 식물에서 자연적으로 형성된 당분을 분해되지 않은 채로 잎 속에 많이 남아 있게 할 수 있었다(공기 건조에서는 2퍼센트, 화력 건조에서는 20퍼센트). 이에 더해 업체들은 연기 맛을 더 좋게 하고 보존제의 역할도 하도록 말린 담뱃잎에 당분을 더 추가하기도 했다. R. J. 레이놀즈는 1913년에 화력 건조한 밝은 색 담뱃잎을 공기 건조한 벌리burley종 담뱃잎과 혼합해 만든 '카멜'을 내놓았고 그렇게 이 제조법을 완성했다. 화력 건조한 담뱃잎은 원래 당분이 많고, 공기 건조한 벌리종 담뱃잎에는 성긴 구조를 활용해 감초, 전화당 등의 형태의 당분을 추가할 수 있었다. 이렇게 당분 함량이 높은 '아메리칸 블렌드' 담뱃잎으로 '카멜'은 시장을 석권했고 이후에 나올 제품들의 모델로 자리를 잡았다. 여기에 매디슨 가의 광고 천재들이 매우 거창한 광고를 붙였음은 말할 것도 없다.

담배의 판촉에는 여러 기법이 활용됐다. 컬러 상표와 트레이드카드는 물론, 떠오르던 대중 잡지 광고도 쓰였다. 잡지는 점점 더 화려해졌고, 수많은 잡지가 담배 광고로 얻는 수입에 의존했다(그래서 담배의 유해성에 대한 기사는 별로 다루지 않았다). 1930년대에는 〈미국 의료학회지Journal of the American Medical Association〉 같은 의료 학술지도 담배 광고를 싣기 시작했다. 이런 광고에는 "목에 좋은 담배"(럭키 스트라이크Lucky Strike), "의사들이 주문하는 담배"(엘앤엠L&M)와 같은 문구가 실렸다. 카멜은 (자사의 담배가) "목에 휴식을 준다"고 광고했고, 올드골드Old Gold는 "아무리 피워도 기침이 나지 않는다"고 했으며, 폴몰Paul Mall은 "목이 칼칼해지는 것을 막아준다"고 선전했다. 바이스로이Viceroy는 "이중으로 건강을 지켜준다"는 문구를 내걸었고, 카멜은 자사 제품이 의사들이 피우는 담배라는 점을 강조했다.[29] 운율에 맞는 광고 문구와 선전용 노래도 종종 핵심적인 역할을 했다(처음에는 신문과 잡지에서, 이후 1920년대에는 라디오에서, 1940년대 말부터는 TV에서 주로 광고됐다). 아메리칸 타바코는 1927년에 낸 광고에서 당시 증가하고 있던 비만에 대한 공포를 활용해 여성 흡연자들에게 "단 것 대신 럭키를" 선택하라고 조언했다.

우리를 중독시키는 것들에 대하여

규모가 큰 기업들은 심리학자를 고용해서 대중의 취향을 조정하려 했고, 심지어는 의복의 유행을 담뱃갑의 색상에 맞추려고까지 했다. 일례로 아메리칸 타바코는 럭키 스트라이크 담배에 대한 수요를 창출하기 위해 녹색을 테마로 한 가을 패션쇼와 오찬, 연회 행사들을 후원했다.[30] 여성들 사이에서 럭키 스트라이크 담뱃갑이 최신 유행 의류에 어울리지 않는다는 불평이 일자, 담배 회사가 담뱃갑 디자인이 아니라 옷의 디자인을 바꾸게 하는 쪽으로 대응한 것이다.

완벽한 쾌락을 위한 완벽한 유형

종이담배는 인간 문명의 역사에서 가장 치명적인 인공물이라 할 만하다. 오늘날 미국에서만도 종이담배로 매년 48만 명이 숨지는데 이는 자동차 사고 사망자보다 15배나 많은 수다. 이러한 대규모의 사망은 담배 제조가 기계화되고 20세기 들어 담배가 한층 더 '개선'되지 않았다면 불가능했을 일이다.

하지만 종이담배는 19세기 말에 기원을 두고 있는 포장된 쾌락의 진수이기도 하다. 기계화는 담뱃값을 현저하게 낮췄고, 과다한 공급을 야기했으며, 이는 매스 마케팅을 통해 중독적인 과잉 소비로 이어졌다. 담배에서 니코틴을 제거하면 중독 문제가 해결될 가능성이 어느 정도 있기는 하지만, 중독은 담배업계가 정교하게 첨가하는 화학물질, 즉 니코틴 분자의 탓으로만 돌릴 수는 없는 문제다. 종이담배의 성공에는 마케팅도 결정적인 역할을 했다. 어느 회사 제품이건 담배는 사실상 대동소이하므로, 담뱃갑에 그려진 디자인과 슬로건이 없으면 브랜드 구별이 불가능했다. 게다가 종이담배 자체가 속성이 고정적이지 않아서 어떤 상징과도 충분히 결부될 수 있었다. 종이담배는 남성적이기도 하고 여성적이기도 하며 섹시하기도 하고 섬세하기도 했다. 물론 그런 이미지를 가질 수 있는 것은 다 광고 회사들 덕분이었다. 말보로는 내재적으로 카우보이적인 특성을 가지고 있는 것이 아니며 버지니아 슬림에도 내재적으로 여성스러운 특성이 있는 것이 아니다. 사실 말보로는 1955년까지만 해도 여성들의 담배였다. '말보로 컨트리' 광고 이전까지 필립모리스는 "5월처럼 부드러운"이라는 슬로건으로 담배를 판매하면서 말보로에는 "입술을 보호하는 아이보리 필터가 있다"고 광고했으며, 아기 이미지를 활용해 엄마들에게 소구하는 광고를 내보내기도 했다. 그러다가 1955년 담배가 암을 유발한다는 비난에 맞서기 위해 브랜드를 리뉴얼하면서 남성적인 담배로 새롭게 자리매김 했다(이때 위로 늘어 올리는 경첩 뚜껑 담뱃갑flip-top box을 도입했다). 또한 한국에서 버지니아 슬림은 주로 남성들이 피우는데, 이는 브랜드 문구가 실체적 진실을 담고 있는 것은 아님을 보여주는 사례다.

물리적인 포장과 상징적인 포장(즉 마케팅)은 종이담배에 대한 욕망을 불러일으키는 데서 오래도록 핵심적인 역할을 했다. 여타의 제조된 쾌락과 마찬가지로 그 기원은 19세기에서 찾을 수 있다. 여러 역사학 연구들이 밝혔듯이, 종이담배 판매의 핵심은 "동의를 제조해내는 것"이었으며, 과학자들이 담배의 유해성에 대한 증거를 내놓을 때마다 담배 업체들은 대대적인 홍보를 통해 흡연자들을 안심시켰다.[31] 기밀문서였다가 소송 과정에서 공개된 담배업계의 한 문서를 보면 담뱃갑의 포장이 브랜드 상징을 실어 나르는 데 매우 중요한 도구였음을 알 수 있다. 이는 20개비들이 한 갑이 하루치 니코틴 용량을 실어 나르는 중요한 도구인 것과도 마찬가지다(필립모리스 사에서 정신약리학 부서를 이끌던 윌리엄 던William Dunn('니코틴 키드'라는 별명을 가지고 있었다)은 1972년에 자사 임원들에게 이 점을 명시적으로 언급했다. 그는 담뱃갑을 "하루치 니코틴 공급량의 저장 용기"로, 담배 개비를 "니코틴을 1회 복용량씩 뽑아 쓸 수 있게 해주는 도구"로 여기라고 조언했다).[32]

　　포장은 몇 가지 면에서 매우 중요했다. 우선 포장이 없으면 모든 담배는 기본적으로 다 똑같았다. 이는 기계화의 결과이기도 했지만 담배업체들이 '완전한 충족을 주지는 않는'(즉 중독적인) 제품을 만들어야 했기 때문이기도 했다. 오늘날 종이담배는 다 3인치(약 7.5센티미터) 길이에 (무게 기준) 2퍼센트의 니코틴을 함유하고 있다. 또 거의 모든 담배에 화력 건조한 담뱃잎이 쓰이고 있으며(흡입을 촉진하기 위해서) 저장 수명을 늘려주는 습윤제가 첨가돼 있다. 담배 '맛'도 서로 크게 다르지 않다. 종이담배의 핵심은 '흡입'인데 폐에는 맛을 느끼는 미뢰가 없다. 물론 어떤 담배들에는 "연기를 쉽게 들이마실 수 있도록 해주는" 멘톨, 코코아, 당분이 첨가됐고 또 어떤 담배들에는 매력적인 향이 입혀지기도 했지만, 서로 다른 브랜드들을 구별해주는 가장 큰 요소는 (맛이나 향의 차이가 아니라) 허풍이나 과장, 더 나쁘게는 ('필터'나 '순한 맛'이 더 안전하다는 광고 같은) 속임수였다.[33]

　　이렇듯 포장은 기본적으로 동질적인 제품 사이에 차이의 환상을 만들어내기 위해 사용됐다(19세기 말에 생겨난 다른 많은 유명 브랜드 제품들도 마찬가지다). 담배업체들은 흔히 종이담배가 '층층으로' 돼 있다고 말한다. 니코틴이 핵심, 혹은 궁극적인 목적이고, 그 니코틴을 전달하기 위해 담뱃잎을 태워 연기를 내며, 그 담뱃잎을 싸기 위해 종이가 사용되고, 그 종이에 싼 담배 개비를 담뱃갑에 담아 광고와 브랜드를 붙

그림3.4 1913년 리겟 사의 '파티마' 광고. 초기 종이담배
광고에 자주 등장한 세 가지 주제, 즉 사치품, 로맨스,
동양풍이 잘 드러난다. 젊음과 운동(스케이트)에 대한
암시도 있다.

이며, 그런 갑은 열 갑씩 한 보루에 들어가고, 다시 여러 보루가 큰 상자에 들어가는 식으로 말이다. 또한 담배업계는 '담배를 판매한다'는 것의 의미가 19세기에는 담뱃잎을 파는 것이었고, 20세기 초에는 종이담배를 파는 것이었으며, 1950년대에는 '흡연'을 파는 것이었고, 1970년대 이후로는 '니코틴'을 파는 것이 됐다고 이야기한다. R. J. 레이놀즈 사의 연구부장은 1972년에 담배업계를 이렇게 묘사했다.

어느 면에서 담배업계는 전문화되고 고도로 의례화되고 양식이 규정된 제약업계의 일부라고 볼 수 있다. 담배 제품은 다양한 생리적 효과를 내는 강력한 약물인 니코틴을 실어 나르기 때문이다.[34]

이러한 '약물적' 효과는 환상 없이는 판매될 수 없었고, 특히 포장에 의한 중층적인 상상이 필요했다. 윌리엄 던이 (내부 기밀문서에서) 언급했듯이 말이다.

종이담배는 제품으로가 아니라 포장으로 이해되어야 한다. 제품은 니코틴이다. 연기를 한 모금 뿜는 것은 니코틴을 위한 행동이다. (…) 담배 1개비는 니코틴 1회분의 용량을 내어주는 디스펜서다. (…) 연기는 니코틴을 전달하는 최적의 매개물이고 담배 개비는 연기를 만들어내는 최적의 디스펜서다.[35]

물론 중독에는 미학적인 면이 있다. 일찍이 1891년에 오스카 와일드Oscar Wilde는 종이담배를 "완벽한 쾌락을 위한 완벽한 유형"이라고 묘사하며 이런 말을 남겼다. "종이담배는 탁월하다. 피우는 사람을 완전히 만족스럽지는 않은 상태로 남겨둔다. 그가 과연 무엇을 더 원할 수 있겠는가?" 브리티시 아메리칸 타바코British American Tobacco 사의 임원들은 1894년에 와일드의 말을 인용하면서, 영원히 완전한 충족감을 주지는 않는 니코틴의 속성이 담배 업계에서 얼마나 큰 가치를 가지는지에 대해 이렇게 언급했다. "그 탁월한 것을 제공해서 소비자들이 계속해서 만족을 완전히 느끼지 못한 상태로 있기를 바라자. 그러면 우리에게 필요해질 것은 은행으로 돈을 담아갈 더 큰 가방뿐일 것이다."[36]

하지만 바로 이 점이 문제였다. 수십억 대씩 값싸게 생산되어, 매디슨 가의 어두운 예술을 통해 매력적인 상품으로 변신하고, 화학자 군단의 힘으로 더욱 완벽하게 다듬어진 현대의 종이담배는 포장된 쾌락의 (극단적이긴 해도) 가장 완벽한 형태다. 순하고 흡입하기 쉬운 종이담배는 주사 바늘이 아편에 한 일, 탄산음료가 단맛에 한 일과 비슷한 일을 했다. 그리고 여기에 한 가지 아이러니를 더 추가했는데, 그것은 종이담배를 더 완벽하게 만들기 위해 들어간 노력의 상당 부분이 담배를 더 '순하게' 만들기 위한 것이었다는 점이다. 밝은 색의 화력 건조 담뱃잎이 포함된 '아메리칸 블렌드' 담배는 "목이 칼칼해지는" 문제를 해결한 발명품으로 여겨졌지만, 역설적으로 순하기 때문에 흡입하기 쉬워서 훨씬 더 치명적인 담배가 됐다. 순한 담배는 나이가 어린 사람들도 쉽게 빠져들게 만들었고, 폐로 흡입하면 중독성이 높아지기 때문에 끊기도 더 어려웠다. 1988년 미국 공중위생국장 C. 에버렛 쿠프c. Everett Koop는 담배업계가 오래전부터 알고 있던 사실 하나를 알아냈으니, 바로 종이담배가 헤로인이나 코카인만큼 중독성이 있다는 사실이

우리를 중독시키는 것들에 대하여

었다.[37]

종이담배라는 새로운 형태로 흡연을 하게 되면서 담배를 가끔씩만 탐닉하던 옛 습관은 사라졌다. 옛날에는 담배란 가끔씩만, 그리고 사회적 의례의 맥락에서 즐기는 것이었다. 하지만 이제 담배는 사적으로, 그리고 강박적인 중독의 맥락에서 소비된다. 20세기 전에는 대부분의 흡연자가 중독 상태가 아니었을 것이다. 소비량도 중독될 만큼 많지 않았고, 흡연 행위도 중독될 만큼 상시적으로 이뤄지지 않았으며, 연기를 폐로 흡입하지도 않았다. 그들은 의례적으로 연기를 뿜으면서 결혼식이나 상거래 계약, 출산이나 명절을 기념했다. 북미 원주민들이 화친의 상징으로 돌려가며 피웠던 '평화의 담뱃대' 같은 것도 그러한 의례적 맥락에서 사용된 것이었다. 또 시가를 피우던 사람들은 하루 종일 담배를 물고 있지는 않았고 날마다 같은 양씩 피우지도 않았다(그런 사람도 있기야 했겠지만 일반적이지는 않았다). 시가를 규칙적이거나 상시적으로 피우지 않았다는 사실은 판매량의 변동을 보면 알 수 있는데, 가령 명절이 있는 12월에 시가 판매가 크게 늘곤 했다.

하지만 종이담배의 소비 양상은 이와 크게 다르다. 공동체의 의례, 의식과 관련이 없고 매일 거의 같은 양을 피운다. 중요한 일을 축하하거나 기념하기 위해 피우는 것도 아니다. 담배와 관련된 '할리우드 판타지'가 있긴 하지만, 그런 이상을 추구하기 위해서라기보다는 강박적으로 신체적 충동을 채우기 위해 피운다. 이 충동은 아편이 만든 것만큼이나 강렬하다. 종이담배 흡연자들은 스스로 선택할 수 있는 능력을 포기하고 니코틴 분자의 처분에 자신을 맡긴다. 그리고 니코틴은 뇌를 근본적으로 재구성해서 강력한 강박 증세를 일으킨다.[38]

담배업계는 자신들이 판매하는 것이 쾌감을 주는 경험이라기보다는 이미지, 연상, 환상의 묶음일 뿐이라는 점을 잘 알고 있다. 그래서 포장이 그토록 중요한 것이다. 게다가 전통적인 광고 매체에서의 담배 광고가 점차 금지되면서 담뱃갑의 포장 디자인은 더 중요해졌다. 한때는 라디오, TV, 광고판 등에서 흔하게 담배 광고를 할 수 있었지만 이제 많은 나라에서 담뱃갑 포장 이외의 곳에서는 담배 광고를 하기가 어려워졌다. 미국에서는 1970년에 방송 매체에서 담배 광고가 금지됐고 곧이어 영화, 자판기 광고도 금지됐으며, 광고 판촉 효과가 가장 크다고 알려진 계산대 뒤편의 소위 '파워 월power wall'에 진열하는 것도 금지됐다. 담뱃갑이 담배 광고의 마지막 보루가 된 것이다(판매 시점 관리 마케팅과 우편 판매는 허용된다). 이 때문에 업계는 디자인이 들어가지 않은 갑에 담배를 넣어 팔도록 하는 법안에 기를 쓰고 반대한다. 2011년에 호주에서 처음으로 담배를 디자인 없는 갑에 넣도록 하는 법을 통과시켰다. 그러자 담배 회사들은 세계무역기구wto 등의 수단을 이용해서 이 법이 철회되도록 갖은 애를 써왔다. 업계는 이것이 사활이 걸린 전투임을 알고 있다. 담뱃갑에 광고를 넣을 수 없게 되면 브랜드를 차별화할 수 있는 길이 거의 사라져서 〔잠재 고객인〕 젊은 '대체' 흡연자들(담배업계 은어로 '신참자,' '아직 미흡연자,' '담배를 배우는 사람,' '루키' 등으로 표현된다)의 상상을 자극할 수 없기 때문이다. 소셜 네트워크 서비스 등 다른 플랫폼을 찾아내기야 하겠지만, 매력적으로 디자인된 담뱃갑을 포기해야 하는 것은 담배 회사들이 정말로 원치 않는 일임에 틀림없다.

종이담배는 포장된 쾌락의 극단적인 사례며, 종이담배의 역사와 정신약리학은 마침내 중독으로 바뀌고 마는 종류의 '쾌락'이 가진 중요한 특징을 보여준다. 오늘날 흡연자들을 위해 시중에 나와 있는 담배는 사실 '쾌락'을 일으키지 않는다. 오히려 흡연자들 대부분이 버리고 싶어 하는 습관, 혹은 강박을 일으킨다. 흡연자들은 좋아서 담배를 피우는 것이 아니라 중독이 돼서 끊을 수가 없기 때문에 담배를 피운다. 여러 설문조사에서 드러났듯이 대부분의 흡연자들은 자신이 담배를 피운다는 사실을 좋아하지 않는다. 흡연을 즐긴다고 말하는 사람은 정말이지 매우 드물어서, 업계는 이들 '애호가'를 '특이한 경우'로 분류한다.[39] 이런 점에서 흡연은 음주와 매우 다르다. 술을 마시는 사람은 대체로 적당량만 마시며 중독 상태가 아니다. 알코올 소비자 중에서는 5퍼센트 정도만이 중독이지만 종이담배를 피우는 사람은 거의 대부분이 중독이다. 이 차이는 매우 중요하다. 대부분의 사람들이 술은 여흥적인 물질로 즐길 수 있지만 담배는 그렇지 않다. 담배는 여흥적인 약물이 아니다. 종이담배를 피우는 사람들은 달리 방법이 없다고 생각하면서 어쩔 수 없이 담배를 피운다.[40] 나중에 캐나다 임페리얼 타바코Canada Imperial Tobacco사의 회장이 되는 로버트 벡슨Robert Bexon은 1984년 마케팅 담당 부사장이던 때에 흡연자를 일반적인 음주자가 아니라 알코올 중독자와 비교하면서 다음과 같은 말을 했다.

만약 우리 제품이 중독적이지 않다면 담배에 이런저런 긍정적인 심리적 특성이 있더라도 다음 주에는 담배를 팔 수 없을 것이다. (…) 맛, 쾌락 등 흡연이 주는 물리적, 감각적 특징들은 흡연자가 자신이 왜 담배를 피우는지 설명할 때 언급조차 하지 않는 것들이다. 사실 그들은 흡연을 불쾌한 감각 경험으로 여긴다. (…) 알코올 중독자처럼, 흡연자는 자신이 늘 흡연자일 것임을 알고 있고 늘 절제를 잃고 다시 담배를 피우게 될 것임을 알고 있다.

이후의 장들에서 논의할 다른 포장 제품들과 달리, 담배에는 더이상 '쾌락'이 들어 있지 않다. 한 세기 반 가량 지속된 기계화, 마케팅, 화학적 조작, 기업의 술수는 사용을 남용으로, 호사를 중독으로, 쾌락을 치명적인 괴로움으로 만들었다.[41]

4장
슈퍼푸드 이야기:
단맛 중독의 기원과 역사

인간에게 음식은 늘 생존 이상의 의미를 가지고 있었다. 탄수화물, 지방, 단백질을 살이나 뼈나 에너지로 변환하는 것만으로 음식을 이야기할 수는 없다. 식습관은 문화를 들여다보는 창과 같아서, 어느 한 문화권의 사람들이 무엇에 가치를 두는지와 그 문화권에서 지식과 권력이 어떻게 동원되고 억압되는지를 보여준다. 식생활과 관련해서는 선택의 여지가 너무나 많다(어떤 재료를 쓸 것이냐, 어떻게 조리할 것이냐, 조리를 할 것이냐 안 할 것이냐, 어떻게 혼합할 것이냐, 어떤 순서와 양식으로 차려낼 것이냐, 언제, 누구와 함께 먹을 것이냐 등). 그래서 먹는다는 것은 일상생활 중 가장 의례화된 형태이자 일상생활을 가장 잘 표현해주는 형태가 됐다.[1]

또한 음식은 감각에 자극을 줄 수 있으며, 인간의 행동과 정신적 상태를 변화시키는 화학물질을 함유하기도 한다. 발효 술과 양귀비가 각각 증류주와 모르핀으로 증강된 과정과 종이담배가 니코틴 소비의 강도와 유해성을 높인 과정에 대해서는 이미 살펴본 바 있다. 새로운 테크놀로지가 등장해서 예전에는 가능하지 않았던 방식으로 성분을 조작할 수 있게 해주면서, 음식도 그와 비슷한 증강의 과정을 거쳤다. 특히 19세기 후반에 식품 제조업자들은 설탕이나 초콜릿처럼 이미 알려져 있던 재료들과 여러 가지 첨가물들, 탄산수와 다양한 가공유 등을 가지고 (영양가는 없지만) 에너지가 많이 든 당과, 음료, 간식을 광범위하게 쏟아냈다. 동식물에서 자연적으로 나오는 것들(특히 지방과 설탕)이 가공되고 합성돼 전통적인 음식을 초월하는 강력한 쾌락제로 바뀌었다. 새로운 제조 식품들은 단순한 원료로 만들어졌지만 놀랄 만큼 다양한 형태를 띠었다. 설탕은 끓일 수도, 솜사탕으로 만들 수도, '태워서' 캐러멜처럼 만들 수도, 거의 무한한 형태로 다른 것과 섞을 수도 있어서, 소박한 (그러나 건강에는 더 좋은) 사과를 초라하게 만들었다. 카카오 열매와 콜라kola 열매뿐 아니라 감자와 옥수수, 그리고 동물 부산물까지도 에너지와 맛의 '자극제'로 바뀌었다. 이는 새로운 신체적 즐거움, 새로운 도덕적 우려, 그리고 과잉 소비가 신체에 일으키는 새로운 병리적 증상을 낳았다.

포장된 쾌락의 혁명이 일기 전에는 설탕 소비가 매우 드물었다. 1822년 미국인의 1인당 연간 설탕 섭취량은 (첨가된 설탕 기준으로) 겨우 6파운드(약 2.7킬로그램)였다. 그랬던 것이 20세기 말에는 100파운드(약 45킬로그램)를 넘어섰다. 당과를 생산하는 새로운 테크놀로지와 강력한 마케팅에 힘입은 변화였다. 이는 오늘날 비만이라는 전염병의 책임이 누구에게 있는지를 따져볼 때 염두에 두어야 할 점이다. 우리는 주로 피해자를 비난한다. 비만은 폭식과 태만이라는 두 가지 악덕의 결과라고 비난받는다. 하지만 비만은 환경(과 정치)의 영향도 그만큼이나 많이 받는 질병이다. 따라서 우리는 구할 수 있게 된 먹을거리의 종류가 어떻게 달라졌는지, 그것들을 소비하도록 강제한 요인은 무엇이었는지도 함께 살펴봐야 한다. 그러려면 개인적인 악덕만이 아니라 그러한 식품이 어떻게 생산되고 마케팅됐는지를 연구할 필요가 있다.[2]

식품의 역사성, 특히 설탕이 잔뜩 들어간 식품의 역사성을 이해하려면 우리가 먹는 음식의 양과 질에 테크놀로지가 어떻게 영향을 미쳤는지를 봐야 한다. 하지만 그보다 먼저 짚고 넘어가야 할 중요한 사실은 지난 100~200년 동안 식품의 다양성이 극적으로 증가했다는 점이다. 1860년대까지만 해도 유럽의 농민들은 밀, 귀리, 호밀, 보리 같은 곡물과 순무, 감자, 콩류 외에 다른 것은 거의 먹지 않았다. 가끔씩 고기와 치즈로 음식의 맛을 냈을 뿐이었다. 생야채와 과일은 대개 제철에만 먹을 수 있었고, 아니면 말려서 보관했다가 먹어야 했는데 그러면 원래의 맛과 영양분이 많이 소실됐다. 또한 이런 식품은 거칠고 섬유질이 많아 소화시키기가 쉽지 않았고 양념을 더하거나 발효를 해야만 먹을 만하게 만들 수 있었다.

물론 식습관에는 계급적인 차이가 있었다. 특히 19세기 이전에는 상류층이 아니면 가계 소득의 70퍼센트 정도를 먹을거리에 써야 했으므로 계층 간 식생활의 차이가 더 두드러졌다. 돈 쓸 여력이 있었던 부유한 사람들은 음식을 다양하게 섭취할 수 있었다. 중세 유럽의 부유층은 새콤하고 매콤한 소스에 담근 살코기와 생선을 좋아했다. 16세기 귀족들은 오일과 버터를 넉넉하게 쓴 프랑스 요리를 좋아했다. 원거리 무역으로 정제 설탕과 향신료가 들어오면서는 음식에 새로운 유행이 생겨났다. 그러다가 이국적인 사치품들이 사회의 아래층으로 점차 확산됐고, 마침내 부유하지 않은 사람들에게도 음식을 먹는 행위가 일상에서 누리는 휴식이나 여흥의 한 형태로 자리 잡았다. 1770년대 이후로는 유럽에서 평민도 가끔씩이나마 차, 커피, 코코아를 마실 수 있었다. 희석해서 먹거나 다른 것과 섞은 것, 아니면 대체품(커피 대신 치커리, 설탕 대신 당밀)을 먹는 경우가 많긴 했지만 말이다. 이 시기에는 향신료, 설탕 등 맛과 에너지를 더해주는 첨가제들이 비약적으로 증가했다. 향신료와 같은 새로운 식품들은 "멀고 신비로운 동방처럼 꿈같은 특성을 지니고 있는 것"으로 여겨졌다. 서구인들이 욕망과 유토피아를 투사하곤 했던 "멀고 몽상적인 세계" 말이다.[3]

하지만 식품의 다양성이 증가한 것은 상당 부분 매우 최근의 일이다. 18세기까지도 감자는 유럽에서 주요 작물이 아니었다. 미국에 쌀이 들어온 것도 대략 그 시기였다. 귀리, 수수, 메밀로 만든 빵은 점차 호밀과 밀로 만든 더 부드러운 빵에 자리를 넘겨줬다. 수세기 동안 유럽 평민의 식사는 곡물 중심이었고 1800년까지도 곡물이 전체 칼로리 섭취의 절반에서 4분의 3가량을 차지했다. 그러다가 부와 교역이 증가하면서 대중도 지방이 좀 더 많이 포함된 식단을 취할 수 있게 됐다. 적어도 한때는 그것이 나쁜 일이 아니었다. 가난한 사람들 사이에서 지방(지방은 필수적인 비타민D를 함유하고 있다)의 결핍은 구루병 같은 기형성 질병을 유발하는 원인 중 하나였다. 따라서 처음에는 물 대신 버터와 기름을 사용해 조리하는 것이 이로운 일이었다. 실제로 19세기 말에 버터, 육류, (좀 더 나중에는) 마가린에 대한 접근성이 극적으로 확대된 것은 부유한 사람과 가난한 사람 사이의 건강과 기대 수명의 격차를 줄여준 식생활 민주화의 시작이었다.[4]

그러나 이러한 진보의 기저에는 다른 변화들도 있었다. 19세기부터 완전히 새로운 범주의 먹을 것들이 대거 등장하기 시작한 것이다.

우리는 이것을 **슈퍼푸드**라고 부를 것이다. 슈퍼푸드는 산업적 수단으로 가공되고 증강된 설탕과 그 밖의 외래 식물에 기반을 두고 있다. 설탕 '하이퍼hyper' 상태라 할 만한 '슈가 러시sugar rush'(당분 과다 섭취가 유발하는 일시적 행동 과잉 상태)를 야기한다는 설이 있고 다른 식품들을 대체하기 위해 '하이프hype'(과장 광고)됐다는 점에서 '하이퍼푸드'라는 명칭으로 불러도 적절할 것 같다. 또한 이 새로운 식품에는 단백질, 비타민, 섬유질, 미네랄 등 고기와 채소가 가지고 있는 영양분이 거의 들어 있지 않은데, 그런 의미에서는 '의사擬似식품'이라고 불러도 좋을 것이다. 슈퍼푸드는 환각 물질처럼 향정신적 효과를 내거나 취기를 일으키지는 않았지만, 다량의 에너지를 순간적으로 공급했고 쾌락적인 맛의 자극을 제공했으며, 그것들을 구매 가능한 가격대로 내놓았다. 또한 포장된 쾌락인 이 식품들은 강렬한 자극을 포장된 용량씩 신체에 주입했다. 그 정수를 설탕 제품들, 즉 설탕을 탄산수, 얼음, 유지방 등과 섞고 맛과 향을 첨가한 형태의 식품들을 통해 볼 수 있다. 새로운 식품들은 놀랍도록 다양한 모습으로 등장해 빠르게 퍼졌으며 밋밋했던 평민들의 식단에 질감, 색상, 맛을 더했다. 그리고 이 모두가 포장된 쾌락의 혁명 시기에 생겨난 기술 혁신들과 밀접하게 관련되어 있었다.

슈퍼푸드는 자극만 주는 데서 그치지 않았고 실질적인 영양분이 있는 음식을 몰아내면서 비타민, 미네랄, 단백질, 섬유질의 자리를 대신 차지했다. 또 슈퍼푸드는 끼니 사이에 먹는 보조품으로, 피로한 일상에서 기운을 북돋우는 회복제('픽미업')나 휴식을 주는 주전부리('스낵') 역할을 했다. 이런 식품은 곧 진기한 것에서 일상적인 탐닉거리로 바뀌었고 가사 노동, 사무실 노동, 공장 노동의 지루함을 달래는 용도로 소비됐다. 또한 슈퍼푸드는 식탁의 끄트머리 자리를 차지하던 사람들(여성과 아동)의 손길을 끌었다. 술, 담배, 구운 고기 등의 강렬한 맛을 접할 기회가 제한돼 있던 여성들은 이런 식품을 일종의 '길티 플레저guilty pleasure'(죄책감과 기쁨을 동시에 안겨주는 것)로 탐닉했다. 아이들은 자기를 지켜보는 부모와 가족의 눈이 미치지 않는 거리의 가게에서 사탕, 음료, 아이스크림을 통해 포장된 쾌락이 제공하는 자유로움을 (돈을 내고) 얻을 수 있었다.

설탕

슈퍼푸드는 설탕의 유혹과 함께 시작됐다. 설탕은 자연에서 얻기 드문 재료였지만, 식단에 설탕이 더해지는 것을 거부한 인간 문화권은 없었다. 대부분의 영장류는 낭분을 좋아한다. 단맛은 먹어도 뇌는 것임을 암시하기 때문이다. 과일을 좋아하는 영장류로서, 인간도 가장 달고 가장 잘 익은 과일들을 즐기도록 진화했다. 그런 과일은 대개 비타민도 많이 함유하고 있다(흥미롭게도 단 과일 중 독성이 있는 것은 없다). 칼로리 면에서 보면 모든 당분은 비슷비슷하다. 쉽게 흡수돼 에너지로 전환될 수 있는 단당류나 이당류다. 녹말 같은 다당류도 소화 과정에서 이당류인 설탕으로 분해된다. 단맛은 네 가지 맛 중 혀가 뇌로 가장 먼저 전달하는 맛이다(나머지는 짠맛, 신맛, 쓴맛이다). 아기들은 당도가 낮은 젖당 또는 포도당보다 당도가 높은 자당 또는 과당을 더 좋아한다. 단 것에 대한 열망은 커가면서 미뢰가 성숙해짐에 따라 조금씩 약해진다.[5]

하지만 인간이 설탕을 좋아하는 것은 생물학적인 본능 때문만은 아니다. 설탕은 거의 무한정 저장할 수 있고 매우 쉽게 운반할 수 있다. 보존제의 역할도 하며 맥주나 와인을 발효시킬 때도 필수적이다. 냉동식품에 첨가되면 얼음 결정이 생기는 것을 막아주기도 한다. 치아를 썩게 하고 체중을 늘리며 당뇨를 일으키고 지방간을 유발하는 문제도 있지만, 설탕을 좋아해야 할 이유는 많다.[6]

설탕이 드물고 이국적인 별미거리가 아니게 된 것은 매우 최근의 일이다. 설탕은 자연적인 희소성에 바탕한 쾌락으로서도, 또 접근성이 지나치게 높아지고 판촉이 과도하게 이뤄졌을 때 야기할 수 있는 위험성의 면에서도, 대표적인 사례로 꼽힐 만하다((그래서 과도한 설탕 소비를 막는 제도를 마련해야 한다고 주장하는 이들도 있는 반면) 미국에서는 음료 과세를 막고 보조금을 지키기 위한 설탕 로비가 대대적으로 진행된다[7]). 물론 자연에는 설탕의 원조라 할 만한 것들이 존재했다. 예를 들면 인간은 꿀의 단맛을 언제나 좋아했다(인간이 오소리나 곰과 공유하는 특성이다). 꿀은 거의 모든 역사와 문화권에서 사랑을 받았다. 고대 지중해인에게 꿀은 신의 음식이었고, 베다Veda(고대 브라만교의 경전)와 스칸디나비아 전설에서는 신에게 바치는 신주神酒이자 악에 맞서는 부적으로 묘사되어 있다. 바빌론 사람들은 꿀과 와인을 뿌려서 땅을 신성하게 했다. 꿀은 영예롭게 죽은 망자의 시신을 보존하는 용도로도 쓰였다. 기원전 323년 알렉산더 대왕이 바빌론에서 사망했을 때, 그 시신은 그리스로 운반되는 긴 여정 동안 꿀에 담겨 보존됐다고 한다. 한편 고대 중국에서는 곡물에서 나오는 맥아당을 감미료로 사용해 달고 새콤한 음식을 만들었다. '꿀개미'를 좋아하는 호주 원주민부터 야자와 코코넛을 좋아하는 동남아시아 사람들까지 지구상의 모든 이들은 단맛의 가치를 높이 샀다.[8]

당분을 가장 두드러지게 함유하고 있는 것은 녹색 식물의 즙이다. 그런데 20세기에는 옥수수에서 감미료를 추출하는 기술이 개발됐지만, 그전까지 상업적인 대량생산이 가능할 만큼 충분히 수확하고 가공할 수 있는 식물은 사탕수수와 사탕무뿐이었다. 사탕수수 당분은 역사가 길다. 뉴기니 사람들은 이미 기원전 8000년에 생사탕수수를 씹었다고 알려져 있다. 기원전 6000년경에는 인도와 필리핀에 사탕수수가 들어온 것으로 보이는데 인도 사람들이 사탕수수즙을 증발시켜서 결정화된 설탕의 초창기 형태를 만들 수 있게 된 것은 기원전 500년이 돼서였다. 중국에도 기원전 3세기경에 사탕수수가 들어왔지만 재배되기 시작한 것은 훨씬 나중이다. 마찬가지로 페르시아인들도 기원전 510년 다리우스 대제의 군인들이 인도를 침략했을 때 "벌 없이도 꿀을 내놓는 갈대"가 인더스 강 유역에서 자라고 있는 것을 발견했지만, 사탕수수를 설탕으로 가공하기 시작한 것은 6세기가 돼서였다. 아랍 사람들은 642년에 페르시아에 들어왔다가 설탕과 정제 기술을 가지고 돌아갔고, 755년경에는 북아프리카와 스페인에서 사탕수수를 재배했다.

사탕수수는 재배가 어려워서 널리 퍼지는 데 제약이 있었다. 우선 자라는 기간이 길었다. 수확하기까지 12개월은 자라야 했고, 그 기간 동안 많은 양의 물과 열대 기후를 필요로 했다. 유럽인들은 베네치아가 이슬람에서 설탕을 수입하기 시작한 966년부터 1470년까지 설탕을 (직접 재배하고 가공하기보다는) 중동에서 구매하는 것에 만족했다. 1470년에서야 베네치아인들이 사탕수수와 정제 기술을 수입하기 시작했고, 시장이 북쪽으로 확장됐다. 설탕은 귀족의 식탁에서도 귀했지만, 중세의 몇몇 조리법을 보면 이미 그때부터 설탕을 하드 캔디(설탕 액을 수분 함량이 1~2퍼센트가 될 때까지 졸여서 만든 당과)를 만드는 데 썼다는 사실을 알 수 있다. 그리고 호화로운 연회에는 설탕을 입힌 바이올렛, 장미, 금송화 등이 놓이기도 했다. 진기한 향신료들이 대개 그랬듯이 설탕은 약으로도 복용됐다. 당시의 체액 이론들은 설탕을 뜨겁고 축축한 성분으로 여겨 체액이 차고 건조한 사람에게 효험이 있다고 봤다.[9]

정제 설탕이 '양념'으로 매력적이었다는 점은 충분히 이해할 만하다. 고유한 맛을 훼손하지 않으면서 과일, 커피, 초콜릿, 시나몬, 바닐라 등에 쉽게 첨가할 수 있기 때문이다. 코코아는 설탕을 섞으면 쓴맛이 제거돼 맛이 현저하게 좋아진다. 반면 꿀은 자체의 독특한 향이 있는데다 꿀벌의 노동에 의존해 얻는 것이기 때문에 대량생산이 쉽지 않아 단맛의 혁명을 일으키는 기초 물질이 될 수 없었다.[10]

설탕은 처음에는 제조하기가 쉽지 않았다. 사탕수수를 수확한 뒤 하루가 지나기 전에 빻아서 즙을 짜야 단 즙을 얻을 수 있었다. 그 다음에는 그 액체를 끓여서 결정을 만들어야 했는데, 정확히 언제 불에서 내려야 설탕 결정이 만들어지는지를 알기 위해서는 숙련이 필요했다. 그렇게 만들어진 생 설탕은 자갈 같은 붉은 갈색이었고(영어 단어 슈가는 산스크리트어로 자갈을 의미하는 샤카라에서 온 것이다) 먼지, 이끼, 박테리아 같은 불순물이 들어 있었다. 끓이고 말리는 것을 여러 차례 해야 정제 설탕이 만들어졌고, 그러기 위해서는 석회(나 달걀흰자)로 부유물질을 응고시켜 체로 걸러내야 했다(정제 과정의 중간 단계에서 부산물인 블랙스트랩 당밀이 나오는데, 이것도 이것대로 사용처가 많았다). 불순물을 없앤 즙은 끓이고 걸러서 시럽으로 만들었고, 시럽은 토기로 된 틀에 넣고 건조시켰다. 여기에 물과 우유를 섞어 한 번 더 끓여서 건조시켜야 순수한 결정의 흰 설탕을 만들 수 있었다. 이 복잡한 과정에는 장작과 물이 매우 많이 들었는데, 사탕수수가 자라는 기후에서는 대체로 장작과 물을 대량으로 구하기가 어려웠다. 그래서 15세기에 생설탕을 베네치아나 안트베르펜Antwerpen까지 운송해와서 정제했던 것이다.[11]

설탕은 몇백 년간 계속 비싸게 팔렸기 때문에, 사탕수수 재배지는 최종 소비지인 유럽(나중에는 미국)에서 계속 더 먼 곳으로 퍼져나갔다. 1390년대에는 스페인 남부에 사탕수수 플랜테이션이 생겼고, 1420년에는 카나리Canary 제도와 마데이라Madeira, 이베리아 연안의 아조레스Azores 제도에도 생겼다. 그 다음에는 콜럼버스를 따라 아메리카 대륙으로 건너가, 1494년에는 카리브해 연안에, 1520년에는 메조아메리카에, 1526년에는 브라질에 사탕수수 플랜테이션이 생겼다. 영국인들은 제임스타운(영국이 미국에 건설한 최초의 식민지)에서는 사탕수수를 재배할 수 없었지만(시도는 많이 했다) 1627년경에 카리브해의 바베이도스 섬에서 설탕(과 럼)의 교역 기반을 일구어냈다. 또 '생 도맹그Saint-Domingue'로 알려진 프랑스 식민지(나중에 아이티로 독립한다)는 18세기에 세계 최대의 설탕 생산지가 되는데, 거의 전적으로 노예 노동에 의지했다. 사탕수수는 토양의 지력을 너무나 빨리 고갈시켰기 때문에 플랜테이션 운영자들은 쿠바나 아프리카 식민지, 피지와 같은 태평양의 섬 등으로 새로운 땅을 계속 개척해야 했다.

설탕 무역은 18세기까지도 수익성이 매우 높아서, 설탕을 '하얀 금'으로 부르기까지 했고 세금도 무겁게 부과됐다. 하지만 산업화와 기계화로 설탕 값은 점차 싸졌다. 1768년에는 증기 동력으로 작동되는 분쇄기가 발명되면서 설탕 제조가 기계화됐고, 1813년에는 영국의 에드워드 하워드Edward Howard가 폐쇄형 증기가열로를 만들면서 (그리고 다른 발명들도 나오면서) 정제에 걸리는 시간이 2주에서 24시간으로 줄었다.[12]

그림4.1 서인도제도 설탕 플랜테이션에서 노예들이
사탕수수를 으깨고 즙을 끓이는 모습을 담은
석판화(1749). 영국인 존 힌튼이 제작했다.

사탕수수는 열대 식물이기 때문에 유럽은 대양 항로가 봉쇄되어 사탕수수를 확보하지 못할 위험을 늘 안고 있었다. 나폴레옹 전쟁 동안 프랑스가 바로 이런 일을 겪었다. 1747년에 독일인 안드레아스 마그라프Andreas Maggraf가 사탕무에서도 설탕을 추출할 수 있다는 점을 알아내기는 했지만, 유럽인들은 나폴레옹이 1813년 자신이 점령한 유럽 지역에서 사탕수수를 금지하고 대신 사탕무 플랜테이션을 독려했을 때야 사탕무를 설탕 원료로 널리 사용하기 시작했다. 오늘날에는 전 세계에서 생산되는 설탕의 약 30퍼센트가 사탕무에서 원료를 얻고 있다.[13]

단맛을 내는 감미료의 또 다른 원료는 미국에서 매우 풍부하게 생산된 옥수수였다. 옥수수 생산은 곡물 엘리베이터(각지에서 모인 곡물을 건조·저장·분류·유통하는 시설)와 철도로 크게 촉진됐다. 그리고 1856년 시카고 상품거래소가 순도와 수분 함량에 따라 옥수수에 등급을 매기기 시작하면서 옥수수는 다양한 가공 공정으로 흘러 들어갈 수 있는 가상의 강이 됐다. 그러면서 옥수수기름도 중요한 상품이 됐지만,[14] 무엇보다 1866년에 옥수수 전분(내배유를 부수고 건조시켜 얻는다)으로 편리한 설탕 대용품인 옥수수 시럽을 만들 수 있게 된 점에 주목할 필요가 있다.[15] 1950년대에는 생화학의 혁신으로 포도당 옥수수 시럽을 고과당 옥수수 시럽으로 전환시키는 법이 발명됐고, 1970년대에는 산업화된 공정으로 고과당 옥수수 시럽이 대량생산되면서, 기존의 사탕수수나 사탕무 설탕보다 훨씬 싼 감미료가 대량으로 시장에 나오게 됐다. 고과당 옥수수 시럽은 탄산음료 등 많은 식품에 들어가면서 소비가 어마어마하게 증가했고, 이는 오늘날 비만이 확산되는 데 크게 영향을 미쳤다.[16]

그런데 설탕은 정확히 어떻게 해서 포장된 쾌락으로 널리 퍼지게 되었을까?

포장된 단 것

한때는 부유한 사람들만 누릴 수 있었던 설탕은 1800년경이면 영국과 미국의 가난한 사람들의 식탁에도 올라가게 된다. 설탕은 찻숟가락에 푹푹 담겨 찻잔과 커피 잔으로 들어갔고 잼의 형태로 가공돼 빵에도

우리를 중독시키는 것들에 대하여

발라 먹을 수 있게 됐다. 시드니 민츠Sidney Mintz는 '설탕으로의 전환'은 대체로 한 종류의 다당류 탄수화물(쌀, 밀, 옥수수, 감자, 기장)에 매운 고추나 약간의 생선처럼 "맛을 조금 더해주는 보조 식품"을 곁들여 먹던 기존의 식습관에서 우리를 멀어지게 했다고 분석했다(지방에 대해서도 마찬가지로 말할 수 있을 것이다).[17] 음료도 설탕 기반으로 바뀌었다. 단맛을 첨가한 럼은 물론이고, 설탕을 많이 넣은 차와 커피도 그렇다. 1856년 영국의 정제 설탕 소비량은 한 세기 반 전에 비해 40배나 증가해 있었다. 그리고 설탕을 정제하는 기술이 발달하면서 1840년대의 10년 동안에만도 흰 설탕 값이 반으로 낮아졌다.[18] 값싼 설탕 덕분에 가난한 사람들은 고기, 생선, 가금류, 낙농품의 소비를 늘리지 않고도 칼로리 섭취를 크게 높일 수 있었다. 설탕이 일종의 정부보조식품 역할을 한 것이다. 또한 디저트가 들어갈 자리는 언제나 있었고, 제2차 세계대전 당시 미국에서는 군인들에게 초콜릿을(코카콜라, 종이담배와 더불어) 지급했다.[19]

설탕은 매우 다양한 곳에 사용됐는데, 진수는 당과candy에서 드러났다. 실로 설탕은 당과의 모든 것이다. 19세기에는 당과 제조 매뉴얼들이 나오면서 설탕으로 당과를 만드는 기본적인 방법들이 널리 알려졌다. 설탕은 화씨 295~310도(섭씨 약 146~154도)에서 끓이면 ('단단하게 깨지는' 단계) 하드 캔디가 되고, 더 높은 온도에서는 ('갈색 액체' 단계) 캐러멜이 되며, 그보다 낮은 온도에서는 ('퐁당fondant' 단계) 소프트 캔디에 쓰이는 흰 크림 같은 물질이 된다. 대개의 당과가(특히 키세스와 태피) 240도(섭씨 약 115도)에서 295(섭씨 약 146도)도 사이의 온도를 필요로 한다. 또한 설탕은 당기고, 돌리고, 휘젓는 등 다양한 방법으로 조리하면 여러 독특한 질감을 낸다. 그리고 여기에 타르타르 크림, 옥수수 시럽, 과

일산 같은 '닥터'(첨가물)를 첨가하면 결정화를 막는 등 여러 가지로 맛과 식감을 높일 수 있다.[20]

흑설탕, 백설탕, 가루 설탕은 각기 다른 질감을 만들어내 거의 무한한 가짓수의 색 또는 향과 섞일 수 있다. 향을 내는 첨가물은 식물 원료를 증류하거나 압착해서 얻은 방향유로 만들며, 과일 껍질, 시나몬처럼 향이 나는 나무껍질이나 아니스, 고수, 캐러웨이 같이 향신료 성격이 있는 씨앗 등이 그 원료다. 시트르산을 첨가하면 새콤한 맛을 낼 수도 있다. 이 정도는 아직 시작에 불과하다. 기본적인 형태의 하드 캔디에는 말린 과일이나 너트를 더할 수 있다. 모양이 파인 프레스에 넣고 누르면 사탕을 알약 모양이나 마름모꼴 등 여러 가지 모양으로 만들 수 있다. 두꺼운 튜브 형태의 알록달록한 사탕을 횡으로 썰어 도톰한 원반 모양으로 만든 다음 막대를 끼우면 '올 데이 서커all-day sucker' 막대사탕이 된다. 끓는 설탕(과 옥수수 시럽과 흑설탕)에 크림과 너트를 더하면 영국식 토피가 된다. 기본적인 형태의 퐁당에 버터, 쓴 초콜릿, 너트를 넣으면 퍼지가 된다. 달걀 흰자로 만드는 알부민을 성기게 부풀린 설탕에 넣으면 누가가 되고 더 높은 온도에서는 마시멜로가 된다. 1825년에 처음으로 추출된 과일 다당류 펙틴은 젤라틴 같은 질감을 내 설탕과 함께 과일에 첨가하면 잼이나 젤리를 만들 수 있다. 또 식물 전분으로는 '젤리 빈'(콩알 모양의 젤리)과 '캔디 콘'(옥수수 알갱이 모양의 사탕)을 만들 수 있다. 이렇듯 설탕은 놀랍도록 다양하게 모양을 잡을 수 있는 물질이며, 이러한 기법들 다수가 19세기에 발명됐다.[21]

하지만 무엇보다 주목해야 할 점은 기계화가 당과의 제조와 소비를 극적으로 바꿨다는 점이다. 한때는 설탕이 약으로 쓰였음을 반영하기라도 하듯, 혁신은 약재상에게서 나오는 경우가 많았다. 1847년에 보스턴의 약재상 올리버 체이스Oliver Chase는 알약 모양의 홈이 파인 롤러 한 쌍으로 된 기계를 만들었다. 끓인 설탕, 아라비아고무, 향 첨가물을 섞어 판판하게 만들고 그 위로 롤러를 밀면 한입 크기 과자인 '태블릿tablet'을 만들 수 있었다. 체이스의 노력은 네코 캔디 컴퍼니Necco Candy Comany의 설립으로 이어졌고, 여기서 만든 얇은 웨이퍼 과자는 미국에서 여러 세대의 아이들을 매혹했다. 1870년에는 당과에 초콜릿으로 '옷을 입히는 기계'가 나왔다. 하드 캔디 제조는 1906년 오스트리아의 발명품인 연속 공정 진공 조리기 덕에 기계화됐다. 1908년에는 사탕을 절삭하는 기계, 1910년에는 단단한 사탕 껍질 안에 부드러운 속을 넣는 기계가 나왔다.[22]

새로운 질감들도 더해졌는데, 가령 '추잉 껌'이라는 상상도 못할 발명품이 나왔다. 추잉 껌은 씹을 수는 있으면서도 소화는 되지 않는 가미 설탕 덩어리로, 진짜 음식을 먹지 않고도 무언가를 씹을 수 있게 해줘서 턱 근육 운동이 건강에 좋다고 생각한 사람들에게 호소력이 있었다. 지루함과 긴장을 풀어주고 소화를 촉진해준다고 이야기하는 사람들도 있었다. 껌은 묵직한 사과나 배를 들고 먹는 수고 없이도 일정량의 가향 설탕을 맛보게 해주는 편리한 쾌락으로 광고됐다. 물론 껌의 호소력은 주로 맛에 있었다. 민트나 펩신은 물론이고, 가령 '주시 프루트'나 풍선껌에 들어 있는 알쏭달쏭한 맛들도 있었다.[23]

미국 원주민의 습관을 응용해서 만든 추잉 껌은 1850년경에 메인 주에서 처음으로 상품화됐다. 가문비나무 진액, 나중에는 파라핀 왁스가 원료로 쓰이다가 1890년경부터는 치클chicle이 껌의 기초 물질이 됐다. 치클은 원래 고무 대용품으로 쓰이던 물질인데 왁스나 가문비 나무 진액보다 씹기도 좋고 향을 첨가하기도 좋았다. 껌 제조는 어

그림4.2 1920년대의 리글리 전면 광고. 껌이 소화를
돕는다고 주장하고 있다. 리글리는 브랜드 정체성을
높이기 위해 '화살표' 모양을 광고에 활용했다.

우리를 중독시키는 것들에 대하여

렵지 않아서 곧 여러 업체가 뛰어들어 다양한 맛을 제공했다. 하지만 규모의 경제와 광고 공세로 추잉 껌 업계도 점차 소수의 업체로 통합됐다. 살아남은 가장 큰 제조업자는 윌리엄 리글리William Wrigley였다. 필라델피아 출신의 리글리는 시카고로 와서 베이킹파우더를 판매하기 시작했다. 그러다가 1891년에 껌을 사은품으로 제공했는데 사은품이 본 상품인 베이킹파우더보다 더 인기를 끌었다. 그래서 아예 껌을 제조하기로 하고 1893년에 '주시프루트Juicy Fruit'와 '스피어민트Spearmint'를 내놓았다. 1906년에 대대적인 광고를 하며 리글리 사의 껌은 대박이 났다. 봉봉bonbon(과즙이나 브랜디, 위스키 따위를 넣어 만든 사탕)이나 브레스민트breath mint(입 냄새 제거용 사탕)처럼 고상하고 앙증맞은 종류의 단 것을 연상시키기 위해, 리글리는 여성들에게 껌을 "작은 상자로 구매해 언제나 손에 지녀야 할 식후의 즐거움"이라고 광고했다. 가족 잡지와 여성 잡지에 실린 광고에서는 "상쾌한 입 냄새와 하얀 치아" 그리고 "안정 효과"를 주겠다고 약속했다. 비먼Beeman 사의 '펩신Pepsin' 껌은 뱃멀미를 치료한다고까지 선전했다. 또 다른 회사는 껌 하나면 고기 4온스(약 110그램)를 거뜬히 소화시킬 수 있다며 주부들이 끼니마다 소화제로 껌을 준비해야 한다고 독려했다.[24]

리글리는 젊은이와 아동이 가장 큰 잠재 고객임을 금세 파악하고 광고 게시판과 타임스퀘어의 전광판에 광고를 내보냈으며 두 살 생일을 맞은 아이에게 껌 두 개를 우편으로 보내주기도 했다. 젊은 층을 새로운 소비자로 공략하려는 시도와 함께, 리글리는 한 통에 다섯 개들이로 되어 있는 껌 제품을 언제 어디서나 구할 수 있게 만들었다. 껌을 상점과 바의 계산대 바로 옆에 진열해 소비자들이 잔돈을 충동적으로 쓰게끔 한 것이다. 그들 중에는 아내나 엄마에게 술 냄새를 숨기

고 싶어 하는 사람들도 있을 터였다.[25]

저속해 보이는 이미지가 있기는 했지만, 껌 씹는 습관은 20세기 초 미국에 널리 퍼졌다. 마이클 래드클리프트Michael Redclift는 이민자들이 돈을 많이 들이지 않고 미국적인 생활 방식에 동화되는 방편으로 껌을 받아들였다고 설명했다. 또한 (우리의 주제와 더 관련된 점으로) 껌은 설탕이 들어간 다른 간식거리들이 수행하던 용도를 특히나 직접적이고 명시적으로 수행했다. 식품인 척조차 하지 않으면서 에너지와 맛을 즉각적으로 공급해줄 수 있었던 것이다. 가히 설탕 혁명의 진수를 보여줬다고 할 만하다.[26]

미국의 이런 독창적이고 대담한 요리적 시도 가운데 신기한 당과가 또 하나 등장했다. 바로 '젤로Jell-O'[젤리]다. 전에는 어디에도 존재하지 않았던, 순전히 인공으로 만들어진 유사 식품의 초기 사례다(다른 사례로는 쿨휩Cool Whip[휘핑크림 유사 제품], 스팸Spam, 벨비타Velveeta[크래프트 사에서 만든 미국식 치즈], 치즈위즈Cheez Whiz[치즈 소스] 등이 있다). 고도의 가공이 일반적으로 이뤄지는 식품업계 기준으로 보더라도 젤로는 놀라운 제품이었다. 도축장 부산물(뼈, 결합조직, 관절, 가죽)에서 나오는 콜라겐으로 만드는 젤라틴은 전적으로 인공 제조된, 전에는 존재하지 않던 쾌락이었다. 역시 여기에 설탕이 더해져서 인기 있는 당과가 됐다.

젤로의 기초 물질인 젤라틴은 1845년에 피터 쿠퍼Peter Cooper가 발명했다. (그는 유명한 기관차 제조자이자 대서양 전신 케이블을 촉진한 사람이며, 한때는 로어맨해튼의 남녀 모두에게 무료로 교육을 제공하던 쿠퍼 유니온 대학의 창립자(1859)였다.) 이 하늘하늘한 물질은 1893년에 뉴욕 주 존스타운의 녹스 컴퍼니Knox Company에서 한 차례 개선됐고, 이후 약품업자인 펄 웨이트Pearle Wait가 향을 첨가해 한 번 더 개선했다. 1896년에는 웨이트가 개발한 과일향 첨가 기법을 '그레인오Grain-O'(카페인 없는 건강 음료)로 유명한 오레이터 우드워드Orator Woodward의 회사 제네시 퓨어 푸드 컴퍼니Genessee Pure Food Company가 구매했다. 제네시 사는 예전 같으면 누가 필요로 하거나 원할 것이라고는 상상조차 할 수 없었을 제품에 대해 대중 시장을 만들어내면서, 가공 식품 개척자들의 행렬에 동참했다. 제네시에서 개발한 가향 젤라틴은 '젤로'라는 이름의 가루 형태로 판매됐고, "우아하게 앙증맞고" 편리하며 건강한(무지방이므로) "식품"으로 여성에게 직접적으로 소구했다. 과일 파이나 커스터드처럼 무겁고 만들기 어려운 디저트를 젤로가 대신할 수 있다고 하면서 말이다. 제네시는 젤로로 만들 수 있는 다양한 음식의 조리법을 제공했다. 그중에는 젤로를 밀 시리얼과 섞어 샌드위치 속을 만드는 것도 있었는데, 결코 인기를 끌지 못한 수많은 젤로 조리법 중 하나였다.[27]

그래도 젤로는 곧바로 대대적인 인기를 끌었다. 1915년경에는 이 미끄러운 물질로 만들 수 있는 것들의 조리법을 담은 책자가 1,200만 부나 배포됐다. 아이와 부모를 대상으로 한 광고는 젤로가 아이들이 좋아하는 향과 밀도와 단맛을 가지고 있다고 주장했다. 광고에는 주로 사랑스러운 아이들이 즐거워하는 모습이 들어갔으며, 금발에 볼이 빨간 광고 회사 사장의 딸이 등장하기도 했다. 이런 광고들은 아이 중심적인 새로운 소비의 물결에 편승한 결과로 만들어진 것이었다. 젤로 광고는 투정이 심해지는 나이대의 아이를 감당하느라 힘든 시기에 있는 부모들에게 음식을 가리는 아이도 젤로는 잘 먹을 것이라고 약속했다. 제네시 퓨어 푸드 사는 걱정하는 부모들에게 "당신들도 기억하고 있는 어린 시절의 끔찍한 실망"을 아이들이 겪게 하지 말라고 조언했다. [먹기 싫은 음식 대신] 아이가 정말로 원하는 것, 즉 젤로를 주라고 하

The Kewpies' First Banquet

For a long time the Kewpies have been distributing sunshine and cheer and good times, but nobody has ever done anything for them beyond saying, "Aren't they cute?" Now the Jell-O Girl is giving them a banquet and is serving their favorite dish of

JELL-O

Every sensible woman will agree with the Kewpies that Jell-O is the proper thing to serve for dessert—not only because its flavor is delicious, but because it is so easily made up into the most delightful dishes without cooking and without adding anything but boiling water to the powder from the wonderful ten-cent package.

There are seven different pure fruit flavors of Jell-O: Strawberry, Raspberry, Lemon, Orange, Cherry, Peach, and Chocolate. Each, in a package by itself, **10** cents at any grocer's or any general store.

A beautiful new Jell-O Book telling of a young bride's housekeeping experiences has just been issued. It has splendid pictures in colors and will interest every woman. It will be sent to you free if you will send us your name and address.

THE GENESEE PURE FOOD CO., Le Roy, N. Y., and Bridgeburg, Ont.

A tightly sealed waxed paper bag, proof against moisture and air, encloses the Jell-O in each package.

This is the package

그림4.3 도처에서 볼 수 있는 큐피 이미지와 준비하기 쉬운 디저트라는 메시지가 함께 사용된 젤로 광고.

며 말이다. 그리고 캠벨이 수프 광고에 활기찬 아이의 이미지를 쓰기 시작했을 때, 젤로는 로즈 오닐Rose O'Neill의 '큐피Kewpie' 캐릭터(애교가 넘치는 천사 캐릭터) 사용권을 획득해 젤로 광고에 등장시켰다. 오페라 스타인 에르네스티네 슈만 하인크Ernestine Schumann-Heink와 배우 에델 베리모어Ethel Barrymore도 젤로 광고에 나와 상류층을 지향하는 중산층 주부들을 유혹했다. 또한 대량생산된 미국의 다른 발명품들과 마찬가지로, 젤로는 수백만 명의 이민자들에게 미국 사회로의 동화를 상징하는 것이 됐다. 1920년대에 젤로는 애국심에 호소하면서 노먼 록웰Norman Rockwell이 그린 삽화가 담긴 요리책을 여러 가지 언어로 제작해 미국 땅을 밟은 지 얼마 안 된 이민자들에게 배포했다.[28]

물론 젤로의 인기는 영리한 마케팅과 '미국적 라이프 스타일'에 대한 독려 때문만은 아니었다. 기본적으로 젤로에는 감각적인 매력이 있었다. 젤로는 하늘하늘 흔들거리는 모양에다 목구멍을 타고 유쾌하게 미끄러져 내려가는 질감을 가지고 있었다. 매우 변용성이 큰 모조 식품인 젤로는 과일과 채소 등을 섞어서 다양한 식품을 발명하는 데 사용할 수 있었고 수백 가지의 장난감 같은 모양으로 만들 수도 있었다. 또 매우 모던한 젤리의 투명함은 독일 화학자들이 만든 새로운 (그리고 대체로 화려한) 합성색소들과 잘 어울렸다. 하지만 영양 면에서 보자면 젤로는 그저 설탕(그리고 약간의 식용 색소)일 뿐, 다른 영양분은 담고 있지 않았다. 오늘날 젤로를 일요일 저녁 디저트로 내놓는 할머니는 별로 없겠지만, 어린아이들과 부모들에게 젤로는 아직도 인기가 있으며 장난하기 좋아하는 성인들이 젤로에 술을 뿌려 '젤로 샷'을 만들어 먹기도 해 새로운 틈새 식품이 생겨나기도 했다.

술이나 담배와 달리 당과의 이미지는 오랫동안 여성과 아이들의 욕망과 결부됐다. 여기에는 '낭비벽'과 '경솔함'의 이미지(혹은 낙인)가 종종 따라 붙었다. 흰 설탕은 빅토리아 시기 여성적 축제의 진수인 결혼식의 센터 피스center piece, 즉 웨딩 케이크의 주요 재료였다(프로스팅을 생각해보라). 그리고 우리에게는 태고부터 있었던 일로 여겨지지만, 크리스마스, 생일, 밸런타인데이, 할로윈, 부활절, (1914년 이후로) 어머니날 같은 기념일에 단 것이 핵심 요소가 된 것도 19세기부터였다. 오늘날 이런 기념일들은 모두 여성과 아동, 그리고 당과를 선물하는 것과 관련되어 있다. 또한 당과는 연애의 관습과 화법에서도 핵심 요소가 됐다. 색소로 로맨틱한 메시지를 써놓은 사탕 과자 '컨버세이션 로젠지'(1860년대에 처음 나왔다)부터 부드럽게 속을 채운 초콜릿과 천천히 음미하는 봉봉에 이르기까지, 당과는 연인들의 어휘가 됐다. 오늘날 우리는 당과가 아동에게 마케팅되는 것을 당연하게 여기지만 이는 상대적으로 최근의 일이고 1900년까지도 당과는 선물용이나 오후의 티타임용으로 여성들에게 더 많이 소구됐다.[29]

1830년대 이후로 설탕 값이 현저하게 싸지면서 당과 업체들은 상류층이 아닌 사람들에게, 그 다음에는 아이들에게 단 것을 판매하기 시작했다. 아이들은 설탕을 의약품과 결부시켜 생각했던 과거의 인식을 전혀 갖지 않은 채로 순전히 즐거움만을 위해 당과를 유난하게 요구할 수 있는 존재였다. 그리고 어쨌든 당과는 '에너지'를 제공했다. 에너지는 19세기에 생겨나 강박의 대상이 된 개념으로, 이때는 아직 '빈 칼로리'라는 개념이 없었다.[30]

당과 유행의 기원은 물론 여러 가지를 들 수 있지만, 하나의 큰 뿌리는 약으로 쓰이던 단 것들과 당의를 입힌 쓴맛 나는 알약들이다. 한때 고통을 완화시켜 주던 치료제가 이제 완화되지 않은 쾌락을 제공하게 됐고, '치료제treatment'로서의 단 것은 '기쁨을 주는 단 것treat'으로 바뀌었다. 〔한 턱, 또는 단 간식거리를 뜻하는 단어 '트리트treat'의〕 흥미로운 어원이다. 큰 유리병에 담겨 약국잡화점 카운터에서 팔리던 '1센트 사탕penny candies'은 여섯 살 아이의 키 높이에 맞게 진열되어 있었다. 그것을 본 아이는 부모에게 사달라고 조르거나 자기가 가진 동전을 털어 사탕을 구매했을 것이다. 색색가지 사탕이 담긴 유리병은 욕망을 만들어냈고, 부모가 사탕을 사주지 않으면 욕망은 더 강해졌을 것이다. 당과 업체들은 당과를 통해서 새로움과 상상을 팔았다. 1센트 사탕은 처음에 '장난감'으로 불렸고 어린아이다운 순수한 쾌락을 연상시켰다. 어떤 당과는 먹기 전에 게임을 하도록 만들어지기도 했는데 1890년대에 유행한 캔디 마블이 그런 사례다. 또 보석처럼 생긴 모양에 알록달록한 색으로 된 사탕은 아이들의 환상을 자극했고, 어떤 상인들은 사탕을 구매하면 작은 장난감이나 인형을 선물로 줘서 포장된 쾌락에 또 한 차원을 더했다.[31]

이 모든 것이 1912년에 크래커 잭 상자에 싸구려 장신구가 사은품으로 딸려 오기 한참 전에 등장했다. 하지만 보너스 상품이 있든 없든 간에 어쨌든 호소력은 품질보다는 새로움(또는 환상)에 있었다. 막대사탕은 봄에는 괭이 모양으로, 7월 4일 즈음에는 독립기념일을 염두에 두고 폭죽 모양으로 만들어졌다. '해변의 자갈Seashore Pebble'은 자갈처럼 생겼는데 입에 넣으면 부드러운 감촉이 나서 아이들이 재밌어 했다. 설탕으로 만든 고깔 안에 향 시럽을 넣은 '선 레이 보틀Sun Ray Bottle'도 있었다. 감초의 무한한 변신도 빼놓을 수 없는데, 감초는 신발 끈 모양의 희한한 사탕부터 종이담배, 시가, 담뱃대 모양까지 다양한 사탕을 만드는 데 사용됐다. 다양성이야말로 이 게임의 본질이었다. 19

세기 말 웨스트버지니아 주 휠링 시의 한 가게는 캔디 드롭스(설탕에 향료를 섞어 굳혀 만든 사탕의 일종), 코코아 너트, 사탕 든 아몬드 크림, 마시멜로 드롭스, 민트 드롭스, 크림 봉봉, 시나몬 드롭스, 감초 드롭스, 젤리 껌, 추잉 껌 등을 판매한다고 광고했다. 모두가 그 즈음에 등장한 신문물이었다. 1900년 이후에는 제조업체들이 이러한 기본적인 당과 중 많은 것을 재포장하고 재브랜드화했다. 로버트 웰치Robert Welch의 '슈가 대디Sugar Daddy'(1925), 허시필드Hirschfield의 '투스티 롤Toostie Roll'(1896), 헨리 하이드Henry Heide의 '레드 핫 달러Red Hot Dollars'(1920년대의 시나몬 사탕), 그리고 '구명 튜브Lifesaver'라는 상서로운 이름으로 판매된 클래런스 크레인Clarence Crane의 도넛 모양 사탕(1912) 등이 그런 사례다.[32]

　　당대의 당과 애호가들에게는 이런 것들이 무해하게 보였을 테지만, 단 것의 과잉 소비에 대한 경고의 목소리도 있었다. 도덕주의자들은 섊은 여성들이 난 것이 든 유혹적인 상자로 구애하는 남성에게 마음을 잘못 빼앗겨 건전하지 못한 연애를 하게 될지도 모른다고 우려했다. 또 어떤 이들은 당과가 인성 발달을 저해한다고 봤다. 1834년에 한 미국 작가는 《친구The Friend》라는 책에서 사탕에 탐닉한 거리의 아이는 "무절제, 탐욕, 방탕한 생활"로 귀결될 것이라고 우려했다. 1856년에는 뉴잉글랜드의 교육자이자 초월주의자 아모스 브론슨 올컷Amos Bronson Alcott도 아이들은 마땅히 과일과 채소를 먹어야 한다고 주장했다. (단 것의) 과도한 탐닉은 곧 음주(럼도 결국 사탕수수 즙으로 만든 것이다)로 이어질 것이기 때문이라는 것이었다. 1856년에는 제임스 레드필드James Redfield가 당과를 습관적으로 먹는 사람은 "만족을 얻기 위해 점점 더 많은 당과를 먹어야 할 것"이라며 "술꾼이 커피하우스들을 전전하면서 술을 계속 마시듯이 그들도 과자 가게들을 전전하게 될 것"이라고 주장했다. 시가 모양 초콜릿이라든지 술병 모양에 '진'이라는 상표가 붙은 과자 때문에 아이들이 부적절하게 어른 흉내를 내게 된다고 우려하는 사람들도 있었다. 과자와 담배가 통상 같은 가게에서 비슷하게 생긴 작은 갑에 담겨 판매됐으며 둘 다 스포츠 스타나 유명인들의 모습이 담긴 카드를 판촉에 활용했다는 점도 이런 면에서 우려를 불러일으켰다.[33]

조금 덜한 (하지만 훨씬 일반적이었던) 비난으로는 설탕 든 과자가 "건강에 좋은" 음식을 먹어야 할 아이들의 식욕을 식전에 떨어뜨린다는 것이 있었다. 비슷한 종류의 비난은 당시 많이 쓰였던 영어 표현들에도 반영되어 있다. 가령 1850년대에는 "식욕을 떨어뜨리는", 1880년대에는 "건강에 좋은 음식", 1890년대에는 "위험한 음식", 1910년대에는 "균형 잡힌 식사"라는 표현들이 쓰였다.[34] 또 당과를 너무 많이 먹다 보면 가족과 함께 하는 식사가 일상에서 차지하는 중심성이 흔들리고 신체와 정신 모두에 악영향을 끼친다는 우려도 제기됐다.

하지만 이런 비난도 사탕 열차의 속도를 늦추는 데는 별로 효과가 없었다. 설탕은 차와 커피의 카페인과 궁합이 잘 맞았고 잼으로도 널리 쓰였다. 설탕은 아침 식사를 바꿨고(설탕 든 시리얼로), 선물을 주고받는 의례의 형태를 바꿨으며, 명절과 기념일의 핵심 요소가 됐다. 이 모든 것이 포장된 쾌락의 시대에 생긴 일이었으며, 19세기 말이 되면 설탕이나 당분이 어느 정도라도 들어가지 않은 식품이나 담배를 찾아보기 어렵게 된다.[35]

초콜릿의 유혹

슈퍼푸드, 하이퍼푸드가 많이들 그렇듯이 초콜릿은 약한 자극성이 있고 어느 정도의 중독성도 있다. 카카오에는 커피만큼 많지는 않아도 카페인이 들어 있고 테오브로민도 들어 있다. 테오브로민은 쓴맛이 나는 향정신성 알칼로이드로, 카페인과 함께 혈관을 팽창시키고 중추신경계에 자극을 준다.[36] 초콜릿은 다소 의외의 원료에서 나온다. 테오브로마 카카오라는 나무는 둥지에서 직접 꽃이 피며, 꽃에 초록색의 커다란 꼬투리가 생기는데 이것이 초콜릿의 원료다. 나무의 원산지는 아메리카 열대 지방으로, 깔다구midge라는 곤충이 꽃 100송이 중 4, 5송이만 수분을 시키면 큰 타원형 꼬투리를 생산할 수 있게 되고 꼬투리 안에는 40개 정도의 콩알이 찐득한 흰 펄프에 싸인 채 들어 있다. 콩이 다 익으면 퍼서 건조될 때까지 발효시킨다. 그리고 그 콩, 즉 카카오(혹은 코코아)콩을 볶아 가루로 부수어 물에 타면 달지 않은 찬 음료가 된다. 기원전 2500년경에 코코아 열매는 아마존 북부에서부터 멕시코로 들어와(구체적인 경로는 알려지지 않았다) 아즈텍 전사와 귀족이 애용하는 음료가 됐다. 슈퍼푸드의 원료 식물들이 다들 그렇듯이, 카카오 재배지는 점차 원산지에서부터 먼 곳으로 확장됐다. 오늘날 대부분의 코코아 열매는 아프리카에서 자라며 1.5퍼센트만이 멕시코에서 재배된다.[37]

1525년에는 에르난 코르테스Hernán Cortés가 스페인에 코코아를 들여왔다. 그는 피로를 완화해주는 코코아를 "신성한 음료"라고 생각했다. 하지만 유럽 소비자의 마음을 얻는 것이 쉽지는 않았다. 1575년에 지롤라모 벤조니Girolamo Benzoni는 저서 《신세계의 역사History of the New

우리를 중독시키는 것들에 대하여

World》에서 코코아를 가리켜 "인간의 음료라기보다는 돼지의 음료로 보인다"라고 묘사했다. 1569년에는 가톨릭교회에서 사순절 기간에도 코코아를 먹어도 된다고 규정했다. 맛이 고약했기 때문에 그것을 먹는 것이 사순절에 신자들이 마땅히 수행해야 할 희생을 위반하는 것으로 여겨지지 않은 것이다. 그러다가 드디어 1615년에 카카오가 프랑스에 들어가 파리 궁정에서 유행했고 1655년에는 영국에도 들어갔다. 스페인 사람들은 코코아에 멕시코 원주민이 섞던 매운 고추 대신 시나몬, 후추, 바닐라를 섞었고 때로는 설탕도 넣었다. 코코아는 사치품으로 여겨지면서 귀한 금속 단지나 도자기 단지에 보관됐다. 코코아 역시 약품으로 쓰이기도 했으며, 뜨거운 열기가 미치는 해를 막아주는 차갑고 습기 있는 체액을 자극한다고 알려졌다. 1770년대에는 코코아 열매에 설탕과 향신료를 넣은 페이스트의 형태로 초콜릿이 소비됐는데, 거기에는 귀하고 드문 향유고래의 용연향이 들어가기도 했다. 1789년에는 영국의 조지프 스토스 프라이Joseph Storrs Fry가 제임스 와트James Watt의 증기기관을 이용해 코코아 콩 분쇄 기계를 발명했고, 이보다 이른 1765년에는 미국인 제임스 베이커James Baker가 매사추세츠 주에서 고형 초콜릿 덩어리 제조에 성공했다. 이렇게 대중 소비를 향한 움직임들이 있긴 했지만, 여전히 초콜릿은 게으른 성직자층이나 귀족층의 것으로 여겨졌다(독일 시인들도 초콜릿을 좋아했다고는 한다). 코코아 음료도 아침에 마시는 일상적인 각성제로보다는 교양 있는 사람들의 '섬세한' 입맛에 맞는 사치품이나 별미로 더 많이 소비됐다.[38]

이와 달리 차와 커피는 신흥 부르주아지bourgeoisie가 일상적으로 마시는 음료가 됐고, 1790년대 영국에서는 차가 노동자 계급으로까지 확산됐다. 한 세기 전에도 런던에는 정치인들과 도박꾼들이 시간을 보내던 커피하우스뿐 아니라 초콜릿이 있었지만, 상인과 제조업자들에게는 커피가 더 인기있는 음료였다. 에티오피아 등 아프리카 동부가 원산지인 커피콩은 13세기에 아라비아 남서부로 들어왔고 15세기 말에는 예멘 수피교도 문화의 일부가 됐다. 유럽에는 1517년에 들어왔는데, 으레 그렇듯이 대부분은 이탈리아 상인들을 통해 들어왔지만 터키와의 전쟁 중에 들어오기도 했다.

〔유럽 사람들은〕 설탕처럼 커피도 처음에는 동방과의 교역을 통해 확보해 나가다가 점차 식민지에 플랜테이션을 두고 직접 재배하기 시작했다. 17세기 말 네덜란드인은 자바에, 프랑스인은 앤틸리스 제도에, 스페인과 포르투갈 사람들은 중남미에 커피 플랜테이션을 세웠다. 또한 많은 열대의 식물성 식음료가 그렇듯이, 커피도 쾌락 문화에 광범위하게 포함되기 전에는 의료적 효능이 있는 것으로 여겨졌다. 17세기 중반에는 런던 최초의 커피하우스가 나타났고 1660년대에는 장인과 상인들이 아침에 맥주나 와인 대신 카페인을 마시기 시작했다. 17세기에는 우유와 다량의 설탕을 넣어 마시게 되면서 커피가 카페인뿐 아니라 에너지도 공급하게 됐다. 커피는 정신을 바짝 차리고 있는 회계실 사무원들의 이미지와 결부되곤 했는데,[39] 이것이 아마도 커피가 숫자를 다룰 때 도움을 준다고 알려진 최초의 사례일 것이다(훗날 위대한 헝가리 수학자인 알프레드 레니Alfred Renyi는 수학을 일컬어 "커피를 공리로 바꾸는 기계"라고 말한 바 있다).[40]

하지만 코코아는 이와 매우 달랐다. 코코아는 유럽의 귀족과 아메리카 원주민을 연상시켰기 때문에, 신흥 중산층은 코코아를 퇴폐적이고 야만적인 음료로 여겼다. 코코아는 나중에 테크놀로지의 발달로 이런 이중의 비난에서 구원을 받게 된다. 코코아 음료가 귀족과 원주

우리를 중독시키는 것들에 대하여

민을 연상시킨다는 문화적인 연관성을 차치하고 가장 큰 문제는 코코아 콩의 기름에서 불쾌한 기름 맛이 난다는 점이었다. 이를 해결한 것은 네덜란드인 콘래드 반 후텐Conrad Van Houten이 만든 수압 코코아 압축기였다. 1828년에 발명된 이 기계는 볶은 카카오 콩을 코코아 버터와 기름 없는 코코아 가루로 분리했다. 그러면 볶은 콩을 끓여서 거르는 것보다 훨씬 효과적으로 코코아 기름을 제거할 수 있었다. 이렇게 만들어진 고운 가루를 물에 타면 탈지 코코아 음료가 됐다(이는 나중에 소금을 더해 향미를 강화하는 '더칭' 공정을 통해 개선된다). 1866년에는 더 극적인 전환이 찾아왔다. 버밍엄의 존 캐드베리John Cadbury가 반 후텐의 기계를 구매해서 물에 녹여 마시는 가정용 코코아 가루 '캐드베리 코코아 에센스Cadbury Cocoa Essence'를 시중에 내놓은 것이다. 탈지 코코아는 쓴맛과 불쾌한 기름 맛을 제거한 뒤 단맛을 추가해 완전히 새로운 맛을 선보였다. 이렇게 해서 아침 식사와 아이들용 음료로 약한 자극성이 있는 초콜릿 음료가 탄생했다.[41]

이보다 중요한 것은 1847년에 나온 판초콜릿chocolate bar이었다. 스위스의 로돌프 린트Rodolphe Lindt와 영국의 J. S. 프라이J. S. Fry는 (반 후텐의 기계로 만든) 코코아 버터와 코코아 가루를 섞고 설탕을 추가해 납작한 판 형태의 고형 초콜릿을 만들었다. 1875년에는 스위스의 다니엘 피터Daniel Peter가 거기에 앙리 네슬레Henri Nestlé가 개발한 연유를 섞어서 '밀크 초콜릿'을 선보였다. 우리가 '밀크 초콜릿'이라고 하면 떠올리는 부드러운 질감과 감미로운 맛은 린트의 '콘칭 기계'(1879) 덕분에 생겨났다. 콘칭 기계는 조개껍질을 뒤집어놓은 모양의 화강암 바닥 위로 롤러가 움직이면서 코코아 가루, 코코아 버터, 설탕, 연유를 섞은 것을 밀어서 으깨는 기계로, 그렇게 하면 부드러운 페이스트를 만들 수 있었다. 콘칭 기계는 예전의 초콜릿이 가지고 있었던 모래 같고 꺼끌꺼끌한 식감을 없애줬다. 이런 초콜릿이 출시되자 곧 미국에서 초콜릿 소비가 급증했다. 1860년에 100만 파운드(약 45만 킬로그램)가 조금 넘었던 초콜릿 소비량은 1898년 2,600만 파운드(약 1,200만 킬로그램)에 달했다.[42]

달고, 부드럽고, 그윽한 맛이 나도록 가공돼 예쁘게 포장된 초콜릿은 슈퍼푸드의 여왕으로 등극했다. 1860년대에 초콜릿 봉봉은 상자에 담겨서 로맨스의 의례에 필수품이 됐다. 섬세하고 예술적으로 만들어진 꾸러미에 담겨 판매된 고급 초콜릿은 빅토리아시대에 구애자가 여성에게 주는 최고의 선물이었다. 당대의 젠더 코드는 여성을 단 것, 남성을 커피처럼 쓰거나 '강한' 음료(술)와 결부시키고 있었다. 초콜릿은 귀족적 방탕을 연상시켰다는 점 때문에 분투하는 부르주아 남성과는 결부되기 어려웠을지 몰라도, 여성과 결부되는 데는 어려움이 없었다. 사치스런 패션(레이스나 가루를 뿌린 가발 등)이 남성보다는 여성들에게서 살아남은 것과 마찬가지다(빅토리아시대에 비즈니스맨의 복식은 수수했고 이후로도 거의 변하지 않았다). 초콜릿은 '진짜 남자'들이 소비하기에는 너무 여성스러운 이미지를 가지고 있었다. 물론 '진짜 남자'들의 호기심을 자극하기는 했을 것이다. 1880년대 말 쯤에는 열대의 '원초적인' 섹슈얼리티를 연상시키는 이미지, 가령 가슴을 드러낸 여성 '원주민'이 코코아 열매를 수확하는 모습 등이 초콜릿 제조업체의 트레이드카드에서 별 무리 없이 쓰이는 이미지로 자리를 잡았다. 물론 초콜릿은 남성이 여성에게 사주는 것이었고, 실제로야 어땠든지 간에 여성이 자신을 위해 직접 초콜릿을 살 것으로 간주되지는 않았다. 초콜릿은 여성적인 교양과 로맨스의 세계에서 중요한 요소가 됐지만, 그와 동시에 약간은 버릇없고 품행이 나쁜 이미지가 있어서 길티 플레저로

우리를 중독시키는 것들에 대하여

여겨지기도 했다. 제조업체들은 이런 이미지들을 계속해서 만들어내고 조작했다. 그리고 19세기 말 업체들은 또 하나의 연상을 성공적으로 만들어내는데, 초콜릿을 덕망 있는 가족 기업 이미지와 연결시킨 것이다. 영국의 캐드베리Cadbury 사와 라운트리Rowntree 사는 퀘이커교도와 자선慈善을 연상시켰고, 밀튼 허쉬Milton Hershey는 자신이 펜실베이니아 주의 메노나이트교 출신이라는 점을 부각시키고 (1909년 이후로는), 그 유명한 고아원을 연상시켰다. 하지만 그럼에도 버릇없는 말썽장이 이미지는 결코 완전히 사라지지는 않았으며, 그것이 바로 정교하게 구성된 초콜릿의 매력이었다.[43]

초콜릿은 점차 아이들에게로 옮겨 갔다. 1800년대 말에는 아이들의 입맛을 유혹하기 위해 더 밝은 색에 더 단맛이 나는 초콜릿이 생산됐다. 허쉬는 자사의 밀크 초콜릿이 우유를 함유하고 있어서 아이들의 몸을 건강하고 튼튼하게 만들어준다고 광고했다. 반면 시가 모양이나 담배 모양 초콜릿도 만들어 또 다른 이미지도 불러 일으켰다(허쉬 제품인 '마닐라의 영웅 초콜릿 시가Hero of Manila Chocolate Cigars'는 당시 대대적으로 언론을 탔던 미서전쟁(1898)의 영웅 듀이 제독을 지칭한 것이었다). 다른 회사들은 밀크 초콜릿을 괭이, 기병검, 기관차, 동물, 부활절 달걀과 버니 등의 다양한 모양으로 만들어 아이들 파티의 필수품이 되게 했다. 한편 허쉬는 1907년에 '입맞춤'(키세스) 초콜릿을 내놓으면서 낭만적인 주제로 돌아왔다.[44]

밀튼 허쉬(1857~1945)는 미국에서 밀크 초콜릿을 대중화시킨 주역이다. 펜실베이니아 주에 생긴 수많은 당과업체 중 하나였던 허쉬의 회사는 처음에는 펜실베이니아 주 랭커스터 카운티의 작은 상점에서 캐러멜을 팔았다. 그러다가 1893년에 시카고 세계박람회에서 초콜릿

그림4.4 1923년 6월 옥외 광고판에 게시된 복합
초코바 '오 헨리' 광고. 광고 모델이 여성이라는 점과
혼자 먹기보다는 파티에서 나눠먹으라고 선전하는
점에 주목하라.

을 입히는 기계를 보고 그것에 매혹됐고, 드레스덴의 J. F. 리먼 사에서
그 기계를 구매해 자신의 캐러멜에 초콜릿을 입히기 시작했다. 그리고
곧 캐러멜 사업을 매각하고 새로운 상품인 밀크 초콜릿에 원료를 대
기 위해 1900년에 인근 해리스버그의 낙농 농장을 인수했다. 얼마 지
나지 않아 허쉬 공장 인근 지역은 세심하게 설계된 기업도시가 됐고
1906년에는 마을 이름이 데리 처치에서 허쉬로 바뀌었다. 1915년이
되면 허쉬는 쿠바에 설탕 플랜테이션을 열고 전 세계 카카오 재배자
들과도 밀접한 관계를 맺어 나가게 된다.[45]

한 세대쯤 뒤에는 허쉬의 주된 라이벌 프랭크 마스Frank Mars가 떠
올랐다. 미니애폴리스에 살고 있던 젊은 마스는 어쩌다가 누가에 달걀
알부민을 너무 많이 넣어서 더 성기고 새로운 맛의 누가를 만들어냈

다. 마스는 여기에 초콜릿을 입혀서 '팻 엠마Fat Emma'라는 초코바를 내놓았고, 1923년에는 제품의 이름을 '밀키웨이Milky Way'로 바꿨다. 마스의 회사는 1930년에 '스니커즈Snickers'로 큰 성공을 거두면서 일대 도약을 했다. 1932년에는 프랭크의 아들 포레스트Forest가 영국에서 자신의 회사를 열게 됐다. 포레스트는 1941년 브루스 모리Bruce Murrie(허쉬 사의 회장 윌리엄 모리William Murrie의 아들)와 함께 동그란 알갱이 모양의 초콜릿 사탕을 만들고, 마스와 모리 이름의 머리글자를 따서 '엠앤엠스M&Ms'라는 이름을 붙였다.[46]

마스 컴퍼니의 성공은 '맛의 프로필flavor profile'을 도입해 복합 초코바를 만들어낸 데 있었다. 예를 들어 스니커즈는 단맛이 비교적 덜한 초콜릿이 겉을 감싸고 있고 그 안에는 짠 땅콩, 단 캐러멜이 있으며 한가운데에는 누가가 들어 있었다. 복합 당과 자체가 마스의 발명품이었던 것은 아니다. 1830년대부터도 사람들은 당밀에 땅콩을 섞어서 먹었고, 비슷한 방식의 조합이 봉봉의 성공에도 핵심적인 역할을 했다. 그러다가 프레데릭 루크하임Frederick Rueckheim이라는 독일 이민자가 1893년 시카고 박람회에서 당밀, 팝콘, 땅콩으로 단맛과 짠맛을 섞은 발명품 '크래커 잭Cracker Jack'(이 이름이 붙은 것은 3년 뒤다)을 선보이면서, 대조적인 맛을 함께 배치하는 아이디어가 시장에 등장했다. 1912년에 루크하임은 '크래커 잭'을 유명한 세일러 소년과 개 트레이드 마크가 그려진 상자에 담아 판매했고 장난감을 사은품으로 제공했다. '크래커 잭'은 오늘날 아이들이나 야구팬에게나 인기 있는(미국 메이저리그 야구에서 7회 말 경기가 시작되기 전에 부르는 몸풀기용 노래 '나를 야구장으로 데려가주오Take Me Out to the Ball Game'에 "땅콩하고 크래커 잭만 사주시면 돼요Just buy me some peanuts and Cracker Jack"라는 가사가 나온다) 단순한 과자로 여겨지고 있지만, 당시에는 대조적인 맛과

질감을 섞는 혁신을 보여준 제품이었다.[47]

비슷한 접근 방식이 1912년에도 나왔다. 내슈빌 시의 스탠다드 캔디Standard Candy 사가 캐러멜, 마시멜로, 초콜릿, 땅콩을 조합한 '구구 클러스터Goo Goo Cluster'를 선보인 것이다. 1920년에는 오토 슈너링Otto Schnering의 커티스 캔디 컴퍼니Curtis Candy Company가 땅콩 초콜릿 누가바인 '베이비 루스Baby Ruth'를 판매하기 시작했다. 성공적인 제품들이 대체로 그렇듯이, 대대적인 광고도 이뤄졌다. 〈새터데이 이브닝 포스트〉 등 널리 유통된 잡지뿐 아니라 〈오픈 로드 포 보이스Open Road for Boys〉와 같은 곳에도 광고가 게재됐다. 그 밖에도 수많은 복합 초코바가 이 시기에 나왔다. 조지 윌리엄슨George Williamson의 '오 헨리Oh Henry'(1920)는 땅콩, 캐러멜, 퍼지를 섞어 만든 것이었고, 캘리포니아 주 피터 폴Peter Paul의 '마운즈Mounds'(1922)는 코코넛을 단맛이 약한 다크 초콜릿과 혼합한 것이었다. 펜실베이니아 주 피츠버그 시에서 나온 '클라크 바Clark Bar'(1917)는 짠 땅콩을 밀크 초콜릿에 섞은 것이다. 뒤 이어 허쉬는 땅콩 알갱이가 박힌 판초콜릿 '미스터 굿바Mr. Goodbar'(1925)와 쌀 크런치를 넣은 (더 싸고 덜 유명한) '크래켈Krackel'(1938)을 선보였다. 1941년에는 리스Reese 사의 '피넛 버터 컵Peanut Butter Cup'이 등장해 인기를 끌었다. 땅콩버터에 초콜릿을 씌우고 톱니 모양의 홈이 파인 작은 컵 모양으로 만든 것으로, 전직 허쉬 직원이었던 H. B. 리스H. B. Reese의 제품이었다.[48]

복합 초코바는 여러 감각을 순차적으로 혹은 혼합해서 제공했으며 그러기 위해서 종종 상반되는 감각을 활용했다. 소금과 설탕, 단단한 것과 연한 것, 거친 것과 부드러운 것, 과자 내 서로 다른 부분들(가령 겉껍질 부분과 속 부분)이 대조를 이뤘다. 설탕만 잔뜩 넣기보다 다양한 맛을 제공해서 더 정교한 미각에 호소하려는 것이었다. 하지만 초

코바가 가진 정교함의 미학을 과대평가해서는 안 된다. 애초부터 초코
바는 '피로회복제pick-me-up'이자 식사 대용품이라고 광고된 칼로리 덩
어리였다. 스니커즈 등의 복합 초코바는 너무 바빠서 수프나 샌드위치
를 먹을 시간이 없는 사람들의 점심 대용품으로 판촉됐다. 그리고 엄
청난 양의 칼로리를 담고 있었다. 초기의 초코바는 (구구 클러스터처럼)
무게가 4분의 1파운드(약 110그램)가 넘었는데, 이는 오늘날 보통 크기 초
코바의 두 배가 넘는 크기(와 칼로리)다. 허쉬의 초코바는 제2차 세계대
전 때 군인들에게 야전 식량으로 지급됐으며, 각각 600칼로리의 에너
지를 공급했다.[49]

이후 초코바의 크기는 많이 줄었다. 제조업체들이 크기를 줄여서
비용을 낮추려 한 것이 하나의 원인이었다.[50] 하지만 건강을 의식하기
시작한 소비자들은 작아진 초코바도 '빈 칼로리'나 '정크푸드'로 인식
하기 시작했다. 정크푸드라는 표현은 제2차 세계대전 이전에는 존재하
지 않았다.[51] 오늘날에는 하이퍼푸드가 신체에 미치는 악영향에 많은
관심이 쏠리고 있지만, 우리는 이러한 단 것들이 가족이나 공동체로부
터 개인을 고립시키는 효과를 냈다는 점도 짚고 넘어갈 필요가 있다.
이런 당과는 운전 중에 먹거나 끼니 사이에 간단히 허기를 누그러뜨리
기 위한 목적으로 대개 혼자 먹는 것이다. 이런 것들을 먹다 보니 함께
식사를 나누는 데 쓰던 시간은 점점 줄어들었다. 이런 식품은 하루 중
어느 때라도 먹을 수 있게 되면서, 또 온갖 가게와 자판기에서 구할 수
있게 되면서, 오늘날의 주전부리 습관과 비만을 불러왔고 여럿이 함께
나누는 식사를 쇠퇴하게 만들었다.[52]

아이스크림의 발명

아이스크림을 빼놓고는 설탕 든 단 것에 대한 이야기를 완성할 수 없을 것이다. 아이스크림도 다양한 질감과 감각을 제공하는 포장된 쾌락이고 여기에는 '자연의 제약을 거부한다'는 감각도 포함되어 있다. 과일의 단맛과 동물성 지방을 결합한 아이스크림은 한여름에도 차가움을 느낄 수 있게 해주는, 계절을 벗어나 존재하는 식품(혹은 준準 식품)이다. 오늘날에는 아이스크림이 너무나 흔해져서 이것이 얼마나 놀라운 발명품인지를 잊기가 쉽다. 현재 미국에서 아이스크림은 140억 달러 규모의 산업이고, 미국인은 연간 약 300만 톤의 아이스크림을 먹는다.

물론 '차갑게 만든 단 것'이라는 아이디어 자체는 오랜 역사를 가지고 있다. 고대의 부유층은 빙고를 두고 꿀, 과일, 너트, 곡물 요리를 차게 보관했다. 히포크라테스 같은 사람들이 체액이 흐트러진다며 여름에 찬 물을 마시는 것에 대해 경고하긴 했지만, 왕과 귀족들은 얼음과 눈으로 와인을 차게 보관했다. 기원전 4세기에 알렉산더 대왕은 참호 30개를 파고 산에서 눈을 가져다 담아 음료를 차게 보관했다가(나뭇가지로 덮어두었다) 여름에 지인들에게 대접했다. 얼음에 향을 입힌 것, 즉 셔벗은 인도 무굴 제국 황제들이 즐겼고, 16세기에는 이 사치품이 이탈리아와 프랑스로도 전해졌다. 하지만 '진짜' 아이스크림은 1740년대에 영국에서 선을 보였고, 1780년대에는 여름 콘서트가 열렸던 런던 인근의 유원지에서 판매됐다. 아이스크림도 귀족층에서 중간 계층으로, 그리고 하층으로 점차 퍼져 나갔다. 하지만 이는 포장된 쾌락의 혁명 시기 중요한 기술들이 발명되고 나서의 일이다.

19세기 미국에서는 수동 아이스크림 기계들이 줄줄이 특허를 받

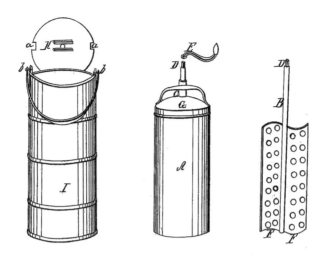

그림4.5 간단하지만 인기 있었던 가정용
아이스크림 기계 특허.

왔다. 그 중에는 1843년 낸시 존슨이 개발한 기계도 있었다. 그 기계
는 얼음을 채워 넣을 수 있는 긴 통과 (그 통 안에 들어가는) 꽉 끼는 뚜껑이
달린 원통, 그리고 (그 원통 안에 있는 내용물을 휘저어 섞어주는) '교반기dasher'로 구
성돼 있었다. 원통 밖에 달린 크랭크를 돌리면 안에 있는 교반기가 회
전하면서 언 크림과 설탕, 향료를 뒤섞고 원통 벽에 달라붙는 내용물
들을 긁어내는 식으로 작동했다. 1856년에는 5분 만에 아이스크림을
얼릴 수 있는 기계가 나와 한참 인기를 끌었지만, 손으로 저어야 해서
상업적으로 쓰이기에는 제약이 있었다. 아이스크림 업체는 대부분 규
모가 작았고 1890년대에 전기가 등장해 구원해주기 전까지는 수작업
이 많이 필요했다. 그럼에도 1830년대 말이 되면 뉴욕 같은 대도시에
아이스크림 행상인이 등장해 직접 만든 아이스크림을 팔곤 했다. 품
질은 미심쩍기 일쑤였다. 19세기 중반에는 아이스크림이 음료수 판매

대에서도 판매됐는데, 음료수 판매대를 운영하는 상인들은 길거리 판매상을 불법화하고자 했다. 보통 유리 접시에 담아 주던 길거리 아이스크림의 판매 방식이 1904년 세인트루이스 박람회에서 선보인 '아이스크림 콘'에 밀려 사라지면서, 아이스크림은 좀 더 위생적이 됐다(혹은 좀 덜 지저분해졌다). 1920년에는 '에스키모 파이Eskimo Pie'(초콜릿을 씌운 아이스크림 바)처럼 들고 먹기 좋은 제품이 등장해 인기를 끌었다. 더 편리한 것은 빵 대신 얇은 쿠키를 이용해 내용물을 싼 아이스크림 샌드위치였다. 그리고 아마도 막대사탕에서 영감을 얻었을 막대 아이스크림, '굿 휴머Good Humor'(1920)와 '팝시클Popsicle'(1924)도 등장했다.[53]

다른 단 것들처럼 아이스크림도 오랫동안 여성이나 아이들의 취향과 여가 문화에 결부됐다. 1860년에는 아이스크림이 밝고 활기찬 분위기의 음료수 판매대나 아이스크림 가게에서 판매됐는데, 가게들의 분위기는 술을 파는 어두침침하고 평판이 안 좋은 (그리고 남성적인) 살롱과는 극명하게 달랐다. 또한 아이스크림 가게들은 새로 등장한 흥미로운 공간인 백화점에 위치한 경우가 많았다. 화분, 반짝이는 카운터, 그리고 흰 유니폼을 입은 깔끔한 '소다 저크'(점원)가 맥주와 위스키 냄새와 위험이 없는 여성 친화적인 환경을 제공했다. 또한 다른 단 것들처럼 아이스크림도 다양한 향과 다양한 형태, 다양한 질감으로 제조할 수 있었다. 탄산음료와 섞기도 했는데, 이렇게 만든 '아이스크림소다'는 1870년대에 인기를 끌었다. 1888년 제임스 터프츠James Tufts가 '라이트닝 쉐이커Lightning Shaker'를 특허받으면서는 밀크쉐이크와 몰트의 시대가 열렸다. 이런 것들은 알코올을 대신하는 청량한 대체재로 여겨졌다. 하지만 흥미로운 저항도 없지는 않았는데, 가령 1900년대 초에 몇몇 주에서 일요일(선데이)에 증류주 및 맥주와 함께 탄산음료를 금지한 일이 있었다. '하드' 리쿼(술)와 '소프트' 드링크(음료)를 구별하지 않고 금지령을 내린 것이다. 그러자 아이스크림 가게는 아이스크림에 설탕 시럽을 얹은 고열량 디저트 '선데'를 내놓았다.[54]

식품과 좀 더 비슷하게 여겨졌다는 점에서 아이스크림은 다른 당과와는 차이점이 있었다. 아이스크림에는 낙농품과 달걀이 들어 있었고, 차갑다는 속성도 있어 뜨거운 여름에 고통을 완화해주는 것으로 여겨질 수 있었다. 이러한 영양 면에서 보면 아이스크림은 케이크와 비슷했다. 그리고 이 둘은 초콜릿에 너트나 코코넛이 결합했듯이 빠르게 짝을 이뤄서 으레 함께 제공되곤 했다. 19세기 후반기에 아이스크림과 케이크는 결혼식과 생일 파티에서 빼놓을 수 없는 필수품이었다.[55]

'맛을 첨가한 얼음'이 등장하는 파티는 18세기부터도 있었다. 그리고 이것은 다른 종류의 설탕 소비와 흥미로운 대조를 보였다. 아이스크림에는 좀 더 공적이고 사회적인 특성이 있었다. 아이스크림을 만드는 것은 공동체의 행사였다. 아이스크림은 주로 지역에서 비상업적으로 생산됐으며 만드는 데 모두가 참여했다. 만드는 것뿐만 아니라 아이스크림을 먹는 것도 내재적으로 더 공동체적인 속성이 있었다. 그리고 아이스크림은 늘 먹는 것이라기보다는 가끔씩만 먹는 것이었다. 녹아서 금세 없어지기 때문이다. 가정용 냉장고가 나오기 전까지는 아이스크림을 저장하는 것이 사실상 불가능했고 주머니나 손 움큼 안에 숨길 수도 없었다. 이 모든 것이 저장 수명이 길고 혼자 먹을 수 있으며 주머니에 쉽게 숨길 수 있는 당과와는 다른 점이었다. 냉장고가 나오면서는 아이스크림을 먹는 것도 점점 더 개인화된 소비의 성격을 띠게 됐지만, 냉장고는 20세기 중반까지도 가정용으로는 널리 쓰이지 않았다. 이런 면에서 혼자서 탐닉하는 방식의 소비에는 사회적이고 테크놀로지적인 원인이 있다고 볼 수 있다. 나태함이나 탐욕이라는 개인적인 문제뿐 아니라 가정용품 분야에서 벌어진 기술 변화와도 밀접한 관련이 있는 것이다.

차가운 탄산수

발효음료는 수천 년 동안 전 세계 대부분의 지역에서 애용되는 식탁 음료였다. 17세기 유럽인들은 맥아와 곡물을 발효시켜 마셨고(에일), 과일도 발효시켜 마셨으며(과실주), 발효한 곡물, 과일, 맥아를 증류해서도 마셨다(럼). 식민지 시대 미국인들은 일곱 살 때부터 식사 때(아침 식사 때도) 순한 맥주를 마셨다. 건국의 아버지들이 영국에서 처음으로 챙겨온 것 중에는 맥주를 만들기 위한 맥아도 있었다. 그러다가 곧 미국에서 구하기 쉬운 식물, 가령 옥수수라든지, 순무, 호박, 토마토와 같은 뿌리채소와 과일, 심지어는 시금치와 민들레로도 '맥주'를 만들 수 있다는 사실을 알게 됐다. 식민지 미국에서 이상적으로 여겨진 술은 만취 상태로까지는 취기를 일으키지 않는 순한 '주전부리용' 술이었다. 과도한 음주는 엄하게 제약됐고 뉴욕에서는 공공장소에서 술에 취하면 3쿼트(약 3리터)의 소금물에 양기름을 섞은 것을 목구멍에 부어야 했다. 하지만 1830년대의 금주 운동과 그 뒤를 이은 금주법도(이르게는 메인 주가 1846년부터 금주법을 실시했다) 술 마시는 것을 억누르지는 못했다. 금주 조치들은 알코올을 금지하는 데보다는 대안적인 '주전부리 음료'를 개발하는 데 더 기여했고, 이런 음료들은 19세기에 술보다 더 큰 성공을 거두면서 일상적인 음료가 됐다.[56]

우리를 중독시키는 것들에 대하여

물론 미국의 일상적인 음료라는 지위를 놓고는 몇 가지가 경쟁하고 있었다. 우선 따뜻하게 마시는 커피, 차, 초콜릿이 있었다. 그러다가 19세기 중반에 탄산수라는 흥미로운 형태의 차가운 경쟁자가 나타났다. '소다soda'라는 용어는 1790년대에 나온 말이지만(탄산음료 제조에 쓰이는 소디움 카보나이트(탄산나트륨)에서 유래한 말이다), 탄산수의 원조는 몇천 년 더 거슬러 올라가서도 찾을 수 있다. 자연적으로 이산화탄소를 함유한 광천수가 있었던 것이다. 히포크라테스는 이미 기원전 400년경에 광천수의 장점을 이야기한 바 있으며, 로마 제국이 확장되면서 영국, 독일, 벨기에, 이탈리아의 많은 광천수가 그 물에 의료적 효능이 있다고 믿은 로마인들을 유혹했다. 이런 종류의 샘은 마시는 용도보다는 온천 용도로 사용됐다. 18세기에는 광천수의 치유적 효과에 대한 믿음이 식민지 북미로도 전파됐다. 1800년대 초 무렵에는 건강에 신경을 쓰는 부자들이 뉴욕 주 새러토가 카운티 인근의 온천에 모여(나중에는 웨스트버지니아 주의 화이트 설퍼 스프링스에도) 고약한 냄새가 나는 광천수를 마시기 시작했다. 토머스 제퍼슨Thomas Jefferson, 벤저민 러시 Benjamin Rush 등과 같은 계몽된 인사들도 이런 곳을 좋아했으며 이에 대한 글을 남기기도 했다.

마시는 탄산수를 인공적으로 만들려는 노력은 1685년부터도 있었지만 영국의 화학자 조지프 프리스틀리Joseph Priestley가 제조에 성공한 것은 1772년이었다. 오늘날에는 산소(물의 조성이 수소와 산소임을 알아냈다)를 발견하고 지우개를 발명한 사람으로 더 유명한 프리스틀리는 영국 리즈에 있는 양조장에서 맥주 통 위에 물을 담은 사발을 걸어두어 발효 중인 맥주에서 나오는 '고정 공기fixed air'(이산화탄소의 옛 명칭)가 물에 스며들게 해 탄산수를 만들었다. 그리고 나중에는 황산을 백악에 떨어뜨리면 이산화탄소가 나온다는 사실도 발견했다.[57] 프리스틀리는 이렇게 만든 탄산수를 영국 해군에 납품했다. 항해 중에 발생하는 괴혈병에 대한 치료제로 보낸 것이었는데, 당시는 아직 괴혈병이 비타민C 결핍으로 생긴다는 사실이 알려지기 전이었다(이후 라임즙이 괴혈병 치료에 효과적이라는 사실이 증명됐고, 영국 수병들은 (라임즙을 자주 마시게 되며) '라임쟁이limey'라는 경멸조의 별명을 얻게 됐다). 괴혈병에는 소용이 없었지만 탄산수는 흥미로운 음료였다. 1780년대에는 니컬러스 폴Nicolas Paul과 제이콥 슈웹스James Schweppes가 제네바와 런던에서 소다수를 제조하기 시작했다. 영국 열쇠공이자 수세식 화장실을 발명한 조지프 브라마Joseph Bramah가 탄산 주입과 (어느 정도 압력을 견딜 수 있는 병에) 탄산수 병입을 연속 공정으로 할 수 있는 방법을 개발한 것도 비슷한 시기였다.[58]

1806년 미국에서는 인공 제조한 소다수를 병에 담긴 형태로도, 큰 통에서 꼭지로 따라 파는 형태로도 판매하기 시작했다. 병은 여전히 드물고 비쌌기 때문에 한 세기 동안 소다수는 대부분 큰 통에 연결된 금속관(나중에는 고무관) 꼭지에서 따라주는 형태로 판매됐다. 미국에서 상업용 소다수 판매점을 최초로 연 사람은 벤저민 실리먼Benjamin Silliman이다. 실리먼은 예일 대학교의 화학자이자 광물질 연구가로, 1809년에 뉴욕의 월 스트리트와 워터 스트리트 코너에 있던 유명한 '통틴 커피하우스Tontine Coffeehouse'에 손 펌프가 달린 소다수 판매 장치를 설치했다. 그곳에서는 지하에 있는 광에서 제조된 탄산수를 철제로 된 관을 통해 위층으로 끌어올려, 아름답게 장식된 수동 펌프로 탄산수를 따라서 고객에게 제공했다. 호텔과 도시의 스파들에도 거위목형태의 꼭지가 달린 음료수대가 설치되기 시작했고, 1825년부터는 약국잡화점에도 음료수대가 들어섰다. 음료수대는 항아리나 장식된 대

우리를 중독시키는 것들에 대하여

리석 기둥 사이에 꼭지가 달리는 식으로 점점 더 정교해졌다. 탄산수는 주로 기분 전환용 음료로 소비됐지만 차가운 탄산수를 약으로 여기는 사람들도 많았다. 하지만 1831년에 미국의 약전藥典에서는 탄산수가 제외됐는데, 이는 탄산수가 치료를 위한 강장제에서 쾌락을 위한 음료수로 바뀌었음을 보여준다. 이 무렵 소다수에는 과일향 등 향을 내는 시럽과 상당량의 설탕이 첨가돼 있었다.[59] 이렇게 해서 소다는 새로운 종류의 제조된 쾌락으로 당과의 대열에 합류해 독특한 방식으로 원기를 북돋우는 강렬한 쾌락을 제공하게 됐다.

19세기 중반이면 소다 판매점은 놀라울 정도로 다양한 (대부분 단) 맛을 선보이면서 수백만 개의 치아를 상하게 하고 수백만 명의 허리둘레를 부풀릴 맛의 혁명의 기반을 닦는다. 기포는 있지만 맛은 가지고 있지 않은 탄산수에는 여러 가지 방향유와 향 추출물을 쉽게 결합시킬 수 있었다. 딸기 등 상하기 쉬운 과일은 갈아서 시럽으로 만든 다음에 단맛을 더하고 향을 보존하기 위해 설탕을 첨가했다. 야생의 뿌리와 허브도 알코올에 담가서 자연적인 향유를 추출할 수 있었다. 식물을 끓이거나 증류해서도 시럽을 만들 수 있었는데, 질경이, 쐐기풀, 자작나무, 커런트 잎, 사사프라스 꽃잎, 심지어는 민들레까지도 소다수 첨가물의 재료가 됐다. 이러한 뿌리와 허브 중 많은 것들이 기존에는 치료 목적으로 사용된 것들이었기 때문에 초기의 소다수 판매상들은 자신의 재료와 제조법으로 만든 음료가 건강을 증진시킨다고 주장하곤 했다.[60]

이 다양한 맛은 다 어디에서 왔을까? 음료수 제조자들은 미국 농촌에서 만들어오던 '스몰 비어small beer'(물, 당밀, 이스트에 근처에서 나는 뿌리나 허브를 섞어 만든 무알코올 음료)의 민속 제조법에서 많은 것을 빌려

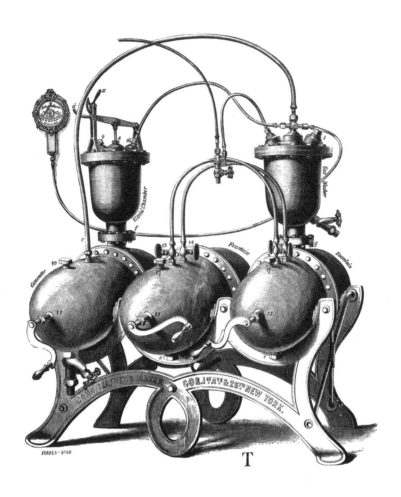

그림4.6 존 매튜스가 설립한 '매튜스 소다수
애퍼래터스'의 1871년 제품 카탈로그에 나와
있는 그림. 소다 판매점의 지하에서 물에 탄산을
주입하도록 고안된 장치다.

왔다. 이것이 사르사, 버치, 루트 비어 등의 원조며 상당수가 원주민들이 발명한 음료를 변용한 것이었다. 음료수 판매점들은 전통적인 스몰 비어나 루트 비어에서 특정한 원료를 다른 것으로 대체하거나 성분을 변화시켜 음료를 만들곤 했다. 가령 당밀을 사탕수수로 바꿔서 민속 버전보다 더 강렬한 맛을 내는 식이었다. 1850년대가 되면 화학자들이 인공 향료를 개발하게 되는데(향수 업계에서 처음 발견된 화합물들이 많았다), 따지자면 이들이 전문 조향사, 향미 화학자, 식품향료연구자flavorist 등의 원조인 셈이다.[61] 프랑스의 주류 제조업자 피에르 라쿠르Pierre Lacour는 1853년에 소다 제조법에 대한 책을 펴냈는데 여기에는 레몬, 파인애플, 오렌지, 딸기, 바닐라, 복숭아, 포도, 아몬드, 장미 알코올, 블랙베리, 멀베리, 라즈베리, 네롤리유(쓴 오렌지와 붓꽃 뿌리), 생강 등에서 향을 추출하는 법이 담겨 있었다. 1865년에 미국에는 123개의 소다 시럽 제조업체가 있었고 사과부터 구스베리, 멜론, 체리, 올스파이스까지 다양한 맛의 음료를 생산했다. 1890년에는 더 많은 맛, 가령 노루발풀, 월넛 크림, 커런트, 크랜베리, 체커베리, 초콜릿, 커피, 콜라 열매, 블러드 오렌지, 바나나 맛까지 음료에 더해졌다. 오늘날에는 생소해 보이지만, 셀러리, 야생 능금, 펩신, 오르쟈(보리, 아몬드 혼합 시럽), 제비꽃 시럽, 기나피 시럽(계피, 정향, 육두구, 생강, 톨루 발삼으로 만든 시럽)을 넣은 음료도 있었다. '방탕한 90년대Gay Nineties'(빅토리아시대의 도덕적인 겉치레를 비웃으며 풍자적인 문학, 예술 작품들을 내놓았던 1890년대를 일컫는 말. 영국에서는 '너티 나인티스Naughty Nineties', 미국에서는 '게이 나인티스Gay Nineties'로 불렀다)라는 이름값에 부응하기라도 하려는 듯이, 1890년대에는 '크림 동물원Cream Zoo', '촉토우 슬링Choctow Sling', '화이트 시티 듀White City Dew', '서버번 페더리지Suburban Featheredge', '폼 펀Foam Fun'과 같은 유행 음료가 쏟아져 나왔다.[62]

이러한 다양성과 새로움은 음료수 판매점을 독특하게 활기 넘치는 포장된 쾌락의 공간으로 만들었다. 특히 이곳은 여성들의 공간으로 자리 잡았다. 19세기 중반에 음료수 판매점들은 사회적으로 용인된, 여성들의 사교를 위한 공공장소가 됐다. 소다는 남자들이 마시는 맥주 거품 대신 여성들에게 단맛과 기포를 제공했다. 초콜릿과 과일 향이 여성들에게 특히 인기가 많았다. 또한 대부분의 소다 시럽에는 설탕이 엄청나게 많이 들어 있었는데(갤런 당 2.5킬로그램 정도) 이 또한 성별 차이를 반영했다. 남성들은 소다가 위장병 같은 증상을 낫게 해준다는 데 관심을 보이면서 뚫리는 듯한 느낌이 나는 상쾌한 맛이나 심지어는 고약한 맛의 소다를 선호했다. 이런 소다에는 샤르트뢰즈chartreuse, 퀴닌quinine, 인광燐光 등이 첨가돼 있었다. 남성이 선호한 소다가 무엇이었든 간에, 어쨌든 소다 판매점은 주 고객으로 볼 때 여성의 공간이었다. 소다 판매대에서는 정신이 아득할 정도로 다양한 맛 중에서 원하는 맛을 선택할 수 있었고, 그 모든 음료가 기운을 북돋우고 설탕의 자극을 제공했다.[63]

감각을 한층 더해주는 것은 찬 청량감이었는데, 이 역시 자연을 깨뜨리는 특성이었다. 초기의 소다는 상온에서 제공됐지만 매사추세츠 주 소머빌 시의 약제사 제임스 터프츠James Tufts가 1863년에 '아크틱Arctic'('북극'이라는 뜻) 쿨러를 발명하면서부터는 크게 달라졌다. 이 쿨러는 시럽으로 향을 첨가하는 과정을 거치는 동안 탄산수를 차게 식혀서 더운 여름에도 정신이 번쩍 나는 찬 음료를 만들어줬다. 1891년에 터프츠는 아메리칸 소다파운틴 컴퍼니American Soda Fountain Company를 설립해서 소다 판매점들에 장비를 공급했다. 1892년에는 액체 암모니아를 냉매로 쓰는 냉장고가 등장해 아이스크림과 같은 '아이스' 제품들을

우리를 중독시키는 것들에 대하여

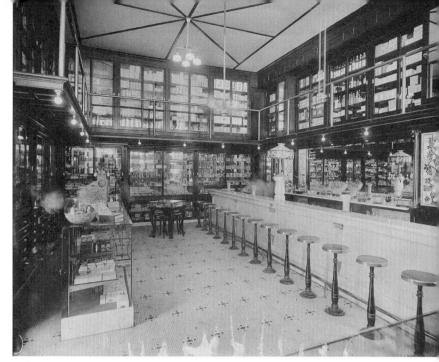

그림4.7 1900년경 얼룩 하나 없는 음료수 판매대.
전형적인 약국잡화점에서 음료수 판매대는 가장
핵심적인 장소였다.

차가운 상태로 쉽게 보존할 수 있었다. 차가운 음료의 호소력은 1870
년대에 아이스크림 소다의 등장과 함께 확장됐다. 아이스크림이 담긴
차가운 유리컵을 손에 쥐었을 때의 서늘한 느낌과 소다수가 빨대를
통해 입에 들어올 때의 시원함은 오늘날 우리에게야 매우 흔한 것이지
만 당시에는 경이로운 원기 회복의 경험이었다. 이 역시 포장된 쾌락의
혁명으로 새롭게 터져 나온 감각적 즐거움 중 하나였다.

 소다 판매점이라는 공간 자체도 새로운 감각의 경험을 제공하는
새로운 종류의 사회적 장소였다. 이상적인 소다 판매점은 제임스 터프
츠가 설명했듯이, 하얗고 깨끗한 수건으로 얼룩 하나 없게 광을 낸 금
속 카운터에 매너 좋은 젊은 남성(소년이 아니라)이 흰 가운을 입고 "눈

치 있게 선한 품성을 무한히"을 내뿜는 곳이었다. 소다 판매점에서는 안전함과 술에 취하지 않은 분위기를 기대할 수 있었다. 평판이 좋지 않은 알코올 없이도 에너지와 기운을 북돋우는 새로운 종류의 쾌락을 제공했다는 점에서(과실주를 약간 함유한 소다도 있긴 했다), 소다 판매점은 빅토리아 시대의 여성에게 명백히 호소력 있는 공간이었다.[64] 1820, 30년대에 값싼 술집과 도박장, 그리고 그에 결부된 문제들이 미국을 대대적으로 휩쓴 뒤에, 소다는 (당과와 초콜릿이 그랬듯이) 더 고결한 종류의 즐길 거리를 제공했다.[65]

하지만 19세기의 소다 판매점은 이국적인 맛, 기포, 설탕의 자극을 약속하는 것을 넘어서 또 다른 신비로움을 주장했다. 소다 판매점들은 오래전부터 소다가 의약적 효능과 많이 결부됐고 소다 판매점도 일반적으로 약국잡화점 안에 위치해 있다는 점에 편승해, 소다가 만성 피로나 그 밖의 규정하기 애매모호한 온갖 신체적 고통을 완화해줄 것이라고 약속했다. 찰스 하이어스Charles Hires와 그의 유명한 루트 비어가 대표적인 사례다. 이르게는 1800년부터도 약국잡화점들은 뿌리류와 베리류를 '루트 비어root beer'(문자 그대로는 '뿌리 맥주'라는 뜻)용으로 판매했다. 그때까지는 표준화된 제조법이나 상업적인 브랜드가 없었다. 그러다가 1870년에 필라델피아 출신으로 사업 수완이 있는 21세의 약재상 하이어스가 집에서 간편하게 루트 비어를 만들 수 있도록 재료들을 포장해서 판매하기 시작했다. 그 포장은 열여섯 가지의 뿌리, 허브, 베리를 섞은 것이었는데 노루발풀, 자작나무, 감초, 사사프라스, 노간주나무, 바닐라, 매화노루발풀, 디어텅, 개밀 등이 들어 있었다. 그는 이 재료들에 이스트와 물을 넣어 만든 음료를 금주주의자들의 노여움을 사지 않기 위해 '루트 차'라고 불렀다. 하이어스는 1876년에 더 편리

우리를 중독시키는 것들에 대하여

한 25센트짜리 가루 믹스를 내놓았는데, 그 믹스에 물과 이스트(기포를 내기 위해)와 설탕을 섞으면 5갤런의 음료를 만들 수 있었다. 하이어스는 미국 농촌에서 널리 알려져 있던 원료들을 가져다 포장만 했을 뿐이지만(조지 워싱턴George Washington도 겨와 당밀로 만드는 그만의 루트 비어 제조법을 가지고 있었다), 여기에 또 하나의 전통을 결합해 한발 더 나아갔다. 루트 '차'에 약효가 있다고 주장한 것이다. 하이어스는 금주 운동에 휘말려 괜한 공격을 받지 않기 위해 교회와 젊은이들을 위한 잡지에도 광고를 했다. 그러다가 1895년에 대담하게도 이 음료의 이름을 루트 '비어'로 바꾸자, 여성 크리스천 금주 연합Women's Christian Temperance Union은 이를 젊은이들을 탈선시키는 음료라고 비난했다. 이에 대해 하이어스는 〈레이디스 홈 저널〉 등에 게재한 광고에서 자신의 루트 비어가 술이 아닌 것은 물론이거니와 혈액을 맑게 하고 전반적으로 건강을 증진시키는 효과가 있다고 주장했다(그림2.4의 하이어스 트레이드카드 참조).[66]

다른 소다 제조업자들도 경계심을 가지고 있는 중산층의 마음을 사기 위해 자신들의 소다 음료가 건강에 좋다는 주장을 폈다(엉터리 약과 정당한 약을 구별하기 위한 테스트가 요구되지 않던 시절이어서 특히 의약품이 봇물처럼 쏟아지던 시기였음을 기억하라). 1885년에 뉴잉글랜드의 약제사 어거스틴 톰슨Augustin Thompson은 설탕, 기나피, 사사프라스, 캐러멜, 그리고 피레네와 알프스에서 나는 풀인 과남풀을 섞어서 만병통치약을 만들고는 '목시 신경 식품Moxie Nerve Food'이라는 거창한 이름을 붙였다. 톰슨은 그의 놀라운 약이 식욕을 증진시키고 힘을 북돋우며 신경쇠약부터 마비, '뇌의 연화', 정신병, 성 불능, 저능에 이르기까지 미심쩍도록 광범위한 증상을 치료한다고 광고했다. 나중에 톰슨은 그의 제조법에 탄산수를 넣어서 병 제품으로도 판매했고, 소다 판매대에서도 판매했다. 하지만 목시 소다의 맛은 익숙해지려면 시간이 걸렸다. 그래서 톰슨은 아이들의 입맛을 쓰면서도 단맛에 길들이기 위해 값싼 목시 막대사탕을 판매했다. 1920년대에 목시 광고에 "이 나라가 필요로 하는 것은 많은 양의 목시다"라는 슬로건이 쓰이면서 목시라는 단어는 '용감함'이라든가 '신경' 등을 일컫는 속어가 되기도 했다.[67]

건강과 원기를 약속한 또 하나의 소다로는 '닥터페퍼Dr. Pepper'가 있다. 여기에는 또 다른 원료들이 첨가돼 짜릿한 활력을 제공했다. 닥터페퍼도 약제사가 발명했는데, 텍사스 주 와코이의 찰스 앨더튼Aharles Alderton이 그 주인공이다. 1885년에 앨더튼은 과일향과 멀게는 마다가스카르에서까지 온 신비로운 향료들을 탄산수에 첨가한 음료를 만들었다. 그리고 건강에 좋다는 연상을 일으키기를 바라면서 '닥터페퍼'라고 이름을 붙였다. 물론 설탕이 주원료였지만 성공에 틀림없이 기여했을 또 다른 원료가 있었으니, 1917년부터 닥터페퍼에 첨가된 카페인이었다. 닥터페퍼는 알코올 중독, 흡연, 소화불량, 노화, 신경쇠약, 피로 등을 치료하는 음료로 판매됐고 소비자들은 주저 없이 많은 양씩 마시라고 독려받았다. 한 야심찬 광고는 닥터페퍼가 본질적으로는 약이라며, 10시, 2시, 4시에 꾸준히 마셔서 일상의 피로를 없애라고 조언했다.[68] 소다 소비는 19세기 말과 20세기 초에 급격히 증가했다. 그리고 다른 소비재에서처럼 업계에 인수합병이 일어났다. 수많은 맛이 있었지만 점차로 두 종이 시장을 지배하게 됐고 이는 오늘날까지도 유지되고 있다. 하나는 진저에일이다. 이는 오랜 '아시아'풍 음료로, 제조업체로는 클리코 클럽Clicquot Club(1881), 화이트 록White Rock(1883), 캐나다 드라이Canada Dry(1904)가 있다. 20세기 초에 진저에일은 대대적인 광고 공세로 수많은 이국적인 과일 맛과 뿌리 맛 소다들을 몰아냈다. 1921년에 클리코 클럽은 25개의 전국 잡지에 광고를 하면서 자사의 진저에일이 여름에 시원하게 기운을 회복하는 데 특효가 있으며 갈증 해소만이 아니라 "뇌를 씻어" 주기까지 한다고 주장했다.[69]

살아남은 두 번째 맛은 **콜라**다. 과일 에센스와 콜라 열매를 섞은 콜라는 진저에일과 달리 단지 단맛과 향을 첨가한 탄산수에 불과한 것이 아니었다. 콜라 열매에는 카페인이 담겨 있었고, 오래전부터 브라질, 서인도 제도 등에서 원기 회복제, 숙취 해소제, 정력제 등으로 쓰인 터라 이국적인 분위기도 담겨 있었다. 그뿐 아니라 지배적인 콜라 제조업체인 코카콜라 사는 활기를 한층 더해줄 또 하나의 원료를 (한때나마) 첨가했는데, 시럽 1갤런 당 5온스(약 140그램)의 코카 잎 추출물이었다.

코카콜라를 만든 존 펨버튼John Pemberton은 조지아 주 애틀랜타 시에서 약국잡화점을 운영하며 수많은 특허 약품을 만든 발명가였다(남북전쟁 때는 남부군으로 싸우기도 했다). 1886년 코카콜라를 내놓았을 무렵에는 이미 '스틸린지아 추출액Extract of Styllingia'(혈액 정화제), '인디안 퀸 머리 염색약Indian Queen Hair Dye', '트리플레스 간장약Triplex Liver Pill', '프리스크립션Prescription' 등을 판매하고 있었다. 더 이전에는 '코카 프렌치 와인French Wine of Coca'을 판매했는데, 그는 이 음료가 신경에 활기를 줄 뿐 아니라 소화불량, 정신 피로, 변비, 두통, 심지어 아편 중독까지 치료한다고 광고했다. 펨버튼의 코카 와인은 토머스 에디슨, J. P. 수사J. P. Sousa(브라스밴드 리더), 릴리안 러셀Rillian Russell(가수), 와일드 빌 코디Wild Bill Cody(버팔로 빌), 사라 베르나르Sarah Bernhardt(배우), 심지어 교황 레오 8세까지 인정했다는 유럽의 특허 약품 '빈 마리아니Vin Mariani'의 모조품이었다. 펨버튼의 코카 와인에는 코카인이 함유된 코카 잎 추출액이 들어 있었는데, 영국의학협회British Medical Association의 회장 로버트 키스티슨Robert Chistison 경과 지그문트 프로이트Sigmund Freud 등은 코카인을 유용한 각성제이자 우울증 치료제로 여겼다. 율리시스 그랜트 대통령은 담배로 생긴 후두암의 고통을 완화하는 데 코카인을 사용했고(그는 결국 후두암으로 사망했다), 수많은 약제사들은 아무 것도 묻지 않고 코카인을 그냥 판매했다.[70] 미국에서 코카인은 1914년 해리슨 법Harrison Act이 통과되기 전까지는 아무런 규제를 받지 않았다. 해리슨 법은 상당 부분 코카인이 사람들의 노동 능력을 손상시킨다는 우려에서 촉발됐는데, 코카인은 이 당시에 술보다도 싼 경우가 있을 정도로 가격이 낮았다. 이에 더해 코카인이 음탕한 "니그로 코카인 마약쟁이"에 의해 사용된다는 인종주의적인 두려움은 코카인 금지 움직임에 더욱 힘을 실었다.[71]

애틀랜타 주는 1880년대에 몇 년간 금주법을 시행했다. 그래서 펨버튼은 코카 와인에서 '코카'는 유지하되 '와인'을 없애서 금주법 지지자들을 달래려 했다.[72] 하지만 코카인이 갖고 있던 마법의 약으로서의 매력을 잃게 되면서, 코카 함량은 점차 줄었고 1903년에는 이름에 남은 흔적을 제외하고는 코카가 원료에서 완전히 제외됐다. 한편 콜라 열매를 대신해서는 더 저렴한 대체재인 카페인이 사용됐다. 하지만 뭐니 뭐니 해도 가장 중요한 원료는 언제나 설탕이었다. 코카콜라에는 8온스(약 240밀리리터)들이 병에 5찻숟가락 분량의 설탕이 들어갔다. 이 당시의 소다로서는 일반적인 양이었다. 사실 대부분의 음료가 그랬듯이, 코카콜라는 99퍼센트가 설탕과 물이고 나머지 1퍼센트가 (1917년 제품의 경우) 색상을 위한 캐러멜, 식감을 위한 글리세린, 신맛을 위한 인산, 향을 위한 레몬, 라임, 오렌지, 바닐라, 네롤리 기름, 육두구 등이었다. '비밀 제조법'에 대한 전설이 생겨나고 광고도 됐지만, 사실상 코카콜라도 다른 모든 소다와 마찬가지로 기본적으로는 카페인과 향을 넣은 설탕물이다.[73] 그리고 코카콜라의 '비밀' 제조법으로 말하자면(사실 버전도 여러 개다), 위키피디아에서 볼 수 있다.

코카콜라의 성공은 수많은 모방 제품을 낳았다. 노스캐롤라이나 주 뉴번 출신의 칼렙 D. 브래드햄Caleb D. Bradham이 1898년에 선보인 '펩시콜라'도 그중 하나였다. 포장된 쾌락의 성공 스토리가 대체로 그렇듯이, 펩시도 1903년부터 진행한 대대적인 광고 공세 덕에 성공할 수 있었다. 병 제품은 1904년에 시장에 나왔고 1920년에는 280개의 공식 병입 업체가 펩시 제품을 생산했다. 브래드햄은 펩시가 "(코카콜라보다) 더 강한 마약 성분은 하나도 들어 있지 않은" 건강 음료라고 주장했다. 하지만 단맛은 더 강했다. 펩시는 20세기의 첫 10년 동안 코카콜라와 맹렬한 경쟁을 벌였다. 그러나 브래드햄은 제1차 세계대전 중에 설탕에 과도하게 투기를 해서 1922년에는 회사를 팔아야 했다(전쟁 후에 설탕 가격이 급락했다). 이 회사는 1936년까지 표류하다가 12온스들이(약 350밀리리터) 병 콜라를 10센트에 판매하면서(코카콜라는 같은 가격에 6온스 들이를 판매하고 있었다) 회생했다. 이런 점을 부각한 라디오 광고 선전용 노래가 각 가정으로 흘러 들어갔다. "펩시 콜라는 더할 나위가 없어. 12온스, 많은 양이지, 10센트로는 두 배나 많은 양이지, 펩시는 당신을 위한 음료."[74]

미국인의 무한한 소다 사랑을 증명이라도 하듯, 시장에 신규로 진입한 몇몇 기업들도 성공을 거뒀다. 1916년에 나온 '오렌지 크러시Orange Crush', 1920년에 나온 '세븐업7Up', 1934년에 나온 '로얄 크라운 콜라Royal Crown Cola' 등이 그런 사례다. 소다는 들고 다니기 좋고 언제나 어디서나 즐길 수 있는 자극제였다. 하지만 이러한 활기에는 비용이 따랐다. 맛의 선택지가 대거 줄어든 것이다. 전에는 이국적이거나 지역적인 맛과 향을 다양하게 제공했던 소다 판매점들은 이제 전국적인 광고 공세와 특정 브랜드를 눈에 띄게 진열하도록 요구하는 납품 계약 등에 의해 동질적인 전국 브랜드들로 매대를 채우게 됐다. 지역 브랜드들이 꽤 오래 버텨오긴 했지만 대량생산된 병입 제품들의 공세에서 살아남은 것은 소수였다. 하이어스는 루트 비어 시장을 독점했고, 클리코 클럽은 진저에일 시장을 독점했으며, 1917년까지만 해도 300여 개 업체가 있던 콜라 시장에서는 코카콜라와 펩시만이 살아남았다. 고약한 맛이 나는 목시는 1920년대가 되면 충성스런 추종자를 거느리게 되는데, 이 역시 전적으로 광고 덕분이었다. 약초 맛의 소다가 그리 맛있지는 않았겠지만, 많은 미국인이 맛을 다소 포기하는 대신 손에 들기 좋은 병에 담긴 음료를 동일하게 마신다는 편리함과 자부심을 받아들이기로 한 것 같았다. 이런 음료에는 대부분 카페인과 설탕이 듬뿍 들어 있었고 자연적인 과일 맛과 너트 맛의 흔적은 거의 없었다.[75]

코카콜라와 펩시는 한동안 세계 시장도 지배했다. 16세기에 스페인과 포르투갈이 세계를 양분했듯이 코카콜라는 유럽, 펩시는 인도 대륙에서 성공했다. 떠도는 이야기에 따르면, (1980년대에) 코카콜라는 전 세계 인구가 (1인당) 하루 평균 64액량온스(약 1,900밀리리터)의 액체를 마시는데 그중 코카콜라는 평균 2온스(약 60밀리리터)만을 차지한다며, 나머지 62액량온스를 잠재적인 글로벌 시장으로 여겼다고 한다.

정크푸드로서의 슈퍼푸드

정크푸드, 특히 정제 설탕을 기반으로 한 정크푸드가 예전에는 부자들만 누릴 수 있었던 식음료를 (아니면 아예 존재하지 않았던 식음료를) 대중에게도 제공했다는 사실에는 아이러니가 있다. 이 정크 슈퍼푸드는 처음에는 전통적인 식단을 보조하는 역할만 했다. 노동자 계급 사람들에게 고열량을 빠르고 편리하게 제공했고, 값이 싸고 조리에 시간이 거의 걸리지 않는(포장을 뜯거나 뚜껑만 열면 되는) 음식을 공급했다. 그러다가 19세기 초부터 설탕을 넣고 졸여서 과일을 (냉장고 없이도) 보존할 수 있게 되면서 흰 빵과 잼, 그리고 설탕을 넣은 차가 땅에서 떨어져 생활하는 노동자들의 기본적인 아침 식사 메뉴가 됐다. 19세기 말이 되면 코카콜라와 쿼터 파운드 초코바가 (적어도 일부 사람들에게만이라도) 전통적인 점심 끼니를 (혹은 점심 도시락을) 대체했다.

그렇다면 우리 이야기는 감각적 풍부화의 이야기인 동시에 영양적 빈곤화의 이야기이기도 하다. 설탕은 질감, 맛, 형태면에서 취할 수 있는 방대한 다양성을 바탕으로 농축 향료나 우유, 달걀흰자, 코코아, 너트, 과일, 그리고 특히 탄산수의 도움을 받아 산업화 시대 사람들의 입맛을 크게 확대했다. 하지만 영양이나 건강의 측면에서 보면 그것은 그저 빠른 에너지샷을 제공한 것에 불과했다. 감각은 풍부해졌지만 신체는 부실해졌다. 사탕, 초콜릿, 소다에서 설탕은 고전적인 감각의 속임수를 썼다. 다양하고 풍성한 맛과 형태로 단순하기 짝이 없고 부적절한 영양을 가려버린 것이다. 새 식습관은 새로움을 널리 퍼뜨렸지만 여기에 따른 비용도 컸다.[76]

또한 초코바와 콜라의 부상이 지역적인 토속 음식과 가정에서의 식사에 미친 영향도 생각해야 한다. 젤로는 지역마다 다양하게 존재하던 파이와 디저트 빵을 몰아냈다. 콜라는 현지에서 수확되는 약초와 식물로 음료를 빚던 지역적 다양성을 몰아냈다. 그와 동시에 (포장된 쾌락의 혁명에서 핵심인) 정크푸드 혁명은 개인을 가정과 사회의 전통에서 떨어져 나오게 했다. 역사학자 시드니 민츠가 설명했듯이 포장된 설탕 제품들은 "모든 사람이 정확하게 자신이 먹고 싶은 시간에, 정확한 양만큼, 자신이 원하는 정확한 환경(시간, 장소, 상황 등)에서" 먹을 수 있게 해줬다. 차가운 콜라는 개인적인 만족을 즉각적으로 삼킬 수 있게 했다. 값싼 당과는 아이들을 어른들에게서 자유롭게 풀어줬다. 패스트푸드는 이민자들에게 동화同化의 길을 (그리고 인종적 전통에서 벗어나는 길을) 열어줬다. 또한 초콜릿, 아이스크림, 음료수는 용인될 수 있는 미각적 쾌락이라는 형태로 여성을 예절의 제약에서 풀어줬다. 하지만 정크푸드는 음식을 함께 나누는 '공농체석 농료애'를 잠식했고, 그러한 소비를 가능하게 한 사회 환경적인 초점은 잊은 채로 '소비 자체'에만 초점을 두는 습관을 낳았다. 자신이 먹는 설탕이 어디에서 오는지 생각해보는 사람은 거의 없을 것이고, 설탕이 인간의 건강과 사회성에 미치는 장기적인 영향에 대해 우려해본 사람도 그리 많지 않을 것이다.[77]

이 모든 것이 산업화된 삶의 빨라진 속도에 잘 맞아 떨어졌다. 그래서 '패스트푸드'가 나왔다. 당과와 음료를 소비하는 현대인들은 농촌에 살던 선조들보다 더 강도 높게, 혹은 더 긴 시간 일을 하고 통근에 더 긴 시간을 들인다. 빨라진 삶은 빠르게 준비해 먹을 수 있는 음식을 촉진했다. 그리고 포장된 쾌락의 소비자들은 '개인의 선택'에 지고의 가치를 부여하는 문화에 푹 빠져 있었기 때문에, 표준화된 정크푸드를 먹으면서 기껏 자신이 선택하는 것이라고는 '언제'와 '어디서'밖에 없는 처지에서도, 자신이 자유로운 선택을 하고 있다고 생각했다. 싸고 단 포장 식품들은 분명히 욕구를 충족시켰지만, 욕구의 표현을 제약하기도 했다.

더 넓은 역사적 관점에서 보면, 패스트푸드는 인간의 신체와 정치 제도를 부패시키는 결과도 가져왔다. 1970년대 초까지만 해도 전체 미국인 중 14퍼센트만이 비만이었지만 2010년 그 비율은 35퍼센트로 증가했다.[78] 그리고 하이퍼푸드 업계는 오늘날 상당한 정치적 권력을 행사하고 있다. 역사란 우리가 아는 세계가 어떻게 해서 생겨났는지와 그 과정에서 우리가 잃은 것은 무엇인지를 파악하는 과정이다. 우리가 비만과 당뇨가 횡행하는 세계로 가고 있다면, 이는 어느 정도 19세기의 혁신들로까지 거슬러 올라가는 테크놀로지와 기업 권력의 결과다. 어떻게 해서 이렇게 됐는지를 알면 이것을 어떻게 되돌릴 수 있는지를 푸는 실마리도 얻을 수 있을 것이다.

5장
포장된 소리:
축음기와 레코드의 탄생

한스 크리스티안 안데르센Hans Christian Andersen의 인어공주 이야기를 기억하는가? 왕자의 사랑을 얻기 위해 인어공주는 다리를 얻는 대신 아름다운 목소리를 바다 마녀에게 넘겨주기로 한다. 처음에는 주저한다. "당신이 내 목소리를 가져가버리면 나에게는 무엇이 남지요?" 하지만 결국에는 거래에 응한다. 이야기는 해피엔딩이다(디즈니 버전과 달리 안데르센의 원작에서는 인어공주가 왕자의 사랑을 얻지는 못하고 '바람의 정령'이 된다). 그런데 여기서, 동화에서는 상세히 다뤄지지 않았지만 흥미로운 질문을 하나 던질 수 있다. 왜 바다 마녀는 인어공주의 목소리를 '소유'하고 싶어 했을까? 좀 더 일반적으로 말하자면, 사람들은 왜 소리나 음성을 소유하고 통제하고 싶어 하는 것일까?

우선 인간의 목소리에 신비로운 힘이 있기 때문이라는 설명이 가능할 듯하다. 예로부터 누군가의 목소리는 그 사람의 심장이고 영혼이라고 여겨졌다. 성경에 쓰인 것은 신의 **말씀**(로고스)이지 자연에 새겨진 신성한 법칙이 아니다. 플라톤은 음악이 이성적 사고를 방해한다고 우려하기도 했지만, 그래도 고대인들은 음악이 신의 선물이라고 생각했다. 또 소리를 보존할 수 있는 능력은 무한한 신과 유한한 피조물 사이를 구별하는 특성으로 여겨졌다. 목소리를 통제하는 것은 궁극적인 권력이었다. 신성의 목소리를 소유한 자는 신성 자체를 통제할 수 있었다. 테베의 이집트 성직자들은 (기원전 1490년경) 숨겨져 있는 공명실을 이용해서 멤논 석상에 '목소리'를 불어넣었다. 나중에 그리스의 신전지기들도 신상이 신탁을 '말하는' 것처럼 해서 사람들을 홀렸다.[2]

이렇듯 사람들이, 목소리에는 초자연적이라 할 만한 힘이 있다고 믿었기 때문에 옛 철학자들은 인간의 목소리를 재생할 수 있는 기계를 만들려고 무수히 노력했다. 13세기에 영국의 로저 베이컨Roger Bacon은 청동으로 '말하는 머리'를 만들려 했다. 1589년에 이탈리아의 지암바티스타 델라 포르타Giambattista della Porta는 음성을 닙 파이프에 보존했다가 뚜껑을 열면 소리가 나오게 한다는 아이디어에 매료됐다. 17세기에 시라노 드 베르주라크Cyrano de Bergerac는 사람들이 책을 읽는 기술이나 부담에 묶이지 않고 자유롭게 책을 '들으면서' 걸어 다닐 수 있게 될 날을 상상했다. 비슷한 꿈이 1840년대까지도 계속됐는데, 1840년대에 독일계 미국인인 조지프 파베르Joseh Faber는 상아로 만든 진동대와 키보드로 조절하는 고무 혀, 고무 입술로 인공 말소리를 만들려 했다.[3]

말로 표현된 것을 추상적인 상징 기호의 형태로 보존하는 것은 물론 더 오랜 역사를 가지고 있다. '기록'은 구어를 시각적 연상 기호의 형태로 저장해 병에 담아놓은 것이라고 할 수 있다. 구어로 된 단어와 소리는 기록을 통해 보존되고 방대한 시공간을 넘어 전해질 수 있게 됐다. 병이 음식을 보존하고 전달하게 해줬다면 기록은 생각을 보존하

우리를 중독시키는 것들에 대하여

고 전달하게 해줬다. 이어서 음악을 기록하는 악보도 발전했다. 고대 그리스에서도 높낮이를 기록한 것이 발견됐으며, 오늘날 사용하는 악보의 전신은 중세 유럽에서 찾아볼 수 있다. 12음 반음계semitone로 된 악보는 10세기로, 음표를 기록하는 네 줄 격자는 1250년으로, 리듬 표시는 1316년으로 거슬러 올라간다. 악보는 음악이 세대를 이어 전승될 수 있게 했고 음악과 음악적 전통을 '쌓아갈' 수 있게 했다.

하지만 말과 음악을 추상적인 상징 기호로 기록하는 것은 말과 음악 자체를 녹음하는 마법과는 전혀 다르다. 녹음이라는 것이 가능해지기 이전까지 음성과 음악은 비영구적이고 비물질적이며 주관적이라는 속성 때문에 포착도, 궁극적으로는 소유도 불가능했다. 음악 사학자 에반 아이젠버그Evan Eisenberg에 따르면, 이런 속성 때문에 19세기 낭만주의자들은 음악을 특히 소중하게 여겼다. 악보가 음악을 고정해서 암기의 필요성을 덜어주긴 했지만 그것의 연주(이것이 핵심인데)는 여전히 찰나적이고 소유 불가능했다.[4] 이 모든 것은 토머스 알바 에디슨Thomas Alva Edison이 1877년에 축음기를 최초로 선보이고 (점차로) 아주 정교한 소리까지 포착해낼 수 있게 되면서 완전히 달라진다. 그런데 (매우 역설적이지만 한편으로는 매우 적절하게도) 축음기는 예술이 아니라 비즈니스를 위해 만들어진 발명품이었다.

편리한 사무용품, 녹음기의 탄생

목소리를 정복하려는 노력은 수백, 수천 년간 있었지만, 발명의 세계에서 많은 것이 그렇듯이, 획기적인 도약은 그 방법에 대한 기존의 상상을 깨뜨린 데서 나왔다. 파베르가 (그리고 더 이전 시대의 사람들도) '입'과 '성대'를 기계적으로 모방하려 했다면, 축음기는 기발하게도 입이 아니라 '귀'를 모방함으로써 더 간단하게 음성을 재생할 수 있는 방법을 제시했다. 녹음 기술은 찰나성을 초월하고자 하는 꿈에서 나왔다기보다는 비즈니스에서 쓰이던 기술을 개선하려는 실용적인 목적에서 나왔다. 전형적으로 테크놀로지가 새로운 테크놀로지를 낳은 사례였던 것이다. 철도의 등장으로 거리가 무화無化되면서 사람과 물자의 도착을 알리기 위해서라도 더 빠른 원거리 통신 수단이 필요해졌다. 이 필요성으로 전신과 전화가 발명됐으며, 그 다음으로는 우편으로 보내던 메시지를 전송할 수 있는 (그리고 나중에는 녹음할 수 있는) 기술이 요구됐다. 간단히 말하면 축음기는 비즈니스 커뮤니케이션의 속도가 빨라지면서 등장한 발명품이었다.

사업 수완이 좋은 발명가로 개표기, 주식시장 매매기록기 등을 발명한 바 있는 '멘로 파크의 마법사' 토머스 에디슨은 1876년에 전신 메시지를 전송하고 저장하는 방법이 개선돼야 할 필요가 있음을 깨달았다. 그리고 이때 마침 알렉산더 그레이엄 벨Alexander Graham Bell이 전화기를 발명했다. 벨의 전화는 고막을 본떠 만든 장치로 청각 장애인과 소통하는 법을 알아내려 했던 노력의 결과였다. 벨의 전화기는 진동막을 전자기에 연결해서 음파를 변조 전류로 바꾸고, 이 전류가 전선을 따라 흘러가 상대편에게 닿으면 수화기에 있는 두 번째 진동막이 전류를 다시 음파로 되돌리는 방식이었다. 에디슨은 벨의 발명품이 가진 진가를 알아보고 그것을 개선해서 1876년에 탄소 송화기를 내놓았다. 축음기는 이 송화기로부터 발전한 것으로, 둘 다 고막과 비슷한 진동막을 기초로 하고 있다. 그렇긴 하지만 에디슨이 전보 복제 기계에서

우리를 중독시키는 것들에 대하여

음성 녹음 기계로 관심을 돌린 것은 우연의 결과였다. 원통에 감긴 종이에 자국을 내서 모스 부호를 기록하고 전송하는 실험을 하던 에디슨은 문득 "자국 난 종이가 감겨 있는 원통을 매우 빠르게 돌리면 자국에서 허밍 소리가 난다"는 사실을 발견했다. "나는 진동막을 기계에 연결시켜보기로 했다. 진동막에 대고 말을 하면, 진동막이 내 목소리에서 나오는 음파의 진동을 받아내서 자국 내기 좋은 물질로 씌워놓은 원통 표면에 그 진동을 새길 것이라고 생각했다."[5]

에디슨은 금방 난 자국에 바늘을 갖다 대고 원통을 돌리면 진동막이 다시 진동하면서 방금 한 말이 희미하게나마 재생된다는 사실을 발견했다. 에디슨은 기계공 존 크루시John Kruesi에게 이 기계를 만들도록 지시해 원통 하나와 '재생기'(진동막/바늘) 하나로 구성된 최초의 축음기를 내놓았다. 이송나사와 크랭크로 원통을 돌리면 재생기가 원통에 씌운 주석박에 나선형으로 새겨진 홈을 따라가면서 소리를 냈다. 녹음을 할 때는 음파가 진동막을 위아래로 흔들어서 연결된 바늘이 홈에 자국을 냈다. 그리고 나중에 원통을 돌리면 바늘이 동일한 진동을 만들어내서 녹음된 소리를 재생했다. 에디슨은 짧은 음성 메시지를 그대로 담았다가 재생하는 이 간단한 장치를 통해, 메시지를 부호로 전송하는 **텔레그래프** 복제기를 녹음된 음성으로 전송하는 **텔레폰** 복제기로 대체할 수 있을 것이라고 기대했다. 에디슨은 1877년 11월에 이 장치를 〈사이언티픽 아메리칸Scientific American〉 편집진에게 보여줬다. 〈사이언티픽 아메리칸〉은 이 발명의 중요성을 곧바로 알아보고 이를 기사로 게재했다.[6]

사실 이런 방식의 녹음 기법을 에디슨이 최초로 고안한 것은 아니었다. 1877년 4월에 프랑스인 샤를 크로Charles Cros가 (원통이 아니라 원

그림5.1 최초의 원통형 축음기 옆에 앉아 있는 젊은 시절의 토머스 에디슨.

우리를 중독시키는 것들에 대하여

반을 이용한) 비슷한 장치의 설계안을 이미 출판했다. 하지만 돈이 없어서 시제품을 만들고 상용화할 수가 없었고, 1878년 1월에 먼저 특허를 신청한 에디슨이 승리했다. 사업 수완이 있었던 에디슨은 곧바로 에디슨 스피킹 포노그래프 컴퍼니Edison Speaking Phonograph Company를 설립하고 보스턴의 저술가 제임스 레드패스James Redpath를 고용해 전국을 돌며 이 장치를 홍보하도록 했다. 또한 에디슨은 전시권을 팔아서 전시 기획자들이 무대에서 축음기로 군중에게 여러 언어로 녹음된 말소리를 (개 짖는 소리도) 들려주는 행사도 열게 했다.[7]

에디슨이 천재인 것은 맞지만, 사실 에디슨의 축음기는 이미 다 알려져 있었던 기술들로 이뤄져 있었다. 바늘, 진동막, 원통, 이송나사 모두 오래전부터 있던 것들이었다. 에디슨이 이룬 혁신은 "소리를 녹음하는 것이 가능하다"는 통찰이었을 뿐, 축음기에 쓰인 기술은 당시의 최첨단 기술도 아니었다. 에디슨의 축음기는 19세기 말의 첨단 기술을 이용했다기보다는, 옛 발명가들이 그랬듯이 뭔가를 이리저리 만지작거리며 발명하던 방식에서 나온 결과물이었다. 물론 에디슨은 최신 기술이던 전자기를 활용한 전신, 전화 테크놀로지를 잘 알고 있었다. 하지만 그의 축음기는 전기나 자기의 도움 없이 순전히 기계적인 작동을 통해서만 소리를 전송하도록 돼 있었다(나중에 나오는 축음기들은 전기나 자기의 도움을 받는다).[8]

다작 발명가인 에디슨은 쉽게 싫증을 느꼈고, 1년이 못 돼 축음기에 흥미를 잃고 관심을 전구로 돌렸다(1879년에 특허를 받는다). 그리고 에디슨의 첫 축음기는 음질이 매우 나빴고 반복 재생도 거의 불가능했다. 주석박을 감은 원통은 두세 번 재생하면 망가졌고 회전 속도가 불규칙해서 재생되는 소리를 심하게 왜곡했다. 오늘날 초창기 축음기 소리를 들으면 누구든 그 조잡한 소리에 미소를 짓게 될 것이다.[9] 하지만 처음에는 불완전했을지언정 이 발명품이 담고 있는 혁명적인 아이디어는 놀라운 것이었다. 우선 축음기는 소리를 '채록'할 수 있는 기계였다(그래서 '음성 채록기'라는 뜻의 '포노그래프'라는 이름이 붙었다). 그리고 더 놀라운 점은 원반을 회전시키는 정도의 노력만 들이면 채록된 것을 기계가 역으로 읽어서 소리로 재생시켜낸다는 점이었다. 1877년 12월에 〈사이언티픽 아메리칸〉은 에디슨의 발명이 "기계가 말 그대로 스스로 읽어내" 소리를 재생할 수 있게 해 인간의 노력과 어려움을 덜어주었다고 언급했다. 사람들은 이 기계의 단순함에 크게 놀라고 깊은 인상을 받았다. 매체들도 감탄을 쏟아냈다. 1878년 3월 30일, 〈하퍼스 위클리Harper's Weekly〉는 "축음기는 위대한 건축 구성물인 인간의 신체를 넘어선다"고 선언했다. 어떤 사람들은 이 장치가 입술과 혀 없이도 말을 하는 것을 보고 놀라워했다. 또 어떤 사람들은 금속 진동막이 듣고 말하는 기능을 한꺼번에 수행함으로써 인간의 본성을 단순화하고 심지어는 더 뛰어나게 만들었다는 점에 주목했다. 축음기가 살아 있는 목소리를 보존할 수 있고 말소리의 형태로 죽은 자를 살려낼 수 있다고 경탄하는 사람들도 있었다. 1878년 3월에 〈하퍼스〉에 실린 한 기고문은 에디슨의 장비를 통해 "언어가 불멸이 되었다"고 감탄했다. 사람들은 이 신기하고 새로운 물건에 거의 마술적인 (물론 오늘날에는 별 생각 없이 당연한 것으로 여겨지는) 힘이 부여돼 있다고 생각했다.[10]

축음기 소유자가 다른 이들에 대해 갖게 될 통제력을 예견하는 사람들도 있었다. 1878년 3월 〈하퍼스〉는 축음기가 충성스런 하인과 같다며 "듣기 전에는 말하지 않는다"고 언급했다. 하지만 축음기는 배신을 할 수도 있었다. 위의 〈하퍼스〉가 언급하기를, "이 작은 도구는 인간이 음성으로 내놓은 말을 채록한다. 그리고 못 믿을 심복처럼, 요구할 때마다 비밀을 반복해서 말한다." 에디슨 자신도 그가 만든 원통이 "이제까지는 움켜 쥘 수 없이 '빠져나가버리던' 모든 종류의 음파를 잡아낼 수 있다"며 "원천자가 그 자리에 없거나 그의 동의를 받지 않은 상태에서도, 그리고 시간이 오래 지난 뒤에라도, 그의 소리를 들을 수 있다"고 언급했다.[11] 마치 인간의 목소리를 소유하겠다는 바다 마녀의 환상이 실현된 듯했다. 감각의 찰나성과 순간이 갖는 고유성을 깨뜨린 왁스 원통과 철 진동판은, 수 세기 간 자연에 대적하고 자연을 능가하고자 해왔던 인간의 교만이 이룩한 승리였다.

사실 거창한 수사야 어떻든지 간에, 에디슨의 원래 목적은 평범했다. 말을 필기로 기록하는 것보다 더 직접적인 방식으로 저장하고 전송할 수 있게 해 기업의 편의를 높이고자 했던 것이 원래의 목적이었다. 1878년 5월에 에디슨은 축음기의 '주요' 사용처가 '받아쓰기'라고 보았는데, 지금 생각해보면 그가 자신이 이룩한 성취의 중요성을 그렇게 과소평가했다는 것이 놀라울 정도다. 에디슨은 자동 채록기가 있으면 바쁜 기업가가 아이디어가 떠오를 때 손으로 적을 필요 없이 말로 바로 저장할 수 있고, 그러면 절약된 시간에 "다른 일을 할 수 있을 것"이라고 생각했다. 또 기업인이 "믿을 만한 직원"을 꼭 두어야 할 필요도 줄게 될 것이라고 기대했다. 마치 개인용 컴퓨터가 가져온 오늘날의 업무 자동화를 예견한 듯하다. 아이디어, 정보, 회의 내용, 계획 등을 녹음, 저장, 재생, 편집하는 것에 인간의 노력이 별로 들지 않도록 자동화된 상황 말이다. 에디슨이 생각한 축음기의 또 다른 용도로는 "기념할 만한 연설이나 가치 있는 노래, (…) 죽어가는 사람의 마지막 말, (…) 먼 곳의 부모나 연인을 말을 보존해서 다시 듣는" 것도 있었다.

후대를 위해 현존하는 (특히 소멸 위기에 있는) 구어를 보존할 수 있을 것이라고도 내다봤다. 또 암기 학습 보조용의 녹음이나 말하는 인형, 말하는 시계와 같은 용도로도 사용할 수 있을 것이라고 언급했다.[12]

흥미롭게도 음악을 녹음한다는 것은 에디슨이 적은 축음기의 잠재적 사용처 목록에서 겨우 네 번째에 위치해 있었다. 받아쓰기 용도, 시각장애인에게 책을 읽어주는 용도, 철자와 언어 학습을 보조하는 용도에 이어 음악 녹음의 용도는 네 번째였는데, 그마저도 상업적 음악이 아니라 "친구가 아침에 전화로 불러준 노래로 밤의 모임을 즐겁게 하는" 용도였다. 하지만 상상력을 좀 더 확장한 사람들도 있었다. 〈하퍼스 위클리〉의 한 기사는 이 시대의 기라성 같은 인물들이 "어디서든 일단 노래를 하거나 연설을 하면 그들의 말과 곡이 축음기에 기록될 것"이라고 주장했다. 그러면 주석박 레코드가 "전기로 입력, 복사, 판매돼서 지상의 위대한 담론들을 언제라도 우리 거실에서" 듣게 해줄 터였다. 에디슨 자신도 "최근에 노래한 프리마 돈나의 실제 목소리나 리스트 음악의 아름다운 멜로디, 모차르트나 베토벤의 음악이 가진 그 모든 아름다움이" 축음기에 실리게 될 것이라고 기대했다.[13]

하지만 10년 뒤에도 에디슨은 자신의 발명이 주로는 '포노그램'(음성 채록기) 장치, 즉 '들을 수 있는 문서'를 만드는 기계라고 생각했다. 문제는 초기의 기술로는 소리를 한두 번 밖에 재생시킬 수 없었고 복제도 어려웠다는 데 있었다. 소리를 포착해 보존할 수는 있었지만 아직 그것을 대량생산할 수는 없었다.[14]

우리를 중독시키는 것들에 대하여

말하는 기계, 재발명되다

에디슨에게 축음기는 사실 곁가지였다. 음성 메시지를 채록해 저장할 수 있는 '따라 말하는 전화기'가 가능할지 한번 생각해본 데서 나온 것일 뿐이었다. 에디슨이 관심을 돌려 필라멘트 전구에 빛을 낼 직류 전기 시스템을 발명하는 동안, 축음기를 향상시키는 데는 다른 발명가들이 뛰어들었다. 그중 한 명이 진동막 기반의 전화기를 발명했던 알렉산더 그레이엄 벨이었다. 1880년에 벨은 전화기 발명으로 상금 1만 달러짜리 볼타상을 받았고 그 돈으로 워싱턴 D. C.에 전자 및 음향 연구를 진전시킬 실험실을 세웠다. 그곳에서 벨은 화학공학자인 사촌 치체스터 벨Chichester Bell과 장비 제조자인 찰스 테인터Charles Tainter와 함께 에디슨의 주석박 원통 대신 왁스를 바른 마분지 원통으로 실험을 진행했다. 1886년 5월 4일에 벨의 연구팀은 개선된 축음기에 특허를 받고 '그라포폰Graphophone'이라는 이름을 붙였다. 얼마 후 벨은 에디슨에게 합류를 제안했다. 새 제품에 에디슨의 이름을 붙여도 좋다고까지 했지만 에디슨은 익히 유명했던 고집불통의 독자적 스타일대로 제안을 거절했고, 대신 하드왁스 원통과 두 세트의 축/진동막(한 세트에는 녹음용의 뾰족한 바늘이, 다른 세트에는 재생용의 뭉툭한 바늘이 있었다)으로 자신의 옛 장치를 개선하려 했다. 1888년 6월에 에디슨은 지시 사항을 녹음하거나 호텔에서 부재 시 메시지를 녹음하는 등의 비즈니스 용도를 염두에 두고서, 개선된 새 축음기를 내놓았다.[15]

　이 무렵에 나온 새 축음기들은 모두 하드왁스 원통을 사용했는데, 주목할 만한 예외가 하나 있었다. 1886년에 에밀 베를리너Emile Berliner라는 독일계 이민자가 레코드를 긴 원통형이 아니라 납작한 원

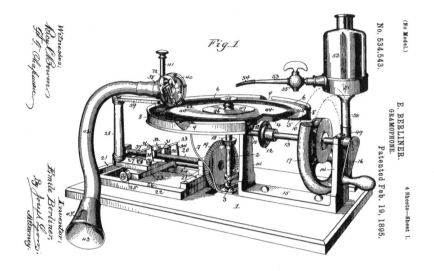

그림5.2 에밀 베를리너의 그라모폰 특허. 빅터 축음기의 전신이다. 왼쪽의 소리 관에 주목하라.

반형으로 만든다는 아이디어를 생각해낸 것이다. 에디슨과 벨은 바늘을 수직으로 움직여 홈을 새긴 데 반해 베를리너의 기계인 '그라모폰 Gramophone'은 바늘이 원반 위를 수평으로 움직이며 홈을 새겼다. 원반은 제조할 때와 사용할 때 모두 더 정교한 설비를 갖춰야 했으므로 가정에서 직접 녹음을 하고 재생하는 용도로는 다소 부적합했다. 하지만 원반 자체의 제조비용이 원통보다 낮아서, 미리 녹음해서 판매하는 기성품 레코드는 에디슨의 원통형보다 싸게 만들 수 있었다.

베를리너의 원반 레코드는 전문적인 녹음 산업을 촉발했다. 하지만 처음에는 자금이 부족해서 신기한 인형('말하는 인형') 등에나 사용하는 정도였다. 게다가 그라포폰 투자자인 제시 리핀코트Jesse Lippincott 가 에디슨 축음기를 노스 아메리칸 포노그래프 컴퍼니North American

Phonograph Company를 통해 판매할 수 있는 판권을 획득하면서, 한동안 원통형이 레코드 시장의 표준이 됐다. 1890년경에는 미국의 거의 대부분의 도시에 적어도 하나 이상의 노스 아메리칸 포노그래프 컴퍼니의 임대 대리점이 있었다. 이 대리점들에서는 벨/테인터 기계와 에디슨 기계를 둘 다 취급했다. 열광적인 애호가들은 여전히 축음기가 유명한 음성을 녹음하고 사라져가는 언어를 보존할 것이라고 희망했지만(당시 유행하던 교령회에서 유령의 목소리를 녹음할 수 있을 것이라고까지 생각한 사람들도 있었다), 리핀코트의 회사와 대리점들은 포노그래프를 비서의 노동을 절약해주는 용도로 기업에 주로 임대했다.[16]

에디슨의 열정적인 영업 정신에도 불구하고, 기업인들에게 에디슨의 축음기는 녹음하기가 어렵고 재생된 음성을 알아듣기는 더 어려운 기계였다. 그래서 대부분의 대리점이 빠르게 망했고 모회사인 노스 아메리카 포노그래프 컴퍼니도 곧 문을 닫았다. 그런데 예외가 하나 있었으니, 워싱턴 D. C에 있었던 '컬럼비아 포노그래프' 대리점이었다. 오늘날의 컬럼비아 레코드Columbia Records의 전신인 이곳은 1893년에 리핀코트의 회사에서 분리해 나와 벨/테인터의 회사를 제치고 원통형 레코드 시장에서 에디슨의 주요 경쟁자 자리를 차지했다.[17]

1890년대에 축음기 업계는 드디어 비즈니스 분야에서 엔터테인먼트 분야로 관심을 돌렸다. 에디슨이 첫 축음기를 발명한 1877년 이후 중대한 변화가 일어났음을 간파한 것이었다. 미국에서 대중 소비문화가 일어나기 시작하면서 '필수품'이라고 여겨지는 것들뿐 아니라 음악적 여흥을 위한 장비에 대해서도 시장이 형성되기 시작했다. 즉 포장된 쾌락을 나르는 장비의 시장이 형성된 것이다. 초창기에는 아케이드 같은 공공 공간에서 레코드를 듣는 시장이 형성되었는데, 여기에는 동전으로 작동하는 음악 자동 재생기가 활용됐다.

　동전으로 작동되는 기계로 구매를 한다는 개념은 고대 이집트로까지 거슬러 올라간다. 신자들이 무게가 어느 정도 이상 되는 동전을 입구에 넣으면 마법의 약을 내놓는 장치가 있었다는 것이다. 하지만 현대적인 주크박스의 원형은 1889년 11월에 샌프란시스코에서 축음기 대리점을 운영하던 루이스 글라스Louis Glass가 에디슨 축음기에 청취용 소리관과 동전으로 작동시키는 장치를 달아서 선보인 기계였다. 1890년 여름 무렵에는 살롱이나 약국잡화점이 이런 기계를 들여놓고 행진곡, 왈츠, 소규모 브라스밴드나 솔로 악기가 연주한 인기 곡조, 무명의 가수가 부른 노래들을 녹음된 형태로 제공했다. 얼마 후에는 동전으로 작동하는 축음기가 아케이드에 등장하기 시작했다. 축음기 아케이드에서는 2분 정도 길이의 인기 음악이 주로 제공됐는데, 그 음악들은 대개 보드빌 쇼 공연에 등장해 유명해진 것들로, 가정에서 피아노 반주를 하며 부를 수 있도록 악보로도 제작되어 판매되고 있었다. 동전 레코드 플레이어는 한동안 기계 한 대로 주당 50달러 이상을 벌 수 있었을 정도로 수익성이 있었다. 이렇게 해서 축음기는 음악적 쾌락을 제공하는 기계로서의 긴 역사를 시작했다.[18]

　하지만 동전 축음기의 성공은 오래가지 못했다. 동전 축음기는 시끄러운 공공장소에서 볼륨이 훨씬 높은 다른 기계들과 경쟁해야 했다. 그런 기계들로는 동전으로 작동하는 독일산 뮤직 박스 '폴리폰Polyphone'(1893)이라든지 미리 녹음된 천공穿孔띠를 재생하는 자동피아노(1908년경에 자동피아노에 천공띠 방식이 표준화된다) 등이 있었다. 축음기보다 더 나중에 나온 이런 기계들은 성가신 소리관 없이도 음악을 들을 수 있게 해줬을 뿐 아니라 더 넓은 선택지를 제공했다. 점차로

　　　　　　우리를 중독시키는 것들에 대하여

그림5.3 오가던 젊은이들이 아케이드에 잠깐 멈춰서 녹음된 음악을 즐기고 있다. 1889년 경, 아마도 샌프란시스코인 것으로 보인다.

동전 축음기도 나팔 모양으로 된 소리관을 장착하고, 1906년에는 시카고의 오토매틱 머신 앤 툴 컴퍼니Automatic Machine and Tool Company가 관람차처럼 생긴 장비에 24개의 레코드를 진열해놓고 골라 들을 수 있게 고안된 기계를 발명하는 등 개선이 이뤄지지만, 축음기 아케이드는 1908년 이후에도 계속해서 내리막을 걸었다. 소리를 충분히 증폭시킬 수 없다는 것이 주된 문제였다. 한편 이 무렵 동전 자동판매기는 다른 용도로 더 많이 쓰이고 있었다. 운세를 알려주는 용도라든지 몸무게나 근력, 악력, 폐활량 등을 알려주는 용도, 또 도박이나, 식품, 종이담배, 시가, 껌, 야한 그림 등을 판매하는 데도 자동판매기가 쓰였다. 동전 주크박스는 1927년에 전기 증폭기의 도움으로 되살아났지만, 그전

까지는 "공공장소에서 듣는 형태의 포장된 쾌락"이 그리 인기를 끌지 못했다.[19]

이보다 훨씬 성공적이었던 것은 가정용 축음기였다. 1892년이 되면 에디슨도 녹음이 가진 "가정용 엔터테인먼트"로서의 가능성을 인식하기 시작한다. 법정 다툼과 기술적 난점 때문에 늦춰지다가, 1896년 12월에 드디어 '홈 모델 A Home Model A'라는 축음기를 내놓았고 이 제품은 곧바로 인기를 끌었다.[20]

이 가정용 소리 기계는 혁명적이었다. "가정에서의 안락함이나 즐거움을 위해 대량생산된 내구재"라는 현상 자체가 비교적 최근에야 등장한 현상이었다. 이전에도 무쇠난로, 피아노, 재봉틀 등이 있었고 스테레오스코프〔입체사진경〕 같은 신기한 것도 있었지만, 이 정도가 가정용품의 전부였다. 하지만 '가정용품'의 의미는 단지 집안일을 덜어주거나 삶의 질을 높여주는 데서만 그치지 않았다. 가정용품은 쾌락을 **사적인** 것으로 만드는 효과를 내기도 했으며, 특히 상품화가 가능한 종류의 쾌락에서 그런 경향이 두드러졌다. 쾌락이 공공적이고 사회적인 장에서 사적인 장인 가정으로 옮겨가게 된 것이다. 축음기는 녹음된 음성과 음악을 재생하는 문화를 더 광범위한 지역으로 (나중에는 전 세계로) 확장했지만, 그와 동시에 음악을 듣는 것과 관련해 개인적인 선택의 여지를 크게 높인 초창기 가정용품이었고, 이점에서 특별한 중요성을 가진다. 그리고 이는 대량으로 복제된 레코드가 개인적인 사용을 염두에 두고서 개별 소비자들에게 판매되면서 가능해진 일이었다.

녹음을 하는 주체와 내용이 달라졌다는 점도 흥미롭다. 에디슨은 녹음과 재생을 둘 다 할 수 있는 축음기를 계속 생산했지만, 다른 회사들은 녹음 기능은 없애고 재생 기능만 남긴 '플레이어'를 생산하

우리를 중독시키는 것들에 대하여

면서 소비자들이 상업적으로 제작된 기성품 레코드를 구매하도록 유도했다. '면도기와 면도칼' 마케팅의 초창기 사례라 할 만하다(오늘날의 사례로는 하드웨어와 소프트웨어를 들 수 있다). 또한 축음기는 새로운 비즈니스 모델에 기반해 엔터테인먼트가 대대적으로 달라졌다는 사실도 보여주었다. 저명한 음악과 음성을 중앙에서 제조해 상업적으로 각 가정에 분배하는 방식이 도입된 것이다. 오늘날에는 이런 식으로 음악을 듣는 것이 너무나 익숙해서 우리 세계가 1890년대 이전의 세계와 얼마나 다른지를 쉽게 잊곤 하지만, 그때는 음악이란 (공연장과 같은) 공적 공간에서 소비되거나 사적인 공간에서 아마추어들에 의해 생산(연주)되는 것이었다(악보는 상업적으로 생산되긴 했다). 그런데 상업적인 녹음은 공적 영역과 사적 영역을 새로운 방식으로 결합하면서 유명인이 생산한 엔터테인먼트를 가정의 응접실로 불러냈다.

하지만 초기의 축음기는 비싸고 불안정했기 때문에 유의미한 변화들은 20세기가 되어서야 나올 수 있었다. 1893년에는 에디슨 축음기 중 가장 싼 모델도 140달러나 했다. 가격이 점차 떨어지긴 했지만 (1898년에 나온 에디슨의 '스탠다드' 모델은 20달러였다) 축음기는 1900년대 초까지도 대부분의 미국인들에게 구매 가능한 제품이 아니었다. 유지와 보수도 까다로웠다. 소비자들은 브러시와 거버너 어셈블리를 전자 모터에 정기적으로 조정해야 했다. 배터리는 질산나트륨으로 충전해야 했는데 그 과정이 매우 복잡했다. 레코드 생산자들로서도 녹음을 복제해 복사본을 만드는 것이 녹록치 않았다. 1890년대 초에 에디슨 스튜디오의 녹음 세션에서는 많게는 10개의 원통을 놓고 연주자가 라이브로 연주를 했다. 녹음을 하고 나면 이 10개의 마스터본 원통에 새겨진 홈을 다른 원통의 빈 왁스에 판토그래프를 이용해 기계적으로 복제했다. 가령 성악가가 3개의 나팔관에 대고 노래를 10번 부른다고 치면, 여기에서 30장의 마스터본 원통이 나온다. 그 다음에 각각을 판토그래프로 25번씩 복제하면 총 750개의 판매용 원통 레코드를 만들 수 있었다. 주형틀을 활용해 더 효과적으로 대량생산을 하려는 시도가 있었지만 이는 1902년까지 성공적이지 못했다. 한편 에디슨 기계는 식구들의 말이나 노래를 녹음했다가 들어보는 용도로도 계속 쓰였다. 하지만 여기에도 복잡하고 성가신 절차가 필요했다. 이러한 난점들은 축음기가 녹음 기계로서보다는 전문적으로 녹음되어 있는 레코드를 '수동적으로' 재생만 하는 기계 쪽으로 발전해가는 경향을 강화했다.[21]

에디슨의 경쟁사들도 축음기가 엔터테인먼트 기계라는 개념을 받아들였다. 빠르게는 1891년에도 컬럼비아는 개인이 구매할 수 있는 관현악곡과 성악곡 레코드 목록이 담긴 카탈로그를 제공했다.[22] 1895년에는 베를리너가 아메리칸 그라모폰American Gramophone을 설립하면서 레코드 시장의 모양을 대대적으로 바꾸었다. 말 그대로 레코드의 '모양'이 달라졌는데, 알고 보니 베를리너의 '원반형' 레코드가 에디슨이나 컬럼비아의 '원통형' 레코드에 비해 막대한 장점이 있었던 것이다. 납작한 원반 레코드는 복제하기가 훨씬 쉬웠고, 1898년에는 기존의 비싼 경화 고무 대신 저렴한 셸락으로 원반을 제조하기 시작하면서 복제가 더 쉬워졌다.[23] 또 금속틀로 쉽게 찍어낼 수 있어서 최종 제품의 비용을 많이 낮춰줬다.[24]

가정에서 축음기를 사용하는 것도 촉진됐는데 이 또한 얼핏 과거로 회귀한 듯이 보이는 기술이 추동한 결과였다. 번거롭던 배터리 모터 대신 전기를 사용하지 않는 스프링모터를 사용한 것이다. 베를리너의 엘드리지 존슨Eldridge Johson이 1896년에 만든 스프링모터 턴테이블

우리를 중독시키는 것들에 대하여

은 회전 속도가 일정해서 소리의 왜곡을 크게 줄여줬다. 손으로 돌리던 첫 그라모폰에 비하면 장족의 발전이었다. 1890년대 나온 또 하나의 혁신으로는 청진기처럼 생긴 고무 이어폰이 나팔 모양의 금속관으로 바뀐 것을 들 수 있다. 이로써 장비를 신체에 걸치지 않고도 음악을 들을 수 있게 됐고 여러 명이 함께 듣기도 더 편리해졌다.[25]

이 모든 것이 가정에서 직접 녹음을 하기보다는 이미 녹음된 레코드를 가져다가 재생만 하는 방향으로의 변화를 촉진시켰다. 개인용 카메라의 변화 양상과는 흥미로운 대조를 보이는 궤적이다(6장 참조). 1900년이 되면 축음기는 사랑하는 가족의 목소리를 녹음하는 대신, 이미 녹음된 유명인의 음성이나 음악을 재생하는 기계로 수많은 가정에서 쓰이게 된다('유명인'이라는 현상 자체도 어느 정도 축음기 기술의 발달에 힘입어 생겨났다고 볼 수 있다). 이제 레코드는 개인의 과거를 보존하는 수단이 아니라 전 세계적인 새로움을 따라잡는 수단이 됐다.

1870년대 불었던 첫 번째 축음기 열풍이 개인의 목소리를 사라지지 않게 붙잡아둔다는 신비로움에서 나왔다면, 1890년대의 두 번째 열풍은 음악을 구매해서 사적 공간에서 즐기는 방식을 통해 공동의 음악 문화에 참여한다는 데서 나왔다. 프랑스 경제학자 자크 아탈리 Jacques Attali의 말을 빌리면, 레코드의 등장으로 음악은 "사회적인 것을 쌓아서" 사적으로 사용하는 "독백"이 됐다.[26]

하지만 당시의 기술 수준에서는 이 모든 것에 제약이 있었다. 아주 좁은 영역대의 소리 밖에 녹음할 수 없었고(인간의 귀가 들을 수 있는 소리는 초당 20~2만 사이클인데 녹음 가능한 영역대는 초당 168~2000 사이클이었다), 재생할 때 소리가 크게 왜곡됐다. 이 당시의 레코드는 현악기 소리보다 관악기 소리를, 높거나 낮은 음역대보다 중간 음역대의 목소리(특히 테너)를 더 정확하게 재생했다. 왁스 표면에 진동을 새기는 것은 볼륨과 피치의 변화에 매우 민감해서, 크고 울리는 베이스 목소리는 바늘을 튀게 만들어 마스터본을 망쳐버리곤 했다. 그리고 소리관에 직접 대고 노래나 연주를 해야 했으므로 규모가 큰 앙상블은 녹음이 불가능했다. 또 이 시기의 레코드는 겨우 2~4분짜리였다. 물론 연주자들은 나름의 노하우로 적응했다. 튜바가 현악기를 대체했고 볼륨을 키우기 위해 내부에 진동막과 나팔관을 부착한 바이올린이 고안됐다. 성악가들은 낮은 음을 노래할 때는 소리관에 더 가까이 대고 부르는 식으로 조정하는 법을 터득했다. 흥미롭게도, 곡이 녹음하기에 너무 짧은 경우에는 밴드가 끝까지 박수를 쳤다. 녹음할 때 음악가들은 몇 시간, 혹은 며칠씩 일을 해야 했다. 말 그대로 수십 번을 원통에 대고 노래나 연주를 반복해야 했던 것이다. 이런 일을 하려 하는 음악가는 대부분 스타가 아니라 무명 음악인이었고 연주자들은 스튜디오에 도착한 다음에야 악보를 받는 경우가 많았다.[27]

이러한 제약들 때문에 초기에는 포장된 소리의 범위가 제한적이었다. 그리고 부분적으로는 이런 제약들 때문에 녹음 스튜디오들은 소규모의 밴드 음악이나 솔로 음악(혹은 휘파람), 아니면 오케스트라나 오페라 중 일부만 따다가 코믹 버전으로 짧게 만든 음악들을 선호했다. 유명한 오페라 스타들은 음질이 나쁘고 스튜디오에서 고생을 해야 하는 레코드 녹음에 참여하려 하지 않았다. 또 녹음 길이가 짧았기 때문에 군대 행진곡이나 잘 알려진 오페라의 서곡처럼 유명한 부분만 따서 녹음해야 했다. 1890년대에 컬럼비아는 존 필립 수사John Philip Sousa(와 그의 미해병대 밴드)와 계약해서 이미 유명했던 마치 킹March King의 곡들을 더 유명하게 만들었다. 다른 (종종 무명의) 악단들은 대학 노

우리를 중독시키는 것들에 대하여

래를 녹음하거나 오펜바흐나 베르디의 작품 가운데 유명한 곡조만 골라 녹음했다. 또한 새로운 대중음악인 〈아빠가 강아지를 사주지 않아서요Daddy Would't Buy Me a Bow-Wow〉 같은 노래나 감상적인 고전 〈연회가 끝난 뒤After the Ball〉 같은 노래도 레코드로 나왔다. (주로 백인 가수가 노래한) 흑인 곡조들은 순회극단 시절이던 이 시기의 인종차별적인 견해를 반영하기도 했지만, 전염성 있는 〈래핑송Laughing Song〉 같은 것도 등장했다. 그 노래는 노예 출신인 조지 W. 존슨George W. Johnson이 녹음한 것(《오리지널 〈휘슬링쿤〉과 〈래핑송〉》이라는 음반)으로, 적절한 복제 기술이 발달하기 전까지 아마 수천 번은 족히 녹음했을 것이다.[28]

상업적으로 녹음된 음악이 부상한 것과 관련해 주목할 만한 사실 하나는, 축음기와 새로이 떠오르던 대중음악 사이에 밀접한 관련이 있었다는 점이다. 상업적인 곡도 기존에 존재하던 음악 형태들에서 따온 것이긴 했지만, 민속 곡조나 아마추어 음악가의 곡과는 달랐다. 1880년대 말 동전 축음기가 등장하기 조금 전에 로어맨해튼의 음악 공장(특히 5번가와 6번가 사이, 웨스트 28번가에 있던 '틴 팬 앨리Tin Pan Ally')에서는 새로운 유형의 음악이 쏟아져 나오고 있었다. 그 음악들은 대개 처음에는 보드빌에서 공연되었다가 그 다음에는 악보로 팔리던 곡들로, 녹음을 하기 위해서는 2~3분 길이로, 그리고 포크송의 경우 가사가 많지 않도록 편곡되어야 했다. 그리고 점점 더 '새로움' 자체가 강조되며 감상적인 주제의 곡들이 많이 나왔다. 악보 출판업자와 작곡가들 중에는 '쿤송'부터 '래그타임'까지 다양한 전통 곡조에 접할 수 있는 인종적, 사회적 배경을 가진 이민자들이 많았다. 역사학자 데이비드 수스먼David Suisman이 말했듯이, 음악인들에게는 인기는 있되 쉽게 지나가는 음악적 '히트'를 만들어내는 것이 목적이었다. 레코드는 이러

한 새로운 음악 산업과 '대중음악'이라는 새 범주를 만들어내는 데 크게 기여했다.[29]

　그 결과 새로운 유형의 감각적 경험이 생겨났다. 2, 3분 길이의 음악적 쾌락의 '히트'를 담배 한 대 태우거나 초코바 하나 먹는 동안에 즐길 수 있게 된 것이다. 레코드는 병에 든 소다나 포장된 과자와 마찬가지로 짧고 강렬한 음악적 감각을 제공했다. 그리고 역사상 처음으로 연설이나 '라이브' 공연에 가본 적이 없는 사람도 낯선 사람의 음성과 음악을 일상에서 접할 수 있게 됐다. 포착된 소리는 '유명인의 소리'에 대한 새로운 수요를 만들어냈고, 일반인들의 연주와 음성은 사그라졌다. 옛날에는 일반인들이 음악의 '생산자'였지만 이제 이들은 음악 생산자로서의 위치를 잃었다. 소리의 생산과 소리의 소비 사이에 막대한 비대칭이 생겼다. 더 적은 사람이 생산하고 더 많은 사람이 소비하게 됐으며, 이는 20세기에 더욱 심화된다.

포장된 소리 판매하기

1900년 이후에는 포장된 소리도 다른 감각적 상품들처럼 대량생산을 위한 산업으로 변모했다. 축음기와 레코드 제조 분야에서도 '빅 쓰리Big Three'가 생겨나 과점 시장을 형성할 조짐을 보였다. 이들은 기술적인 혁신과 특정 소득 집단을 겨냥한 기준 소매가 설정, 취향별 고객 세분화 등의 기법을 동원하고 사라져버리기 쉬운 인어공주의 신비한 목소리를 안락의자에 앉아서 소유할 수 있다는 신비함을 불러일으키며, 광범위한 중간층 소비자들을 놓고 경쟁을 벌였다.

빅 쓰리는 에디슨의 내셔널 포노그래프 컴퍼니(1896), 아메리칸 그라모폰을 인수한 컬럼비아 사(1896), 베를리너와 엘드리지 존슨이 특허 풀을 형성해 설립한 빅터 토킹 머신 컴퍼니Victor Talking Machine Company(1901)였다. 빅터 사는 복잡하고 지저분한 일련의 소송을 거쳐 존슨과 베를리너가 그라모폰을 제조, 판매할 권리를 획득하면서 생겨난 회사다. 1902년에는 빅터 사와 컬럼비아 사가 특허 풀을 형성해, 컬럼비아 사에서도 원통형뿐 아니라 원반형 레코드를 생산할 수 있게 됐다. 마지막 법적 장애는 작곡가들이 자신의 곡을 저작권으로 보호받지 못한다는 점을 깨달았을 때 발생했는데, 이 문제는 작곡가(혹은 연주자)가 로열티를 받을 수 있게 법으로 보장되면서 해결되었다. 로열티는 처음에는 녹음당 2센트였다. 그러다 1914년에 빅터 허버트Victor Herbert 등의 작곡가들이 로열티와 라이선스 업무를 담당할 '미국 작곡가, 작가, 출판사 협회American Society of Composers, Authors and Publishers'를 만들었다.

축음기 회사들은 각자 공급망을 수직합병하고 뉴저지 주 캠던 카운티(빅터), 코네티컷 주 브리지포트 시(컬럼비아), 뉴저지 주 웨스트 오렌지 시(에디슨)에 공장을 세웠다. 이 공장들에서 몸체, 소리관, 진동막, 바늘 등을 생산해 다양한 모델의 축음기를 시장에 내놓았다. 빅 쓰리는 플레이어와 함께 레코드도 제작해서 전국적인 대리점망과 백화점을 통해 판매했다. 1920년대까지도 미국에서는 200개의 레코드 회사들이 다양한 음악을 공급했으며(수명은 짧았지만 흑인 레코드 회사였던 '블랙 스완'도 있었다), 저가 영역에서는 작은 축음기 회사들도 꽤 많이 살아남아 있었다(당시 저가 축음기였던 '에코폰'의 가격은 10달러였다). 하지만 빅 쓰리는 대리점들과 배타적인 판매계약을 체결하고 자신들이 정

한 가격과 서비스 표준을 지키도록 강요하며, 점차 더 빠르게 시장을 지배해나갔다.[30]

예를 들면 빅터 대리점은 그 지역에서 인기를 끈 콘서트가 있었을 경우 그 음악가의 레코드를 취급해야 했다. 고객을 끌 수 있도록 쇼윈도에는 유명한 연주자들의 이미지를 전시해야 했다(이를 테면 엔리코 카루소Enrico Caruso가 나온 인쇄 홍보물이 쇼윈도에 붙었다). 또 1909년에 빅터는 대리점들이 지역의 학교 이사회에 접촉해 학생들에게 레코드 음악을 들려주는 행사를 열도록 했다. 심지어 여름 야외 공연장에서 라이브 밴드 대신 축음기로 음악을 듣는 행사를 마련하라고까지 요구했다. 빅터의 영업인들은 주로 대도시의 번화한 대로에서 대리점에 투자할 사람을 찾기 위해 돌아다녔고, 에디슨의 내셔널 포노그래프 컴퍼니는 주로 소도시와 시골에서 대리점에 투자할 사람을 찾기 위해 놀아다녔다.[31]

이렇게 대리점을 통해 판촉 활동을 벌이는 한편, 빅 쓰리는 전국 광고를 통해서도 축음기와 레코드에 대한 수요를 창출했다. 통조림 음식도 그랬듯이, '캔 음악canned music'('녹음된 음악'이라는 뜻으로 원통형이던 에디슨의 왁스 레코드 모양 때문에 이렇게 불렸다) 제조자들은 새로운 축음기와 레코드를 전국 잡지에 광고했다. 1890년대에는 〈매클루어스McClure's〉, 〈코스모폴리탄Cosmopolitan〉, 〈하퍼스 위클리〉 등에 화려한 전면 광고가 게재됐고, 1901년에는 빅터가 그 유명한 '니퍼' 마스코트가 등장하는 광고를 선보였다. 니퍼는 고개를 한쪽으로 약간 갸웃거린 채로 '주인님의 목소리'를 찾아 빅터 축음기의 나팔관을 유심히 들여다보고 있는 강아지 마스코트다. 아마 니퍼만큼 널리 유통된 이미지도 없을 것이고, 이후 수많은 모방작이 나와 니퍼의 위상을 높여줬다. 이를 테면 조노폰Zonophone 사는 호기심 어린 표정으로 소리관을 바라보는 아기를, 토크원Talkone 사는 소리관을 들여다보는 앵무새 이미지를 광고에 등장시켰다.[32] 1901년에 나온 비슷한 콘셉트의 광고에는 한 남자아이가 "축음기 안에서 연주하는 밴드를 찾기 위해서" 에디슨의 포노그래프를 손도끼로 조금씩 쪼개고 있는 모습이 나왔다.[33]

공격적인 광고와 소매 판촉은 소비자들을 축음기에 익숙해지게 만들었고, 빅 쓰리는 축음기의 주요 공급자로 확고하게 자리 잡았다. 하지만 축음기를 일상적인 가정용품으로 만들기 위해서는 기술 진보가 계속해서 필요했다. 핵심적인 문제 중 하나는 레코드 플랫폼이었다. 원통을 택할 것인가, (차곡차곡 쌓을 수 있는) 원반을 택할 것인가? 녹음의 질이라는 면에서만 보자면 한동안 원통이 우월했지만, 원통은 제조하는 데 비용이 많이 들었다. 1901년 에디슨이 금속 주형틀로 원통 레코드를 만드는 방법을 발명해 비용 문제의 잠정적인 해결책을 찾았지만,[34] 1908년에 다른 회사 제품보다 재생 시간이 두 배나 긴 4분짜리 암베롤 수지 레코드가 나온 이후에도 원통 레코드는 내재적인 한계를 극복할 수 없었다. 원통은 소리의 볼륨과 깊이가 수평으로 홈을 파 소리를 재생시키는 원반에 못 미쳤다. 보관도 원반이 훨씬 쉬웠다. 소비자들이 개인적으로 음악을 사 모으기 시작하던 시기였던 만큼, 보관의 용이성은 굉장히 중요한 이점이었다(수집해서 '쌓아두는 것'은 현대 소비자 문화에서 매우 전형적인 현상이다). 결국 1912년에 에디슨은 (원통형도 계속 제조하면서) '개선된' 원반형 레코드를 내놓았다. 에디슨의 '깨지지 않는' 다이아몬드 디스크Diamond Disc는 페놀 수지로 만든 원반 레코드로, 내구성이 높은 다이아몬드 바늘로 재생을 시켰는데 빅터나 컬럼비아의 쇠바늘이나 섬유 바늘보다 성능이 좋았다. 한편 에디슨은 새로운 원통 레코드 '블루 암베롤Blue Amberol'도 내놓았다. 왁스 대신 셀룰로스 기반의 플라스틱인 셀룰로이드를 사용한 제품으로, 수백 번을 재생해도 음질이 거의 손상되지 않았다.[35]

이러한 기술 발전은 훗날의 소비자들이 자동차 '연식'이 매년 바뀌기를 기대하는 것과 비슷한 현상을 가져왔다(오늘날에도 사람들은 개인용 컴퓨터와 휴대전화를 계속해서 업그레이드한다). 그리고 축음기의 경우에는 이러한 개선이 현대 특유의 (전에는 정말로 없었던) 약속과 결부됐다. '새롭고 개선된 제품'은 응당 더 세련되고 더 편리하고 더 강렬한 감각 경험을 제공할 것으로 인식됐다. 축음기 업체들은 새 제품을 자사의 지난해 모델과 대조하는 광고를 경쟁사 모델과 대조하는 광고보다 더 많이 내보냈다. 초창기 빅터 사의 제품 광고 책자는 "불과 석 달 전만 해도 오늘날의 제품에 견줄 만하게 소리를 재생하는 기계가 없었나"고 광고했다. 1905년에는 빅터가 '스트라디바리우스(스트라디바리 가문이 만든 명품 현악기)'와 동급이라고 주장하면서 새 축음기 모델을 (장난감이나 비즈니스 도구로 여겨졌던) 이전 모델과 차별화했다. 이제 빅터 제품은 '말하는 기계'(토킹 머신)가 아니라 '악기'였고, 그것도 명품 바이올린인 스트라디바리우스와 견줄 만한 악기였다. 이러한 이미지와 함께 빅터 축음기는 응접실에 놓아두기에 적합한 사물로 여겨지게 됐다. 피아노가 다른 가정용품(가령 재봉틀)과 달리 응접실에 어울리는 사물이었듯이 말이다.[36]

이 모든 것이 사람들의 기대치를 높이면서 '구식화'를 당연시 여겨지게 만들었다. 이전 것은 곧 새것에 비해 별 볼 일 없어지게 될 터였다. '진보적' 소비주의가 형성되기 시작하던 이 시기에, 개인의 진보를 이루려면 '향상된' 것을 소유할 필요가 있었고, 이는 곧 포장된 쾌락의 감각적 즐거움에 접하는 것을 의미했다. 사람들은 새로운 모델이 시장에 등장할 때가지 기다릴 필요도 없었다. 1890년대가 되면 큰 축음기 회사들이 저가품부터 고가품까지 '풀 라인'의 제품을 선보였기 때문이다(이 전략은 나중에 자동차 회사들도 성공적으로 도입한다). 1896년에 에디슨은 모터와 소리관 크기별로 다양한 축음기 제품들을 내놓았다. 1899년에는 아이들을 겨냥해 초보자용 '젬Gem'이 시장에 나왔고, 나이와 소득이 있는 사용자들은 더 비싼 모델로 옮겨 갈 것으로 기대됐다. 1910년에 '암베롤라'는 200달러였으며(이때 젬은 5달러로 가격이 낮아졌다) 1913년에는 더 고가의 제품이 나왔는데, 오만하게도 이름이 '루이 16세Louis XVI'였고, 체르케스 산 월넛 목재로 만든 본체에 18세기 양식으로 장식된 다리가 달려 있었다.[37]

1900년에는 빅터도 다양한 사양의 제품군을 내놓았다. '토이Toy'는 겨우 3달러였고 "이제까지 토킹 머신을 비웃었던 고급 음악 애호가들"을 위한 '모나크Monarch'는 150달러였다. 고급 모델 시장은 1906년에 선보인 '빅트롤라Victrola'로 크게 확장됐다. 이러한 고급 축음기들의 재생 장치와 나팔관이 들어 있는 '캐비닛'은 앤 여왕 양식, 윌리엄 앤 메리 양식, 루이 16세 양식, 고딕 양식, 치펜데일 양식 등으로 디자인되어 있었으며, 과시적으로 내보이게 될 것을 염두에 두고 만들어졌다.[38] '포장된 소리'는 이렇게 다양한 수준의 재력에 맞도록 다양한 종류의 포장에 담겨 나왔다.

그림5.4 1910년경 빅터 사의 빅트롤라 홍보 사진.
당시 빅터 사의 레드 라벨 스타였던 테너 엔리코
카루소가 옆에 서 있다.

우리를 중독시키는 것들에 대하여

대중의 취향을 겨냥한 에디슨 레코드

1900년이 되면 축음기의 목적은 개인 고유의 목소리를 포착하는 것이라기보다는, 점점 널리 확산되고 있던 상업 문화와 유명인 문화가 생산하는 음악을 소유하는 것으로 명백히 바뀐다. 물론 계급, 종교, 연령, 인종에 따라 취향은 달랐고, 취향은 녹음이 등장하기 한참 전부터도 존재했다. 하지만 녹음은 다양한 취향의 문화들을 확장하고 혼합하고 어느 정도 표준화했다. 또한 유명인의 목소리에 권위가 실리는 경향을 가속화했다. 이는 여기에서 다 다룰 수 없는 큰 주제이지만, 레코드의 마케팅이라는 측면에서 검토해보는 것은 유의미할 것이다. 에디슨과 빅터는 레코드의 녹음과 마케팅에서 매우 상이한 태도와 전략을 취했다(컬럼비아는 그 중간쯤에 있었다). 우선 에디슨을 살펴보자.

에디슨의 개인적 취향은 그의 회사에서 내놓는 축음기와 레코드에 큰 영향을 미쳤다. 에디슨은 분명히 자신이 만든 축음기들을 선호했고, 그것들이 혁신적이며 음악을 안정적으로 재생한다는 점을 높이 평가했다. 에디슨은 자신의 테크놀로지를 이렇게 자랑했다. "가장 선명하고 강한 레코드이고, 가장 내구성 있는 바늘이며, 가장 정확하게 모양이 잡힌 소리관이다." 에디슨의 광고에 따르면, 에디슨 축음기는 "(빅터가 주장하듯이 악기가 아니라) 과학 도구며 각 부분을 제대로 만드는 법을 아는 실험실에서 매우 세심하게 만든 것"으로, "이제까지 나온 축음기 중 가장 큰 즐거움을 주는" 제품이었다. 에디슨에게는 하드웨어, 그것도 구식으로 보이는 하드웨어가 먼저였다. 그는 1912년까지 다른 것은 고려하지 않고 원통에 집착했다. 컬럼비아가 1902년에 원반으로 고급 시장을 겨냥한 제품을 내놓은 후에도 원통을 고수했고(컬럼비아도 1909

년까지 대중 시장에서는 원통형을 팔았다[39]), 빅터가 오페라 원반을 1달러에 팔 때도 자신의 원통을 35센트에 팔면서까지 원통을 고수했다.[40]

또한 에디슨은 자신의 컨트리풍 음악 취향을 제품 카탈로그에 강요했다(에디슨의 대리점 대부분이 시골이나 작은 마을에 있었다). 1908년의 한 광고에는 에디슨 축음기로 음악을 들으면서 결혼 50주년을 기념하는 부부의 모습이 실렸는데(그림5.5 참조), 거기에는 "어떤 음악은 결코 나이가 들지 않습니다. 특히 그 음악이 행복한 추억을 상기시킬 때는"이라는 설명이 붙어 있었다. 사석에서 에디슨은 "대중의 취향은 매우 초보적"이라고 주장했고, 이는 그가 '쿤송'을 선호한 데서도 드러난다. 1906년에 그랜드 오페라 시리즈Grand Opera Series를 내놓았을 때처럼 가끔씩은 상류층을 겨냥하기도 했지만, 부유층의 취향은 에디슨의 사업 전략에서 그리 중요하지 않았다.[41] 에디슨은 밴드 리더인 존 필립 수사에게 다음과 같은 편지를 썼다. "전 세계가 음악을 원합니다. 하지만 그들은 드뷔시를 원하지는 않습니다. 복잡한 오페라 아리아를 원하지도 않습니다." 1909년에 에디슨은 유명한 작곡가이자 밴드 리더인 빅터 허버트와 제품 카탈로그에 들어갈 음악을 선정하는 계약을 체결했는데, 그와 계약한 이유는 빅터 허버트가 "[대중이] 좋아할 만한 종류의 좋은 음악을 만들어왔기 때문"이었다. 한편 에디슨은 세계적으로 유명했던 세르게이 라흐마니노프Sergei Rachmaninoff는 "피아노 연주의 기교가 너무 높다"면서 거부했다. 에디슨은 라흐마니노프의 기교 있는 연주를 건반을 "쿵쾅거리며 두들기는 것" 정도로 치부했다. 또 에디슨은 화음이 잘 맞는 곡을 좋아했고 "아부하는 반주"는 거부했는데 이는 어느 정도 본인의 청력에 문제가 있었기 때문일 것이다.[42]

에디슨은 이제까지 살았던 사람 중 가장 위대한 발명가일 것이

우리를 중독시키는 것들에 대하여

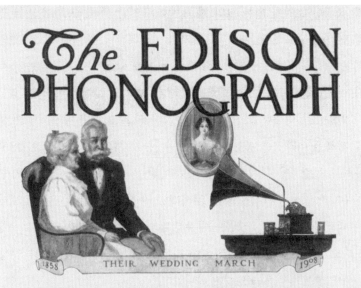

The EDISON PHONOGRAPH

THEIR WEDDING MARCH
1858 — 1908

SOME music never grows old, particularly if it recalls pleasant memories. The Edison Phonograph can reproduce for you the marches, ballads and airs that stirred you in the old days, just as well as it can sing the song that is the current hit in the metropolis, doing it with a clearness, a fidelity and a beauty and volume of sound that is not to be found in any similar instrument.

The Edison Phonograph is all things to all men at all times. Simply by changing a Record it may be a brass band at one moment and a violin virtuoso the next, a singer of ragtime or of grand opera, a funny vaudeville team or a quartette singing a sentimental ballad.

If you haven't heard the Phonograph lately, you'll be surprised at the wonderful improvement in the new model Edison with the big horn. Ask your dealer to show it to you or send to us for booklet describing it.

Thomas A. Edison

그림5.5 전형적인 에디슨 축음기 광고는 자사는 기술적으로 우월하며 다양한 (원통형) 레코드를 갖추고 있다는 점을 강조했다. 하지만 때로는 에디슨 축음기로 잊힌 젊은 날을 불러올 수 있다며 향수를 자극하기도 했다.

다. 하지만 소리에 대한 그의 접근 방식은 지금 되돌아보면 신기할 만큼 단견短見으로 보일 때가 있다. 가장 두드러진 점은 에디슨이 유명인의 연주를 녹음하는 것이 가져다줄 장점을 알아보지 못했다는 것이다. 에디슨은 1907년에 발매한 '4월의 새 레코드' 24개의 목록을 "최고의 기량으로 연주한 최신 성악 및 기악곡의 주요 부분과 옛 곡 중 좋은 작품들"이라고만 광고했다. 1912년에는 자사의 고객들은 "아주 고유하고 독립적인 위치를 얻은 드문 예외를 제외하고는 예술가, 가수, 연주자의 명성에 관심을 갖지 않는다"고 주장했다. 에디슨은 컬럼비아나 빅터가 고용하는 '스타'는 대부분 음악으로가 아니라 연기로 유명하다고 생각했으며 그에게 중요한 것은 소리나 곡조의 질이었지 '인성'이나 인성이 불러오는 명성이 아니었다.[43]

하지만 에디슨의 음악 목록이 과거 회귀 일변도는 아니었다. 에디슨의 스튜디오는 동시대를 따라잡는 것의 중요성을 이해하고 있었고 1903년에는 매달 25개의 새로운 레코드를 내놓는다고 광고하기도 했다. 포장된 쾌락의 다른 생산자들처럼 에디슨은 "광고의 힘을 믿는 사람이 성공한다"고 생각했다. 1905년부터 에디슨 광고는 최신 유행을 잘 아는 청취자를 겨냥했는데, 이들은 공연장에서 최신의 곡조를 들은 뒤 집에 돌아와 그것을 계속 다시 들으면서 "곡조와 가사에 모두 통달하게" 돼 "흩어지기 쉬운 쾌락을 영구적인 것이 되도록" 만들고자 하는 사람들이었다. 에디슨은 현대의 대중음악과 그 대중음악을 소비하는 사람들의 풍조를 파악하고 있었으며, 계속해서 돌아가는 새로움의 컨베이어 벨트에서 지나가버리기 전에 새로움들을 붙잡아 '정복하는' 것이 자신의 역할이라고 생각했다.[44]

또한 에디슨은 음악에 감정을 조절하고 기분을 좋게 하는 힘이 있다는 것도 잘 알고 있었다. 1914년에 대리점 배포용으로 제작한 월간 책자에서 에디슨은 "음악이 문학보다 더 본질적"이라며, "음악은 실질적으로 모든 인간의 영혼을 풀어놓을 수 있는데 비해 문학은 오로지 가장 학식 있는 사람들에게만 계몽되고 교양 있는 사고를 불러일으킬 수 있기 때문"이라고 주장했다. 종교 다음으로 음악은 "영혼의 가장 큰 위안이고 가장 큰 영감의 원천"이었다. 1921년의 한 광고 팸플릿에서 에디슨의 회사는 "기분을 바꿔주는 차트"를 제시했다. 이 광고는 음악을 부드러움, 경건함, 즐거움 등 그것이 불러 일으키는 감정에 따라 13가지 범주로 나눌 수 있다고 주장했다. 에디슨은 카네기 공대의 응용 심리학자 W. V. 빙햄_{W. V. Bingham}의 도움으로 '다이아몬드 디스크 컬렉션' 중에서 135개의 레코드를 선정해 듣는 사람에게 미칠 심리적 영향에 따라 재분류했다. 에디슨은 포장된 소리가 감정을 통제할 수 있다는 것(무작_{Muzak}을 예견했다고 할 만하다), 그리고 변화하는 유행을 '따라잡아야' 한다는 현대인의 강박을 잘 파악하고 있었다.[45] 하지만 유명인 음악가들이 갖는 호소력만큼은 파악하지 못했다.

고급 음악을 선도한 빅터 레코드

에디슨 사와 대조적으로 빅터 토킹 머신 컴퍼니는 유명인과 '고급스러움'이 가지는 호소력과 위력을 의심하지 않았다. 빅터의 성공은 '소프트웨어', 즉 레코드에 있었고 빅터는 주로 유명인이 녹음한 고급 레코드를 제작했다. 이는 1902년에 브리티시 그라모폰_{British Gramophone}(빅터의 영국 계열사)의 프레드 가이스버그_{Fred Gaisberg}가 밀라노에 있는 라스칼라La Scarla 오페라하우스의 엔리코 카루소와 계약을 하면서 시작된 경향이었다. 카루소는 곧 빅터 레드 라벨 레코드의 간판 음악가가 됐다. 엔리코는 영화에 '스타 시스템'이 생기기 10년 전에 나타난 스타였다. 1904년에는 넬리 멜바Nellie Melba, 엠마 칼베Emma Calve, 안토니오 스코티Antonio Scotti가 여기에 동참했고, 1910년에는 떠오르는 테너 존 맥코맥John McCormack과 신동 바이올리니스트 프리츠 크레이슬러Fritz Kresler도 빅터와 계약을 했다. 그리고 이들 모두 대대적으로 광고됐다. 광고에는 이 위대한 음악가들이 한데 모여서 빅터의 기계로 자신들의 음악을 듣는 모습을 담은 그림이 실렸다. 또 빅터는 유명한 작곡가(에드워드 엘가Edward Elga, 존 필립 수사 등)는 물론이고 왕실(영국 조지 5세)의 승인을 받는 오랜 전통도 활용했다. 고급 소비층의 신뢰를 얻기 위해 음악가와 작곡가 이름 발음하는 법을 대리점에 교육하기까지 했다.[46] 역사학자 데이비드 수스먼은 빅터가 취한 전략의 단순 명쾌함을 이렇게 설명했다. "기계를 팔기 위해 (…) 레코드를 판촉한다. 그리고 레코드를 팔기 위해 고급문화를 촉진한다."[47]

이는 단순히 젠체하는 애호가 층에 호소하는 전략에 불과한 것이 아니었다. 빅터는 스타의 목소리가 품질과 권위에 더해 그의 삶과 고유한 자아까지도 실어 나른다고 주장했다. 빅터의 잡지 광고에는 유명인들이 무대 의상을 입고 때로는 인형 같은 미니어처의 형태로, 빅터 축음기의 소리관에서 나오거나 빅트롤라 위에 서 있는 이미지가 자주 등장했다. 카루소 레코드는 "카루소의 예술뿐 아니라 그의 인성과 개성까지" 실어 나른다고 광고됐다. 레코드를 사는 사람들은 마치 바다 마녀처럼 "파티, 멜바, 칼베, 그리고 위대한 테너 카루소와 타마뇨의 성대"를 소유하게 될 것이었다. 1913년에 빅터 광고는 **빅터 축음기**

가 곧 카루소라고까지 말했다.[48]

빅터 브랜드의 핵심은 지위와 계급에 대한 호소였다. 1911년의 빅트롤라 광고는 "수년간의 지난한 실험으로 다양한 나무, 다양한 비율, 수많은 진동면 등을 시도해본 결과, 스트라디바리우스를 바이올린 중에 최고가 되게 한 그 표현할 수 없는 '무언가'가 빅터의 빅트롤라에서 이렇게 놀랍도록 감미롭고 맑으며 부드러운 곡조를 전례 없이 훌륭하게 전달해줬다"고 주장했다. 에디슨이 발명가(에디슨)의 영웅적인 헌신과 과학적인 완결성을 강조했다면, 빅터는 유서 깊은 전통과 장인 정신을 약속하면서 지위에 신경 쓰는 부유층에게 호소했다.[49]

빅터의 이미지에 결정적으로 중요했던 것은 축음기를 빅토리아후기 부르주아 가정의 거실에 어울리는 물건으로 만드는 데 성공했다는 점이다. 부르주아 가정의 거실은 피아노와 18세기 귀족의 유행으로까지 거슬러 올라가는 고급 가구가 있는 장소로, 분명 '기계'를 위한 장소는 아니었다. 빅터를 이끌던 엘드리지 존슨은 빅토리아시대의 취향을 선도하는 사람들에게 빅터의 기계가 "전통적이고 시간을 초월하는" 부르주아 거실의 분위기에 잘 맞는다는 확신을 주어야 했다. 이를 달성한 것이 1906년에 선보인 빅트롤라였다. 기계적인 모든 부분은 윤을 낸 마호가니 재질의 다리가 달린 4피트(약 1.2미터) 높이의 캐비닛 안으로 들어가 있었다. 소리는 캐비닛의 앞면을 통해 나왔고 나무로 된 뚜껑이 턴테이블을 가리고 있었다. 빅터의 1908년 카탈로그는 스프링모터를 돌리기 위한 크랭크를 제외하면 빅트롤라가 "그것의 실제 기능(소리를 재생하는 기계 장치)을 알아볼 수 없게" 되어 있어서 '응접실'에 잘 어울린다고 언급했다. 빅터는 빅트롤라를 "예술적인 캐비닛"이라고 예찬하면서 빅트롤라가 고급 가구나 마찬가지라고 주장했다. 이는 점점 더 산업화되는 세계에서 안락함을 제공하는 것의 산업적 작동을 잘 감췄다는 점에서 빅토리아시대적 감수성을 훌륭히 활용한 사례라 할 만하다. 빅터는 대리점들이 정기적으로 가게를 리모델링해서 부르주아 거실의 우아함을 반영하도록 했다(부르주아 거실은 가죽 의자와 부드러운 조명이 있는 감상실이 있어야 완성될 것이었다). 한 시리즈 광고는 빅트롤라가 백악관에 놓여 있는 모습을 내보내기도 했다. 부르주아의 거실에 적합한 물건으로 인정받고 나자 빅트롤라는 우아한 가정 모임에 걸맞은 고급 악기로 피아노(와 자동피아노)를 몰아내기 시작했다.[50]

　빅터는 부르주아 가정의 이상향에 대한 감수성을 활용한 데서 그치지 않았다. 존슨의 직원들은 제품 홍보와 함께 줄거리 요약이 나와 있는《빅터 오페라 북Victor Book of the Opera》을 내놓으면서 대중의 음악 교육에 나섰다.《초등학생을 위한 빅트롤라와 함께 하는 음악 감상Music Appreciation with the Victrola for Children for Elementary Grades》과《농촌 학교를 위한 빅트롤라와 함께 하는 음악 매뉴얼Music Manual for Rural Schools with the Victrola》도 있었다. 빅터는 아동이 "훌륭하고 세련되고 교양 있는 것들만을 듣게 하는 것"이 자신의 사명이라고 했다. 1911년에는 교육팀을 만들어서 교사와 부모들이 돈을 모아 (여전히 꽤 비싼) 빅터 축음기를 구입하도록 독려했다. 빅터는 음악을 기계로 재생하는 것에 교육적인 효과가 있다고 주장했다. 가령 1912년의 빅터 광고는 차이콥스키 교향곡 4번을 이해하고 즐기려면 여러 차례 들어야 한다고 언급했는데, 이는 빅터의 레드 씰 레코드를 사라는 뜻이기도 했다.[51]

　한편 빅터는 제품 라인을 세분화해서 상류층이 아닌 사람들의 취향에도 부응했다. 블랙 라벨 레코드들은 틴 팬 앨리에서 생산된 음악들을 활용해 대중 취향에 맞는 곡들을 제공했다. 1903년 카탈로그에는 만화로 그려진 밴드와 순회극단 그림과 함께 "남부의 옛 곡조가 빅터에서 연주됩니다"라는 글귀가 쓰여 있었다. 좀 더 나중에는 〈내 고향으로 날 보내주Carry Me Back to Old Virginny〉, 〈딕시Dixie〉, 〈리틀 앨라배마 쿤Little Alabama Coon〉, 〈올드 블랙 조Old Black Joe〉 등이 레코드로 제작됐다. 전형적인 민족적, 인종적 주제를 담은 코믹 송도 나왔는데 댄 퀸Dan Quinn의 〈더 믹 후 스루 더 브릭The Mick Who Threw the Brick〉이라든가 〈루벤이 마을에 올 때When Ruben Comes to Town〉 등이 그런 사례다. 1911년에는 전설적인 보드빌 배우 조지 M. 코언George M. Cohan과 계약을 하고서 "뮤지컬 코미디계의 셰익스피어"를 레코드에 담았다며 위대한 곡조와 더불어 "코언식의 그 모든 스타일"을 제공한다고 약속했다.[52]

빅터가 시장을 석권한 데는 포장된 음악의 시장을 "트레이드 마크"를 통해 지배한 것이 주효했는데, 그러기 위해서는 상류층을 넘어서 소비자층을 확대하는 것이 필수적이었다. 1909년에 존슨은 빅터의 우위는 특허를 받은 테크놀로지보다도 "풍부한 자본, 많은 공장, 그리고 무엇보다도 엄선되고 조직된 전문가 군단"에 더 많이 놓여 있다고 언급했다. 빅터에는 매우 뛰어난 마케팅 부서가 있었고 잘 알려진 트레이드 마크가 있었다.[53] 에디슨이 스스로를 트레이드 마크로 만들었다면(초기 제품에는 그의 서명과 사진이 들어갔다), 1913년 무렵 빅터는 자타공인 "세계에서 가장 훌륭한 트레이드 마크"인 '주인님의 목소리'(빅터 사의 광고에 쓰인 강아지 캐릭터)를 갖고 있었다. 이 강아지 그림은 귀엽고 매력적이며 즉각적으로 알아볼 수 있어서, 빅터 광고는 "강아지를 찾으세요"라고만 말해도 광고 효과를 올릴 수 있었다. 빅터는 "사람들은 무언가에 대해 생각하라고 계속해서 이야기를 들으면 정말로 그것에 대해 생각하게 된다"며 대리점들이 강아지 마스코트를 진열장에

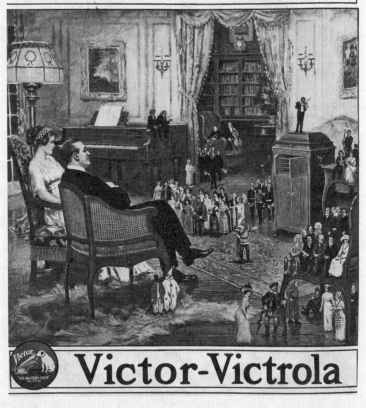

그림5.6 세계적으로 유명한 오페라 가수들의 멋,
개성, 목소리를 개인적이고 사적인 거실이라는
공간에서 소유할 수 있다는 환상을 표현한 광고.
왼쪽 아래에 있는 '주인님의 목소리' 마스코트를
주목하라.

우리를 중독시키는 것들에 대하여

전시하게 했다.[54]

　하지만 성공의 비결이 소매시장 장악이나 효과적인 광고에만 있
는 것은 아니었다. 빅터는 이 업계의 본질이 '면도기와 면도칼' 비즈니
스라는 것을 알고 있었다. 즉 축음기를 팔아서 레코드를 사게끔 만드
는 것이었다. 포장된 쾌락은 음악이었고 축음기는 그 쾌락의 배달 장
치일 뿐이었다. 이 전략은 빅터가 1911년에 '빅터 IV'를 내놓았을 때
분명히 드러났다. 빅터 IV는 가격이 15달러로, 대리점 입장에서는 수
익성 있는 제품이 아니었다. 하지만 빅터는 초보자용인 빅터 IV가 상
업적인 진입로, 즉 비집고 들어가게 해주는 쐐기 역할을 해서 '빅터의
음악에 가정용 축음기 시장을' 열어줄 것이라고 주장했다. 빅터는 임
금 소득자도 음악을 필요로 하며 그들도 "자본주의자나 고소득자와
마찬가지로 인간"이라고 대리점들에 계속해서 설파했다. 물론 자기 좋
을 대로 갖다 붙인 주장이라고 폄하할 수도 있다. 사실 새로운 주장도
아니었던 것이 포드 자동차가 1907년에 '모델-T'를 대량 생산하면서
닦은 길을 따라가고 있었던 것이었기 때문이다. 하지만 존슨은 대중에
게 축음기만 판매하고 있는 것이 아니었다. 축음기를 팔면 자연히 레
코드도 팔릴 터였고, 레코드를 파는 것은 (저가인) 빅터 IV 축음기를 소
유한 사람들에게 팔 때나 "고가의 축음기를 소유한 사람들에게 팔 때
나 똑같이 수익성이 있었다."[55]

포착된 소리의 모순

레코드의 다양성은 20세기 초에 엄청나게 빠른 속도로 증가했다.

1923년경 컬럼비아 카탈로그에는 작은 글자로 416페이지 분량의 레코드 목록이 실려 있었다. 딕시랜드 같은 밴드들, 밴조 연주자, 코미디언, 요들송 가수, 휘파람 가수, 순회 극단, 하와이 스타일 가수 등의 곡뿐 아니라 시카고 심포니 오케스트라, 컬럼비아 심포니 오케스트라 등의 연주도 있었다. 또 컬럼비아는 이민자를 위해 감상적인 민속 곡조의 레코드를 제공했고 대학생을 위해 대학 노래들도 광범위하게 선보였다. 알 졸슨Al Jolson 같은 보드빌 배우부터 파블로 카살스Pablo Casals 같은 첼리스트까지 온갖 분야 유명인의 음악을 갖춰놓았다. 상당수가 정통적이고 전형적인 음악이었지만 미국 흑인의 재즈, 래그타임, 블루스 음반도 포함돼 있어서 백인 미국인에게, 그 다음에는 전 세계 사람들에게 이런 장르들이 알려졌다.[56]

레코드는 재생된 소리의 '완벽성'에 대해서도 새로운 기대치를 만들어냈다. 컬럼비아의 1916년 광고 카피는 컬럼비아 레코드들이 "햇빛이 비친 숲 속 개울 표면이 떨리는 빛을 반사하는 것만큼이나 실제에 충실하게" 소리를 재생한다고 주장했다.[57] 또 레코드가 인간의 역량을 확장하며 필멸성을 초월한다고도 주장했다. 1899년의 에디슨 광고는 나이 든 고객에게 "젊은 시절 마음을 들썩이게 했던 행진곡, 발라드, 아리아가 담긴 레코드들을 가져다줌으로써, 그냥 흘러가버릴 수도 있었을 쾌락을 영구적인 것이 되도록" 만든다고 찬탄했다.[58]

하지만 소리를 포착해서 잡아두는 것은 과거의 향수를 불러일으키는 것을 훨씬 넘어섰다. "빅터의 소유자만이 이 연주를 명령할 수 있다"는 주장은 언제든 어디에서든 합당한 가격대에서 음악을 소유하고자 하는 일반적인 욕망에 호소력이 있었다. 카루소는 공연 한 번에 "막대한 보수"를 원하지만 빅터 축음기를 가진 사람은 "언제나 어디에서나 몇 번이고" 카루소를 들을 수 있었고, 레코드를 재생시킬 때마다 그 연주를 명령하는 것이나 마찬가지였다. 빅터 축음기는 요술 램프와 같았다. 바늘이 음반에 올라가기만 하면 오페라 스타와 음유 시인이 빅터의 소리관으로 목소리를 뿜어냈다. 빅터는 밀라노 라스칼라 오페라하우스의 "방탕하고 무법적인 감성"의 "마술적 분위기"를 아이오와 주의 외진 마을 듀뷰크의 거실에 앉아 있는 사람에게도 가져다줄 수 있었다. 니퍼는 "보드빌의 기분 전환 음악"을 몬태나 주 농가의 피로에 지친 농민에게 가져다줄 수 있었다. 뉴욕의 멋쟁이들 사이에서도 공연장에 가는 것이 가졌던 과거의 권위가 음반에서 '지니'를 불러내 사적으로 음악을 들을 수 있는 신기술의 신비함에 점점 밀려났다. 메트로폴리탄 오페라하우스의 '분위기'를 "마음만 먹으면 즉각 집안으로 불러 와서 일상적인 걱정을 날려버릴 수" 있었다. 빅터는 자신이 "어두운 음악당에서 몇 천 명만 들을 수 있던 음악을 변방의 외로운 개척자들, 먼 곳으로 여행을 다니는 사람들", "눈이 쌓인 농가 화롯불에 모여 앉은 음악 애호가들"에게까지 퍼뜨려준다고 생각했다. 이런 거창한 명분에는 물론 갖다 붙인 듯한 면이 있기도 하지만 그 자체가 포장된 쾌락의 혁명기에 등장한 풍조를 표현하고 있기도 하다. 소비주의적인 평등주의와 사적이고 개인화된 만족, 이 두 가지의 흥미로운 결합을 보여주는 것이다.[59]

살펴보았듯이 레코드 업계는 새롭고 매력적인 듣기의 방식을 만들어냈다. 하지만 그들은 여기서 그치지 않고 반복적인 청취가 지루함을 유발하는 상황을 막기 위한 방법들도 개발했다. 1918년에 빅터는 〈빅트롤라를 최대로 즐기는 법〉이라는 소책자에서 소비자들에게 인기 곡조나 오페라 소품의 '새로움'을 즐기는 데서 한발 더 나아가는 방법을 조언했다. 이제 듣기는 적극적인 과정이 되어야 했다. 즉 소비자들은 등장인물과 그들이 부르는 아리아의 배경 이야기를 공부해야 했다. 하지만 이것으로도 부족했다. 빅터도 "무언가에 진력이 나면 즐기는 데서의 정교한 감각을 잃어버리게 된다"는 것을 알고 있었다. 반복이라는 문제에 대한 더 영속적인 (그리고 업체 입장에서 수익성이 있는) 해법은 (소비자가) 점점 더 많은 레코드를 수집하게 하는 것이었다. 이 측면은 에디슨이 선도했다. 에디슨의 회사는 소비자들에게 레코드 파티를 열어 친구나 가족들과 함께 다양한 음악을 들으라고 조언했다. "(가족의 기분을 북돋우고 다양한 분위기를 연출하기 위해) 프로그램을 직접 기획할 수 있습니다." 축음기 파티를 여는 사람은 보드빌 기획자나 마찬가지였다. 그는 빅터의 고급 취향 선도자들이 제시하는 고상한 음악과는 구별되는 인기 있는 음악들을 제공할 수 있었다. 또 어떤 분위기를 불러 일으켰다가 레코드만 바꿔 끼우면 바로 다른 분위기로 전환할 수도 있었다.[60] 물론 축음기는 사람들의 주의 집중 시간을 짧게 만드는 효과도 가져왔을 것이다. 이제는 긴 공연을 꾹 참고 다 볼 필요 없이 유명한 부분만 들을 수 있게 되었기 때문이다.

한편 축음기는 가정을 사적인 쾌락의 장소로 바꾸면서도 전통적인 빅토리아시대의 이상적인 가정상을 지켜줄 것으로 기대됐다. 축음기 덕분에 가정이 일터나 시장, 공적인 긴장에서 피할 수 있는 장소뿐만이 아니라 식구들이 함께 모일 수 있는 장소가 됐다는 것이었다. 또한 가정은 글로벌한 유명인 문화를 개인적인 소비를 위해 끌어오는 통로의 종착지가 됐다. 사적인 것과 글로벌한 것의 이러한 결합은 후에 라디오, TV, 케이블 방송, 인터넷 등의 등장으로 점점 통합되고 확장된다. 이 모든 것이 익숙한 유명인이 녹음한 유행하는 음악을 수백만 가

우리를 중독시키는 것들에 대하여

정에서 들을 수 있게 된 데서 출발했다.[61]

새로움과 '스타 파워'에의 호소는 사적이고 안락한 가정이라는 전통적인 이상향과 충돌하는 것일 수도 있었다. 특히 빅토리아시대 후기에 가정이 소란스럽고 쉼 없이 변화하는 외부 세계를 피해 들어올 수 있는 조용한 안식처가 될 것으로 기대되었음을 생각하면 더욱 그렇다.[62] 하지만 축음기는 이 간극을 초월할 것으로 여겨졌다. 축음기 회사들은 유명하고 새로운 '밖'에 계속해서 호소를 하는 한편으로, 빅토리아시대의 이상적인 가정생활을 무질서한 공공장소의 '위협'에서 구원해주는 도구로서 축음기를 판촉했다.

에디슨 광고는 이 주장을 반복적으로 내세웠다. "가정을 다운타운, 클럽, 카페, 극장, 공연장의 경쟁 상대로 만드세요. 에디슨의 축음기에 비하면 어느 것도 그렇게 많은 사람을 위해, 그렇게 많은 즐거움을, 그렇게 여러 차례, 그렇게 다양한 방법으로 주지는 못합니다." 가정 음악은 일터나 공적인 생활에서의 스트레스를 누그러뜨려주는 향유의 역할을 할 터였다. 또한 공적인 엔터테인먼트가 점점 가정을 해체하고 있었지만 축음기가 가정을 다시 결속시켜줄 것이었다. 에디슨은 가장들을 겨냥한 어느 광고에서 레코드 음악이 "나이가 많은 사람과 어린 사람을 함께" 결속시켜줌으로써 "아내나 아이만큼이나 중요한 가정의 일부"가 될 것이라고 언급했다.[63]

이러한 이상적인 가정상의 분위기를 만드는 데 특히 효과가 컸던 전략은 레코드를 자녀의 성장 발달과 연결시킨 것이었다. 1908년에 에디슨은 이렇게 조언했다. "어린 자녀들이 집 밖에서 즐거움을 찾는 습관을 들이게 하지 마세요." 게다가 축음기는 거리의 오락을 대신하는 것에만 그치지 않고 아이들의 친구도 되어줄 터였다. 가족 규모가 점점 줄고 부모는 아이들과 "놀아주거나" 아이들에게 놀 거리를 제공해야 한다는 부담을 점점 더 많이 느끼게 된 시기에, 이런 메시지는 호소력이 컸다. 에디슨은 레코드 플레이어 하나면 "아이에게 최고의 놀이 친구"가 될 것이라고 주장했고, 축음기는 "아이가 하나라도 있는 가정이라면 꼭 장만해야 할 것"이 됐다.[64] 에디슨의 회사는 아이들이 소비자 문화를 진전시키는 데 최전선임을 알고 있었기 때문에 부모들에게 자녀 양육에 대한 조언도 했다. "레코드를 사러 갈 때 아이들을 데려 가서 아이들이 자신이 알고 있는 것을 내보일 수 있게 하세요." 1912년에 에디슨 광고는 부모들에게 아이가 하는 말을 녹음하도록 하고 또 아이가 "노래하고 놀이할 때 자신의 진보를 스스로 녹음할 수 있게 가르치라"고도 했다. 축음기는 아이 말이라면 다 들어주는 부모들이 아이에게 자신을 표현하도록 독려할 수 있는 기회를 주면서 가족의 결속을 강화할 것으로 기대되었다.[65]

하지만 이후에 나온 라디오나 TV와 마찬가지로 축음기는 처음에는 가정을 결속시켜주는 것으로 예찬을 받았지만 종종 가정을 해체시켰다. 가격이 낮아지면서 집에 축음기를 여러 개 둘 수 있게 됐고 휴대용 축음기가 나오면서 새로운 '틈새' 사용처가 개발된 것이다. 이르게는 1913년부터도 빅터는 작은 크기의 '빅토리아' 모델을 여름에 정원에서, 댄스장에서, 배 위에서, 캠프장에서 음악을 듣는 용도로 판촉했다. 빅토리아시대의 응접실을 벗어날 수 있게 함으로써 '빅토리아'는 가족이 함께 모여 듣는 것에서 멀어지는 방향으로의 오랜 경향을 촉발시켰고 음악 취향에서 '세대 차이'를 만들어내는 데 일조했다.[66]

우리를 중독시키는 것들에 대하여

사로잡힌 목소리

축음기는 인간의 목소리와 음악을 담아냄으로써 찰나적인 자연에 대한 테크놀로지의 승리를 나타냈다. 축음기는 소리를 통상적인 시간과 장소에서 들어 올렸다. 인간 언어의 진화가 시작된 이래 최초로, 인간의 목소리가 (강아지와 앵무새를 놀라게 하면서) 그 목소리를 만들어낸 신체 기관에서 분리됐다. 그 과정에서 음악과 음성 언어에 대한 인간의 경험이 달라졌다. 전에는 가능하지 않았던 방식으로 소리를 응축하고 조작할 수 있게 됐고, 새로운 장소에서 새로운 방식으로 들을 수 있게 됐으며, 아마추어의 목소리가 전문가의 목소리에 밀려났다.

또한 (우리는 종종 잊곤 하지만) 레코드는 소리를 특정하게 고정했다. 물론 수집한 원통이나 원반들 중에서 하나를 골라 축음기에 넣는 노동과 축음기의 바늘을 조정하는 노동은 그것 자체의 기대치를 만들어냈다. 하지만 2분이나 4분 정도로 줄여진 간략한 소리는 새롭고 익숙하지 않은 듣기의 속도를 가져왔다. 빅터의 존슨은 이렇게 소리가 압축되고 집중되는 것을 좋은 일로 여겼다. "미래 세대는 20분 안에 일생 전체를 소리로 집어넣을 수 있을 것이다. 아기가 웃는 소리 5분, 소년이 신나 하는 소리 5분, 성인이 생각하는 소리 5분, 임종 시에 가냘프게 웅얼거리는 소리 5분." 흥미로운 아이디어이기는 하지만 여기에는 감각의 포장을 밀어붙이는 경향과 인생을 요약본으로 응축해 담아낼 수 있다는 가정이 반영되어 있다. 더불어 발화의 순간과 발화하는 목소리에 담긴 고유한 속성을 보존한다는 낭만적인 개념도 결합되어 있다. 1889년과 1912년 사이에 나온 레코드들에는 1904년의 E. J. 브라이언E. J. Bryan과 W. H. 태프트W. H. Taft의 선거 연설에서부터 빅토리아 여왕, 플로렌스 나이팅게일Florence Nightingale, 마크 트웨인Mark Twain, 로버트 브라우닝Robert Browning 등 여러 유명인의 말소리가 녹음됐다. 물론 누군가의 인생을 청각적 에센스(그 사람만의 독특한 어조와 스타일로 발화된 대표적인 단어 등)로 표현한다는 개념이 전적으로 레코드 때문에 나온 것은 아니다. 한 세대 전에도 음악당이나 보드빌에서 독특한 음성적 표현은 유명인의 일부였고, 더 이후에는 라디오나 영화에서 나온 특유의 말이나 말투가 영화배우나 성우의 정체성이 되기도 했다(지미 듀런트Jimmy Durante의 〈잉카 딩카 두Inka Dinka Doo〉라든지 밥 호프Bob Hope의 "아름다운 추억, 고마워요Thanks for the memories" 등을 생각해보라).[67]

레코드는 유명인 문화를 크게 진전시켰고 그에 대한 비판도 함께 가져왔다.[68] 엔리코 카루소는 1904년에 세계 최초로 밀리언셀러 음악가가 되는데, 그 무렵 비판자들은 축음기가 아마추어의 연주 실력을 떨어뜨린다는 우려를 제기했다. 레코드 녹음에 초창기부터 관여했던 필립 수사조차도 1906년에 쓴 글에서 축음기가 "인간의 기술, 지능, 영혼"을 밀어낸다고 우려했다. 이 주장을 뒷받침하는 증거도 있어 보였다. 아마추어가 피아노를 치고 노래를 부르는 응접실 파티가 줄면서 악보 가격은 1902년에서 1906년 사이에 40센트에서 10센트로 떨어졌다. 반면 축음기 매출은 1914년에서 1919년 사이에 2,700만 달러에서 1억 5,800만 달러로 늘었다. 또한 축음기는 장난감이나 뮤직 박스로서의 이미지는 벗었지만, 일부 지식인과 음악인들은 여전히 축음기로 음악을 듣는 것을 게으름의 표시로 여겼다. 하지만 점차로 레코드를 수집하고 감상하는 것과 관련한 기술과 감식안이 음악을 연습하고 연주하는 것을 대체할 만한 음악적 활동으로 자리 잡았다. 또 레코드를 모으는 것은 (사진을 모으는 것과 더불어) 수집이라는 더 광범위한 취미 문

우리를 중독시키는 것들에 대하여

화의 일부가 되었고, 이것은 떠오르는 소비자 문화의 핵심적인 요소였다. 잘 구성된 컬렉션은 부와 취향을 드러내는 것이었고, 전국적으로 (나중에는 세계적으로) 앞서 가는 교양 공동체에 속한다는 것을 확인해 주는 것이기도 했다.[69] 녹음은 전문가들이 했지만 교양 있는 아마추어 도 레코드 수집품, 좋은 플레이어, 그리고 '감상 능력'으로 고상한 취향을 과시할 수 있었다. '음악 감상music appreciation'이라는 말은 1910년경부터 사용이 급증한다.

또한 레코드는 시간과 장소 두 측면 모두에서 청취와 연주를 분리했다. 포장된 소리는 휴대와 반복 재생이 가능해지면서 물리적 원천에서 분리되었다. 교회, 음악당, 카페, 혹은 가정의 응접실과 같은 예전의 라이브 음악 환경에서 벗어나면서, 레코드는 음악을 행군, 전례, 전쟁과 승리의 기념, 공동의 춤, 예의바른 사교 모임과 같은 의례적 맥락에서 멀어지게 만들었다. 녹음이 가능해지기 전에는 음악이란 특별한 때에 일어나는 일이었고, 모인 사람들에게 공동의 감정을 형성하는 것이었다. 하지만 19세기 초가 되면 라이브 음악은 (그림이 액자 틀에 들어가듯이) '틀에 짜여져' 제공되며 교회와 같은 의례의 맥락이 아닌 곳에서 연주된다. 이제 음악 연주는 미리 기획된 콘서트처럼 '정해진 공연 시간'에 (일반적으로 유료로) 이뤄지게 되었다.

축음기는 훨씬 더 큰 변화도 가져왔다. 녹음된 음악은 전에는 사회적 행사이던 음악을 개인화하고 탈맥락화했다. 교회 음악이나 뱃사람의 노래를, 이제 아침에 옷을 입으면서 들을 수 있게 되었고 베토벤은 배경 음악이 되었다. 가장 단순한 수준에서, 음악은 **들렸지만** 연주자들은 더 이상 **보이지** 않았다. 모든 종류의 소리가 청각적 배경으로 통합되어 일상에 들어올 수 있었다. 하지만 집중해서 들어야 할 것으로가 아니라 배경으로 깔리면서 기분을 좋게 만드는 장식적인 기능으로였다. 1913년에 클로드 드뷔시Claude Debussy는 녹음된 음악을 사는 것이 "맥주 한 잔 사는 것처럼" 쉬워졌다고 안타까워했다. 그리고 (영국의 클래식 음악 평론지) 〈그라모폰Gramophone〉은 첫 호(1923)에서 면도를 하면서 음악을 들으라고 해맑게 조언했다.[70]

소리의 탈맥락화, 탈물질화는 또 다른 효과들도 가져왔는데, 그 효과들이 다 우려스럽기만 한 것은 아니었다. 몇몇 추산치에 따르면 구어적 전통에 기반한 음악(가령 중세 음악)은 한두 세대 이상 공연되기가 어려웠는데 레코드가 나오면서 '클래식'은 물론이고 예전 같으면 한 번 유행하고 지나갔을 '히트' 곡들도 '흘러간 명곡'으로 살아남을 수 있게 되었다. 그리하여 한 세대의 젊은이가 즐기던 음악은 세월이 흘러서도 그 나이대의 사람들에게 추억을 불러일으켰다. 바흐, 베토벤, 브람스 등은 새로운 의미를 얻어가면서 그들의 시회적, 문화적 배경을 훨씬 넘어서까지 살아남았다. 또 사랑에 빠졌던 추억, 혹은 그저 자유를 느꼈던 어느 순간, 혹은 재미있었던 순간 등은 그것을 연상시키는 곡조와 연결되어 평생에 걸쳐 레코드로 들으며 회상할 수 있게 되었다.[71]

소리는 여러 감각 중 아마도 가장 찰나적인 감각일 것이다. 레코드는 이렇게 찰나적인 감각인 소리를 담아내고, 조정하고, 궁극적으로는 강화하고자 하는 오랜 열망을 충족시켰다. 하지만 오늘날의 소비자 사회에서 레코드가 차지하는 자리는 엉뚱한 시작과 우회로들을 거친 이후에야 나왔다. 애초에 축음기는 비즈니스 목적으로 개발되었고 1890년대까지만 해도 엔터테인먼트 장비로서 소비자 시장에서 사용될 수 있을 만큼 성능이 향상되지 못했다. 그러다가 사무용품이 아니라 가정용품이 되면서, 가정을 사적인 레저의 공간으로 바꾸는 데 일조했고, 또한 가정을 방대하고 빠르게 변하며 그러면서도 중앙 집중화된 대중문화 산업이 타깃으로 삼는 공간으로 만들었다. 축음기는 기업과 개인 사이에 있던 사회적이고 관습적인 삶의 영역을 공동화空洞化하면서, '기업적 생산'과 '개인적 소비'라는 관계를 생성한 수많은 상품 중 하나가 되었다. 녹음된 소리는 탈맥락화되고 사회적, 의례적 시공간에서 분리되어서, 즉각적으로 접근 가능하고 (좀 더 이후에는) 들고 다닐 수 있는 것이 되었다. 한때는 청각이 시각 등 다른 감각들과 엮여 있었지만 녹음은 다른 감각과는 분리된 소리의 자극을 제공했고 이러한 자극들은 새로운 형태의 일상에 씨줄과 날줄이 되었다. 포장된 음악을 만드는 사람들은 응접실에 놓인 빅트롤라에서 재생되는 '클래식'이 전통을 지키고 강화한다고 약속했다. 또 그들은 축음기가 식구들이 모여 음악을 즐기게 함으로써 가정생활을 활성화시켜줄 것이라고 약속했고 실제로 녹음된 소리가 새로운 종류의 친교를 만들어내기도 했다. 하지만 축음기는 대체로 청취를 개인화했고 축음기의 제조업체들은 대중의 취향을 세분화하는 동시에 동질화했다.

초기의 레코드 업계는 (적어도 구매 여력이 있는 사람들에게) '고급문화'를 확산하면서 동시에 대중적인 곡조와 유명인의 음악이 갖는 영향력도 방대하게 확장시켰고, 이는 한데 모여 부르던 노래를 포함해 지역적이고 토착적이던 음악적 전통을 잠식했다. 포장된 소리는 헤로인 주사나 종이담배, 칼로리가 가득 찬 초코바에 비하면 신체에 미친 영향은 극적이지 않았지만, 우리가 소리를 생각하는 방식과 소리를 듣는 방식을 극적으로, 하지만 인식하지는 못하는 방식으로 변화시켰다.

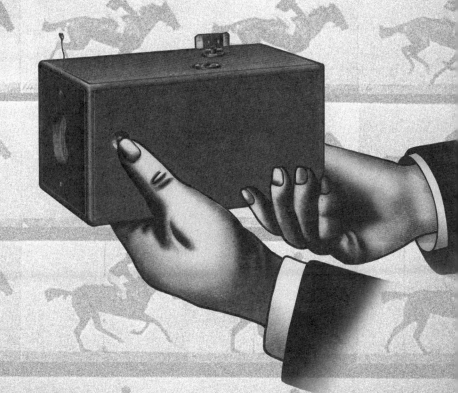

6장
포장된 광경:
프로젝션, 스냅사진, 영화

" You press the button,
we do the rest."

우리는 기본적으로 시각 문화에 살고 있다. 이는 아무 도박장에나 가서 조금만 돌아다녀 보아도 명백하게 알 수 있는 사실이다. 가령 펜실베이니아 주 해리스버그 근처에 있는 할리우드 카지노Holywood Casino를 보자. 대단하달 것은 정말로 없다. 불빛이 번쩍이는 슬롯머신이 있고 무표정한 얼굴로 그것을 들여다보는 사람들이 수백 명 있다. 요즘에는 동전 땡그랑거리는 소리조차도 들리지 않는다. 판돈을 걸고 딴 돈을 받는 것이 모두 전자 전표로 이뤄지기 때문이다. 슬롯머신 돌아가는 소리와 여기에 간간이 끼어드는 약한 전자벨 소리만이 도박하는 사람들의 기이한 침묵을 깨뜨린다. 위층에는 타원형의 경주로가 한눈에 들어오는 경마 관람석이 있다. 말 냄새와 경주 소리는 전혀 맡거나 들을 수 없지만, 여러 개의 스크린을 통해 경주 형태와 경주 결과, 전국 경마장의 트랙 상황 등은 곧바로 볼 수 있다. 시각이 현대 세계를 지배하고 있음을 보여주는 완벽한 사례다. 도널드 로위Donald Lowe는 유럽에서

이 "새로운 감각의 장"은 17세기에 나타나기 시작했으며, 이후 도시의 공공장소에서 점차 냄새와 소리가 줄어드는 과정이 이어졌다고 설명했다.[1]

시각의 강박적인 사용을 이해하지 않고는 현대의 속성을 이해할 수 없다. 17세기에 개발된 망원경과 현미경 같은 테크놀로지들은 당시 상류층의 시각 능력을 크게 확장시켰고, 그 영향은 점차 다른 계층에도 확산됐다. 18세기에는 항해하는 선장들이 안경을 일반적으로 사용했고, 조금 더 나중에는 쌍안경이 사냥과 탐험에 쓰였다. 이는 모두 인간이 세상을 '보는' 방식이 완전히 달라지리라는 것을 암시하는 물건들이었다. 광경은 더 이상 찰나적이지 않아도 되었고, 개인이 경험할 수 있는 일반적인 범위로 제한되지 않아도 되었다. 새로운 테크놀로지들이 시각을 확장해준 덕에 사람들은 원숙한 여행자들이 접한 것들보다도 훨씬 많은 것을 볼 수 있게 됐다. 강화되고 확장된 이미지의 새 시대는 과거에 있었던 시각적 제약을 풀어놓았고, 세상의 더 많은 부분을 (아니면 적어도 세상의 '모습'의 더 많은 부분을) 예전 같으면 상상도 할 수 없었던 방식으로 눈앞에 가져다줬다.

물론 예전에도 집, 교회, 궁전을 장식한 벽화나 그림을 통해 일상의 공간에서 진기한 시각물을 볼 수 있는 기회는 있었다. 하지만 사진과 TV가 일반화되기 전까지는 그러한 시각물 자체가 흔하지 않았다. 공동체의 축제는 (자연에는 상대적으로 드문) 빨간 색과 파란 색, 이국적인 모양과 디자인을 한껏 동원했지만, 축제 자체가 드물었고 그 지역의 예술적 기교에 의해 제약을 받았다. 다른 감각들에 대해서도 그랬듯이, 사람들은 이보다 더 나아가서 시각을 확장하기 위해, 또 눈에 보이는 광경을 들고 다니고 공유하고 오랫동안 보존하기 위해 무수한 노력을 했다. 그리고 우리가 살고 있는 포장된 쾌락의 시대에 이 모든 것이 달성됐다. 이를 가능케 한 핵심적인 혁신은 '개인용 셀룰로이드 필름 카메라'와 '공공장소에서 상영되는 영화'였다. 이러한 혁신들을 추동한 역사적인 배경을 살펴보면 현대 이전에 인간이 가졌던 열망은 무엇이었으며 그 열망을 가로막았던 기술적인 제약은 무엇이었는지에 대해 많은 것을 알 수 있다.

더 많이, 더 오래, 언제든지 보기

테크놀로지라고 하면 인간의 육체노동을 대신하거나 산출을 높여주는 기계를 흔히 떠올리게 된다. 하지만 산업화가 되기 한참 전에도 사람들은 감각기관의 능력을 보존하고 확장하기 위해 도구를 사용했다. 그리고 (앞서 살펴보았듯이) 포장된 쾌락의 혁명 시기에 이르러, 이러한 노력은 자연에 드물게 존재하던 쾌락적 경험들, 또한 완전히 새로운 맛과 냄새와 소리들을 증강하고 대중화하는 과정 속에서 더욱 가속화되었다. 시각의 영역에서도 기술의 발전으로 과학의 추구와 쾌락의 추구가 합쳐졌고 시각의 범위와 강도가 크게 확장됐다. 인간의 눈이 어떻게 작동하는지, 그 작동을 어떻게 인공적으로 만들어낼 수 있을지, 그리고 눈에 보인 것을 어떻게 보존할 수 있을지에 대한 궁금증이 16세기와 17세기에 과학적 연구들을 촉발시켰다. 하지만 이 영역에서 과학과 엔터테인먼트는 뚜렷이 구분되지 않았다.

　가장 대표적인 사례로 카메라 오브스쿠라를 들 수 있을 것이다. 참으로 신기하게도 '암상자'(카메라 오브스쿠라. 사실 크기로 보면 '상자'라기보다 방에 가

까웠다. 카메라 오브스쿠라는 '깜깜한 방'이라는 뜻이다) 바깥의 광경이 작은 구멍으로 들어오는 빛으로부터 투사되어 상자 안쪽의 반대편 벽에 거꾸로 상이 맺혔다. 기원전 5세기에 중국의 묵자가 이 신기한 것을 최초로 만들었다고 알려져 있다(하지만 9세기가 될 때까지 중국에 이런 장치에 대한 추가적인 기록은 없다). 10세기면 아랍 사람들도 카메라 오브스쿠라를 알고 있었고, 13세기에는 영국의 로저 베이컨Roger Bacon이 일식을 관찰하는 데 카메라 오브스쿠라를 사용하기도 했다.[2] 하지만 이렇게 외부의 이미지를 방 안에 투사하는 것을 대중적인 엔터테인먼트로 만든 사람은 지암바티스타 델라 포르타Giambattista della Porta(1543~1615)였다. 델라 포르타는 렌즈를 끼워서 거꾸로 된 상을 뒤집고 상이 더 선명하게 보이게 했다. 사람들은 카메라 오브스쿠라 안에 들어가서 벽에 맺힌 상을 구경했는데, 외부 세계와 단절된 채 어두운 방에서 보는 이미지는 섬뜩하면서도 매혹적이있을 것이다. 이렇게 해서 치음으로 '탈물화된' 이미지가 인공적으로 만들어지게 되었다. 물론 사람들은 수만 년 전부터도 그림과 조각을 만들었고 이미지를 포착하기 위해 거울을 사용하기도 했지만, 인간이 고안한 장비로 이미지를 직접적으로 투사하고 전적으로 재생산해낸 것은 이것이 처음이었다. 또한 카메라 오브스쿠라는 실제처럼 보이는 이미지들을 인공적으로 만들어낼 수 있는 그 모든 가능성에 문을 열었다. 카메라 오브스쿠라의 벽면을 바라보는 것은 오늘날 우리가 영화, TV, 컴퓨터 화면을 바라보는 것의 먼 전조였다.[3]

　　카메라 오브스쿠라를 기초로 두 갈래의 시각 테크놀로지가 발전했다. 첫째로 17세기와 18세기에는 방 크기만 했던 카메라 오브스쿠라가 들고 다닐 만한 상자 크기로 작아져('카메라 루시다'와 같은 프리즘 기반의 장비가 발명되고 나서는 상자도 필요 없게 된다), 종이나 광을 낸 평

그림6.1 17세기의 카메라 오브스쿠라를 나타낸 그림. '암상자' 밖의 광경이 작은 구멍을 통해 들어와 안쪽 벽에 거꾸로 상이 맺히는 것을 보여준다.

평한 돌 위에 이미지를 투사할 수 있게 됐다. 투사된 이미지를 따라서 베껴 그리거나 새기면 이미지를 복제할 수 있었다(새기는 기술은 조금 더 나중에 발명된다). 그리고 적절히 조작을 하면 이미지의 크기를 임의대로 확대하거나 축소할 수도 있었다. 무엇에든 카메라 루시다를 그 쪽으로 갖다 대면 그 이미지를 '포착'해서 베껴낼 수 있었고, 이는 감광 사진기의 전조가 되었다. 감광 사진기는 이미지를 화학적으로 고정하기 때문에 베껴 그릴 필요가 없다. 이 현대적인 버전의 카메라는 개인이 이미지를 골라서 고정할 수 있는 이상적인 도구가 되었다.[4]

카메라 오브스쿠라에서 뻗어 나온 두 번째 테크놀로지는 1650년대에 발명된 환등기였다. 이미지를 투사한다는 점, 어두운 방을 사용한다는 점, 대중에게 상영되었다는 점은 카메라 오브스쿠라와 같았지만, 환등기에는 카메라 오브스쿠라에 있었던 중대한 결점 하나가 없었다. 카메라 오브스쿠라는 한낮의 강렬한 햇빛이 있어야 했고 방 외부의 광경만 투사할 수 있었기 때문에 엔터테인먼트로서의 가치에 한계가 있었다. 이와 달리 네덜란드 수학자 크리스티안 호이겐스Christiaan Huygens가 선보인 환등기는 인공조명과 슬라이드를 사용했다. 조명(초창기에는 촛불이나 기름 램프였다) 앞에 있는 렌즈가 빛을 모아서 그림이 그려진 유리 슬라이드에 통과시키면 두 번째 렌즈가 거꾸로 된 이미지를 되돌려서 벽에 투사했다. 슬라이드만 바꿔 끼우면 무한히 다양한 이미지를 볼 수 있었고, 그것도 자연 조명 없이 볼 수 있었다. 또한 환등기로는 많은 군중을 모아놓고 영상을 보여줄 수 있었다.

1660년대에 덴마크 수학자 토머스 발겐슈테인Thomas Walgenstein이 유럽 곳곳을 다니면서 전파한 환등기 쇼는 학자들이나 흥행 기획자들에 의해 떠오르고 있던 대중 전시 문화의 일부가 되었다. 환등기 쇼는 성, 항구, 불타는 배, 로마의 성 베드로 대성당과 같은 장면을 보여주고 전문가의 강연을 곁들이면서, 지식과 교양을 넓히고자 하는 사람들에게 관심을 끌었다(여행을 대신하는 엔터테인먼트의 초창기 사례라 할 수 있을 것이다). 환등기 쇼의 기획자들은 환등기의 현대적이고 과학적인 특성을 찬미하는 한편, 전래 설화나 개그 공연을 하는 데 슬라이드를 활용했으며 때로는 야하거나 지저분한 이미지를 보여주기도 했다. 초기에는 환등기 쇼가 주로 상류층의 모임에서 상영되었지만, 접안구를 통해 혼자서 들여다보도록 만들어진 보아트 돕티크boites d'opique(광학 상자)가 나오면서부터는 더 싸고 통속적인 엔터테인먼트가 제공됐다. 18세기 프랑스의 떠돌이 공연 기획자 '사보이야드'들(많은 수가 실제로 (런던의) 사보이 극장 출신이었다)은 광학 상자를 등에 메고 다니면서 대중적이고 통속적인 판타지나 코미디 이미지를 사람들에게 보여주었다.[5]

유럽에서 환등기는 1820년경부터 쇠퇴하기 시작했고 사보이야드는 1850년경이면 사라진다. 성인이 즐기던 여흥의 도구나 진기한 것들이 으레 그렇듯이, 환등기는 아이들의 장난감이 되었다. 자녀 교육에 관심이 많은 빅토리아시대 부모들은 똑똑하고 호기심 많은 자녀들에게 환등기를 사주었다. 존 페퍼John Pepper의《어린이들을 위한 과학 놀이Scientific Amusements for Young People》(1868)에는 화학, 전기, 자석 등을 실험하는 방법과 함께 슬라이드 만드는 법과 친구와 식구들 앞에서 환등기 쇼를 펼치는 법을 알려주는 상세한 설명이 담겨 있었다.[6]

하지만 환등기의 재미는 성인들 사이에서도 살아남았고, 영국과 미국에서는 환등기를 이용한 대중 행사가 계속 열렸다. 1827년에 영국의 안경사 필립 카펜터Philip Carpenter는 가정용과 행사장용으로 환등기를 표준화했다. 또 전기의 아버지 마이클 패러데이Michael Faraday가 대중 강연에서 환등기 슬라이드를 사용하면서 환등기는 새로운 권위를 얻었다. 1850년대에는 슬라이드 영사 기법이 더 정교해졌다. 가령 나란히 놓인 두 개의 환등기에서 이미지를 겹치게 영사하면 낮에서 밤으로 바뀌는 것을 보여줄 수 있었다. 1840년대 말에는 유리판 위에 이미지를 고정하는 감광 사진술이 발달하면서 그림이나 만화 슬라이드가 아니라 실사 이미지로 된 슬라이드가 쓰이게 되었다. 또한 1880년대에는 연기를 많이 내는 기름 램프를 몰아내고 산수소와 산소에테르를 사용하는 아크등이 조명으로 쓰였다.[7]

환등기 쇼는 큰 공연장에서 뿐 아니라 교회, 여관, 학교 등에서도 많이 열려서 시골 마을에서도 다채로운 시각적 엔터테인먼트를 접할 수 있었다. C. T. 밀리건C. T. Milligan의《삽화가 수록된 환등기 장비 카탈로그Illustrated Catalogue of Magic Lantern Apparatus》(1882)를 보면 놀랍도록 다양한 슬라이드가 판매되고 있었음을 알 수 있다. 새, 지질시대, 지구 등

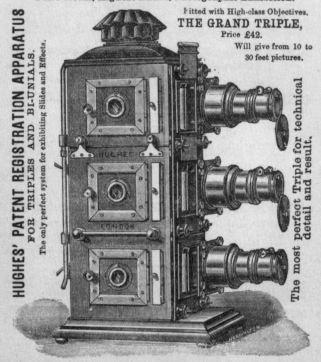

그림6.2 한꺼번에 여러 개의 슬라이드를 보여줄 수
있었던 후기의 정교화된 환등기의 모습.

의 모습을 담은 슬라이드는 과학에 관심이 있는 사람들을 매혹했고, 로마와 이집트의 유적이나 북미의 자연 경관(옐로 스톤, 산타모니카 비치, 나이아가라 폭포 등) 등을 담은 컬러 슬라이드와 1876년에 열린 미국 독립 100주년 기념 박람회의 모습을 담은 슬라이드도 있었다. 여러 장의 슬라이드로 스토리의 전개를 보여주는 슬라이드 세트도 판매되었는데, 나폴레옹의 일생, 링컨의 암살, 성경에 나오는 이야기들이 그 소재였다. 또 뒤 슬라이드가 나올 때 앞 슬라이드가 페이드아웃되면서 사라지는 '디졸빙 슬라이드'라든지, 슬라이드들을 겹쳐 동영상처럼 보이도록 착시 현상을 일으키는 '슬립 슬라이드'도 있었다. 슬립 슬라이드는 가령 폭풍이 치는 바다에서 배가 흔들리는 것을 나타낼 수 있었다. 대개 이런 슬라이드는 황소가 어부를 발로 차는 모습이라든지 어머니가 자기 아이를 때리는 모습처럼 '코믹한' 장면들이 많았다. 환등기의 종류도 가격대와 기능에 따라 매우 다양했다. 1882년에 가장 고급 환등기는 조명에 산수소 테크놀로지를 쓴 것이었는데 무려 350달러였다.[8]

환등기는 광경을 포장하고 강화했다. 과학이자 엔터테인먼트였던 환등기는 진짜 여행에 들여야 하는 시간, 귀찮음, 육체적 불편함이 없는 '눈으로 보는 여행'을 제공했다. 유명한 곳들을 환등기로 보면서 사람들은 '반드시 봐야 할 것들' 목록의 하나씩 지워 나갔다. 집을 떠나지 않고도 로마, 피라미드, 판테온을 일주하는 대여행을 할 수 있었다. 슬라이드 쇼는 활동사진만큼 실감 나지는 않았을지 모르지만 컬러라는 장점이 있었고 대중에게 상영될 때는 연사의 드라마틱한 설명이 함께 제공되었다.

환등기는 사람들이 현실감 있는 인공 이미지에 몰입하는 시각적 경험에 익숙해지게 만들었다. 그 다음 단계는 이미지에 입체감을 주어서 청중이 마치 그 장면 속에 들어가 있는 것처럼 느끼게 하는 것이었다. 이러한 시각적 환영을 만들어내기 위해 원환상圓環狀의, 또는 반半원환상의 벽면에 그림을 그린 '파노라마'가 고안되었다. 극적이고 내러티브적인 요소가 담긴 커다란 그림을 보여준다는 아이디어는 18세기에 이탈리아에서 처음 나온 것으로 보인다. 그러다가 19세기에는 영국과 미국에서 자연의 경이, 재앙 장면, 전투 장면 등을 담은 거대 그림들을 보여주는 순회공연들이 생겨났다. '전체를 보다'라는 뜻을 가진 '파노라마panorama'라는 단어는 18세기 말에 생겨났는데, 높은 곳에서 내려다본 풍경을 곡면으로 된 벽면에 그린 그림을 일컫는 말이었다. 미술사학자 스티븐 오이터만Stephan Oettermann은 18세기에는 시각의 지평을 넓히는 데 대한 관심이 높아지고 있었으며 파노라마도 이러한 큰 흐름의 일부라고 설명했다. "더 이상 교회의 첨탑은 신실한 사람들의 눈길을 하늘로 향하게 하지 않는다. 이제 인간은 위를 우러러 보는 대신 그 자신이 신과 같이 되어, 자신이 보고 싶은 것들을 볼 수 있게 해주는 탑 위에서 아래를 내려다본다." 더 나중에는 (1889년의 파리 에펠탑처럼) 단지 "더 넓은 조망을 경험"하고자 하는 열망을 위해 탑을 짓기도 했으며 탑에 올라가는 것만으로는 충분치 않자 망원경이나 쌍안경을 들고 풍선 기구를 타고 올라가거나 산에 올라갔다(풍선 기구는 1783년에 등장했다). 파노라마는 이렇게 발견한 새로운 조망을 시각적인 가상현실로 표현한 것이라고 볼 수 있었다. 높은 데서 볼 수 있는 드넓은 광경의 모사품을 실내에서 볼 수 있게 만든 시각적 꾸러미로서, 파노라마는 "사람들에게 보는 방법을 가르치는 장비"였고 이런 점에서 영화의 전조라 할 만했다. 파노라마는 관객들에게 그들이 일상 속에서 경험하는 시각이 얼마나 제한적인지를 알게 했고 그 범위를 벗어나서 가능한 것이 무엇인지도 알게 했다. 오이터만은 이것이 당대에 떠오르던 자유에 대한 감각, 즉 경계를 초월한다는 것에 대한 부르주아적 감성의 일부라고 보았다. 이를 테면 피에르 프레보스트Pierre Prevost의 초창기 파노라마는 파리 시민들에게 튈르리 궁전 지붕에서 내려다보는 루브르의 모습을 보여주었는데, 그전까지 이런 각도와 위치에서 루브르를 내려다보는 것은 왕실 사람들에게만 가능한 일이었다.[9]

파노라마는 일반적인 그림이나 트롱프뢰유trompe l'oeil(눈속임 기법)를 훨씬 넘어서는 것이었다. 파노라마는 액자의 틀을 없애 더 현실감 있는 광경을 제공했다. 관람객들은 컴컴한 복도를 따라 걸어와 계단을 통해 플랫폼에 올라갔다. 위쪽으로는 우산 모양의 큰 차양이 쳐져 캔버스 위쪽 가장자리와 천정의 조명을 보이지 않게 가리고 있었다. 높이가 15~20미터, 폭이 25~30미터에 달한 파노라마는 진짜처럼 보이기에 충분할 정도로 커다란 그림이었다. 캔버스의 아래쪽 가장자리는 플랫폼으로 가리거나 플랫폼과 파노라마 그림 사이에 '가짜 지형물'을 놓아서 가렸다. 1790년대에 로버트 바커Robert Barker가 런던에 처음 파노라마를 선보였는데, 격노한 바다의 장면이 특히 큰 인기를 끌었다. 곧이어 파리나 로마의 유적지를 담은 파노라마도 인기를 끌었는데 이때는 배경 그림 앞에 소품이나 그림을 두어 입체감을 더했다. 파노라마 유행은 유럽과 미국에서 빠르게 퍼졌다. 1830년대가 되자 상업적인 볼거리로서의 파노라마의 인기는 수그러들었다. 하지만 남북전쟁 이후 1886년에 뉴욕에서 '게티즈버그 전투The Battle of Gettysburg' 장면들이 파노라마로 재현되며 다시 유행했다.[10]

미국에서 특히 인기를 끌었던 것은 '확장 파노라마'라고도 불린

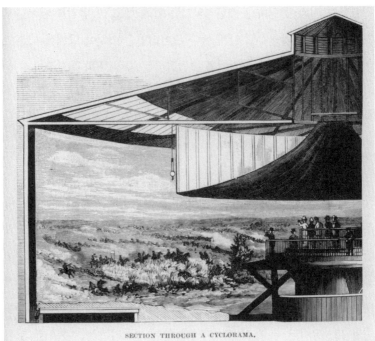

SECTION THROUGH A CYCLORAMA.

그림6.3 입체감 있고 실감나는 시각적 경험을 원하는 대중을 위해 제작된 원형 파노라마. 파노라마 장면을 진짜처럼 보이게 하기 위해 그림 윗부분에 막을 친 것에 주목하라.

'이동 그림'이었다. 연속된 풍경을 가로로 길게 담은 큰 그림을 두루마리 같은 거대한 롤러로 돌리면서 강연자가 무대에 보이는 장면에 대해 설명을 하는 것이었다. 대개는 여행기였고 구세계의 건축적인 장엄함보다는 미국 황야 풍경의 장엄함을 묘사한 것이 많았다. 이동 그림 열풍은 1848년에 새뮤얼 A. 허드슨Samuel A. Hudson이 세인트루이스에서 "1만2,000피트(약 3,700미터) 길이의 그림"이라고 소문난 것을 선보이면서 시작됐다. 얼마 지나지 않아 존 밴버드John Banvard, 존 R. 스미스John

R. Smith, 윌리엄 버르William Burr 등이 미시시피 주, 오하이오 주, 오대호 연안 등지에서 이동 그림을 선보였다. 이들은 길이가 3마일(약 5킬로미터), 심지어는 4마일(약 8킬로미터)이나 되는 그림을 보여주겠다고 요란스레 선전했다. 파노라마 연사는 여행의 위험과 불편함도 이야기했지만 강가를 따라 이어지는 장면들을 보여주면서 작은 배를 타고 여행하는 것의 낭만도 이야기했다. 버르는 이 점을 다음과 같이 설명했다. "이러한 이동 그림을 볼 때, 우리 눈은 일종의 시각적 방만함으로 하나의 흥미로운 지점에서 또 다른 흥미로운 지점으로 미끄러져 간다. (…) 그 사이의 공간은 건너뛰고서."[11]

하지만 거대한 그림이 아무리 경이롭고 상징적인 장면을 담고 있었다 해도, 또 무대를 가로질러 이동한다 해도, 파노라마는 고정된 그림이었고 대개 질이 썩 좋지도 못했다. 그래서 이르게는 1823년부터 동작을 표현하는 좀 더 정교한 볼거리들이 등장해 파노라마에 도전했다. 프랑스의 무대 디자이너 루이 다게르Louis Daguerre와 샤를 부통Charles Bouton은 '디오라마diorama'라는 것을 선보였다. 디오라마라는 단어는 단지 더 정밀한 파노라마를 뜻하는 말로도 쓰이지만, 1831년에 다게르는 하나의 그림에 두 개의 이미지를 겹쳐서 보여주는 특이한 '이중 효과 디오라마'를 발명했다. 다게르는 텅 비어 있는 낮 시간 성당의 모습과 자정 미사를 보러온 사람들이 가득찬 성당의 모습을 투명한 면의 양쪽에 그렸다. 여기에 다른 색의 조명을 번갈아 비추면 조명의 색에 따라 그림의 다른 부분들이 번갈아 드러났다. 천정에 달린 조명을 앞에서 뒤로 서서히 옮기면 이미지를 나타났다 사라지게 할 수 있었다. 이를 테면 밝은 녹색으로 그려진 사제들의 행렬은 앞에서 불을 비출 때는 보이지 않다가 뒤에서 빨간 조명을 비추면 갑자기 나타났다. 또

그림6.4 미국에서 1840년대 말에 인기를 끌었던
'확장 파노라마,' 또는 '이동 그림'을 보여주는 그림.
큰 그림이 무대를 가로질러 이동한다.

사제 한 명씩에 차례로 조명을 비추면 관객은 사제들이 성당 안으로 들어가는 모습을 보는 것 같은 느낌을 받을 수 있었다.[12]

이 밖에도 여러 가지 형태의 디오라마와 파노라마가 있었고, 가짜 풀이나 나무, 모형 건물, 때로는 살아있는 동물을 앞에 가져다놓아 입체감과 실제감을 높이기도 했다. 이러한 시각적 환상들은 시간과 공간을 응축하는 효과를 가져왔다.[13] 또 이러한 시각적 장관들은 "위험은 배제한 채로 반복적으로 경험될 수 있었기" 때문에, 처음 볼 때는 놀라워도, 마치 관음증적 볼거리처럼 여러 번 보면 그저 그렇고 지루하게 여겨질 수도 있었다.[14]

환등기, 파노라마, 이동 그림, 디오라마 등은 처음 보는 사람을 경

우리를 중독시키는 것들에 대하여

탄하게 했고 기발한 도구들로 놀라운 시각적 환상들을 만들어낼 수 있었지만 한계도 있었다. 이런 것들로는 춤추는 아이의 동작을 되살려 내거나 경찰이 강도를 쫓는 추격전을 현실감 있게 보여줄 수는 없었다. 영화가 나오기 한참 전에도 사람들은 실제 같은 움직임이 담긴 이미지를 보고 싶어 했고 멀게나마 그와 비슷한 것이 발명되기도 했다. 이르게는 16세기부터 파리의 상인들은 '랑테르느 비브lanterne vive'(살아 있는 호롱불)를 가게 밖에 걸어두었다. 그것은 그림이 그려져 있는 종이 원통으로(주로 악마 그림이었다), 원통 안에는 촛불이 있어서 원통에 그려진 그림이 주위의 벽과 바닥에 투사되었다. 촛불 때문에 더워진 공기가 원통 위쪽에 붙어 있는 바람개비를 돌려 원통을 회전시키면 악마가 춤을 추는 것처럼 보여서 행인들의 눈길을 끌었다.[15]

19세기에는 겹쳐 있거나 움직이는 것처럼 보이는 이미지들을 연출하는 더 정교한 가정용 광학 도구들이 등장했다. 1825년에 영국의 존 패리스John Paris는 잔상이라는 흥미로운 현상을 활용해 소머트로프thaumatrope(회전 그림판)를 만들었다. 이미지가 사라진 뒤에도 잔상이 남기 때문에 뒤의 이미지와 겹쳐 보이게 된다는 점을 활용한 것이었다. 종이 원판의 양면에 서로 다른 그림, 가령 새장과 새를 그리고 원판을 앞뒤로 회전시키면 새가 새장 속에 있는 것 같은 모습을 연출할 수 있었다. 1830년대에 벨기에의 조지프 플라토Joseph Plateau가 만든 페나키스토스코프phenakistoscope도 잔상의 원리를 이용했다. 이 도구는 8칸 또는 16칸으로 나뉜 두 장의 원판으로 이루어져 있었는데 하나에는 가장자리에 작고 긴 구멍들이 나 있고 다른 하나에는 연속적인 동작들이 그려져 있었다. (거울 앞에서) 원판을 돌리면서 구멍을 들여다보면 그림 속 인물이 움직이는 것처럼 보였다. 조트로프zoetrope라는 것도 있었는데, 여기에는 원통의 안쪽 면에 연속적인 동작이 담긴 그림 띠가 둘러져 있고 원통에는 수직으로 뚫린 틈새들이 있었다. 원통을 회전시키면서 틈새 안을 들여다보면 사람이 달리거나 춤을 추는 것처럼 보였다. 곧 도래할 영화가 만들어낼 효과를 멀게나마 달성한 것이었다.

하지만 이러한 광학 도구들은 대개 신기한 장난감 정도의 위상밖에 차지하지 못했다. 눈길은 끌었지만 스토리를 담을 수는 없었고 연출할 수 있는 동작도 간단한 것뿐이어서 시각적인 복잡성을 달성하는 데는 한계가 있었다. 그렇더라도 이런 장치들은 '보는 것'에 대해 새로운 방법을 제시하고 '보이는 것'에 대해 새로운 태도를 갖게 함으로써, 이보다 더 나아간 것들에 대한 열망을 만들어냈다.

하지만 이 책의 주제인 이미지의 보존과 포장과 관련해 먼저 살펴보아야 할 것은 카메라 오브스쿠라에서 뻗어 나온 첫 번째 갈래, 즉 사진이나. 카메라 오브스쿠라는 이미시를 투사하는 나양한 방식과 대중 전시용의 시각적 볼거리들을 개발하는 쪽으로도 발전했지만, 이미지를 포착하고 고정하고 보관할 수 있게 하는 쪽으로도 발전했다. 그리고 이 두 갈래의 발전, 즉 '대중 전시를 위한 영상의 투사'와 '사적인 사용을 위한 이미지의 포착'은 훗날 영화의 형태로 결합한다. 여기서는 먼저 사진의 기원부터 살펴볼 것이다.

사진의 기원

사진과 사진 기술은 150년 넘게 아마추어 애호가들을 매혹했으며 과학과 상업에서는 더 오랫동안 활용되어왔다. 감광 카메라의 기원은 카메라 오브스쿠라에서, 그리고 어두운 방(나중에는 상자)의 안쪽 벽에 맺히는 신비로운 이미지를 고정하고 복제하고 싶어 한 사람들의 열망에서 찾을 수 있다. 복잡한 역사를 거치면서 감광 카메라와 관련해서는 두 가지 방향의 혁신이 이뤄졌다. 하나는 사진 찍는 것을 숙달이 필요 없을 정도로 간단하게 만든 것이고, 다른 하나는 카메라가 이미지를 포착하는 데 걸리는 시간을 크게 줄인 것이다. 전자는 아마추어용 카메라와 평범한 사람들이 찍는 일상적인 스냅사진을, 후자는 대중 관객을 위해 독특한 꾸러미로 만들어져 중앙 집중적으로 배포되는 영화를 만들어냈다.

카메라 루시다 덕에 풍광을 베껴 그릴 수 있게는 되었지만, 아직까지는 기술이 조잡하고 한계가 많았다. 소묘에 영 솜씨가 없었던 프랑스의 J. N. 니에프스J. N. Niépce(1765~1833)는 자연의 이미지를 재생산하는 대안적인 방법을 찾고자 여러 가지 실험을 했다. 빛에 민감한 화학 물질을 빛에 노출시키면 검게 변한다는 사실은 이미 오래전부터 알려져 있었는데, 니에프스는 이에 착안해 '헬리오그래피'(태양으로 그리는 그림)를 만들었다. 이 방법으로는 대상이 되는 광경의 거울상을 음화로 얻을 수 있었고 이것을 뒤집으면 똑바로 된 양화를 만들 수 있었다. 1816년경에는 염화은(나중에는 비투먼)을 감광물질로 사용한 미니 카메라 오브스쿠라를 만들었다. 염화은을 바른 금속판을 암상자 안에 넣고 암상자의 구멍을 열면 외부의 이미지가 금속판에 흐릿하게 포착되었다. 문제는 노출 시간이 8시간이나 걸린다는 점이었다. 게다가 니에프스는 이미지의 생성을 '고정'할 수 있는 방법을 몰랐다. 충분히 노출이 되었을 때 감광물질의 반응을 멈추게 할 수가 없었던 것이다. 1829년에 니에프스는 디오라마를 만든 루이 다게르와 협업을 하기로 했다. 1833년에 니에프스가 사망한 뒤에도 다게르는 연구를 계속해 이미지를 포착하는 새로운 방법을 개발했다. 1835년에 다게르는 니에프스가 썼던 은을 입힌 구리 감광판을 암상자에 넣기 직전에 요오드로 처리했다. 이 감광판을 4~10분간 노출시키면 잠상(아직 겉으로는 보이지 않는 이미지)이 생성됐다. 그 다음에 감광판을 수은 증기에 쏘이면 양화 이미지를 얻을 수 있었다. 1837년에는 더운 식염수가 감광물질이 빛에 반응하는 것을 멈추게 해 이미지를 고정시킬 수 있다는 것을 알아냄으로써 마지막 문제를 해결했다. 다게르는 이렇게 해서 얻어진 금속판 이미지를 '다게레오타이프'라고 불렀다. 1839년에 다게르가 연금 6,000프랑을 받고 이 기술을 프랑스 정부에 판매해, 다게레오타이프 기술의 사용권이 일반에 공개됐다.[16]

사진은 놀라운 속도로 퍼져나갔다. 1839년 8월, 다게르의 발명에 내한 사용권이 일반에 공개된 시 하루 만에 나게레오타이프 설넁서가 출판됐고 그해 말에는 유럽의 모든 주요 언어로 번역본이 나왔다. 또 사용권이 공개된 지 한 달 만에 뉴욕에 다게레오타이프 사진 스튜디오가 생겼고, 1년이 지나기 전에 이 새로운 기술은 많은 초상화 화가들을 사진사가 되게 만들었다. 다게르의 뒤를 이어 여러 가지 개선도 이뤄졌다. 어떤 사람들은 빛을 잘 모으고 노출 시간을 줄이기 위해 렌즈의 성능을 높였고(대체로는 렌즈의 크기를 키우는 방식으로였는데, 렌즈 크기가 12인치(약 30센티미터)에 달하는 것도 있었다), 어떤 사람들은 까다로운 고객에게 맞추기 위해 다게레오타이프로 생성한 사진 위에 수작업으로 채색을 더했다. 다게레오타이프는 (음화 과정을 거치지 않는 직접 양화 방식이어서) 딱 한 장만 찍을 수 있었고 복제가 불가능했기 때문에 사람들이 '그림'에 대해 갖고 있던 기존의 개념과 잘 맞아 떨어져서 빠르게 받아

들여질 수 있었다. 또 전에는 초상화를 그리려면 오래도록 앉아 있어야 했는데 다게레오타이프는 오래 기다리지 않고도 비교적 낮은 가격으로 초상을 가질 수 있게 해주었다. 구리 감광판을 노출하고 나면 현상하는 작업이 곧바로 이뤄져야 했기 때문에 다게레오타이프는 전문 스튜디오에서만 찍을 수 있었고, 따라서 미국과 유럽 전역의 크고 작은 마을에서 주요 거리마다 다게레오타이프 스튜디오들이 생겨났다.[17]

다게레오타이프는 개인적인 이미지를 포착하고 상업화하는 변화를 가져왔다. 하지만 이것은 초기 사진술의 발달에서 큰 중요성을 갖는 네 가지 테크놀로지 중 하나일 뿐이다. 나머지 세 가지의 기술 발달도 생산자와 소비자에게 각기 중요한 영향을 미쳤다. 우선 1839~1855년의 사진 기술들은 직접 양화 방식이었는데(은을 입힌 구리 감광판을 사용한 다게레오타이프를 비롯해 이 시기에 존재했던 〔다른 감광판을 사용하는〕 틴타이프, 암브로타이프 등은 모두 직접 양화를 얻어내는 방식이었다), 1855~1875년에는 콜로디온을 입힌 유리판이나 철판으로 음화를 만들어내는 기술이 개발됐다. 음화는 종이에 양화로 재생할 수 있었는데 이로써 한 장밖에 찍을 수 없던 기존의 직접 양화와 달리 이미지를 여러 장 복사할 수 있게 됐다. 그 다음으로 콜로디온 감광판은 젖은 채로 사용하는 습판이었는데 1875~1895년에 젤라틴을 입힌 유리 감광판을 사용하는 건판 방식이 개발되어 번거롭고 느린 습판 방식을 대체했다. 마지막으로 1884년 이후 두루마리 모양의 롤필름roll film이 등장했다. 처음에는 종이로, 나중에는 셀룰로이드로 만들어진 롤필름은 한 칸씩 차례대로 여러 장의 사진을 찍을 수 있었고 다 찍고 나면 공장으로 보내서 한꺼번에 현상할 수 있었다. 이 마지막 발전은 두 가지의 극적인 혁신을 낳았는데, 하나는 아마추어 스냅사진 카메라이고 다른 하나는 영

화다.[18]

테크놀로지는 엉뚱해 보이고 에둘러 가는 기원을 가진 경우가 많다. 사진도 그렇다. 콜로디온은 1846년에 발명된 면화약에서 나왔다. 면화약은 면화를 질산과 황산으로 처리해 만든 새로운 폭발물이었다. 이 면화약을 디에틸에테르와 알코올에 녹이면 젤리 같은 축축한 물질인 콜로디온이 되는데 이는 사진의 기초 물질이 되기에 매우 적합했다. 1851년 영국의 조각가이자 아마추어 사진가 프레데릭 아처Frederick Archer는 유리판에 콜로디온을 바르면 감광물질인 할로겐염을 매우 잘 실어 나르는 훌륭한 함침제가 된다는 것을 발견했다. 할로겐염을 노출 직전에 질산은으로 처리하면 음화를 잠상으로 얻을 수 있었다. 그리고 다시 이것을 황산철로 처리하면 잠상이 드러나 눈에 보이는 음화가 생성되었는데, 빛이 더 많이 쪼여진 곳일수록 색이 짙었다. 화학적으로 이 이미지를 고정한 다음에 할로겐화은(염화은 등)을 바른 종이를 음화 아래에 깔고 빛을 쪼이면 양화 이미지를 얻을 수 있었다. 그 다음에 종이에 인화된 사진 이미지를 티오황산나트륨으로 씻어서 고정하면 완성이었다.

다게레오타이프에 비하면 매우 번거로운 과정이었다. 또한 이미지가 오톨도톨해 보였고 콜로디온이 축축한 상태일 때 찍어야 해서 처음부터 끝까지 전 과정을 전문 사진사가 진행해야 했기 때문에 즉흥적으로 찍거나 아마추어가 찍는 것은 불가능했다. 하지만 콜로디온 습판에는 장점도 있었다. 노출 시간이 줄어든 것도 줄어든 것이지만, 무엇보다 다게레오타이프와 달리 음화를 생성해서 여러 장의 사진을 복제할 수 있었다. 이 모든 것이 저렴한 개인 사진 열풍을 불러 일으켰다. 특히 남북전쟁 중에 사진사들은 군대 막사에 임시 스튜디오를 차리고 콜로디온과 그 밖의 기술들을 이용해서 군인들의 사진을 찍어 집에 보내주었다. 이 사진들은 염려하는 가족과 전쟁에 나간(그리고 많은 경우에 돌아오지 못한) 젊은이 사이에 너무나도 소중한 시각적 연결 고리가 되어주었다.[19]

전례 없는 상업적 규모로 사진을 생산할 수 있게 됐다는 점은 매우 큰 사회적인 영향을 미친 두 가지 현상을 가져왔다. 하나는 명함 판 사진, 다른 하나는 스테레오그래프였다. 복제가 가능한 음화를 통해 1854년경부터 사진사들은 유명인의 사진을 대량생산하기 시작했다. 명함판 사진이라고 불린 이 사진들은 세로 4인치(약 10센티미터)에 가로 2.5인치(6센티미터) 크기로, 링컨이나 빅토리아 여왕 등 유명인의 모습을 담고 있었다. 점차로 부유한 가정이나 평범한 가정이나 할 것 없이 유명인의 모습을 가정에 둘 수 있게 되었다. 무대적인 포즈를 취하고 있는 유명인의 상반신 사진 혹은 전신사진이 시장에 쏟아져 나오면서, 소비자들은 자신의 영웅과 매우 새로운 방식으로 접촉하는 경험을 할 수 있었다. 또 한 사람의 이미지를 수많은 사람들에게 효과적으로 퍼뜨리면서, 명함판 사진은 오늘날의 유명인 현상을 만드는 데도 일조했다.[20]

콜로디온 시대에 생겨난 두 번째 혁신은 1840년에 영국의 찰스 휘트스톤Charles Wheatstone이 발명한 스테레오그래프였다. 스테레오그래프는 입체감을 가미해서 3차원 이미지와 비슷한 것을 만들어냄으로써 인간이 실제 환경에서 경험하는 것과 근접한 이미지를 산출했다. 휘트스톤이 사용한 초창기 이미지들은 그림으로 되어 있었지만, 1849년에 데이비드 브루스터David Brewstar가 스테레오스코프용 카메라를 개발해 입체감을 발전시켰다. 브루스터는 하나의 장면을 같은 거리에서, 그러나 사람의 두 눈이 떨어진 만큼의 간격을 두고 두 대의 카메라로 찍어서 미세하게 차이가 나는 사진 두 장을 생성했다. 이 두 장의 사진을 스테레오스코프를 이용해 한 눈에 하나씩 대고 동시에 보면 인간의 뇌는 이것을 입체 영상으로 인식했다. 처음에는 순전히 과학적인 호기심에서 나왔지만, 1850년대에 콜로디온으로 사진을 대량 복제하는 것이 가능해지면서 스테레오스코프도 상업화되었다. 초창기의 스테레오스코프는 비싸고 복잡한 장비였지만, 1861년에 미국의 의사 올리버 웬델 홈스Oliver Wendell Holmes(같은 이름을 가진 대법관의 아버지)가 편리하고 휴대 가능하며 값이 싼 스테레오스코프를 개발했다. 유명한 관광지나 옛날이야기 장면뿐 아니라 포르노 장면이 담긴 스테레오그래프 카드도 구매할 수 있게 됐다. 또한 명함판 사진처럼 스테레오그래프도 수집품이 되었다. 1900년 이후가 되면 스테레오그래프는 영화라는 더 흥미신진한 이미지에 밀려나지만, 환등기처럼 장난감으로는 20세기까지 몇 세대를 더 살아남는다(나이가 어느 정도 든 독자라면 '뷰마스터View Master'를 기억할 것이다).[21]

초창기의 녹음도 그랬듯이, 초창기의 사진은 사람들이 보존하고 싶어 하는 것들, 즉 희귀하고, 놀랍고, 반복될 수 없고, 찰나의 것들을 주로 포착했다. 전문 사진가들은 이집트 묘비의 상형문자, 도시의 전경, 유럽의 성이나 대성당 같은 것들의 사진을 찍었다. 초창기 사진가들 중에 평민의 모습이나 평범한 일상의 장면을 포착한 사람은 거의 없었다. 1850년대의 사진들은 그보다는 흐릿한 나뭇가지나 버려진 유적지의 모습 등을 몽환적으로 담은 낭만주의 풍경화의 효과를 사진으로 재생산하고자 했다. 애초에 다게르는 오랜 노출 시간(3~15분)을 견딜 수 있는 건물이나 자연만이 사진의 대상이 될 수 있다고 생각했

우리를 중독시키는 것들에 대하여

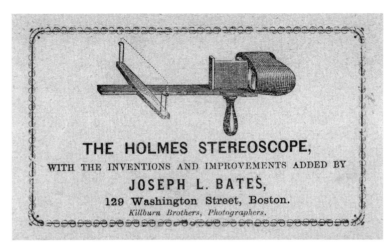

그림6.5 1860년대 초 올리버 홈스의 스테레오스코프.
입체 사진을 보여주는 간단한 장치다.

다. 다게레오타이프가 개선되면서 초상 사진을 찍기가 더 수월해지기는 했지만, 대상자는 여전히 꽤 긴 시간 동안을 카메라 앞에서 공식적인 포즈를 취한 채로 움직이지 않고 있어야 했다. 초창기의 사진가들은 사진가들 나름대로 사진이 자연을 엄격하게 있는 그대로 재생한다고 주장했고, 이를 두고 화가들은 화가들 나름대로 사진은 상상력이 결여된 객관적인 산출물에 불과하다고 주장했다.[22]

하지만 열정적인 사진 애호가들은 다른 측면에 주목했다. 이들은 사진이 객관적인 이미지 이상의 것을 제공한다고 생각했다. 사진은 '무한한 재생산 가능성'도 제공했다. 1859년에 홈스는 〈애틀랜틱 먼슬리 Atlantic Monthly〉에 쓴 글에서, "이제 (형태가) 물질에서 분리되었다"고 언급했다. "콜로세움이나 판테온은 단 하나뿐이지만 이것을 찍은 음화 잠상은 수백만 장이 될 것이며, 다시 이것들이 수십억 장의 양화 이미지가 될 것이다." 고유하고 창조적인 작품이나 예술적인 표현 같은 것은 중요하지 않았다. 홈스는 "자연적인 것이건 인공적인 것이건 보고 싶은 것이 있으면 어떤 것이든지 왕립, 국립, 아니면 시립 스테레오그래프 도서관에 가서 그것의 가죽, 혹은 형태를 달라고 할 수 있게 될" 세상을 꿈꿨다. 홈스는 한발 더 나아가 이렇게 주장했다. "아마도 10년 안에 다음과 같은 문제가 진지하게 논의될 것이다. 사진가를 이집트에 보내서 우리 응접실을 즐겁게 만들어줄 이미지를 포착해오도록 할 수 있는데, 여행이 굳이 왜 필요하겠는가?"[23] 스테레오스코프를 들여다보는 눈도 이집트에 가서 그곳의 열기, 소음, 먼지 속에서 풍경을 보는 눈과 정확히 같은 것을 볼 수 있을 터였다(물론 여행에 수반되는 괴로움은 없이). 홈스에게서는 이렇게 이집트도 정확하고 쉽게 접근할 수 있는 '이미지'로 환원됐다.

19세기 중반, 사진은 당시의 현대인들이 테크놀로지의 빠른 변화에 대해 긍정적인 태도를 갖게 만들었다. 화학과 광학의 진보로 생겨난 사진은 마술적이고 해방적이었다. 그리고 사진은 (일부 화가들의 경우를 제외하면) 삶의 양식을 위협하지 않았다. 사진이 개인성을 함양해준다고 보는 사람들도 있었다. 사진 덕분에 소비자들이 개인적이고 거의 영구적인 방식을 통해 스스로를 드러내 보일 수 있게 되었다는 것이다. 홈스는 명함판 사진과 스테레오그래프가 "모든 인류를 내 지인이 되도록" 만들었다고 언급했다. 포착된 이미지라는 피상적인 형태로서만 아는 것일지라도 말이다.[24]

이 점은 19세기 세 번째와 네 번째 단계의 사진 기술 발전으로도 이어진다. 콜로디온 습판이 젤라틴 기반의 감광 방식으로 (처음에는 유리 감광판으로, 나중에는 셀룰로이드 롤필름으로) 대체되면서 카메라는 새로운 사람들의 손에 들려서 새로운 광경들을 찍게 되었다. 영국의 의사 리처드 매독스Richard Maddox는 1871년에 브로민화은을 섞은 젤라틴 유제를 유리판(나중에는 종이)에 입혀서 콜로디온 '습판'을 훌륭히 대체할 '건판'을 만들어냈다. 1873년이 되면 젤라틴 유제는 상품화되어 전문 사진사들에게 판매된다. 건판은 습판에 비해 명백한 장점들이 있었다. 습판은 노출 직전에 준비해야 했지만 젤라틴 입힌 유리판은 한참 전에 미리 준비해둘 수 있었다. 유리 감광판은 공장에서 기성품으로 만들어 거의 모든 지역으로 공급할 수 있었기 때문에 시간과 노력을 많이 단축시켰다. 또한 돌아다니면서 사진을 찍을 수 있게 되면서 아마추어 사진이 가능해졌다. 건판은 노출 시간도 크게 줄여주었기 때문에 더 비공식적인 사진을 더 자주 찍을 수 있게 되었다. 그리고 다 찍은 사진은 공장에서 현상했기 때문에 소비자는 사진과 관련한 또 하나의 성가신 일을 덜 수 있었다. 이렇게 해서 중앙 집중화된 기업형 사진 업계가 아마추어 사진과 나란히 발전했다. 이러한 변화의 수혜자를 한 명만 꼽으라면 단연 조지 이스트먼George Eastman을 들 수 있을 것이다. 1883년에 이스트먼은 아마추어와 전문가 모두를 대상으로 기성품 유리 감광판을 제조하고 다 찍은 사진을 현상, 인화하는 공장을 열었다.[25]

현대의 카메라를 가능하게 한 테크놀로지 발전의 네 번째, 그리고 마지막 단계는 셀룰로이드 롤필름의 발명이었다. 셀룰로이드 롤필름은 스냅사진 카메라, 대중적인 아마추어 사진, 그리고 셀룰로이드 영화가 생길 수 있게 했다. 셀룰로이드 필름이 나옴으로써, 20세기 말에 디지털 사진이 등장하기 전까지 사진과 관련된 주요 기술 혁신이 사실상 마무리된다.

1884년에 이스트먼은 윌리엄 홀 워커William Hall Walker와 함께 유리 감광판을 젤라틴 유제를 바른 종이 두루마리로 대체했다. 그리고 여전히 번거로운 면이 있었던 종이 필름은 1887년에 셀룰로이드 롤필름과 새로운 카메라 '코닥'이 나오면서 획기적으로 편리해졌다. 니트로셀룰로스와 장뇌를 함께 넣고 열과 압력을 가하면 셀룰로이드가 되는데 이것을 아주 얇게 썰면 돌돌 말 수 있는 필름 형태로 만들 수 있었다. 1888년에 25달러에 판매된 최초의 코닥 사진기에는 필름을 넣는 곳과 필름 가장자리의 구멍들에 맞물려 돌아가면서 필름을 차례대로 밀어 낼 수 있는 톱니 회전 장치가 있어서, 필름이 한 칸씩 셔터에 놓일 수 있었다. 최초의 코닥 필름은 수백 장의 사진을 찍을 수 있었는데 수백 장어치의 필름 한 통을 다 쓰면 사진사들은 카메라를 통째로 이스트먼 코닥 공장으로 보냈고, 그러면 공장에서 사진을 현상, 인화하고 새 필름을 채웠다.[26]

　　이스트먼의 천재성은 사진을 찍는 행위 자체만 빼고 모든 것을 중앙 집중화된 시스템으로 만들었다는 데 있었다. 이렇게 해서 사진이라는 새로운 예술이 전문적인 훈련을 받지 않은 아마추어에 의해 대중적으로 소비될 수 있게 되었다. 1890년대부터 새로 떠오른 화려한 잡지들에 대대적으로 광고를 하면서, 이스트먼은 누구나 쉽게 필름을 넣을 수 있고, 공장에서 현상을 맡아주는 사진기를 갖고 있으면 누구나 원하는 사진을 직접 찍을 수 있다는 점을 미국 대중에게 알렸다. 또한 방대한 소매 및 서비스 대리점의 네트워크를 꾸리면서 이스트먼은 훗날 축음기 등의 시장에서 나타나는 복잡한 유통 시스템의 전조를 보이기도 했다. 초심자를 위해 쓰인 《코닥 프라이머Kodak Primer》 (1888)는 새로운 카메라가 이룩한 성취를 명확하게 표명했는데, 누구라도 "작은 상자를 눈앞에 놓고 버튼을 누르기만 하면" 되었으며 "손가락을 더럽힐" 필요도 없고 "특수한 장비나 시설"에 투자를 할 필요도 없었다. 코닥의 유명한 광고 문구는 이를 다음과 같이 요약했다. "버튼만 누르세요. 나머지는 저희가 할게요." 그렇긴 했지만 코닥은 사진 찍기에 좋은 대상과 설정이 무엇인지에 대해서는 여전히 조언을 했다. 코닥이 제안하는 것은 결혼식, 캐츠킬 산맥의 여름, 해변, 해외여행, 캘리포니아 방문, 겨울의 남부 방문 등과 같은 것들이었는데, 이스트먼은 떠오르는 미국인의 레저 문화에 코닥 카메라가 필수품이 되게 만들고자 했다.[27]

잡지에 실린 광고들은 '코닥 시스템'이 사용하기 쉽다는 점을 강조하면서 (이를 크게 뒷받침하기라도 하듯) 카메라가 더 이상 남성 전문가를 필요로 하지 않으며 여성과 아이들도 즐길 수 있다고 주장했다. 1890년대에는 휴일에 놀러 가는 젊은 여성들을 의미하는 '코닥 걸'이라는 단어도 생겨났다. 그리고 1900년 이후에는 아이들도 사진 찍는 취미에 동참했다.[28]

코닥의 광고는 더 빠른 셔터, 실내 사진용 필름, 동작 사진 등의 지속적인 '개선'도 자랑했다. 또 이스트먼 코닥은 사진을 저장했다가 볼 수 있는 사진첩도 판매했다. 빅터 토킹 머신 컴퍼니가 레코드첩을 판매했던 것과 마찬가지다. 또한 레코드 업계에서와 마찬가지로 코닥은 카메라 제품을 풀 라인으로 제공했다. 1888년에 나온 첫 번째 모델은 25달러나 했지만, 1895년에는 5달러짜리 '포켓 코닥Pocket Kodak'이 나오면서 사진기 판매가 급증했다.[29]

빅터와 에디슨의 축음기 마케팅도 그랬듯이, 코닥은 한편으로는 계속해서 카메라를 업그레이드해서 고급 소비자를 공략하고 다른 한편으로는 중산층과 노동자 계급 소비자를 위한 저가 모델들을 내놓으면서 고객 저변을 계속 확대해 나갔다. 이제는 익숙해진 이 마케팅 기법은 미국 특유의 소득 구조를 반영하고 있었다. 당시 미국은 소득 구간이 점진적으로 분포하는 피라미드 형태의 소득 구조를 보였다(대조적으로, 유럽은 계단식 소득 분포를 보이고 있었다). '풀 라인'의 소비자에게 호소한다는 것은 아메리칸 드림을 촉진하는 것이기도 했다. 누구라도 "보편화된 소비의 세계"에 참여하면서 개인적인 성취 또한 달성하고 내보일 수 있다는 기대를 확산시킨 것이다. 물론 여기에서 개인적인 성취는 경제적인 사다리를 올라가면서 소비의 스케일도 올려 달성할 수 있었다. 이 마케팅 기법은 머지않아 자동차 업계에도 적용된다.[30]

이스트먼의 광고는 카메라와 편리함을 판매하는 것에서 그치지 않았다. 사람들이 다른 방식으로 '보도록' 훈련시키기도 했다. 역사학자 낸시 웨스트Nancy West가 짚어냈듯이, 이스트먼 코닥은 사진의 '매력'을 판매하면서 코닥이라는 말이 동사로 쓰이게 하려고 애를 썼다. '코닥하다'라는 동사는 사진 찍기 좋은 유쾌한 이미지를 찾는다는 뜻이었다. 이런 판촉 전략은 카메라와 필름의 판매를 촉진한 것을 넘어서, 현대 특유의 '보는 법'을 구성한 스냅사진적 시각을 만들어냈다.[31]

전문가가 아닌 아마추어의 손에 카메라를 쥐어 줌으로써, 이스트먼은 사진을 찍는 것, 그리고 사진을 생각하는 것에 대해 완전히 새로운 방식을 열어 젖혔다. 우선 이는 풍부한 문화를 양성했다. 1888년의 사람들에게 이것이 얼마나 경이로운 일이었을지 생각해보라. 필름을 한 번 넣으면 수백 장의 사진을(나중에 나오는 필름들은 용량이 더 작아지지만) 찍을 수 있는 사진기라니! 그전까지는 중산층이라 해도 한두 장 이상의 사진을 소유하는 경우가 드물었다. 하지만 이제 편리하고 싼

우리를 중독시키는 것들에 대하여

카메라 덕에, 제목을 달고 날짜를 적어서 사진첩에 깔끔하게 정리해두든 아니면 신발 상자에 넣어둔 채로 반쯤 잊고 살다가 할머니가 돌아가셨을 때 꺼내보든 간에, "추억을 쌓는 것"이 가능해졌다. 사진을 축적하는 것은 이 당시에 인형, 골동품, 가구, 우표, 야구카드 등 다양한 영역에서 유행하던 수집 열풍의 일부이기도 했다.[32]

또한 코닥은 사진이란 무엇이어야 하는가에 대한 옛 개념을 깨뜨리면서, 가족과 시간에 대해 새로운 감수성을 불러왔다. 1840년대 이래로 전문 사진사는 나이아가라 폭포나 링컨 대통령 등 특정한 장소나 특정한 사람의 상징적이고 공식적인 이미지를 찍는 것에 특화해왔다. 이에 더해 성별 역할과 연령별 역할에 대해 이상화된 개념을 환기시키도록 고안된 '가족사진'도 중요해졌다. 가족사진은 특별하고 비교적 돈이 많이 드는 투자였으며 시간을 초월해 집안의 유물이 될 것으로 여겨졌다. 일반적으로 아버지의 권위적인 이미지와 아이들(특히 어린아이들)의 종속적인 역할을 드러내는 포즈로 되어 있었고, 졸업식과 같은 통과의례적인 행사를 위해 옷을 잘 차려 입은 모습을 담는 경우가 많았다. (코닥 이전) 사진의 또 다른 중요한 대상은 죽은 아이였다. 감상적인 (지금 보면 병적으로 보이기까지 하는) "죽은 아이의 사진mortuary photo"은 금방 숨진 아이를 의자에 앉혀놓고 사진에 담음으로써 이상화된 추억을 동결시키는 매개였다. 1840년대와 1850년대에는 죽은 아이의 사진을 찍는 것이 살아있는 아이의 사진을 찍는 것보다 더 일반적이었다.[33]

그런데 코닥은 고객들에게 빅토리아시대의 이상화된 개념을 거부하고 그런 개념을 담고 있는 전문가 사진의 클리셰를 깨뜨리라고 독려하는 메시지를 광고와 매뉴얼 북에서 계속해서 내보냈다. 낸시 웨스트는 이러한 변화에 두 가지 측면이 있었다고 설명한다. 첫째, 젊은 여성들에게 사진을 찍으라고 독려함으로써 사진의 주제가 새로워졌다. 사진이 성인들의, 특히 여성들의 유쾌한 순간들을 포착하게 된 것이다. 코닥은 젊은 여성들에게 소풍갈 때 코닥을 가져가서 꼭 대단한 장면이 아니더라도 그저 친구들과 재미있었던 때와 같은 개인적으로 특별했던 순간들을 담으라고 독려했다. 1903년의 한 광고는 "코닥 없는 휴가는 낭비된 휴가"라고 말했다. 즉흥적인 스냅사진들은 공식화되고 양식화된 사진을 찍는 전문가들로서는 잡아낼 수 없는 개인들의 진실한 순간들을 포착할 터였고, 이제 사람들은 더 이상 이상화되거나 정형화된 지위, 나이, 성 역할 등으로 환원되지 않을 것이었다. 그리고 개인의 '진정한 모습'은 여가나 휴식을 취하는 비공식적인 순간들에서 가장 잘 드러날 것으로 여겨졌다. 이는 매우 흥미로운 경향을 보여주는데, 자기표현이라는 개념과 여가를 노력적인 필수 사항(거의 의무 사항)으로 보는 개념을 담고 있는 것이다.[34] 스냅사진의 미학은 남녀의 연애에서 보이던 새로운 경향성과도 맥을 같이 했다. 따라다니는 샤프롱

chaperon(젊은 여자가 사교장에 나갈 때 따라가서 보살펴주는 사람으로 대개 나이 많은 부인이다)

없이 남녀가 만나는 데이트 문화가 퍼진 데서도 알 수 있듯이, 이 시기의 연애는 점점 비공식적으로 되어가는 추세를 보이고 있었다.[35] 코닥은 낭만적이던 연애 시절에 찍은 사진이 훗날 그 부부에게 "흘러가버린 소중한 순간을 생생한 사진 속에서 영원히 살아있게 해줄 것"이라고 약속했다. 여름 날 뱃놀이를 하는 남녀의 모습이 담긴 1930년의 광고가 이를 잘 보여준다. "시간은 지나고 하루하루는 저물고 물결은 흘러갑니다. 하지만 코닥이 드리는 사진은 영원히 당신의 것입니다." 이어서 핵심적인 문구가 등장한다. "사진 속에서, 낭만은 결코 바래지 않

습니다."[36] 코닥은 흘러가는 순간을 포착한다는 개념을 반복적으로 환기시켰는데, 낭만적인 순간이나 휴가뿐 아니라 스포츠 장면이라든지 신기한 물고기나 새의 모습처럼 특별하고 찰나적인 여러 순간들이 다 해당될 수 있었다.[37]

 낸시 웨스트가 설명한 변화의 두 번째 측면은 자라나는 아이들의 모습을 담고 싶다는 열망이었다. 아마도 이 열망을 가졌던 사람들은 1890년대에 카메라를 들고 낭만적인 휴가를 갔던, 그리고 1900년대에는 어머니가 된, '해방된' 깁슨걸Gibson Girl(1890년대에 유행한 의상을 갖춰 입고 다녔던 여성들. 미국의 삽화가 깁슨이 그린 그림 속에 자주 등장해 이렇게 불렀다)들이었을 것이다. 이들은 전문 사진가에게 죽은 아이를 찍어 달라고 하는 대신, 직접 행복하고 활기 넘치는 아이의 모습을 스냅사진에 담았다. 어린 시절을 예찬하는 이 새로운 경향은 천사 같은 아기라든가 가엾은 부랑아 아이 등과 같은 옛 이미지를 몰아내고 '귀여운 아이'의 컬트를 가져왔다. 이 시기에는 즐거워하고 즐거움을 주는 아이의 모습을 담은 이미지가 부상했다. 영아사망률이 낮아지면서 부모들이 아이의 생존 가능성을 염려하지 않게 된 것도 이런 현상에 기여했다. 귀여움을 담은 이런 사진들을 통해서, 성인들도 행복과 쾌락에 대한 자신들의 욕망을 '경이로운' 아이의 모습에 투사했다.[38]

 코닥은 아이들에게도 사진을 찍으라고 독려함으로써 즉흥 사진으로서 스냅사진이 갖는 미학을 강화했다. 1898년에 코닥은 작은 아동용 카메라 '브라우니'를 선보였다. 에디슨의 아동용 축음기 '젬'처럼, 브라우니도 값이 쌌고(여섯 번 찍을 수 있는 것이 1달러였다) 부모들에게 어떤 아이라도 작동시킬 수 있을 만큼 간단하다고 선전했다. 광고는 아이들을 직접적으로 겨냥하기도 했다. 코닥은 '브라우니 카메라 클럽'

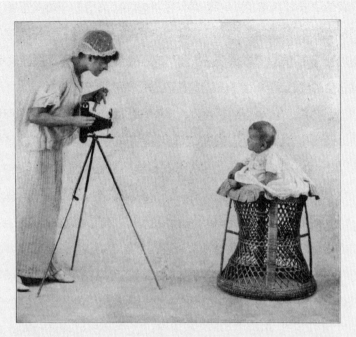

Keep a

KODAK BABY BOOK

THE first journey downstairs for exhibition to that secondary consideration—father. The toddling nursery days! That all important epoch when *the* baby first trudges off to school. In all these great events are limitless opportunities for the Kodak.

And with the school days come pictures *by*, as well as pictures *of* the children. Pictures they take of each other, free from constraint or conscious posing. Spontaneous pictures that reflect simplicity and weave into the Kodak Book the touch of naturalness.

EASTMAN KODAK COMPANY,

Ask your dealer or write us for free illustrated booklet." At Home with the Kodak."   ROCHESTER, N. Y., *The Kodak City.*

그림6.6 전형적인 코닥 광고. 어머니에게 아이의 특별한 순간을 사진으로 담으라고 말하고 있다. 아이들 또한 '자연스러움'을 담을 수 있는 '즉흥 사진들'을 직접 찍어서 '코닥 베이비북'에 담으라고 독려받았다.

      우리를 중독시키는 것들에 대하여

을 만들고, 브라우니 카메라를 도깨비 브라우니가 등장하는 유명한 동화책 시리즈(요즘으로 치면 스머프나 닌자 거북이급이라고 보면 될 듯 하다)와 연관지었다. 이 친숙한 마스코트는 〈유스 컴패니언Youth's Companion〉, 〈세인트 니컬러스Saint Nicholas〉, 그리고 당시에는 가족 잡지였던 〈코스모폴리탄〉 등에 실린 초기의 브라우니 광고에 자주 등장했다.[39]

경이로운 순수함에 대한 코닥의 예찬은 자녀에게 집착하는 문화 이상을 의미했고 동시에 공식적인 (전문가의) 사진에서 비공식적인 (아마추어의) 사진으로의 변화 이상을 의미했다. 흘러가는 이미지를 응결해서 그것이 주는 정서적인 힘이 사진첩을 열 때마다 되살아날 수 있게 한다는 의미 또한 가지고 있었다. 1911년의 코닥 광고는 달콤한 열여섯 살은 "인생에서 단 한 번뿐"이라고 말했다. 그리고 코닥은 아마추어 사진을 찍는 것이 "처음의 뿌듯함"을 간직할 수 있게 해준다고 주장했다. 이러한 호소력은 1928년에 대대적으로 게재된 광고에 다음과 같이 잘 요약되어 있다.

두 아들이 처음으로 야구하는 것을 볼 때 얼마나 기뻤던가요. (…) 하룻밤 사이에 아이들은 청년이 되었습니다. (…) 나는 깨닫기 시작합니다. (…) 내가 찍은 사진들이 이제 루비보다도 귀하다는 것을요. 자칫 기억에서 사라져버렸을지도 모를 일들을 나는 분명하고 즐겁게 떠올릴 수 있습니다. (…) 언젠가 당신도 당신의 아이들이 예전에 어땠는지 떠올리고 싶을 것입니다. 그런 날에, 삶에서 가장 소중했던 순간을 떠올리게 해줄 사진을 갖고 있지 않은 불행한 사람이 되시겠습니까?

1920년대 말에 가정용 동영상 카메라를 생산하기 시작했을 때도 코닥은 비슷한 메시지의 광고를 내보냈다.

우리 아이들이 아이들로 있는 시간은 너무나 짧습니다. (…) 그 시간 동안 붙잡아두고 싶은 것이 너무나 많을 것입니다. 길을 내달려가는 모습, 꼬마 자동차를 모는 모습 (…) 처음으로 높은 구두를 신고 뒤뚱거리는 제인의 모습……. 아이들의 행복했던 시간들을 다시 한 번 느끼는 즐거움을 더 이상 거부하지 마세요.

1920년대 말이 되면 코닥의 광고는 할머니에 대한 '추억'까지도 이야기한다. "모든 작은 몸짓이나 표현까지도 (…) 너무나 할머니의 모습입니다. (…) 너무나 진짜 같은 모습." 하지만 할머니의 이미지는 덧붙이는 밀 징도에 해딩했고, 초점은 언제나 어린 시절, 희망적이고 진보적인 미래이자 너무 빨리 흘러가버리는 어린 시절의 순수함이었다.[40]

스냅사진 카메라는 찰나적인 것을 고정해내는 능력을 통해 우리 감각을 변화시켰고 시간과 추억을 생각하는 새로운 방식을 제공했다. 철학자 롤랑 바르트Roland Barthes는 사진이 "절대적 즉각성/고유성"을 가진다고 언급했다. 하지만 사진의 더 큰 특징은 삶을 보존한다고 하면서 삶을 멈추고 고정시키는 데 있었다.[41] 빅토리아인들이 시간의 공포에 대항하기 위한 성채로 "영원한" 이미지를 사진에 사용했다면, 코닥은 변화의 공포를 새로운 방식으로 완화시켰다. 코닥은 "시의성 있는" 이미지를 사진으로 포착해서 그 이미지가 "시간을 초월하게" 만들었다. 포착된 이미지는 동결된 상징이라기보다는 즐거운 순간이었다. 빅토리아 시대의 사진이 보편성의 상징세계인 내세와 교신하는 것을 이상으로 삼았다면, 이제 새로운 시대의 이상은 즐거움과 사랑이 넘치는 특정한 순간을 포착하는 것이었다. 이는 현대 특유의 두 가지 가치로 드러났는데, 하나는 데이트의 낭만적 감각이었고 다른 하나는 아이들의 경이로운 순수함이었다. '코닥하기(사진찍기)'도 초창기의 사진이나 초상화 그림과 마찬가지로 괴로운 기억들을 완화하는 데 도움을 줄 것이었다. 하지만 이제는 행복한 장면들만이 사진에 담길 것이었다. 사진은 죽음을 무시하기 위한, 혹은 죽음을 초월하고 부인하기 위한 정교한 노력의 일부가 되었다. 점점 더 탈종교적으로 변해가던 세계에서, 사진은 많은 이들에게 일종의 안식을 제공했다.[42]

즉흥적이고 비공식적인 것을 포착함으로써 스냅사진은 현대 특유의 또 다른 우려에 대해서도 해결책을 자임했다. 가속화되는 변화에 대한 우려를 잠재워준다는 것이었다. 코닥은 변화란 불가피하지만, 그중 가장 놀라운 순간에 시간을 응결할 수 있게 해주겠노라고 약속했다. 사진 속에 포착된 순간은 미래를 매우 개인화된 방식으로 구성해내면서 미래를 길들였다. (광고에서 줄기차게 주장했듯이) 코닥은 기억을 보조해주는 장치지만 사실상 '코닥하기'는 모두 미래를 염두에 둔 것이었다. 사진을 찍고 고르고 정리해서 훗날에 '다시 상기하도록' 하는 것이 이 모든 것의 핵심이었다. 그런데 미래를 구성하는 이러한 행위는 무엇이 보이고 무엇이 찍히는지를 특정한 방향으로 틀 지웠다. '개인적'이고 '즉흥적'인 것의 추구가 기본적으로 코닥이 조언한 바에 따라 사진을 찍는 쪽으로 귀결되었기 때문이다. '즉흥성'은 새로운 종류의 '의례'가 되었고 이 의례는 코닥이 적절하다고 판단하는 종류의 추억에 의해 지배되었다.

무언가를 본다는 것은 미래에 기억할 것을 만들기 위해 현재의 순간을 찾아내는 행위가 되었다. 생각해보면 퍽 이상한 개념이다. 미래를 위해 현재를 훔치는 것이나 마찬가지가 아닌가. 카메라와 스냅사진은 (다른 포장된 쾌락과 마찬가지로) 새로운 종류의 감각을 창조했다. 카메라는 아이들의 놀이, 연인의 소풍, 아가의 보조개와 같이 흘러가는 시간들을 포착해서 이런 사진들을 '현실'로 만들었다. 스냅사진은 매우 상징적이고 변화하지 않는 이미지에 담긴 '영원성'에 가치를 부여하던 문화에서 멀어졌음을 반영한다. 이제 새로운 목적은 죽음보다는 즐거움을 담는 것이었다. 그리고 코닥은 경험과 기억을 사적인 시각으로만 축소했다. 이렇듯 코닥은 단지 사진을 현상하고 인화하는 기능을 훨씬 넘어서는 사회적 영향을 낳았다.[43]

영화관으로

특별한 이미지를 포착하는 것은 광경을 포장하는 여러 방법 중 하나일 뿐이다. 아마도 많은 사람들이 동작까지 포착해 재생하는 것을 더 궁극적인 성취라고 여겼을 것이다. 이러한 열망에 테크놀로지가 결합했고, 지금 되돌아보면 영화에 기술적으로 필요한 핵심 요소들은 1850년이면 대부분 다 나와 있었다. 환등기처럼 투명 슬라이드를 통해 영사하는 기술, 조트로프처럼 잔상을 활용해 동작을 순차적으로 보여주는 기술, 미니 카메라 오브스쿠라에 화학적으로 이미지를 고정하고 재생하는 기술 등이 이미 다 존재했다. 아직 나오지 않은 것은 동작을 연속 사진들로 매우 빠르게 찍을 수 있을 만큼 화학 반응의 속도를 줄이는 것, 그리고 그런 연속 사진들을 찍고 재생할 수 있는 기계

우리를 중독시키는 것들에 대하여

였다. 해결책은 1880년대에 상호 관련된 두 가지의 혁신에서 나왔다. 하나는 몇 분이나 걸렸던 노출 시간을 1초보다 훨씬 짧은 시간으로 줄여준 젤라틴 기반의 감광 필름이었고, 다른 하나는 동작의 전체 시퀀스를 이미지로 담기에 충분할 만큼 긴 길이의 셀룰로이드 롤필름이었다. 이 기다란 필름에 찍힌 일련의 이미지들을 (조트로프처럼) 빠르게 보여주면 (물론 이미지 시퀀스의 길이는 조트로프보다 훨씬 길고 돌아가는 속도도 훨씬 빨랐다) 관객들에게 움직이는 영상을 보는 것 같은 착시를 일으킬 수 있었다.

움직이는 사진의 뿌리는 과학적인 호기심이었다. 너무나 빠르게 움직여서 맨눈으로는 볼 수 없는 장면들을 포착하려 한 것이 그 뿌리였던 것이다. 영국 태생의 사진사로 1860년대에 미국 서부에 정착한 에드워드 마이브리지Edward Muybridge는 캘리포니아 주의 재벌 르랜드 스탠퍼드Leland Stanford(스탠퍼드 대학의 창립자)의 의뢰로 말이 달릴 때 네 다리가 공중에 동시에 떠 있는 순간이 있는지 증명하는 일을 맡았다. 마이브리지는 1878년에 일련의 카메라들을 동원해 달리는 말의 사진을 빠른 시퀀스로 찍어서 그것을 증명했다. 2년 뒤에 마이브리지는 동그란 유리판의 가장자리에 연속 동작의 그림들을 그려 넣은 장치를 만들었는데, 빠르게 회전시키면 그림이 움직이는 것 같은 인상을 얻을 수 있었다. 영화의 또 다른 개척자는 프랑스 과학자 에티엔 쥘 마레 Étienne-Jules Marey다. 그는 이르게는 1873년에도 '사진 총'으로 새의 날개짓을 시퀀스 이미지로 기록하는 장치를 고안한 바 있었다. 초기의 시도들은 실패했지만 1890년에는 장치를 더 빠르게 이미지를 포착할 수 있는 젤라틴판으로 바꾸고 그 다음에는 셀룰로이드로 바꾸면서 성공을 거뒀다. 마레는 이 장치의 상업화에 별 관심이 없었지만 1895년에 루이 뤼미에르Louis Lumière와 오귀스트 뤼미에르August Lumière 형제가 마레의 롤필름 프로젝터를 개선하면서 활동사진 프로젝터가 대중오락에 쓰이게 되었다.[44]

　한편 미국에서는 마이브리지가 이룬 진전을 눈여겨본 토머스 에디슨이(마이브리지는 1888년에 웨스트오렌지에 있는 에디슨의 실험실을 방문한 적이 있다) "축음기가 귀에 대해 한 일을 눈에 대해 하는 장치", 즉 "움직이고 있는 것을 기록해서 재생하는 장치"를 만드는 데 착수했다. 에디슨은 축음기 사업에서 얻은 수익을 가지고 활동사진 카메라와 뷰어를 개발할 팀을 구성했다(윌리엄 딕슨William Dickson도 그중 한 명이었다). 당연하게도 에디슨은 이것을 당시에 존재했던 재생 장치들을 본 떠서 만들려고 했는데, 마이브리지가 만든 것 같은 회전하는 원반, 그리고 무엇보다도 에디슨 자신이 만든 원통 축음기를 모델로 삼았다.[45]

　늘 자신의 기존 발명품에 기반해 새로운 것을 만들고자 했던 에디슨은 4만 2,000개의 아주 작은 이미지들을 (원통 축음기처럼) 원통에 나선형으로 붙이고 그것을 볼 수 있는 접안구를 달았다. 하지만 이 장치는 실용성이 없었던 데다 1889년 파리 박람회에서 마레가 실험한 필름 띠를 본 에디슨은 전략을 바꿔 1890년에 활동사진에 롤필름을 쓰기로 했다. 어느 면으로는 주식시세 표시기나 전신 인쇄물 출력띠처럼 에디슨이 젊은 시절에 작업했던 옛 모델로 돌아간 셈이라고도 볼 수 있다. 1891년 5월 무렵이면 딕슨은 (3년 전에 시장에 나온 코닥 필름 카메라와 비슷하게) 가장자리에 구멍들이 뚫린 롤필름을 톱니 회전축으로 돌리는 장치를 부착한 촬영기 키네토그래프kinetograph를 개발하게 된다.[46] 키네토그래프는 크랭크나 전기 모터의 연속 동작을 불연속 동작으로 전환시켜서 필름이 셔터가 열리고 닫히는 것에 맞게 한 칸씩 분절적으로 넘어갈 수 있도록 되어 있었다. 이렇게 해서 필름의 각 칸을 차례로 빠르게 노출시킬 수 있었다. 당시의 필름은 이미지를 포착하는 속도가 아직 느렸기 때문에 매우 강한 빛이 필요했다. 그래서 에디슨의 회사는 영화를 실질적으로 촬영할 수 있도록 1892년에 뉴저지 주에 이른바 '블랙 마리아' 촬영 스튜디오를 세웠다. 블랙 마리아는 죄수 호송차를 일컫는 속어인데, 둘의 모양이 비슷하게 생겨서 이런 별명이 붙었다. 블랙 마리아 스튜디오는 외벽이 검정색 타르 종이로 덮여 있고 내부는 검정 페인트로 칠해져 있었으며 밝기를 최대화하기 위해 태양을 따라 회전할 수 있게 되어 있었다. 키네토그래프로 찍은 이미지들은 현상해서 키네토스코프로 볼 수 있었다. 키네토스코프는 접안구에 눈을 대고 한 명씩 볼 수 있는 장치로, 상자 안에서 40~50피트(12~15미터) 길이의 현상된 필름 띠가 확대경이 달린 접안구와 전기 조명 사이를 지나가게 돼 있었다.[47]

성공을 구가했던 동전 축음기 사업 모델을 따라 에디슨은 키네토스코프를 아케이드, 호텔 등 공공 공간용으로 판매했고 한 사람씩 접안구를 통해 볼 수 있는 짧은 영화들을 제작했다. 반세기 전에 도시 여기저기에 사진 스튜디오가 생겼듯이 1894년에는 키네토스코프 감상실이 도시 여기저기에 생겨났다. 이 열풍은 1894년 4월에 브로드웨이의 어느 가게 주인이 기계 10대를 2,500달러에 구매하면서 시작됐다. 이 감상실에는 에디슨의 흉상이 있었는데, 나중에는 에디슨 자신이 품위 있는 일이 아니라고 생각해서 흉상을 치우게 했다. 어쨌든 얼마 지나지 않아 약국잡화점, 바, 백화점, 해변의 리조트 등에 키네토스코프가 설치됐고, 새롭고 신기한 기계를 보러 관람객들이 모여 들었다. 1895년 1월이 되면 키네토스코프 활동사진 감상실이 몬태나 주 뷰트, 아이오와 주 워털루 등과 같은 시골에까지 퍼진다. 〈에디슨 포노그래픽 뉴스Edison Phonographic News〉는 초창기의 열광적인 반응을 '알라딘의 요술 램프' 비유를 들며 다음과 같이 요약했다. "오늘날에는 누구라도 10센트만 있으면 포노그래프나 키네토스코프 상자에 그 10센트를 넣어서 알라딘이 램프를 문질러 지니를 불러내 이루었던 것보다 더 놀라운 결과를 만들어낼 수 있다." 소비자는 언제나, 어디에서나, 이 신비한 힘을 불러올 수 있는 것처럼 보였다.[48] 하지만 사실 10센트로 볼 수 있는 것은 고작 20초의 '히트'뿐이었다. 이는 무엇인지 알아볼 수 있는 장면을 보여주는 데는 충분한 시간이었겠지만 굳이 와서 기계를 들여다보는 소비자의 시각적 욕망을 충족시키기에는 짧은 시간이었다. 감상실은 보통 25센트에 6편의 영화를 제공했다.[49]

'1센트 사탕'과 비슷하게 이러한 짧은 영화들은 즉각적인 흥분을 수었다. 하지만 그 흥분은 짧게만 존재하다가 사라졌다. 키네토스코프는 1894년부터 1900년까지만 있다가 사라진다. 상점 입장에서는 설치 비용이 250달러나 들었고 여기에 더해 필름 비용이 각각 5달러에서 8달러가 들었다. 키네토스코프 관람실은 18개월 정도 동안만 수익성이 있었고 그 다음부터는 수익을 내지 못했다. 윤이 나는 키네토스코프 나무 상자는 1890년대 포장된 쾌락의 고전이라 할 만하지만, 과도기에 존재했던 것 이상은 아니었다.[50]

활동사진을 실물보다 큰 대형 스크린에 영사한다는 개념이 나온 것은 아마도 불가피했을 것이다. 어쨌거나 수세기 동안 사람들은 환등기를 보았고, 역시 꽤 오랫동안 파노라마와 디오라마를 보지 않았는가. 뤼미에르 형제와 레이섬Latham 형제는 1895년에 활동사진 프로젝터를 각각 개발했다(레이섬 형제는 에디슨을 떠나 뮤토스코프 앤 바이오그래

우리를 중독시키는 것들에 대하여

프 컴퍼니Butoscope and Biograph Company를 만든 윌 딕슨과 함께 작업했는데, 윌 딕슨의 회사는 곧 미국 영화업계에서 에디슨의 주요 경쟁사가 된다). 그리고 같은 해에 토머스 아르맷Thomas Armat과 C. 프랜시스 젠킨스C. Francis Jenkins가 또 다른 버전의 프로젝터를 발명해서 에디슨에게 팔았다. 모두 영사기로 필름을 돌리는 장치였다.[51]

초창기의 대형 스크린 영화들은 보드빌 하우스나 서커스 장에 설치되어 라이브 공연의 사이사이에 상영되었다. 동전 아케이드나 상점 앞에 놓이기도 했으며 사람들을 끌기 위해 현란한 포스터도 함께 나붙었다. 영화가 다 서민만을 대상으로 한 것은 아니었다. 중산층을 대상으로 한 영화들, 특히 여행이나 뉴스에 대한 영화들은 고급 환등기 쇼와 함께 공연장이나 심지어는 교회에서도 상영되었다. 그런 영화들은 일반적으로 10분이 채 안 되는 길이였고, 오만가지 기계적인 환상을 제공하던 코니아일랜드의 놀이동산이나 세계 박람회에서 제공되던 볼거리보다는 덜 감각적이었다(7장 참조). 어쨌든 영화는 〔아직 독자적인 장르라기보다는〕 볼거리 문화의 일부였고, 영화와 기차를 결합한 시뮬레이션 '헤일스 투어Hales Tours'는 오늘날 디즈니나 유니버설 테마 파크에서 볼 수 있는 동영상 놀이기구의 전조라 할 만했다.[52]

1890년대의 초창기 영화들(이 시기의 제작사로는 에디슨, 뤼미에르, 뮤토스코프 앤 바이오그래프 컴퍼니 등이 있었다)은 호기심을 자극하는 요소들을 갖추고 있었고, 특히 이민자와 노동자 계급에게 인기를 끌었다. 사실 초기 영화는 신기한 시각물 이상은 아니었다. 내용도 비둘기에게 모이를 주는 여성의 모습이나 드레스를 입은 댄서가 너울너울 춤을 추는 장면, 아니면 키스 장면을 클로즈업 한 것이나, 남자들이 공장에서 나오는 모습, 뉴욕의 거리 풍경 등을 보여주는 정도였다. 곧 간단한 스토리가 담긴 영화가 나오긴 하지만, 술집에서 싸우는 사람들을 경찰이 내쫓는 것과 같은 일상적인 장면이 많았다. 약간 통속적인 영화들도 있었는데 (시카고 박람회에서 1893년에 유명해진) 파티마Fatima의 밸리 댄스가 특히 인기였고 권투 장면도 어느 정도 인기를 얻었다. 또 초기의 영화 중에는 닭싸움, 쥐 잡기(개가 링 안에서 쥐를 잡는다), 고양이 싸움, 공중제비 넘는 개, '바넘 앤 베일리Barnum and Bailey' 서커스에서 따온 '코타 난쟁이Cotta Dwarf', '보디빌더 유진 산도Eugen Sandow' 등 민속 축제나 사이드쇼에서 따온 장면들도 있었다. 대선 후보자 그로버 클리블랜드와 벤자민 해리슨으로 분한 배우들이 서로에게 우스꽝스러운 일격을 가하는 가상 정치 토론의 장면을 담은 영화도 있었다. 또한 영화 제작자들은 먼 곳과 모험에 대한 보편적인 욕망도 활용해서 야생마 Bucking Bronco, 애니 오클리Annie Oakley, 아편굴Opium Den, (사모아의) 패들 댄스Paddle Dance와 같은 이국적인 장면을 담은 영화도 만들었다. 이런 영화들은 모두 매우 짧은 알맹이만을 제공했다. 이를 테면 엘리자베스 여왕과 스코틀랜드의 메리 여왕 이야기는 책으로나 무대 공연으로 오래도록 읽히고 상연되어 왔지만, 영화에서는 메리 여왕의 이야기가 참수 장면만으로 축소되었다. 이 장면은 겨우 22초였다.[53]

이 이상한 영화들을 어떻게 이해해야 할까? 어떤 것들은 사람들이 들어는 보았지만 비용, 거리, 시간 때문에 가서 볼 수는 없었던 장소들을 보여주었다. 또 상당수는 약간 성적이고, 권위를 조롱하며, 이야기에 액션이 입혀진 장면들을 통해 노동자 계급의 감수성에 어필했다. 이 모든 것의 공통점은 일상에서는 볼 수 없거나, 아니면 직접 보고 싶지는 않은 것(거대한 얼굴이 눈앞에서 코를 고는 모습, 치과에서 이가 뽑히는 모습, 지저분한 배설 장면 등)을 본다는 새로움이었다.[54]

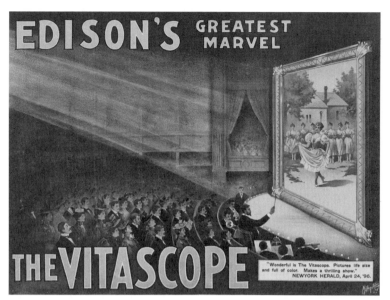

그림6.7 에디슨의 비타스코프로 영사되는 영화 광고
포스터. 교양 있는 청중의 모습과 무대에 보이는 판타지
이미지는 상류층을 겨냥한 광고임을 보여준다.

하지만 점차로 영화는 버라이어티 쇼나 사이드쇼에 끼어 들어가
는 신세에서 벗어났다. 1903년이 되면 지역 영화 시장이 생겨서 10분
짜리 원릴 필름을 신속하게 배급했다. 이런 영화들은 대개 빠르게 한
몫 잡으려는 전시 기획자들이 가게 앞에서 상영했다. 이후 몇 년 동안
이러한 작은 공간들은 '니켈로디언'이라는 소형 영화관으로 바뀌게 된
다. 니켈로디언은 좌석이 50개에서 600개 사이, 스크린이 가로 세로 9
피트, 12피트(약 2.7미터×3.7미터) 정도인 작은 영화관으로, 전차 정류소, 지
하철 입구, 주요 도로 등에 위치해 있었다. 입구와 매표소가 움푹 들어
가 대번에 알아볼 수 있었고, 번쩍이는 전기 조명과 큰 소리로 고객을
부르는 호객꾼이나 피아노 연주자가 지나가는 행인을 끌었다. 1910년

이면 미국에 많게는 10만 개의 니켈로디언이 있었을 것으로 추정되며 상당수는 체인점이었다. 프로그램은 오후와 저녁에 중단 없이 이어졌고 지나가다 들어온 사람들이 비공식적인 분위기에서 짧게 볼 수 있는 오락을 제공했다.[55]

1890년에 프랑스 사회학자 장 가브리엘 타르드Jean-Gabriel Tarde는, 몇 년 뒤에 영화가 미칠 영향까지 예견한 듯이, '볼거리'에 대한 경험이 전에는 민속 축제나 장터에서나 볼 수 있었던 계절적이고 지역적이며 바뀌지 않는 오락이었지만, 이제는 전국의 (심지어 전 세계의) 관객이 공유하며 거의 날마다 바뀌는 오락으로 변모했다고 언급했다.[56] 또 미디어사학자 톰 거닝Tom Gunning은 초기 영화가 "통합된 플롯과 행위가 있는 긴 드라마적 공연"이었다기보다는 포장된 쾌락의 자극과 더 비슷했다고 설명했다.[57]

초기 영화(1894~1907)의 가장 큰 특징을 꼽으라면 시각적인 스릴에 초점을 두었다는 점일 것이다. 거닝을 비롯한 많은 학자들이 초기의 영화를 (내러티브적 영화와 대비해) "볼거리로서의 영화cinema of attraction"라고 불렀다.[58] 초기 영화들은 볼만한 장관을 보여주는 것이었지 이야기를 말해주는 것은 아니었다. 이런 영화는 마술이나 대단한 신체 능력 같은 놀라운 것, 이국적이거나 기괴한 것, 원주민, 야한 여인, 난장이, 빠른 기차, 폭발 등을 보여주었다. 또 트릭 무비들은 필름을 잘라 이어 붙이는 기법 등을 통해 사물이나 사람이 나타났다가 사라졌다가 하게 만들었고 처형 장면이나 증기선 '로버트 E. 리호' 폭발 장면처럼 실제 같은 모습을 보여주기도 했다. 환등기 쇼에서도 속임수 기법으로 귀신이나 영혼을 보여줄 수 있었지만 영화는 이러한 환영을 시각적으로 더 강렬하게 제공했다. 〈톰 아저씨의 오두막집Uncle Tom's Cabin〉(1903)은 이중 노출 기법을 사용해 죽은 자를 데리고 가는 천사의 환영을 만들어냈다. 동화 같은 마법은 조르주 멜리에스Georges Méliès의 유명한 영화 〈달 세계 여행A Trip to the Moon〉(1902), 〈요정의 왕국Kingdom of Fairies〉(1903), 〈오즈의 마법사Wonderful Wizard of Oz〉(1910) 등에서도 사용됐다. 실감나게 보여주기 어려운 부분은 그림으로 그려서 중간중간에 환상을 실어 날랐다. 멜리에스의 영화에 삽입된, 사람이 달에 착륙하는 장면이 그런 사례다. 또 윈저 매케이Winsor McCay의 〈공룡 거티Gertie the Dinosaur〉(1914)에서 엉뚱한 생각을 보여주는 부분이나 〈루시타니아호Lusitania〉(1915)의 침몰 같은 극적인 장면들에도 만화 그림이 활용됐다. 이 모든 것들을 통해 초기 영화들은 새로운 시각적 관점과 지평을 열어주었고, 이 점에서 보면 영화도 풍선 기구, 현미경, 망원경 등이 처음 나왔을 때와 다르지 않았다. 즉 영화는 사람들이 "다르게 보도록" 강제했다.[59]

　　그런데 20세기 초가 되면서 시각적인 새로움만으로는 충분치 않게 되었다. 영화 제작자들은 속임수나 볼거리로서의 자극 대신 신문이나 잡지에 나온 사건들을 '실제화'하기 시작했고 이는 뉴스릴newsreel(뉴스를 중심으로 만든 일종의 기록 영화)의 전조가 되었다. 뮤토스코프 앤 바이오그래프 컴퍼니의 윌리엄 딕슨은 1896년에서 1902년 사이에 약 500편의 '실제화' 영화를 만들었다. 바이오그래프는 조르주 멜리에스나 에드윈 포터Edwin Porter처럼 여행을 주제로 한 영화도 만들었지만(가상의 기차 여행 영화들이 특히 유명했다), 미서 전쟁이나 보어 전쟁을 재현한 영화도 제작했다. 빌헬름 황제, 세실 로드, 교황 레오 8세 등 유명인을 찍은 영화도 나왔다. 또 에드윈 포터의 1903년작(에디슨 컴퍼니 제작) 〈대열차 강도 The Great Robbery〉처럼 '액션' 장면이 있는 추격 영화도 인기를 끌었다. 20분 분량의 '대열차 강도'에는 총격전, 빠르게 달리는 기차, 영웅적인 여성, 최후의 징벌 등의 장면이 등장했다. 바이오그래프가 제작한 9분 짜리 〈교외 사람들Suburbanites〉과 같은 코믹 영화도 있었다. 이 영화는 교외 거주지로 이사를 간 중산층 가족을 다루는데 곡절 끝에 도시로 돌아오기로 하는 것으로 끝난다. 하지만 이런 영화들도 여전히 짧은 조각들, 말하자면 움직이는 사진들에 불과했고, 장르로 따지자면 무대의 연극과 비슷하다기보다는 일요일자 신문의 네 컷 만화와 더 비슷했다.[60]

초창기 영화는 '시각을 포장'하는 것이 핵심이었다. 이는 미디어 학자 헨리 젠킨스Henry Jenkins가 '와우 클라이맥스wow climax'라고 부른 것의 사례로, 당대의 많은 상품화된 감각들의 공통점이었다.[61] 영화는 시야의 가능성을 확대해 풍선 기구, 빠른 기차, 비싼 휴가를 통해서만 접할 수 있었던 조망과 광경을 대중에게 제공했다. 점차로 상업 영화에 내러티브라는 연극의 전통이 도입되지만, 초창기의 초점이었던 액션의 스릴과 시각적 놀라움의 요소는 사라지지 않았다. 실제로 우리는 1970년대에 '액션 영화'가 다시 도래하는 것을 보게 된다. 〈더티 해리Dirty Harry〉, 〈와일드 번치Wild Bunch〉, 〈샤프트Shaft〉, 〈스타워즈Star Wars〉 등에는 강렬하고 폭력적인 총격전과 싸움 장면이 등장한다. 또 아놀드 슈워제네거Arnold Schwarzenegger, 장 클로드 반 담Jean-Claude Van Damme, 척 노리스Chuck Norris, 브루스 윌리스Bruce Willis 등이 출연한 액션 어드벤처 영화들도 큰 인기를 끌게 된다.

1907년 이후의 영화

영화사학자들은 1907년 이후의 몇 년간을 내러티브 영화가 부상한 시기로 꼽는다. 이 경향은 뉴욕 주위에서 싸게 제작되어 니켈로디언에서 상영되던 짧은 영화가 쇠락한 것, 그리고 할리우드에서 제작되어 큰 영화관에서 상영되는 장편 피처 영화가 떠오른 것과 흐름을 같이한다.

무엇이 달라졌으며 왜 1907년을 기점으로 한 10년 동안에 그런 변화가 일어났을까? 이 시기는 에디슨이 미국 영화 산업을 지배한 시기와 일치한다. 에디슨은 자사의 촬영기와 프로젝터 특허권을 뮤토스코프 앤 바이오그래프 컴퍼니를 제외한 모든 회사가 침해하고 있다고 주장하며 법정 싸움을 벌여왔는데, 1907년에 승소를 했고 이로써 특허권을 침해한 회사들(비타그래프Vitagraph, 셀리그Selig, 루빈Lubin, 에스앤에이Essanay, 칼렘Kalem, 파테Pathe 등)은 에디슨의 장비에 대해 라이선스료를 내야 하게 되었다. 그러는 한편 1908년에 에디슨(과 에디슨의 라이선스를 가지고 있던 곳들)은 바이오그래프와 함께 '영화 특허 협회MMPC: Motion Picture Patent Company'를 설립했다. 특허 풀을 구성해 미국 내에서 영화의 생산, 배급, 상영을 독점하려는 의도에서였다. 그들은 모든 제작자가 라이선스가 있는 MPPC 장비만을 사용하게 하고 모든 영화관이 라이선스가 있는 MPPC의 장비로 만들어진 영화만 상영할 수 있게 하려 했다. 한동안은 조지 이스트먼도 필름을 MPPC 회원사들에만 공급하기로 하며 에디슨의 그룹에 동참했다(유럽산 필름이 있었기 때문에 이스트먼의 필름 독점 시도는 성사되지 못했다). 또 MPPC는 영화를 판매하기보다 복사본을 임대하는 방식으로 바꾸어서 복제, 품질, 상영 시간까지 통제했다. 에디슨이 레코드 업계에서 만들었던 사업 모델(정기적이고 시의적절한 오락물의 산출)을 본떠서, MPPC는 영화의 표준화를 요구했다. 영화는 길이 단위로, 1주일에 3번 바뀌는 것을 기준으로, 광고나 프로모션 없이 15분짜리 프로그램 꾸러미로 판매됐다.[62]

그러나 이 시기의 다른 소비재 업계들도 그랬듯이 영화 산업은 독점이 아니라 과점이 되었다. 숱한 소송 끝에 1916년 미국의 항소법원은 에디슨의 MPPC가 불법적으로 상거래를 제약하고 있다고 판결했다. 그로부터 2년이 지나기 전에 에디슨, 바이오그래프, 그리고 사실상 모든 MPPC 회원사들이 주변부로 밀려나거나 사업을 접었다. 그리고 일군의 독립 영화 제작자와 배급업자들이 그 자리를 차지했다. 독립 제작업자와 배급업자들은 독점에 대항해 싸웠고 승리했으며 오늘날 우리가 알고 있는 주요 할리우드 영화 스튜디오들을 만들었다. 배급입자 갈 레믈리Carl Laemmle는 1912년에 유니버설 픽처스Universal Pictures를, 극장 체인 재벌 윌리엄 폭스William Fox는 1915년에 폭스 필름Fox Film을 만들었다. 아돌프 주커Adolph Zukor는 1912년에 페이머스 플레이어스Famous Players를 만들고 1914년에 피처 플레이어스Feature Players와 합병해 파라마운트 픽처스Paramount Pictures를 만들었다. 워너Warner 형제인 잭Jack, 샘Sam, 해리Harry는 펜실베이니아 서부의 한 탄광촌에서 니켈로디언을 열었다가 1917년에 할리우드로 옮겨 1923년에 워너 브라더스Warner Brothers를 창립했다. 얼마 후에는 MGM, 컬럼비아Columbia, 유나이티드 아티스츠United Artists 등이 생겨났다. 물론 "MPPC가 혁신에 실패했다"고만 말한다면 지나친 단순화가 될 테지만(레코드 산업에 대해서는 에디슨의 쇠락이 흔히 이렇게 설명된다), 독립 업체들의 등장은 영화의 줄거리, 청중, 그리고 영화 스타라는 개념에서 벌어졌던 극적인 변화와 분

명 관련이 있었다.[63]

이러한 변화들은 니켈로디언 시대의 성공에 뿌리를 두고 있다. MPPC는 새 영화에 대한 그치지 않는 수요를 다 충족시킬 수가 없었고, 따라서 독립 제작자들이 시장에 진입할 수 있었다. 니켈로디언 덕분에 영화는 이미 수백만 명에게 날마다의 습관이 되어 있었다. 한편 영화가 1908년 678편에서 1913년 5,000편 이상으로 늘어나자 영화를 제작하고 배포하는 사람들 입장에서는 수요를 계속 창출하는 방법을 알아내야 했다. 관객을 끌기 위해 영화는 더 길어졌고 개그, 추격 장면 등 더 많은 볼거리를 담게 되었다. 이와 함께 스토리도 담기기 시작했다. 새로운 영화업계는 소설, 멜로 연극, 신문, 1890년대 싸구려 극장에서 공연되던 폭력적 연극과 같은 대중오락의 내러티브 전통을 빌려 왔다. 그 업계에서 이야기를 쓰던 프리랜서 작가들이 영화 제작자와 협업을 했다(레코드 업계가 틴 팬 앨리 작곡가들의 재능을 활용한 것과 비슷하다). 1910년이 되면 통속 소설에서 나온 서부 이야기와 남북전쟁 이야기들이 영화로 바뀌면서 미국 특유의 애국심과 도덕심을 고취하는 영화들이 나왔다.[64] 또 1913년 이후로는 영화관을 상시적으로 찾는 관객들을 겨냥해 연속극 영화가 여러 주에 걸쳐 상영되었다.[65]

영화에는 점점 더 복잡한 줄거리와 등장인물들이 등장했다. 설명되지 않는 사건은 없어지고 플롯상의 갈등은 이야기의 결말에서 해소되었다. 또 1903년이 되면 '인터타이틀'이 삽입되어 무성영화에 대화와 설명을 제공했다. 또 클로즈업, 앵글샷과 같은 새로운 기법이 능란한 편집 기술과 결합하면서 라이브 연극보다 이야기를 훨씬 빠르고 효율적으로 전개할 수 있게 되었다. 연극의 특성이던 내러티브를 영화 제작자들이 받아들이게 된 이유를 더 완전하게 파악하려면 영화를 소비하는 사람이 누구였으며 영화를 검열하는 사람이 누구였는지도 살펴보아야 한다. 영화관에 자주 가는 대중을 형성해낸 것은 니켈로디언 시대가 불러온 가장 중요한 결과였다. 그런데 이 새로운 영화 관람객이 대체로 젊은 층이었기 때문에 중산층 도덕주의자들은 영화의 내용에 대해 우려하기 시작했고 영화 검열을 계속해서 시도했다(1907년에는 시카고에서, 1908년에는 뉴욕에서 그런 시도가 있었다). 이에 대해 영화 제작자들은 검열에 맞서기보다는 1909년 3월에 '뉴욕 검열 위원회New York Board of Censorship'(곧 전국 검열 위원회가 된다)를 만들어서 독실한 중산층 관객이 보기에 야하거나 범죄를 미화하는 것처럼 여겨질 법한 부분들을 알아서 잘라냈다. 영화업자들은 상류층 소비자에게 접근하기 위해 검열에 기꺼이 따를 의사가 있었다(상류층 고객에게는 입장료도 더 비싸게 받을 수 있었다). 이러한 분위기에서 도덕주의적인 멜로드라마가 빈성했다. 이는 D. W. 그리피스D. W. Griffith와 세실 드밀Cecil DeMille의 영화로 이어졌는데, 이들은 노동자 계급에게 호소력이 있었던 영화적 스릴과 매력을 희생시키지 않으면서도 상류층에게 호소력이 있을 연극적인 내러티브를 들여왔다. 낭만적인 이야기가 추격 장면이나 전쟁 장면과 결합하는 식이었다. 이러한 혁신은 계급을 넘나드는 영화 문화를 만들어냈고, 이는 같은 시기의 유럽 영화계가 보인 것과는 매우 다른 문화였다.[66]

내러티브 영화 및 중산층적 취향과 함께 '피처 영화'와 '영화 스타'도 생겨났다. 이는 영화라는 포장된 쾌락을 여러 가지 면에서 달라지게 했다. 초창기 영화 제작자들은 관객들이 15분짜리 릴 하나가 돌아가는데 걸리는 시간보다 더 긴 시간을 앉아서 견딜 수 있으리라고 상상하지 못했다. 그런데 몇몇 독립 배급업체가 이를 깨뜨리면서 유럽

우리를 중독시키는 것들에 대하여

에서 전체 길이의 극장 영화를 들여오기 시작했다. 1912년에 아돌프 주커는 프랑스에서 릴 4개 길이의 〈퀸 엘리자베스Queen Elizabeth〉를 들여와 부유한 관객들을 대상으로 하는 영화관에서 상영했다. 〈퀸 엘리자베스〉는 연극과 비슷한 길이의 장편이었고, 주인공이 노년의 (하지만 여전히 유명한) 사라 베르나르Sarah Bernhardt라는 점으로 화제가 되었다(이와 대조적으로 에디슨과 MPPC 소속 영화사들은 배우를 알리려는 노력을 하지 않았다). 1913년에는 세 시간짜리 이탈리아 영화 〈쿠오바디스Quo Vadis〉가 미국에서 45분짜리로 개봉되었다. 〈쿠오바디스〉의 성공을 보고 제작자들은 더 길고 장대한 영화를 만들게 되었는데, 남북전쟁을 다룬 그리피스의 〈국가의 탄생Birth of a Nation〉(1915)은 러닝타임이 무려 3시간 15분이었다.

장편 '피처 영화'와 함께 '피처 배우,' 즉 스타가 나타났다. 스타 시스템은 칼 레믈리가 1910년에 주연 배우 플로렌스 로렌스Florence Lawrence를 대대적으로 홍보한 것이 결정적인 시초로 꼽히곤 한다. 레믈리는 로렌스에게 대중 퍼레이드를 시켰고 그를 더 유명하게 만들기 위해 로렌스가 죽은 것처럼 꾸미기도 했다. 곱슬머리 메리 픽퍼드Mary Pickford 등 다른 배우들도 여러 활동과 잡지 인터뷰 등을 통해 팬을 형성했다(그리고 영화를 판촉했다). 물론 '스타 시스템'의 전조는 더 일찍부터도 있었다. 가령 보드빌 쇼도 스타를 활용해 차별화를 꾀했다. 스타는 통조림에 붙은 '브랜드'와 비슷한 역할을 했다. 하지만 영화에서의 스타는 관객의 기대에서 나오는 것이기도 했다. 영화 관객들은 배우의 개성을 우상화하고 그것에 황홀해했다. 많은 사람들이 배우의 삶을 무대 밖에서도 따랐고 '팬 매거진'이라는 새로운 장르도 생겨났다(최초의 팬 매거진은 1911년에 나온 〈포토플레이Photoplay〉다). 좋아하는 배우가 나

그림6.8 '영화 팰리스' 시대의 고전적인 영화관인 시카고
북부의 그라나다 시어터. 화려하게 장식된 오르간이 있는
공간에 주목하라. 1933년경.

우리를 중독시키는 것들에 대하여

오는 영화를 보러 가면 자신의 우상과 친밀해지는 느낌을 받을 수 있었고, 배우의 역할, 개성, 삶을 더 많이 알수록 영화도 더 많이 즐길 수 있었다.[67]

1907년 이후 영화의 마지막 특징은 '영화 팰리스'였다. 영화 팰리스는 니켈로디언의 서민 이미지 때문에 영화 보기를 꺼려하던 부유한 관객들을 끌어들이기 위한 공간이었다. 1910년대부터 크고 우아하고 종종 '테마가 있는' 체인 영화관들이 대도시의 전차 정류소 주변이나 다운타운 쇼핑 중심지에 세워지기 시작했다. 이러한 영화 팰리스들은 큰 현관, 움푹 들어간 매표소, 튀어나온 차양, 화려한 색상의 포스터, 길 안내용 불빛 디스플레이 등 보드빌과 공연장을 연상시키는 요소들을 많이 갖추고 있었다. 대개 1,000석 이상이었고 뉴욕에는 5,300석이나 되는 곳도 있었다. 이러한 최고급 극장에서는 (피아노가 아니라) 오르간으로 반주가 나왔고 견장식이 달린 유니폼을 입은 좌석 안내인이 있었으며 인테리어는 스페인 르네상스나 동양의 테마로 꾸며져 있었다. 영화 수입은 1921년 3억 100만 달러에서 1929년에 7억 2,000만 달러로 증가했는데, 이는 모든 스포츠와 라이브 공연장의 매출을 합한 것보다도 네 배나 많은 것이었다.[68]

포장된 방식으로 보기

1920년대가 되면 미국에서 영화는 (스냅사진 카메라와 더불어) 널리 일반화된다. 규격화되고 미리 제작된 영화는 복제해서 수천 개의 영화관을 통해 쉽게 배급될 수 있었다. 영사기를 하나 더 돌려서 한 군데서 더 상영하는 데 드는 추가 비용은 거의 제로였다. 그러니 영화가 라이브 연극이나 공연에 비해 대중오락의 가격을 크게 낮췄다는 것은 놀라운 일이 아닐 것이다. 그 결과로 수백만 명이 영화를 일상적으로 보는 습관을 갖게 되었다(물론 제작자들은 수백만 달러의 수익을 올렸다). 보드빌과 라이브 공연을 하던 극장들은 아주 큰 대도시의 몇 곳을 제외하고는 점차 사라졌고, 미국의 국민 여가인 야구장에 가는 것은 매일이나 매주 있는 일상적인 일이라기보다는 특별한 이벤트에 속했다.

1920년이 되면 사진과 영화는 값이 싸지고 접근성이 높아졌을 뿐 아니라 사람들이 일반적으로 '볼 수 있는 것'의 세계를 확장하고 증강했다. 현대 이전에 사람들의 시야를 제한했던 자연의 제약들이 모두 풀린 것이다. 사진과 영화는 모두 과학에서 태어났지만 시간이 지나며 대중적이고 상업화된 쾌락의 도구 겸 대상이 되었다. 개인화된 아마추어 스냅사진과 청중에게 보여주는 상업화된 활동사진은 모두 카메라 오브스쿠라에 기원을 두고 있었다. 카메라가 가지고 다니기 편해지고 사용하기 쉬워지면서 사람들은 덜 공식적이고 더 개인적인 모습을 찾아내는 법을 배우게 되었고 이런 이미지들을 가족 사진첩에 보관하는 습관을 들이게 되었다. 이렇게 해서 스냅사진은 개인이 추억과 향수를 제조하는 수단으로 자리잡았다. 사진을 찍는 것은 아마추어 소비자들의 손으로 들어갔다. 하지만 제조업체들은 무엇이 보여야 하고 무엇이 찍혀야 하는지에 대해 영향을 미치면서 계속해서 사진적인 광경을 '포장'했다.

현대 특유의 보는 방식은 영화에서 더욱 두드러진다. 발터 벤야민Walter Benjamin이 말했듯이 영화는 사람들을 자연적인 시야의 제약에서 해방시켰고, 사람들이 변화를 직시하고 그에 적응하도록 훈련했으며,

우리를 중독시키는 것들에 대하여

새로운 환경에서 새로운 역할을 맡고 있는 자신을 상상하게 만들었다. 영화 카메라는 "확대나 느린 동작 등의 기능이 있어서, 자연에서 시야를 완전히 벗어나는 이미지들을 기록할 수 있었다." 그리고 영화는 "동화 같고 놀랍고 초자연적인 것들도 매우 설득력 있게 표현할 수 있는 독특한 능력"을 가지고 있다. 카메라의 이러한 힘은 관객이 "시각의 무의식을 발견하게 했다. 이는 정신분석으로 무의식을 발견하게 되는 것과 마찬가지다."[69] 적어도 벤야민은 그렇다고 생각했다.

포장된 광경은 우리가 보는 것을 '보존'하며, 우리 스스로는 절대로 볼 수 없는 장소들에 초점을 맞춤으로써 우리가 보는 것을 '확장'한다. 또한 포장된 광경은 잠재적으로 해방적이다. 하지만 우리가 무엇을 보고 어떻게 보는지를 왜곡하기도 한다. 영화는 (이전 시대에 파노라마나 환등기도 그랬듯이) 특별한 방식으로 청중을 감탄하게 한다. 실제 삶에서는 누구도 편안하게 경험할 수 없는 클로즈업이라든지, 하늘을 나는 새가 된 것처럼 위에서 보는 경관이라든지, 시각적으로 진짜처럼 보이게 만든 판타지 세계와 같이, 우리 눈을 일반적으로는 갈수 없는 곳에 데리고 가는 것이다. 하지만 포장된 광경의 가장 놀라운 점은 포장될 수 있다는 사실 자체이다. 포장된 광경이나 장면은 시간을 응축해서 시각적 효과를 증강한다. 심리학자 휴고 뮌스터버그Hugo Münsterberg는 1916년에 영화가 시간의 속도를 높인다고 언급했다. 그는 어드벤처 모험 영화에 대해 이렇게 설명했다. "15분 만에 해적이 상인을 침몰시키고 뱃사람들을 내몰며 금발 미인을 사로잡아 마닐라 밧줄처럼 보이는 것으로 묶어서 짐 선반에 던진다." 실제 삶에서였다면 훨씬 오래 걸렸을 일들이 "3번가에 있는 멜로드라마의 집"에서는 2시간에 다 끝난다. 뮌스터버그는 영화가 "계속적으로 욕망을 충족시키면서

동시에 그것을 계속해서 불러일으킨다"라고 설명했다.[70]

영화가 손에 잡힐 듯 생생하게 '설득력 있는' 이미지를 보여줌으로써 현대인을 혼란스럽고 빠르게 변하는 자극의 세계에 적응하게 해주었다는 점에서는 벤야민이 옳았을 것이다. 영화는 우리를 감각에 쏟아지는 공격에 대처하도록 훈련시킨다. 하지만 '시각적인' 놀라움, 즉 보이는 것을 확장하고 강화한 것은 다른 감각에 비해 시각에 우위를 부여하는 긴 경향을 가속화했고, 지적 숙고(그리고 시각 외의 다른 감각들의 육성)보다 관찰적 숙고를 더 촉진했다. 초창기에 연극 옹호자들이 영화에 대해 우려했던 것처럼 내러티브와 캐릭터가 아예 사라지지는 않았지만, 시각적 강렬함에 강조를 두게 되면서 대사나 캐릭터를 발전시키는 것의 역할은 종종 축소되었다. 특히 1970년대 이후의 영화들이 이런 경향을 많이 보였다. 또한 영화가 보여주는 시각적인 강렬함은 녹살색이나 회색 등 사언에서 볼 수 있는 색의 감각이라든지 폭풍이 형성되는 속도나 일몰의 속도 등에 대한 감성이 무뎌지게 만들었다.[71]

벤야민은 대량생산되고 포장된 피라미드 사진이나 렘브란트 작품의 사진이 원본의 '아우라'를 가지고 있지 않다고 생각했다.[72] 대부분의 사람들에게는 사진을 통하는 것이 그런 장소에 '가보는' 유일한 방법이긴 하겠지만 말이다. 한편 스테레오그래프를 만든 홈스는 사진에 원본의 아우라가 없다는 점이 불가피할 뿐 아니라 바람직하다고까지 여겼다. 앞서 언급했듯이 그는 '형태'가 '물질'적 실재에서 분리된 것을 환영했다. 그렇지만 득이 많았다면 실 또한 많았을 것이다.

그래도 우리는 여전히 '형태'를 소비한다. 형태는 포장될 수 있으며, 그것도 원본에는 없는 감각과 함께 포장될 수 있기 때문이다. 그결과로 '볼거리로서의 영화'와 같은 스펙터클이 나오게 됐고, 도처에 존재하게까지 됐다. "모든 곳에 스펙터클이 있기 때문에 우리는 어디에서도 편안하게 느낄 수 없다"고 본 기 드보르Guy Debord의 말은 너무 지나친지도 모르지만, 시각적인 스펙터클이 일상을 대체했고 우리가 (중독까지는 아니라 해도) 렌즈와 스크린 앞에서 아주 많은 시간을 보낸다는 점만큼은 분명하다. 그리고 이는 우리보다 앞선 세대들이 코닥과 영화를 통해서 배운 습관이었다.[73]

7장
포장된 환상:
기계화된 서커스, 전자화된 극장,
상업화된 볼거리의 공간, 놀이공원

이제까지 살펴본 쾌락 꾸러미들은 인간의 생물학적 욕망이나 감각을 보존하고, 덜어내고, 압축하고, 나중에는 상표를 붙여 상품화하는 역할을 했다. 그렇게 해서 생물학적, 문화적 역사에 뿌리를 두고 있는 인간의 오랜 욕구들을 충족시켰다. 또한 쾌락의 포장은 자연의 희소성을 극복하게 함으로써 그 욕구들 자체를 종종 변모시켰고, 그 결과 어떤 경우에는 과잉이나 질병이 유발되었으며 또 어떤 경우에는 좀 더 미묘한 형태의 심리적, 사회 문화적 영향이 발생했다.

그런데 19세기 말경, 역사적인 뿌리는 다른 쾌락 꾸러미들만큼 깊지만 유형은 조금 다른 새로운 쾌락 꾸러미가 하나 등장했다. 바로 다중감각적인 상업적 쾌락의 장소다. 7장에서 살펴볼 마지막 쾌락 꾸러미는 밝은 조명과 화려한 색, 낯선 맛과 냄새, 시끄러운 소음, 신체 동작의 오락적 감각 등이 하나의 시공간에 응축된 자가충족적 공간, 놀이공원이다. 다른 쾌락 꾸러미들과 달리 놀이공원은 '장소', 즉 한정된 공간이다. 복수의 감각을 포착해 한데 밀집시켜놓았다는 점에서 감각의 백화점이라고도 할 수 있다. 이 감각 백화점은 다른 쾌락 꾸러미들과 달리 때로는 고립보다 사교성을 촉진한다. 그렇더라도 놀이공원 역시 이 책에서 말하는 '포장된 쾌락'에는 속한다. 볼거리, 신기한 음식, 이국적인 오락, 스릴 있는 놀이기구가 응축되어 있는 공간의 가장 유명한 형태는 맨해튼에서 약 5마일(약 8킬로미터) 떨어진 코니아일랜드에서 처음 생겨났지만, 곧 여러 곳에서 복제돼 전 세계 수천 개의 비슷비슷한 놀이공원들로 '대량생산' 됐다. 거대한 상업적 꾸러미이자 기술적 꾸러미인 놀이공원은 유구한 역사를 가진 인간의 두 가지 전통을 새롭게 변모시켰다. 그 중 하나는 지역적, 시기적 제약 하에서 열렸던 공동체의 축제이고, 다른 하나는 당시 상류층이 즐기던 유원지pleasure garden(문자 그대로는 '쾌락의 정원'이라는 뜻)다.

인류학적으로 축제는 사냥에 성공한 뒤에 삽은 것을 함께 나누어 먹던 데서 자연스럽게 생겨난 사회적 의례라 볼 수 있으며, 환경에 적응하는 데도 유용한 행사였다. 대개 축제는 주기적으로 음식을 잔뜩 먹는 형태로 이뤄졌는데, 희소성이 기본적인 여건이었던 시기, 잉여분을 저장하기가 쉽지 않았던 시절에 그런 축제는 사람들에게 사회심리학적인 안정감을 제공했다. 또한 축제 의례, 그중에서도 특히 함께 춤을 추는 의례는 종교의 원형이라 할 만한 감정을 발산시켜 사람들 간에 결속력을 높여줬다. 리듬감 있는 음악에 맞춰 무아경으로 춤을 추는 의례는 추장과 군대, 국가가 '공동체성'을 강요하기 훨씬 전부터 사람들 간의 유대를 촉진시켰을 것이다.[1] 농경 사회의 형성과 도시 문화의 발달 과정을 거치며 축제는 한층 더 정교해졌고 때로는 장터의 역할도 겸했다. 축제는 인간의 감각을 강화하고 의례화했으며, 감각

310

우리를 중독시키는 것들에 대하여

에 의미를 부여했다. 축제에서는 사냥이나 모의 전투를 할 때 느낄 수 있는 육체적인 흥분과, 그네를 타거나 낙하를 할 때 느껴지는 유쾌한 어지러움 또는 긴장감과 같은 새로운 감각도 체험할 수 있었다(나중에 놀이공원의 놀이기구들이 이런 감각을 기계화된 형태로 제공하게 된다). 고대와 중세의 축제는 종교적 연례와 농사의 절기에 따라 열렸는데, 그럼으로써 종교적 숭배의 장소와 농업 노동의 장소를 주기적으로 쾌락과 경이로움의 장소로 변모시키는 역할을 했다.

현대 놀이공원의 또 다른 뿌리는 통칭 '공원'으로 불리는 장소의 원류, 즉 유원지에서 찾을 수 있다. 자연에 속해 있지만 인간의 손이 닿아 향상된 장엄함의 공간으로서, 유원지는 일종의 자연 숭배에서 기원한 것으로 보인다('쾌락의 정원pleasure park(유원지를 뜻하는 영어단어)'이라는 말은 그 공간이 식량을 기르거나 동물이 풀을 뜯게 하는 용도의 실용적 장소가 아님을 의미한다). 하지만 점차 잉여분을 용기에 담아 보관하게 되고 개인이 부를 축적할 수 있게 되면서, 그리고 좀 더 나중에는 인클로저 운동으로 다양한 형태의 공유지가 사유화되면서 유원지는 부유층과 권력자들만이 배타적으로 이용할 수 있는 은신처이자 특권으로 바뀌었다. 지위, 유행, 소유자의 개인적인 취향을 표현하는 장소가 된 것이다. 그러다가 유럽에서는 17세기부터 귀족과 왕족의 유원지가 상업화되어 돈을 내는 사람들에게 공개되기 시작했으며, 이후 이용자층이 점차 사회의 더 아래쪽으로 확장됐다.

응축되고 상품화된 오락이라는 현상은 다른 문화 활동에서도 찾아볼 수 있다. 가령 서커스, 극장, 오페라, 콘서트, 인형극, 스포츠 경기 등에서 말이다. 그런데 19세기에 또 하나의 (그리고 더 직접적인) 현대 놀이공원의 조상이 나타났으니, 바로 '세계 박람회'다. 빅토리아시대 특유의 과학적, 상업적 낙관주의의 산물이었던 세계 박람회는 1851년 런던에서 최초로 개최됐다. 유원지처럼 박람회도 처음에는 고상함을 드높여 주리라고 약속했다. 하지만 시간이 지나면서 점점 상품화된 유원지의 형태를 띠게 됐으며 여기에 민속 축제의 대중적인 요소들이 결합됐다. 독특한 새로움과 기계화된 형태를 갖춘 엔터테인먼트인 놀이공원은 이렇듯 다양한 기원으로부터 발생했다.

장터와 축제

명절과 명절 축제에는 환경과 경제에 관련된 흥미로운 역사적 배경이 있다. 가령 온대 지방의 늦가을, 초겨울 축제는 수확 시기와 맞물려 있는데 그 시기는 목초지의 풀이 다 자라 동물들을 도축해야 하는 때이기도 했다. 명절 시기는 보통 계절적으로 잉여물이 존재하고 농민들과 장인들의 일손도 비는 시기였다. 축제는 대개 곡물이나 고기의 잉여분이 있는 장소에서 열리거나, 이듬해의 수확을 기원하기 위해 수확물의 잉여분 일부를 신에게 제물로 바치는 신성한 장소에서 열렸다. 이를테면 영국의 명절은 만성절(할로윈데이 다음날)에 시작해 크리스마스와 새해 첫날을 지나 쟁기의 월요일Plow Monday(크리스마스에서 12일이 지난 후에 맞게 되는 월요일)까지 이어졌다. 쟁기의 월요일은 농민들이 다시 밭에 나가 일을 시작해야 하는 때였다. 또 다른 명절은 겨울의 휴지기와 봄의 꽃 피는 시기에 맞물려 있었다. 가령 참회의 화요일(마르디 그라Mardi Gras)이 지나면 한겨울의 금욕 기간인 사순절이 시작됐으며, 이는 봄 축제인 부활절과 성령강림절까지 이어졌다. (부활절은 춘분 후 보름달이 뜬 다음에 돌아

우리를 중독시키는 것들에 대하여

오는 첫 번째 일요일이다. 부활절 전 40일을 사순절이라고 하며 그 첫날을 재의 수요일, 그 전날을 참회의 화요일이라고 한다) 유일신교가 부상하기 한참 전부터도 새 생명이 움트는 봄의 시작을 축하하는 축제는 (생명을 상징하는) 색칠한 달걀로 기념했다(가령 기원전 10세기 중국에서도 그런 풍습을 찾아볼 수 있다).[2]

축제날은 음식의 날이었고 혀를 즐겁게 하는 시기였다. 하지만 한편으로는 태양이 하늘의 북쪽 끝과 남쪽 끝에 닿는 날을 기념하는 것이기도 했는데 이는 태양이 생명에 온기를 주고 다시 거둬가는 주기에 해당했다. 따라서 축제는 종교적이고 절기적인 의례로 기념되곤 했다. 그리스 로마 사람들과 셈족 사람들은 1년을 1월과 6월(동지와 하지), 그리고 9월과 3월(추분과 춘분)로 나눴다. 켈트족 사람들은 1년을 11월 1일과 5월 1일로 나누었는데, 두 날은 가축을 풀밭에 놓아 키우는 시기의 끝과 시작 일에 해당했다. 또 어떤 유럽인들은 5월의 첫날을 다산을 상징하는 날로 여겨 메이데이 축제(5월제)를 열어 메이퀸(5월의 여왕)을 뽑고 화려한 띠로 치장한 '메이폴' 주위를 돌면서 노래하고 춤추며 기념을 했다. 중세 초기의 기독교는 민속 명절이었던 동지 축제를 가져다가 크리스마스로 만들었다. 켈트족의 삼하인Samhain 축제(10월 31일 해가 떨어질 때 시작되는 축제로 켈트족의 새해는 그때부터 시작된다)는 기독교에서 만성절 전야, 즉 할로윈데이가 되었다. 한여름(6월 23~24일) 축제는 기독교에서 세례자 요한을 기리는 성 요한 축일이 되었으며, 자정에 모닥불 위를 뛰어 넘고 강에 몸을 담그는 등의 민속 풍습도 함께 살아남았다. 이는 정화의 의례이기도 했고 다가올 수확에 대한 걱정을 누그러뜨리기 위한 것이기도 했다. 이렇듯 대부분의 유럽 명절은 성인을 기리거나 종교적 전례를 행하는 것과 관련돼 있었다.[3]

축제는 연례적으로 열리는 교역의 장이기도 했다. 사람이 모이

그림7.1 런던 사우스워크 장터의 혼란과 흥청거림을
보여주는 판화. 매년 8월에 있던 이 행사는 1762년의
폭동 이후 당국의 금지로 없어졌다.

면 물건의 교환이 촉진됐다. 런던의 성 바돌로매St. Bartholomew 장터는 8
월 24일에 시작해서 열흘간 열렸다. 이 행사는 1131년부터 1855년까
지 이어지다가 빅토리아시대에 질서와 위엄을 강조하는 규율에 눌려
사라졌다. 이런 축제의 장은 온갖 물건과 다양한 오락거리가 있는 공
간이었고, 소매상점이 아직 존재하지 않던 사회에서 평소에 구하기 어
려운 물건들을 소비할 수 있게 해주는 기회였다. 서커스가 있기 전에
도 시골의 박람회장에서는 유명인의 밀랍 인형, 역사적 사건을 그린
그림들, '기인들'(가령 난쟁이, 돼지 얼굴을 한 숙녀, 아주 먼 이국에서 온 사람)
이 제공하는 볼거리를 볼 수 있었다. 또한 일손을 구하는 장터에서는
저녁이면 모여든 젊은 남녀의 춤 잔치가 벌어져, 그 자리가 곧 이성 간

우리를 중독시키는 것들에 대하여

만남의 장이 되기도 했다.[4]

축제는 교역의 기회나 남녀의 만남 기회만 제공한 것이 아니었다. 일상, 허드렛일, 사회적 제약 등으로부터의 유쾌한 해방도 만끽할 수 있게 해줬다. 이런 면은 '사투르날리아saturnalia(농신제)'라는 단어에 잘 요약되어 있다. 사투르날리아는 풍요의 신 새턴Saturn을 기리는 고대 로마의 축제로 매년 12월 중순 경에 열렸다. 산업 시대 이전의 유럽인들은 다른 축제 때도 잔치를 벌여 서로 북적대며 음식, 술, 섹스, 싸움을 즐겼다. 영국의 크리스마스, 필라델피아의 신년 머머스 퍼레이드Murmers Parade 등에서도 사투르날리아적 요소를 찾아볼 수 있는데, 그런 요소를 지니고 있는 축제 중에 우리에게 가장 익숙한 것은 남부 유럽의 카니발이다. '카니발'이라는 단어는 라틴어 카르네carne에서 온 것으로, 고기, 살, 섹스의 의미를 모두 가지고 있다. 이름처럼 카니발은 사람들이 음식과 술에 탐닉하는 시기였으며 동시에 성적인 쾌락의 장이기도 했다.[5] 축제 때는 교양이나 위계가 없어졌고, 사람들은 서로 밀가루, 과일, 달걀, 심지어는 돌을 던지고 (남녀 간에 옷을 바꿔 입는 등) 성 역할을 바꿔 행동하기도 했다. 또한 연극이나 노래에서 주교와 귀족을 조롱거리로 삼기도 했다.[6]

사투르날리아적 축제들은 사람들에게 일상에서 견뎌야 하는 엄격함과 희소성, 그리고 권위에 복종해야 하는 비굴함에서 벗어날 수 있는 기회를 제공했다. 하지만 축제 때는 "세상이 뒤집혔을지언정" 그것은 어디까지나 전통이 설정해놓은 시공간의 제약 안에서였다. 그리고 축제는 대중이 심리적, 사회적 긴장을 발산하도록 했기 때문에, 또는 사람들을 폭음과 폭식으로 지치게 했기 때문에, 권위자들은 (적어도 근대 이전까지는) 꽤 기꺼이 축제를 용인했다. 그들은 축제가 끝나면 사람들이 응당 다시 노동으로, 그리고 절제와 제약의 시기로 되돌아갈 것이라고 생각했다. 사순절이 바로 그런 절제와 제약의 시기로, 그 시기는 원래부터 식량이 부족한 시기였다.[7]

그러나 시간이 지나면서 종교적 순수주의자들, 좀 더 나중에는 세속적 개혁가들이 사투르날리아를 억누르기 시작했다. 17세기 이후부터 유럽 당국자들은 전통적인 축제를 규제하거나 재정 지원을 중지했다. 축제에서 나타나는 무절제한 행위들과 종교적, 세속적 권위에 대한 도전을 우려해서였다. 19세기 유럽의 개혁가들은 시끌벅적한 축제 대신 더 격식 있고 얌전한 대안을 만들려고 했다. 가령 오늘날 우리가 공공공원이라 부르는 공간에서 축구나 크리켓처럼 규칙이 있는 경기를 즐기게 했고, 크리스마스나 할로윈데이 같은 명절들은 아이들 중심으로 바뀌었다. 하지만 오늘날에도 사투르날리아는 뉴올리언스 시의 현대판 마르디 그라, 플로리다 주의 봄맞이 행사, (1960년대 이후로는) 다양한 야외 콘서트, 새해 파티, 월드컵이나 슈퍼볼 같은 스포츠 경기를 둘러싼 파티 등에서 이어져오고 있다.

축제 문화는 20세기 초 산업 시대 도시에서도 여전히 사라지지 않고 놀이공원을 통해 재현됐다. 하지만 크게 달라진 점이 있다. 현대의 사투르날리아에는 전통적인 축제에서 볼 수 있었던 공격적인 게임과 권위에 대한 우롱 대신, 기계가 주는 짜릿함과 현대적 기계에 대한 유쾌한 찬양(그리고 기계에 기꺼이 속아 넘어가는 자기 우롱)이 들어섰다. 또 전통적인 카니발에서는 축제적 요소를 주기적으로만 접할 수 있었지만, 놀이공원은 이전 시대의 광경, 소리, 냄새, 움직임, 군중의 강렬함을 새로운 유형의 감각적 상품으로 응축해 제공하면서, 동시에 최신 유행과 뉴스에 기반을 둔 각종 자극들까지 연중 접할 수 있게 했다.

　　　　　　　　　　　　우리를 중독시키는 것들에 대하여

유원지와 놀이공원

장터와 축제가 현대 놀이공원의 한 원천이라면 또 하나의 원천은 유원지다(유원지는 현대 도시 공원의 선조이기도 하다). 유원지 역시 기원은 고대로 거슬러 올라간다. 일찍이 기원전 13세기에 아시리아의 왕들은 인공적인 조경을 갖춘 개인 사냥터를 가지고 있었으며, 그곳에 사냥감과 이국의 짐승들을 풀어놓고 격조 높은 살해를 즐기곤 했다. 그보다 더 장관이었던 장소로는 그 유명한 바빌론의 공중정원(기원전 604년)을 꼽을 수 있다. 관개시설을 갖춘 계단식 정원과 화려한 꽃과 나무로 뒤덮힌 벽 등 공중정원의 모든 요소는 상류층의 사적인 즐거움을 위해 정교하게 선택된 것들이었다. 공중정원 같은 바빌론의 공원들은 주변의 황량한 평원들과는 크게 대조되는 모습을 하고 있었다. 그래서 어떤 학자들은 그런 공간들이 에덴동산 이야기에 영감을 줬으리라 추측하기도 한다. 그로부터 수 세기 후 고대 그리스인들은 숲을 신전이나 신이 거주하는 상상의 집으로 만들었다. 또 부유한 아테네인들은 군중을 피해 휴식과 오락을 취할 수 있는 도시 공원을 지었으며 기원전 55년 로마 장군 폼페이Pompey는 세계의 중심인 로마의 장엄함에 걸맞게 꾸며진 공공 정원을 건설했다. 하지만 이런 공원들은 대개 소유자인 왕실이나 귀족들만이 접할 수 있는 사적 정원이었다. 로마의 궁전에는 일반적으로 장식동굴, 올리브 나무, 관개시설을 갖춘 계단식 정원, 인공 연못 등으로 꾸며진 황제의 개인 정원이 갖춰져 있었으며, 훗날 르네상스기 이탈리아의 군주와 프랑스 왕들이 그것을 모방했다. 중세 유럽의 귀족들도 로마의 사례를 본떠 사냥터를 만들어서 자연의 아름다움과 추격의 스릴을 결합했다.[8]

조경을 갖춘 사냥 공원은 낙원, 풍부함, 권력의 느낌을 불러일으켰다. 중세 무어Moor 시대 스페인의 모스크 주변에 꾸며진 질서 있는 정원들이 바로 그런 효과를 염두에 두고 만들어진 것이었다. 프랑스의 루이 14세도 1680년대부터 1690년대까지 왕실 사냥터의 숙소를 광대한 '뒤뜰'이 있는 화려한 궁전, 즉 베르사유 궁전으로 변모시켜 그런 요소들을 한데 결합해놓았다. 반쪽짜리 별 모양으로 생긴 그 정원은 가로지르는 거리가 10킬로미터였고 방사형으로 길과 수로가 나 있었다. 계단식 정원, 잘 다듬어진 나무와 화단, 작은 숲, 조각상 등이 갖춰져 있었고 그 너머로는 광대한 사냥터가 있었다. 베르사유 정원은 인간과 자연을 지배하는 왕의 절대 권력을 보여주는 곳이었을 뿐만 아니라 퍼레이드, 연회, 공연, 불꽃놀이, 댄스 등 감각적으로 풍성한 왕실 행사가 열리는 공간이기도 했다. 정원은 새로움과 위대함을 화려하게 전시하는 장이 됐으며, 이는 훗날 디즈니 테마 파크를 통해 보다 광범위한 사람들이 접할 수 있는 형태로 표현된다.[9]

17, 18세기 영국의 정원은 프랑스의 정원과는 꽤 차이가 있었다. 영국의 귀족들은 중국풍(이라고 그들이 생각한 것)을 차용해 화단과 인공 개울을 낭만적인 모양의 다리, 탑, 바위, 심지어는 훔쳐온 유물 등으로 장식했다. 프랑스 정원의 기하학적 규칙성과 공식성을 버리는 대신, 자연적이고 목가적이며 색다른(혹은 낭만적인) 분위기를 연출했다. 많은 영국 작가들은 이를, 엄격한 기하학적 조경을 통해 권력을 과시하는 프랑스 절대 왕정과 대비되는 "앵글로 색슨식 자유"의 표현이라고 해석했다. 하지만 사실 영국의 정원은 강력한 귀족들이 공유지를 몰수해 사유화하여 만든 것이었고, 그 과정에서 가난한 사람들은 가축을 위한 목초지와, 땔감, 생활 도구, 집 지을 재료 등을 얻을 수 있는

숲에 더 이상 접근할 수 없게 됐다. 그리고 영국의 정원도 결코 되는 대로 지은 것이 아니었다. '자연스럽고' 낭만적으로 보이는 풍경을 만들어내기 위해서는 인공적인 노력이 막대하게 들어갔다. 또한 영국인들도 정원을 볼거리가 많은 장소로 꾸미고자 했다. 18세기에 헨리 호어Henry Hoare는 스타우어헤드Stourhead(브리스톨 남쪽)에 지은 원형 정원에서 아폴로와 헤라클레스의 미니 신전, 여러 개의 연못('아프로디테의 욕조'), 님프상이 있는 동굴 등으로 그리스 신화에 나오는 아이네이아스의 여정을 연출했다. 사람들은 스타우어헤드가 마치 현대의 '테마 파크'처럼 자신들을 시간을 초월한 '먼 곳'으로 데려가 일상에서 벗어날 수 있는 기회를 제공해줄 것이라 기대했다. 과거에는 상상 속 혹은 극장의 무대를 통해서나 신화 속 공간을 볼 수 있었지만, 이제는 '먼 곳' 혹은 "장소화된 신화" 속으로 직접 들어가 볼 수 있게 된 것이다.[10]

조경사학자들은 유원지가 가지고 있던 자연적 속성과 내러티브적 미세함이 현대의 상업적 테마 파크에서는 사라졌다고 분석하곤 한다.[11] 하지만 이는 두 감각 공간 사이에 있는 연속성을 과소평가한 설명으로 보인다. 유원지도 점차 화려한 볼거리와 과거에 대한 동경을 결합한 모습으로 발전해갔다. "두렵고 거대한 자연의 장엄함이 길들여져서 질서 있고 관리된 자연이 되었다." 수전 스튜어트Susan Stewart는 유원지의 경관을 이렇게 묘사했다.[12]

한편 17세기 영국에서는 도시 부르주아가 성장하면서 새로운 유형의 유원지가 나타났다. 이런 유원지는 도시 근처에 있었으며 돈을 내면 귀족층이 아닌 사람도 들어갈 수 있었다. 이런 상업화된 유원지는 시골에 있는 온천, 그리고 더 나중에 생긴 해변의 리조트와 더불어, 신분 상승을 꿈꾸는 계층의 사람들이 도시의 혼잡함과 일상의 업무를 벗어나 찾을 수 있는 피난처 역할을 했다. 넓게 펼쳐진 초록의 공간, 깔끔하게 손질된 정원, 분수, 정자 등을 갖추고 있었고, (대중에게 공개는 됐지만) 입장료를 내야 했다는 점에서 반\\배타적인 곳이라고 할 수 있었다.[13] 상업화된 유원지들은 민속 축제의 요소를 유지하면서도 시끌벅적하고 헝클어진 축제보다는 한결 교양 있는 대안을 제공했다. 그리고 축제의 경험을 '연중' 제공함으로써 시간과 돈만 있다면 원할 때마다 그런 경험을 누릴 수 있게 했다. 이러한 유원지들은 대중 가운데서도 상대적으로 부유한 사람들에게 소구력이 있었고 아마 그들 중에는 얼마 전까지만 해도 사투르날리아적 축제에 참여하던 사람들도 있었을 것이다. 어느 정도 부유한 사람들만 누릴 수 있다는 배타적 성격이 여전히 있기는 했지만, 이러한 정원들과 그 사촌격인 온천 및 리조트는 후에 상업화된 놀이공원과 (더 나중에는) 테마 파크의 원천이 됐다.

갤러리의 그림과 상류층의 콘서트가 공동체적 의례에 존재했던 소리와 광경을 틀 지우고, 정제하고, 사적인 (그리고 상업화된) 것으로 만들었듯이, 새로운 유형의 유원지도 전통적인 축제를 사적이고, 적어도 한동안은, 상업화된 것으로 만들었다. 대표적인 사례로는 런던의 공원들, 특히 1742년에 문을 연 래닐러Renelah, 1600년대 중반 경에 생긴 메릴본Marylebone, 1661년에 만들어져 1727년에 대중화된 복스홀Vauxhall 등을 꼽을 수 있다. 이 밖에도 온천수가 나오는 곳이나 커피하우스, 티하우스 주위에는 작은 공원들이 들어섰다(한창 때는 런던 주위에만 해도 커피하우스와 티하우스가 많게는 64개까지 있었다). 런던의 유원지는 대개 자갈길, 잔디, 손질된 관목과 화단, 분수, 조각상 등으로 꾸며져 있었다. 차를 마시는 정자가 있는 곳도 있었다. 돈을 좀 더 많이 들인 곳에는 콘서트장이나 케이크하우스 용도의 큰 건물이 들어서 있기

우리를 중독시키는 것들에 대하여

도 했고 그네와 회전목마를 갖춘 곳도 있었다. 역사학자 로이 포터Roy Potter는 "적어도 귀족과 신흥 중산층 사이에서는, 입장료가 굉장한 사회적 평준화 기제 노릇을 했다"고 언급했다.[14]

가장 유명한 곳은 템스 강 남쪽에 있던 복스홀이었다. 면적은 대략 12에이커(약 15,000평) 정도였고, 올리버 골드스미스Oliver Goldsmith, 윌리엄 호가스William Hogarth, 조슈아 레이놀즈Joshua Reynolds, 조너선 스위프트Jonathan Swift, 헨리 필딩Henry Fielding 등 저명한 문화예술인이 즐겨 찾았다. 저녁이면 작은 규모의 오케스트라와 오르간이 숲 중앙에 마련됐고, 여기저기 파빌리온(쉼터, 공연장용으로 지은 공원 내 건물)들이 놓여서 6~8명 정도씩 팀을 이뤄 식사를 하면서 음악을 들을 수 있었다. 조금 덜 우아한 종류의 여흥도 즐길 수 있었는데, 가령 불꽃놀이, 저글링, 외줄타기, '소금 상자 음악'(가면을 쓴 연주자들이 밀대, 빗자루대 등을 악기 삼아 연주하는 것) 등이 그런 것들이었다. 시간이 지나며 초기 유원지의 고상한 허식은 점차 카니발을 찾던 군중들의 취향에 자리를 내줬다. 복스홀은 새로운 고객층을 잡기 위해 여흥거리들을 조정해야만 했다. 가령 최근의 사건을 재현하는 연극 쇼, 이를테면 1827년에는 기갑 부대의 돌격 장면으로 마무리되는 워털루 전쟁 쇼를 선보였다. 하지만 도시의 부패가 점차 복스홀에도 영향을 미쳤고, 1859년에는 끝내 문을 닫게 됐다. 부유한 사람들은 갈수록 지저분해지는 복스홀의 주변 환경과 '질 낮은' 군중을 피해 다른 곳으로 옮겨갔다. 이는 당시 유원지 업계가 일반적으로 겪던 문제였다. 주변 지역 부동산의 도시화와 더 많은 유료 방문객을 끌기 위해 도입한 변화들은 이전의 고급스러운 기조를 유지하기 어렵게 만들었다(오늘날 캘리포니아 주 애너하임 시의 디즈니랜드도 비슷한 운명에 굴복하는 듯한 징후를 보이고 있다).[15]

그림7.2 1751년의 복스홀 가든.

　한편 뉴욕에도 런던을 모방한 유원지가 여러 개 들어섰다. 복스홀 가든이라는 이름을 가진 곳이 다섯 군데나 있었나(1767년에 생긴 곳이 가장 먼저였다). 그런 유원지들 가운데는 여관이 딸려있는 곳들이 많았는데, 그 여관들은 도시가 커지고 집약적인 토지 개발이 일반화되며 점차 사라졌다. 유원지들은 조각상, 트롱프뢰유, 계속 달라지는 음악과 쇼(풍선 기구 띄우기, 말 쇼, 외줄타기, 주술사의 강령술, 그리고 밤에는 색을 넣은 호롱불로 만든 조명) 등 오만가지 볼거리로 손님을 끌었다. 1805년 뉴욕의 어느 복스홀에서는 당시 신문 구독자들에게 잘 알려져 있던 것을 연극 쇼로 재현해 보였다. 재현된 장면은 미 해군이 리비아 트리폴리에서 미국 구축함을 납치했던 북아프리카 바르바리 해적을 격퇴한 사건이었는데, 그 사건은 미군이 해외에서 거둔 첫 승리로 언론에 대대적으로 게재된 사건이었다. 복스홀의 쇼는 미니어처로 만든 'USS 인트레피드 호'가 해적의 기지를 급습하는 것으로 시작됐고, 해

적들이 쳐들어오는 미군을 향해 발사를 하면서 공방전이 벌어지다
가, 결국 트리폴리가 불에 타고 승리한 미군이 도시를 빠져나가는 것
으로 마무리됐다. 정교한 기계 모형, 배경 그림, 폭죽 등이 활용된 쇼
를 보면서 관객들은 애국심이 결합된 짜릿함을 느꼈다. 하지만 19세
기가 되면 이러한 볼거리들도 런던에서와 비슷한 운명을 맞게 된다.
뉴욕의 유원지들은 더 이상 상류층 관객을 끌어들일 수 없었고 바워
리Bowery가(싸구려 술집과 여관이 모여 있는 뉴욕의 큰 거리)의 거친 문화를 연상시
키게 됐다. 맨해튼의 상류층은 더 이상 그런 볼거리를 찾지 않았고 대
신 1859년에 문을 연 센트럴 파크에서 '자연적인 전경'을 즐기기 시작
했다.[16]

'약수'가 나오는 곳 주변에 형성된 온천 휴양지들도 한때는 유원
지와 성격이 비슷했다. 지열로 뜨거워진 광천수에 몸을 담그는 풍습
은 선사시대부터 있었으며 고대 사회에서도 흔히 볼 수 있었다. 하지
만 중세 유럽에서는 온천욕이 신성한 장소(성자들과 관련된 장소)에서
주로 병자를 치료하는 목적으로 행해졌다. 영국의 바스Bath(서머싯 주의 온
천 도시)가 그런 곳으로, 지금처럼 화려한 휴양도시가 된 것은 엘리자베
스 시대가 되어서였다.[17] 턴브리지Tunbridge나 새들러 웰스Sadler Wells같은
런던 근처의 온천 휴양지들은 '마시는 온천수'로 유명했다. 부자들은
그곳 '펌핑룸pumping room'(함께 모여 온천수를 마실 수 있도록 꾸며진 방)에 모여 앉
아 건강에 좋다는 광천수를 마시며 친목을 다졌다. 보통 그런 온천들
은 춤과 음악을 즐길 수 있는 공간과 독서를 할 수 있는 조용한 공간,
정원 시설 등을 갖추고 있었다.[18] 하지만 다른 유원지들과 마찬가지로
온천도 (허식적으로나마) 귀족적인 전시품을 제공하던 격조 높은 쉼터
였던 데서 대중적인 볼거리 위주의 공간으로 바뀌어갔다. 가령 새들

러 웰스에서는 파노라마를 보여주기 시작하다가 1804년에는 내부에 딸린 공연장에서 수상 쇼를 특화했다(이 공연장은 1870년대에 음악당으로 바뀐다).[19]

내륙에 스파가 있었다면 해변에는 스카버러Scarborough 같은 리조트가 있었다. 해변가의 리조트에서는 식음용 해수와 해수욕을 즐길 수 있었으며 그 물은 통풍 치료와 기생충 퇴치에 효험이 있다고 알려져 있었다. 이 가운데 잉글랜드 남부 해변의 브라이튼Brighton은 다른 곳들에 비해 격식은 줄이고 재미는 더해, 1750년 이후 게으른 부자들이 찾는 사교 중심지로 발달했다. 특히 왕세자가 그곳을 즐겨찾기 시작하면서부터는 더 크게 번성했다. 브라이튼에서는 1896년 왕세자의 명으로 지어진 상징적이면서도 기묘한 로열 파빌리온Royal Pavilion(모스크를 연상시키는 돔과 중국풍 실내 장식을 갖춘 궁전)이 매우 유명했다. 브라이튼 같은 영국의 해변 리조트들은 낮에는 산책을 하고 저녁에는 공연과 춤을 즐기는 곳이 됐으며, 예전에는 배가 정박하는 곳이었던 선착장에는 해변을 산책하고 들어오는 손님들에게 여흥을 제공하기 위한 파빌리온들이 들어섰다.[20]

식민지 시절 미국의 많은 신흥 부자들도 (독립 이후에는 더더욱) 본국의 이러한 미학을 흉내 냈다. 뉴포트, 로드아일랜드 같은 연안 도시들은 여름 휴양지가 되어 멕시코 만류의 바닷물과 시원한 여름 바람으로 사람들을 끌어 들였다. 멀게는 캐롤라이나에서도 찾아오는 사람들이 있었다. 내륙에서는 화이트 설퍼 스프링스 같은 버지니아의 온천 휴양지들이 영국의 바스를 흉내 냈다. 또 광천수가 유명했던 새러토가 스프링스 같은 북부의 휴양지들은 (처음에는) 건강을 추구하는 사람들에게 인기를 끌었지만, 곧 산책, 음주, 도박 등 쾌락을 추구하는 사람들의 취향에 맞춰 빠르게 변모했고 1863년부터는 경마도 선보였다. 19세기 말에는 동쪽 끝에 위치한 코니아일랜드가 오리엔탈 호텔과 맨해튼 호텔, 뉴욕에서부터 이어지는 민간 철도 등을 갖추고, 상대적으로 세련되지 못한 군중들과 분리될 수 있는 장소에 고급스런 여흥의 공간을 마련했다. 그 세련되지 못한 사람들은 좀 더 서쪽의 로드아일랜드에 위치한 브라이튼 비치를 즐겨 찾았는데, 그곳은 경마와 불꽃놀이 등으로 1910년대까지 성업을 이뤘다.[21]

미국에서는 장엄한 자연의 장소들도 상업적인 볼거리로 바뀌었다. 예를 들면 나이아가라 폭포는 신이 만든 자연 세계를 교양 있게 명상하는 장소였지만 19세기 후반에는 상업적인 볼거리의 장소로 변모했다. 물론 폭포의 장엄하고 낭만적인 모습은 방문객을 끌어들이는 요소였지만, 방문객을 계속 머물게 하는 요소는 외줄 곡예사, 사건과 구조의 이야기를 흥미진진하게 해주는 쇼 해설사, 난쟁이나 수염 난 여인 같은 기인들이 등장하는 쇼 등이었다. 인공적인 볼거리들이 자연만을 통해서는 얻을 수 없는 수준으로 감각을 강화하면서, 또 그와 동시에 자연의 미세한 호소력은 몰아내버리면서, 이러한 자연 관광지들에 상업적인 활기를 불어넣었다.[22]

세계 박람회와 미드웨이

놀이공원의 또 다른 전조는 세계 박람회다. 1851년 런던의 수정궁 Crystal Palace에서 과학과 예술의 진보를 (그리고 국가의 자부심을) 전시하기 위해 시작된 세계 박람회는 새로운 형태의 유흥 공간으로 떠올랐다. 유명한 박람회는 파리 등 유럽 도시에서도 많이 열렸지만, 선도적인 위치를 차지한 것은 미국의 도시들이었다. 새롭게 떠오른 미국의 도시들은 세계 박람회를 통해 부와 성장을 과시하고자 했다. 1876년 필라델피아를 필두로, 1893년 시카고, 1895년 애틀랜타, 1897년 내슈빌, 1898년 오마하, 1901년 버펄로, 1904년 세인트루이스, 1905년 포틀랜드, 1915년 샌프란시스코, 1933년 다시 시카고, 1935년 샌디에이고, 1939~1940년 뉴욕 등이 줄줄이 세계 박람회를 유치했다. 세계 박람회는 관람객에게 "상품에 대한 성지순례"를 제공하는, 떠오르는 소비자 문화의 완벽한 전시장이었다. 1851년 런던 박람회의 카탈로그에 수록된 판매용 물건의 목록은 총 1,500페이지에 달해, 1840년대 경제 불황을 겪은 사람들에게 풍요의 가능성에 대한 새로운 희망을 불어넣었다.[23] 미국 박람회들은 대중적 취향에 맞는 볼거리들로 유명했는데 이 추세는 점점 심화됐다. 1876년 필라델피아 박람회장 주변에는 즐길거리, 먹을거리, 기인 등을 볼 수 있는 상업화된 장소가 자생적으로 생겨났고, 박람회장은 '판자촌'이라는 모욕적인 별명까지 얻게 됐다.

　　1893년 시카고 세계 박람회장 주변으로도 이와 비슷한 놀이의 장이 생겨났다. 시카고 박람회는 신고전주의적인 '명예의 전당,' 인공 석호, 진지한 과학적 성취에 대한 전시 등을 자랑하는 거창한 행사였고, 하층민이 들어오는 것을 막기 위해 입장료를 무려 50센트로 책정했다. 하지만 그 장엄한 복합 공간(시카고 세계 박람회장은 당시 '화이트 시티'라는 별칭으로 불렸다)의 바로 서쪽 바깥으로 자율적으로 유흥 거리가 생겨났다. 폭 600피트(약 180미터)에 거리가 1마일(약 1.6킬로미터) 정도 되는 이 '미드웨이Midway'는 입장료가 따로 없어 여러 사회적 계층을 아우르는 방대한 방문객의 발길을 끌었다. 그곳에는 낭만적으로 재현한 옛 비엔나의 광장, '블라니 성Blarney Castle'이 있는 아일랜드 마을, 베두인 천막이 있는 북아프리카의 이국적인 마을, 다호메이 '전사들'이 살았던 흙으로 지은 헛간, '인육을 먹는' 사모아인의 모습이 담긴 남태평양의 마을 등도 꾸며져 있었다. '리틀 이집트'라는 밸리 댄스 무용수를 볼 수 있었던 '카이로 거리'는 특히 인기가 있었다. 미국 콜로라도의 금광과 타조 농장을 재현한 곳도 있었다. 또 원시적인 것이나 어린아이 같은 것으로 방문객을 자극하는 신기한 행사들도 있었다. 미드웨이는 특정한 주제와 내용을 담고 있기는 했기 때문에 민속지학적 연구나 교육적인 용도로 가치가 있다고도 이야기되곤 했지만, 사실 이 쇼를 실제로 운영한 사람은 스물두 살의 흥행주 솔 블룸Sol Bloom이었다. 시카고 박람회는 세계 최초의 '페리스 휠' 대관람차가 선을 보인 곳이기도 했는데, 이 관람차 설치도 솔 블룸이 감독했다. 페리스 휠은 조지 워싱턴 게일 페리스George Washington Gale Ferris가 개발한 증기 동력 관람차로, 36칸의 객차에 1,440명의 관람객을 태우고 264피트[80미터] 높이까지 올라 갈 수 있었다.[24]

　세계 박람회에서 시작된 많은 혁신들은 곧 이어 놀이공원으로 넘어가 상시적인 볼거리로 자리 잡았다. 1901년 버펄로 박람회는 '달나라 여행', 존스타운 홍수의 재현, 새러토가 전투의 재현, 지옥과 천국을 구경시켜주는 유람 놀이기구 등을 선보였는데, 이것들은 모두 나중에 비슷한 형태로 놀이공원에 도입됐다. 1904년 세인트루이스 박람회 때는 시카고의 미드웨이보다 두 배나 큰 유흥 구역인 '파이크Pike'가 들어섰다. 파이크는 시속 40마일[약 60킬로미터]로 달리며 천지창조, 갤버스톤 홍수 등을 재현해놓은 경관을 볼 수 있게 만들어진 유람용 꼬마 기차를 선보였는데, 훗날 코니아일랜드 등 여러 놀이공원에서 그와 비숫한 경관 유람기차를 도입했다. 또한 외국 문화권에 속한 나라와 이국적인 마을의 모습들을 엽서 그림 찍어내듯이 재현하면서, (미디어사학자 톰 거닝Tom Gunning이 말했듯이) "노력을 들이지 않고도 즐길 수 있는, 하나의 시공간에 응축된 세계여행을 제공했다."[25]

세계 박람회는 사람들이 새로운 것을 기대하고 환영하도록 길들였다. 시카고 박람회에서는 신생 회사였던 제너럴 일렉트릭General Electric 사가 '전기 폭포'를 통해 수십만 개의 컬러 조명으로 교류 전기의 위력과 마법을 보여줬다. 1904년 세인트루이스 박람회는 시뮬레이션 형태로나마 세계 여행의 경험을 제공했다. 특히 가짜 증기선을 타고 가는 '20분 만에 가는 북극 여행North Pole in Twenty Minutes'은 당시 사람들에게 매우 인상적인 볼거리였을 것이다. 관람객은 가로 200피트(60미터), 세로 50피트(15미터)의 공간에서 파노라마 영상을 통해, 미국에서 출발해 북극에 도착해서 전기로 만든 가짜 오로라를 보는 것으로 마무리되는 여행을 경험할 수 있었다. 또 다른 놀이기구인 '바다 아래와 바다 위Under and Over the Sea'는 잠수함을 타고 유럽에 갔다가 비행선을 타고 뉴욕으로 돌아오는 여행을 흉내 낸 것이었는데, 이 때는 라이트Wright 형제가 비행기를 최초로 만든 지 얼마 되지 않았을 때였다.[26]

세계 박람회는 일종의 판타지, 즉 가상 세계를 제공했다. 이는 여타의 포장된 쾌락은 제공할 수 없었던 감각들의 뷔페 혹은 소우주라 할 만했다. 특히 주목할 만한 점은 소비자가 포장 **안에서** 움직일 수 있다는 점이었다. 사람들은 그 안에서 복잡한 볼거리들 사이를 돌아다니고 관람하면서 새롭고 강렬한 자극에 노출됐다. 초창기의 사진처럼, 빅토리아시대 사람들에게 이러한 공간은 오늘날에는 상상하기 어려울 정도로 인상적이고 일상의 경험과 동떨어진 공간이었다. 당시 의사

우리를 중독시키는 것들에 대하여

들은 감각이 그렇게 압도적으로 공격을 받으면 건강에 악영향을 미칠 수 있다며 노인이나 신경이 예민한 사람은 세인트루이스 박람회에 가지 말라고 경고했다. 여기서 우리는 박람회가 사람들을 상업 문화가 이끄는 새 시대에 대비할 수 있게 훈련시키는 장 역할을 했다는 점을 유추할 수 있다. 거닝은 세계 박람회가 "계속해서 변화하는 상업 문화의 전시장"이었으며, "1회용 시각 문화에 사람들을 훈련시키는 장"이었다고 설명했다. 박람회는 관람객들에게 "현대적인 방식으로 구경하는 법"을 가르쳤고, 쉽게 복제될 수 있는 짜릿함을 만들어냈다. 기업가들은 곧 이 점을 상업적으로, 특히 놀이공원에서 활용하게 된다.[27]

놀이 포장하기

놀이공원은 민속 축제의 사투르날리아적 강렬함, 유원지에서 누릴 수 있는 감각적인 휴식, 세계 박람회장에서 볼 수 있던 공간적으로 집약된 볼거리들을 놀라운 기술이 적용된 상업적 형태로 결합했다. 놀이공원은 한정된 공간 안에서 복합 감각적인 놀라움을 경험하게 한다는 점에서 유원지와 비슷했다. 관람객들은 즐거움을 주는 가상의 미로를 돌아다니면서 광경, 소리, 냄새의 뷔페에 빠져들었다. 하지만 놀이공원이 제공하는 그런 경험들은 과거 유원지가 제공한다고 주장했던 고상한 감각과는 많이 달랐다. 놀이공원은 민속 축제나 박람회에서 볼 수 있었던 소란스러운 군중, 거침없는 강렬함, 신체적 동작의 짜릿함과 같은 요소들 또한 가지고 있었다. 그렇지만 민속 축제나 박람회와도 차이는 있었다. 전자 기계가 들어서 있고 입장료를 받는다는 점에서도 달랐지만, 그보다 두드러진 차이점은 절기에 따라 열리던 축제와 달리 시기적인 제약을 받지 않고 일반적으로는 여름 내내, 어떤 곳은 연중 즐길 수 있었다는 점이다.

역사학자들은 현대 놀이공원의 효시로 코펜하겐의 티볼리 공원 Tivoli Gardens(1843)과 빈의 프라터 공원Prater Park(1866)을 꼽지만, 정말로 놀이공원 열풍을 일으켰던 곳은 코니아일랜드였고[28] 그 열풍은 1890 년대에야 불었다. 롱아일랜드 남서부 해변에 타원 모양으로 돌출된 반도인 코니아일랜드는 그 전에도 오랫동안 맨해튼의 기업과 공장으로부터의 탈피를 의미하는 휴양 공간이었고, 1880년대에는 특히 더 그랬다. 코니아일랜드 동쪽 끝의 맨해튼 비치Mantattan Beach는 호텔과 산책로를 갖춰놓고 외부의 방해 없이 세련된 오락을 즐기게 해줄 것을 약속했다. 이를 테면 헨리 페인Henry Pain의 불꽃놀이가 유명했고, 스페인 무직함대 격퇴를 재현하는 것도 있었다. 1883년에 상류층 사람들은 코니아일랜드의 중심부에서 버펄로 빌Buffalo Bill이 선보인 '와일드 웨스트 쇼Wild West Show'를 즐겼다.[29] 얼마 뒤에는 150피트(약 45미터) 높이의 거대 코끼리 모양 호텔 '엘리판틴 콜로수스Elephantine Colossus'가 들어섰다. 또 코니아일랜드에는 현대 롤러코스터의 가장 중요한 원형이라 할 수 있는 라 마커스 톰슨의 스위치백 철길이 최초로 설치되기도 했다.[30]

코니아일랜드는 1895년에 유명한 바다수영 선수 폴 보이튼Paul Boyton(개구리 모양 수영복을 발명한 사람이기도 하다)이 탈거리와 볼거리를 이것저것 모아 '씨 라이온 파크Sea Lion Park'를 열면서 놀이공원의 장소로 부상하기 시작했다. 고리 모양으로 회전하는 '플립플랩Flip Flap 코스터', 물미끄럼틀 '슛 더 슈트Shoot the Chutes', 연인을 위한 관람용 꼬마기차 '올드 밀Old Mill' 등의 탈거리와 함께 댄스 홀, 바다사자 쇼 등이 제공됐

그림7.3 1905년 루나 파크의 야경. 1905년의
관람객들은 컬러 조명의 볼거리와 환상적인
구조물에 깊이 매료되었을 것이다.

다.[31] 1897년에는 조지 틸유George Tilyou가 스티플체이스 파크Speeplechase
Park를 세우면서 뒤를 이었다. 스티플체이스(장애물 경마 경주)라는 이름은
나무 모양의 말을 타고 물결처럼 오르락내리락 하는 트랙을 달리는
놀이기구에서 나왔다. 틸유의 사업은 다음과 같은 간단한 개념에 기
반을 두고 있었다. "우리 미국인들은 스릴, 아니면 재미를 느끼고 싶어
한다. 우리는 둘 중 어느 감각에라도 돈을 낼 준비가 돼 있다." 1907년
의 화재 이후에 틸유는 유리와 철로 된 3에이커 크기의 구조물 '재미
의 파빌리온Pavilion of Fun'을 중심으로 공원을 다시 지었다. 재미의 파빌
리온은 미끄럼틀, 그네 등의 여러 가지 장치를 통해 사람들이 뒤틀리

고, 회전하고, 갑작스럽게 가속되고, 다른 이들의 신체와 접촉하는('러브 배럴Berrel of Love'이나 '속임수 계단Trick Staircase'에서처럼) 것에 몸을 내맡기게 했다. 재미의 파빌리온 주위로는 이보다 일반적이었던 사격 갤러리나 사이드 쇼 볼거리들이 들어섰다.[32]

1903년에는 규모가 훨씬 큰 루나 파크Luna Park가 등장했다. 프레데릭 톰슨과 스킵 던디Skip Dundy가 파산한 씨 라이온 파크 자리의 36에이커 면적에 지은 공원이었다. 루나 파크 성공의 핵심은 당시로서는 신기술이었던 전기 조명을 발 빠르게 도입한 데 있었다(전기 조명은 뉴욕의 타임스퀘어를 "기술적인 장엄함"으로 바꾸는 데도 쓰였다).[33] 또 루나 파크에는 혁신적인 조형물들도 세워져서 밤에 컬러 조명이 들어오면 코니아일랜드가 마법의 공간으로 변신했다. 가령 '스태프'를 주 원료로 사용해 지은 '전기 바드다드'가 있었다. 스태프는 석고 기반의 화합물로 굵은 삼베와 혼합하면 회벽과 같은 느낌을 내 석조 건물처럼 보였다. 톰슨은 스태프를 사용해 조각, 탑, 돔, 열주 등 고대 유럽과 아시아 문명의 건축물을 빠르고 싸게 복제했다. 이렇게 해서 1911년이면 루나 파크는 전기 조명이 달려 있는 1,210개의 빨갛고 하얀 탑, 첨탑, 돔을 선보이게 된다. 하지만 스태프는 불이 잘 붙고 마모가 빨라서, 자주 손질을 하지 않으면 금세 허름해 보였다. 루나 파크는 극단적인 고급스러움과 극단적인 조잡함을 동시에 담고 있었다. 한쪽에서는 호수가 200피트(약 60미터) 높이의 '에펠탑'을 반사하고 있었지만, 이 장엄한 호수의 다른 쪽에는 '슛 더 슈트' 물 미끄럼틀이 들어서 있었다. 그리고 공원의 나머지 공간들에는 맥락 없이 들어선 현란하고 야단스런 구조물들이 20만 개의 컬러 전구로 장식돼 있었다.[34]

루나 파크는 그 즈음에 내슈빌 박람회와 버펄로 박람회에서 명성을 날린 스펙터클한 건축가 프레데릭 톰슨이 기획한 작품이었다. 톰슨은 대부분의 볼거리를 단기 임대로 계약해서, 동물 묘기, 유람 라이드, 전투 장면과 재난 장면의 재현, 기이한 민속 '마을' 등의 다양한 오락거리를 계속해서 바꿔가면서 제공했다. 루나 파크는 (오늘날의 지역 박람회가 그렇듯이) 여러 가지 놀이기구와 오락거리를 뒤죽박죽으로 모아놓은 곳이라고 볼 수 있었다. 몇십 년 뒤에 월트 디즈니의 공원들에서 보게 될 테마적 통일성은 아직 없었지만, 루나 파크는 감각적 새로움을 계속해서 제공한다는 개념을 개척했다. 이런 면에서 루나 파크는 계속 새로 지어지면서 매년 이어지는 세계 박람회와 매우 비슷했다. 그리고 이 모든 것이 성공을 가져다 주었다. 1904년에는 루나 파크를 찾는 사람이 400만 명에 달했고, 밀려드는 사람들을 수용하기 위해 정원을 둘러가며 두 번째 데크를 세워야 했다.[35]

세 번째 놀이공원은 1904년에 윌리엄 H. 레이놀즈William H. Reynolds가 코니아일랜드 부둣가의 15에이커 공간에 상류층 고객을 염두에 두고 지은 드림랜드Dreamland였다.[36] 동양풍으로 된 루나 파크와 달리, 레이놀즈는 고전적인 서구의 모습을 연출했다. 거대한 인공 석호 주위로 온통 새하얀 건물들이 들어섰다. 드림랜드의 서쪽 끝에 세워진 375피트(약 114미터) 높이의 비컨 타워Beacon Tower는 스페인 세비야의 히랄다 탑을 본뜬 것으로, 크기나 조명이나 수준의 면에서 루나 파크의 '에펠탑'과 견줄 만했다. 그렇다고 드림랜드가 고리타분하게 고전적인 것만 내세운 것은 아니었다. 레이놀즈는 비컨 타워 반대편에 물 미끄럼틀을 하나도 아니고 두 개나 지었다. 또 밤에 배로 들어오는 관람객들은 100만 개의 (혹은 그렇다고 알려진) 전구가 하늘에 수놓은 장엄한 광경을 볼 수 있었다. 입구에는 황금색의 커다랗고 고풍스런 여성 누드상

이 있어서 사람들이 그 아래를 지나서 들어가도록 돼 있었다. 그곳에
는 '천지창조Creation'라는 이름의 경관 보트가 있었는데, 보트를 타면
1,000피트(약 300미터) 길이의 수로를 따라가면서 창세기의 7일간을 담
은 장면들을 볼 수 있었다.[37]

우아함을 내세운 드림랜드는 루나 파크나 스티플체이스 파크의
고객을 끌지 못했다. 종교적 주제를 가지고 시도한 고상함이나 순백색
의 건축은 코니아일랜드 중심부를 찾는 사람들의 대부분을 차지하는
저소득자를 매혹하는 데 실패했다. 그리고 1911년부터는 스태프에서
흰 페인트가 벗겨지기 시작했다. 비수기에 돈을 많이 들여 리모델링을
하면서 드림랜드는 순백을 포기하고 크림색과 빨간색으로 공원을 다
시 꾸몄다. 하지만 그것도 소용이 없었다. 1911년 5월 27일에 화재가
나서 공원을 3시간 만에 다 태워버린 것이다. 그리고 드림랜드는 다시
지어지지 않았다. 이 부지는 수차장과 임시 전시장, 임시 놀이기구 설
치장 등으로 임대되다가, 1957년에 뉴욕 수족관이 들어섰다.[38]

코니아일랜드에 들어선 세 개의 놀이공원(스티플체이스 파크, 루나
파크, 드림랜드)은 이후에 등장한 수많은 테마 파크의 모델이 됐다. 특히
큰 영향을 미친 것은 판타지적 건축물에서 보여준 혁신이었다. 코니아
일랜드의 놀이공원들은(특히 루나 파크와 드림랜드) 본질적으로 무대 세
트장이었고, 프레데릭 톰슨의 표현을 빌리면, "인간이 가진 자연스럽
고 끓어오르는 동물적 영혼"을 불러일으키도록 고안돼 있었다.[39] 또한
탑과 놀이기구는 전경을 새로운 시야에서 조망할 수 있게 해줬다. 가
령 '슛 더 슈트'를 타는 사람들은 미끄러져 호수로 떨어지기 직전, 정상
에 올라갔을 때 공원의 건물들과 대서양의 너른 조망을 한눈에 볼 수
있었다. 또한 세 곳 모두 도시의 더러움에 대해 낙원 같은 대안을 제공

했다. 1905년에 리처드 르 갈리엔Richard Le Gallienne은 드림랜드에 가려면 기차를 타지 말고 배를 타라고 조언했다. 그래야 기차로 가면서 보게 되는 "도시 이면의 모든 것과 더러운 인근 지역"을 피할 수 있다는 것이었다. 특히 전구가 존재하는 새 시대에, 코니아일랜드를 밤에 방문하면 불결한 임대 주택과 공장, 표정 없고 위협적이기까지 한 거리나 지하철의 사람들이 없는 공간에 올 수 있었다. 코니아일랜드는 사람들이 인공적으로 고안된 색상, 빛, 형태, 동작의 현란함 속으로, 즉 새로운 종류의 감각에 흠뻑 빠져들 수 있는 새로운 종류의 도시 공간으로 도피할 수 있게 해줬다.[40]

물론 상업적인 면으로 보자면 군중을 즐겁게 하는 것이 아니라 볼거리와 탈거리의 매표소로 오게 하는 것이 핵심이었다. 공원이라는 포장 안에 있는 포장으로서, 각각의 볼거리나 탈거리는 먼 장소, 상상의 장소, 재현된 재난이나 극적인 사건 등을 압축적으로 볼 수 있는 여행(역사학자 다니엘 부어스틴Daniel Boorstin에 따르면 "의사擬似여행")을 통해 "집중된 감각"의 경험을 제공했다. 파노라마, 환등기 쇼, 입체요지경, 신문이나 잡지의 자극을 통해 미국인들은 이미 여흥적인 '여행'을 갈망하고 있는 상태였고, (비록 천편일률적인 형태에다가, 인공적으로 압축한 시간, 공간, 장소가 완전히 탈맥락화돼 있어서 가치가 떨어지기는 했지만) 놀이공원은 그 갈망을 충족시켰다.[41]

코니아일랜드 황금기(1897~1930)의 상당 기간 동안 인기를 끌었던 '델리 거리Streets of Delhi'에서는 인도의 궁전과 말, 의장 군인, 코끼리 등의 행진을 볼 수 있었다. 드림랜드의 '오버 더 그레이트 디바이드 Over the Great Divide'(1907)는 스릴을 추구하는 관람객들에게 분출하는 로키 산맥의 화산 옆을 기차로 지나가는 경험을 제공했다. 한발 더 나아간 것은 실내 경관 기차 '스위스를 지나가는 해변 여행Coasting through Switzerland'(1904)이었는데, 그 기구에는 "아름다운 스위스 산에서 느낄 수 있는 맑고 차가운 공기"를 만들기 위한 냉동 물파이프가 장착되어 있었다.[42]

또한 코니아일랜드는 아무도 가보지 못한 곳, 가령 지옥이나 달에 갔다 올 수 있는 기회도 제공했다. 프레데릭 톰슨의 '달 여행Trip to the Moon'은 이야기가 담긴 세트장과 직접 여행을 하는 듯한 환상을 결합해 과거의 원형 파노라마를 새로운 경지로 끌어올렸다. 조르주 멜리에스의 무성 영화 〈달 세계 여행〉(1902)을 연상시키면서, 톰슨의 '달 여행'은 우주여행에 대한 대중적인 열망을 아이들의 이야기책 판타지와 결합시켰다. 둥근 건물로 들어온 관람객은 안내인으로부터 달 여행에 대한 오리엔테이션을 받는다. 안내인은 '우주 항해 회사'의 직원이라고 자신을 소개하고 '반反중력과 우주여행'의 비밀에 대해 설명하면서 분위기를 잡는다. 그러고 나면 관람객들은 좁은 통로를 통해 길쭉한 모양의 달 우주선 '루나'에 탑승하게 된다. 선풍기가 바람을 일으켜 앞으로 나가는 것 같은 느낌을 주고, 캔버스의 그림과 영사기의 화면이 지상 위로 높이 올라가는 것 같은 느낌을 준다. 뉴욕이 점점 작아져 반짝이는 점으로 보이고 곧 지구가 작은 공으로 보인다. 이어서 별들이 나타나고 이윽고 환한 달이 나타난다. '태양 구름의 바다'를 가로질러 달에 착륙할 때는 우주선이 휴화산의 분화구에 내리는 것 같은 느낌을 받는다. 안내인이 그렇게 말하기 때문이다. 문이 열리면 여행객들은 달 종족인 '셀런 족' 난장이들의 환영 인사를 받는다. 셀런 족은 지구인들에게 초록 치즈를 대접한다. 이어서 여행객들은 "불빛이 나는 나뭇잎과 버섯 숲이 있는" 통로를 따라 달의 왕이 있는 궁전으로 간다.

우리를 중독시키는 것들에 대하여

달의 왕은 춤추는 달의 아가씨들에 둘러싸여 있다. 이 모두 지금 보기에는 코믹하거나 우스꽝스러워 보이기까지 하지만, 당시에는 토머스 에디슨과 윌리엄 매킨리William McKinley 대통령도 이곳의 '달 여행'을 즐겼다. 달을 여행한다는 개념은 너무나 매력적이어서 반세기 후에 디즈니랜드의 '달로 가는 로켓Rocket to the Moon'으로도 이어졌다(이때는 '달의 아가씨'는 빠졌다).[43]

톰슨의 '달 여행'은 과학적 진보의 꿈을 불러일으키는 동시에 그것을 심각하지 않고 유쾌하며 낭만적인 판타지와 결합해 흥미로운 매혹의 조합을 만들었다. 드림랜드는 상상의 공간으로 가는 또 다른 종류의 여행들도 선보였는데, 내세와 지하 세계로 가는 공포 여행도 그중 하나였다. '지옥의 문Hell Gate'은 탑승자들이 배를 타고 나선형의 개울을 따라 내려가게 돼 있었는데, 이것을 체험해 본 기자는 "온 영혼을 다해 무서움과 싸워서 그 무서움을 즐거움으로 바꿔야 했다"고 묘사했다. "(어두운 곳을 지나가다가) 환해지면서 불꽃 속에서 악마가 나오고, 화산이 불을 뿜으며, 거대한 동굴에 석순이 늘어져 있는 것이 보인다. (…) 다시 나선을 따라 가다가 (…) 마침내 온갖 무서운 것들이 가득한 작은 부두에 닿게 된다."[44] 이는 오늘날의 기준으로 보면 별 볼 일 없는 것일 수도 있겠지만, 당시는 많은 사람들에게 지옥이 매우 실질적으로 두려운 존재이던 시절이었다. 이런 탈거리들은 사람들이 실제로 갖고 있는 공포를 활용했는데, 지옥을 유쾌하게 만들어서 사람들이 지옥의 무서움을 "즐거움으로 바꾸도록" 만들었다.

더 영웅적이고 역사적인 드라마를 원하는 추세에 맞게 또 다른 종류의 볼거리도 제공됐다. 전투나 재난 장면 등을 축소해서 재현하는 것이었다. 가장 희한해 보이는 것 중 하나로는 '세계 전쟁War of

그림7.4 '소방관의 사투'. 아마도 임대주택 건물에서
살고 있었을 많은 사람들이 임대주택 거리가
실감나게 불타는 모습을 보고 있다.

우리를 중독시키는 것들에 대하여

Worlds'(1903)이라는 것이 있었는데, 관람석에서 관객들은 독일, 영국, 프랑스, 스페인 함대가 뉴욕 항을 공격하는 것을 볼 수 있었다(물론 공격은 성공하지 못한다). 또 1906년에는 1905년의 러일 전쟁을 재연한 '뤼순의 몰락Fall of Port Arthur'이 선을 보였다. 해군 전쟁 테마는 1908년에 드림랜드가 '달 여행'을 '모니터와 메리맥 전투Battle of the Merrimac and Monitor'로 바꾸면서 또 다시 등장했다. 이와 비슷하게 인기를 끈 테마는 1889년과 1900년에 있었던 '존스타운 홍수'와 '갤버스턴 홍수'였다. 이런 쇼들은 단지 배경 그림을 그려놓거나 화면을 영사하는 수준을 훨씬 넘어서, 모형 댐이 무너지면 실제로 물이 쏟아져 모형으로 만든 존스타운을 가차 없이 덮어버렸을 정도로 생생했다. 또 '폼페이의 몰락Fall of Pompeii'에서는 로마 건물의 모형뿐 아니라 지구의 안쪽에서 불이 솟아오르는 것을 나타내는 새로운 불꽃 제조 기술도 선보였다.[45]

더 극적이었던 (그리고 아마도 더 무서웠을) 것은 실물 크기의 세트로 임대주택 거리의 화재를 재현한 것이었다. '소방관의 사투Fighting the Flames'는 1903년에 런던에서 처음 등장했고 1904년에 세인트루이스 박람회에서 선을 보였으며 이어서 코니아일랜드에 들어왔다. 공연은 하루에 네 번을 했는데, 관람객은 지붕 있는 관람석에서 6층짜리 임대주택 건물(철골과 불에 잘 타는 목재로 만들었다)이 불타는 것을 그 건물의 길 건너편 쪽에서 바라보게 돼 있었다. 2,000명의 배우가 동원된 이 쇼는, 1층에서부터 불길이 오르면서 공포에 질린 거주자들이 화염을 피해 위로 올라가고 120명의 소방관이 소방차를 타고 도착해 불길을 잡는 모습을 보여줬다. 어떤 사람들은 그물로 뛰어내려 건물을 빠져나오고, 어떤 사람들은 지붕으로 올라가서 지붕이 함몰되기 직전에 벽을 타고 올라온 소방관들에 의해 구조됐다.[46] 물론 이 가짜 화재에서 배우들은 어느 정도 진짜 위험에 노출돼 있었을 것이다.

화재를 재현한 볼거리는 도시에서 발생한 대형 화재나 용감한 소방관의 이야기가 20세기 초의 신문과 영화에 많이 나오던 것과도 맥락을 같이 했다. 시카고 '화이트 시티' 놀이공원에 있었던 1905년의 화재 공연의 세트는 가로 300, 세로 500인치(약 7.5×13미터)의 거리에 전차와 교통신호가 있는 트랙을 갖추고 있었고, 불이 나기 전에 여성들이 창문 뒤에서 수다를 떠는 모습이라든지 비즈니스맨이 사무실에서 바삐 돌아다니는 모습까지 실감나게 보여줬다. 세트의 건물은 방염 물질로 만들긴 했지만 불에 잘 타는 소재들을 전략적으로 배치해서 실제 화재와 같은 "적절한 효과"를 냈다. 역사학자 린 샐리Lynn Sally에 따르면, 이런 쇼의 핵심은 관람객에게 충격을 줄 수 있을 정도의 현실감이었다. 또한 이런 쇼는 실제로 안전하지 않은 임대건물에서 살아가고 있었을 많은 판람객들에게 일상에서 직면하고 있는 위험에 내한 걱정을 누그러뜨리는 역할도 했을 것이다.[47]

짜릿한 놀이기구들

압축된 광경과 소리, 그리고 그것이 불러일으키는 감정들 이외에 놀이공원이 제공한 것이 또 있었다. 전자 기계적으로 생산된, 극단적인 동작과 움직임이 주는 신체의 흥분이었다. 빠르게 가기, 올라갔다 추락하기, 미끄러지기, 뒤틀리고 회전하기 등의 짜릿한 경험은 어지럼증과 '안전한' 공포, 혹은 가상의 공포를 불러 일으켰다. 그와 동시에 두려움을 초월했다는 데서 느낄 수 있는 승리감과 유쾌한 안심을 주기도 했다. 번지점프, 다이빙 등의 아주 오랜 역사에서 알 수 있듯이, 산업 사회 이전에도 사람들은 인공적인 추락의 짜릿함을 즐겼다. 오늘날에도 남태평양 바누아투 섬의 젊은이들은 남자다움을 증명하는 의례로 육상 다이빙(높은 곳에서 덩굴을 잡고 뛰어내리는 것)을 한다. 또한 텀블링과 그네를 싫어하는 아이는 없다. 이런 감각은 농경 시기 정착 생활과 안전한 도시 생활이 시작되기 전 선사시대의 위험하고 험한 생활에서 더 일반적으로 느낄 수 있었을 것이다. 선사시대 인간은 에너지와 흥분을 폭발시켜 험한 땅을 빠르게 달리거나 나무를 타서 생존에 필요한 식량을 구하고, (위험한 상황에서) 도망을 쳐서 목숨을 부지하곤 했을 것이다. 이런 종류의 기민함은 생존에 도움이 됐을 것이고, 그것을 놀이에서 재현하고 싶어 하는 성향이 인간에게 본성처럼 내재화됐을 것이다. 이것이 우리가 무서운 놀이기구들에 매력을 느끼는 이유 중 하나다. 이런 종류의 놀이기구는 아이들이 그네, 미끄럼틀, 회전뱅뱅이 등을 타며 기대하는 감각을 활용한다. 그리고 19세기 말경에는 놀이를 유쾌한 (그리고 새롭게 가치가 인정된) 동심의 세계로 돌아가는 것으로 연결 짓는 분위기가 형성되면서, 성인들에게도 그러한 감각을 추구하는 것이 허용됐다.[48]

물론 농경문화와 도시 문화에서는 '위험을 위한 위험'을 추구하는 것을 어리석거나 무모한 행위로 보아 경멸하기도 했지만, 그것을 완전히 억압하지는 못했다(검투사 싸움 등과 같은 피 흘리는 경기를 생각해보라). 흥미롭게도 낙하를 하는 대담한 '스포츠'가 다시 살아난 시기는 파노라마가 등장하며 시각적인 제약이 크게 풀린 시기와 비슷했다. 1797년에는 한 대담한 사람이 기구를 타고 올라가다가 파리 몽소 공원의 3,000피트(약 900미터) 상공에서 낙하산을 펴고 뛰어내렸다. 이것은 새롭고 '극단적인' 신체적 지평을 탐험하려던 당대의 미학적인 (그리고 나중에는 상업화되는) 추구의 일부였다. 외줄타기도 이 무렵에 인기를 끌기 시작했다. 18세기 말에 서커스의 창시자 필립 애슬리Philip Astley가 선보인 초창기 서커스들에는 높은 곳에서 외줄을 타는 쇼가 포함되어 있었다. 이렇게 해서 중력을 거부하는 이 묘기꾼들은 묘기를 선보일 새로운 장과 돈을 낼 의사가 있는 새로운 관람객을 갖게 됐다. 가렛 소든Garrett Soden은 참으로 적절한 제목을 가진 저서 《낙하Falling》에서 "중력을 거부하는 행동은 계몽주의 시대에 '진보'가 의미하던 바, 즉 인간이 자연의 희생자가 아니라 자연의 정복자로 자리매김되는 진보를 보여주었기 때문에 그 자체로 강력했다"고 설명했다.[49]

초창기의 놀이기구들은 낙하산처럼 개인화된 낙하 경험을 제공하지는 못했지만, 1939년 뉴욕 박람회에서 그 짜릿함을 흉내 낸 놀이기구가 선을 보였고 이는 곧 코니아일랜드로도 들어갔다. 롤러코스터와 계류타기도 비슷한 감각을 일으켰다. 그리고 자신의 몸을 물리학의 변화무쌍함에 내맡기며 느끼는 '포장된 짜릿함'은 낙하로만 느낄 수 있는 감각은 아니었다. 스티플체이스의 놀이기구들은 대체로 성인 버전의 놀이터 장비라고 볼 수 있었다. 그 중 하나는 거대한 미끄럼틀이었는데, 그것은 마치 아이들 놀이터에 있는 것과 본질적으로 다르지 않다는 사실을 감추려는 듯 담뱃대 모양으로 디자인되어 있었다. '속임수 계단Trick Staircase', '지진 바닥Earthquake Floor', '거꾸로 하우스House Upside Down' 등은 아이들이 좋아할 만한 어지럼증과 빠른 움직임을 일으키는 기구였다. '결혼반지Wedding Ring'는 나무로 된 원이 중앙 기둥에 매달려있는 것으로 기본적으로 아이들의 그네를 70명의 어른이 탈 수 있게 만든 것이었다. 또 스티플체이스의 '월풀Whirlpool'과 '휴먼 풀 테이

우리를 중독시키는 것들에 대하여

블Human Pool Table'은 기구에 탄 사람의 몸을 모든 방향으로 (그리고 종종 이성에게) 던지는 기구였는데, 이 짜릿함은 유아 시절에 삼촌이나 부모가 높이 던졌다가 받아주던 것의 즐거움을 상기시켰다.[50]

20세기 초에는 새로운 형태의 테크놀로지들이 나오면서 이런 종류의 짜릿함을 만들어내는 추세가 가속화됐다. 라이트 형제가 하늘을 날고서 불과 1, 2년 뒤에 하이럼 맥심Hiram Maxim(기관총을 발명한 것으로도 유명하다)은 '비행선Airship'이라는 놀이기구를 미국과 유럽의 놀이공원에서 선보였다(1907). 공중에 매달린 좌석을 뱅글뱅글 회전시키는 것이 전부였지만, 기자 롤린 하트Rollin Hartt의 묘사에 따르면, 거기에 탄 사람은 "물리의 법칙"때문에 "대양 한복판에서 굽이치는 물결 위에 있는 것처럼 세상이 들어 올려졌다가 부풀었다가 비틀거렸다 하는 느낌을 받으며, 그때마다 새로운 규모의 시야를 볼 수" 있었다.[51] 그 밖에도 회전하는 놀이기구들은 다 이와 비슷한 효과를 냈는데, 이는 땅에 붙어서 돌던 회전목마의 단순한 움직임에 새로운 물리적 강렬함을 덧붙인 것이었다.

하지만 더 큰 인기를 끌었던 놀이기구는 좁은 트랙과 터널을 통과하는 기차로, 그것은 나중에 롤러코스터로 발전했다. 롤러코스터는 풍경 사이를 빠르게 지나간다는 점에서는 기차나 전차를 타면서 느낄 수 있는 흔한 경험을 제공했지만, 그 경험들을 기차나 전차에서 느껴지는 지루함을 모두 제거한 채로 제공했다. 롤러코스터에서는 지루함도, 계획되지 않은 경관도, 흥분과 흥분 사이의 긴 시간도(멋진 경관이 나타난 후 그 다음 경관이 나타나기까지의 시간) 존재하지 않았다. 롤러코스터와 그 사촌 격이라 할 수 있는 유람용 경관 기차는 인공적으로 유도된 어지러움과 가짜 위험을 여행의 즐거움과 결합했다.

롤러코스터의 기원은 초점을 어디에 두느냐에 따라 여러 가지로 이야기할 수 있다. 그 다양한 기원 중 하나는 17세기에 러시아인들이 긴 겨울을 최대로 활용하기 위해 눈 덮인 언덕을 미끄러져 내려오던 데서 찾을 수 있다. 이것은 (적어도 처음에는) 아이들의 놀이가 아니라 어른들의 활동이었다. 처음으로 선을 보인 인공 활강 언덕은 상트페테르부르크에서 처음 선을 보였는데, 75피트(약 20미터)의 높이와 50도의 경사면으로 설계된 나무 구조물로, 단단히 누른 눈이 깔려 있어 썰매를 타고 내려 올 수 있었다. 1784년에는 프랑스의 한 기업가가 촘촘하게 롤러를 넣은 경사 트랙을 선보였고 여기에서 '롤러코스터(프랑스어로는 몽타뉴 뤼스montagnes russes)'라는 이름이 처음 나왔다. 롤러코스터가 발명되면서부터는 겨울이 아니더라도 객차를 타고 미끄러져 내려올 수 있게 됐다. 1846년에는 파리 프라스카티 가든Frascati Gardens에서 고리 모양으로 생긴 현대식 코스터의 초석이라 할 만한 기구가 등장했다. 사람을 실은 수레가 43피트(약 13미터) 높이의 언덕에서 13피트(약 4미터) 폭의 오목한 둥근 면을 따라 내려오는 기구였고, 원심력만을 이용해서 수레를 둥근면 안쪽 트랙에서 떨어뜨리지 않도록 설계돼 있었다. 실제 기차와 더 관련이 깊은 롤러코스터도 등장했다. 1972년 펜실베이니아 주의 마호 청크Mauch Chunk 마을에서는 근처의 광산에 있던 경사진 철로를 놀이기구로 바꿔 '미국의 스위스Switzerland of America'라는 이름의 놀이기구를 선보였다. 수천 명의 관람객이 서밋 힐에서부터 리하이 리버 밸리까지 9마일(약 15킬로미터)을 미끄러져 내려왔다. 뚜껑이 없는 객차가 U자형 급커브들을 돌고 통통 튀면서 마호 청크 차고지에 도착했을 때는 시속 50마일(약 80킬로미터)까지 속력이 났다.[52]

1884년 미국의 발명가 라 마커스 톰슨은 이 기구를 (작은 규모

그림7.5 애틀랜틱시티의 회전 고리형 롤러코스터.
1901년에는 매우 담대하고 위험한 기구였다.

로) 모방해 중력으로 추진력을 받는 '스위치백' 롤러코스터를 만들었
다. 톰슨의 기구는 시속 6마일(약 10미터)의 미미한 속도로도 즉각 성공
을 거두면서 빅토리아시대 미국인들에게 짜릿함을 선사했다. 처음에
는 경사로 위쪽으로 코스터 차량을 밀기 위해 인력을 동원해야 했지
만, 1885년 증기 리프트가 나오면서 그 리프트로 차량을 높이 끌고 올
라갈 수 있게 됐다. 따라서 더 구불구불한 길을 더 빠르게 내려올 수
있었고, 트랙은 코스터 차량이 한 바퀴를 다 돌아 출발점으로 되돌아
오는 경로를 갖게 됐다. 톰슨은 승객들이 마치 먼 나라나 환상적인 장
소로 여행을 가는 것처럼 느낄 수 있게 철로 옆에 풍경 그림을 그려놓
았다. 하지만 놀이기구의 매력은 무엇보다 짜릿한 감각에 있었다. 1895

년 코니아일랜드에서는 탑승시간 중 약 10초가량을 완전히 거꾸로 매달려 있을 수 있게 설계된 플립플랩Flip Flap 코스터를 선보였다. 목통증을 호소하는 고객들도 있었지만, 곧 고리가 개선됐고(신체에 무리를 덜 주도록 약간 타원형으로 바뀌었다), 이후 고리형 놀이기구는 더 일반화됐다(여전히 무서워서 목이 뻣뻣해지기는 했다).[53]

개선된 디자인 덕에 짜릿한 놀이기구들은 비용이 많이 드는 재현 쇼 같은 여타의 볼거리를 몰아내고 코니아일랜드의 중심을 차지했다. 1920년에 들어선 루나 파크의 '원더 휠Wonder Wheel'(대관람차)은 높이가 150피트(약 45미터)에 달했고 169명의 승객을 태울 수 있었다. 존 A. 밀러John A. Miller가 1910년에 발명한 '언더 트랙' 바퀴는 롤러코스터가 더 가파른 경사면을 내려오고 더 급격한 회전을 하면서도 선로에서 튕겨 나가지 않을 수 있게 돼 있었다(코스터 차량이 튕겨 나가는 것은 재앙 수준의 사고를 일으키는 큰 문제였다). 금속 레일 위를 달리는 거대한 나무 코스터는 1920년대에 전 세계 놀이공원에서 큰 성공을 거뒀고 1929년에는 미국에서만도 적어도 1,500개가 운행됐다. 코니아일랜드에 있는 것들이 특히 유명했는데, 1925년에는 거대한 '선더볼트Thunderbolt'가, 곧이어 더 무서운 '사이클론Cyclone'이 등장했다. 사이클론은 85피트(약 25미터) 높이에서 60도 경사로를 따라 하강했다. 짜릿함과 다양성을 높이기 위해 디자이너들은 파도형, 캥거루 뜀뛰기형, 8자형, 나선형 등 각종 새로운 선로 디자인 기법들을 도입했다. 롤러코스터는 더 무서워졌으면서도 실제 상해의 위험은 비교적 적었기 때문에 사람들이 앞다퉈 찾는 놀이기구가 됐다.[54]

롤러코스터는 타는 사람들을 신체적 위험과 섹슈얼리티(신체 접촉이 있으며 흥분 속에서 금지와 제약이 사라진다는 점에서)의 직전까지 데려가서, 자극과 짜릿함을 줄 것으로 기대되었다. 하지만 그러면서도 위험과 섹슈얼리티 둘 다로부터 충분히 안전할 만큼 멀리 떨어져 있어서, 성적인 예의범절을 깨뜨린다는 우려를 일으키지 않으면서 긴장을 완화시키고 즐거움을 줬다. 신체의 방향 상실, 낙하, 가속, 예기치 못한 회전 등을 '증류해' 자극적인 몇 분간을 제공함으로써, 롤러코스터는 신체적 혼미함이라는 감각을 떼어내 상업화했다. 프랑스 철학자 장 보드리야르Jean Baudriallard는 이러한 놀이기구들이 탈맥락적인 유포리아를 만들어내면서 "스릴을 느끼게 하는 모든 가능성들을 완전히 활용했다"고 언급했다. 분명 롤러코스터는 포장된 쾌락이 주는 '자극'의 대표 사례다. (대체로) 성적이지 않은 신체적 흥분을 가능한 많이, 가능한 짧은 시간에, 그리고 언제나 돈을 받고 불러일으키는 것이다.[55]

그렇다면 짜릿한 놀이기구들은 19세기 말에 왜 그렇게나 집착의 대상이 됐을까? 놀이기구는 이 책에서 살펴본 감각의 강화 및 상업화라는 광범위한 과정의 일부다. 점점 빨라지고 있던 기차와 전차, 그리고 "볼거리로서의 영화"가 보여준 시각적 환상 등은 즉각적인 가상 여행이 가져다줄 속도와 낭만에 대한 기대를 형성했다. 또 놀이기구들은 단조로운 일상과 과로로 지친 사람들이 필요로 하는 흥분도 제공했을 것이다.[56] 그리고 더 정교해진 놀이기구들은 당대 최첨단의 기계 장치들을 모방해서 그러한 장치들에 대해 공포를 불러일으키는 동시에 그 공포를 완화했다. 이를 테면 루나 파크의 '티클러Tickler'는 현대 도시의 교통수단을 패러디했다. 8명까지 탈 수 있는 차가 뱅글뱅글 돌면서 꼬불꼬불한 길을 따라 내려오는데, 오는 길에 도로 양측의 구조물이나 다른 차들과 부딪치도록 돼 있었다. 또 역사학자 존 카슨John Kasson은 위 아래로 구불거리는 트랙을 달리는 롤러코스터가 1890년대의 고가 전철을 흉내 내서 출근할 때 타는 일상적인 교통수단의 단조로움을 유쾌한 패러디가 되게 했다고 언급했다.[57] 짜릿한 놀이기구들은 이렇게 포장된 쾌락 시기에 존재하던 특정한 욕구를 충족시켰다.

장소화된 쾌락

코니아일랜드의 놀이기구와 볼거리들이 세계 박람회에서 시작되어 점차 루나 파크와 드림랜드로 들어와 정착했듯이, 코니아일랜드의 놀이공원들도 19세기 말에 여러 곳으로 모방되었다. 새로운 공원들은 주로 놀이기구와 볼거리들을 충분히 담을 수 있을 만큼 넓은 장소에 자리를 잡았다. 놀이공원에 비해 다소 일찍 형성된 다운타운의 쇼핑센터나 엔터테인먼트 센터와는 대조적으로, 놀이공원은 비교적 땅 값이 싼 교외 부지에 위치해야 했다. 많은 놀이공원이 소풍 공원이나 해변의 리조트에 지어지긴 했지만 사실 자연의 아름다움이나 안락함은 필요하지 않았다. 반세기 뒤에 디즈니는 주변의 환경이나 경관 같은 것은 아무 상관이 없거나 오히려 방해가 되며, 놀이공원이 주는 즐거움 자체만으로도 충분히 수백만 명의 사람들을 끌어들일 수 있다는 것을 증명해 보였다. 중요한 것은 사람들을 멀리 있는 놀이공원까지 실어 날라주는 교통수단이었다. 손님이 몰리는 여름에는 특히 더 그랬다. 교통수단으로는 배가 사용되는 경우도 있었지만 주로 열차, 그 중에서도 특히 전차가 많이 사용됐다.[58] 1890년대는 유럽과 미국 모두에 방대한 철도망이 깔리고 있던 때였다. 사실 대다수의 놀이공원은 전차나 전기 회사 투자자들의 돈으로 지어졌고, 전차 노선의 종점에 들어서는 경우가 많았는데 이는 주말 전차 이용객을 늘리기 위한 투자자들의 전략이었다. 또 놀이기구 제조업체와 볼거리 제조업체들(필라델피아 토보간Philadelphia Toboggan이나 폭죽 제조업체 등)도 감각적 매혹거리들의 집결지를 이곳저곳에 지었다.[59]

오하이오 주의 시더 포인트Cedar Point를 보자. 이곳은 오늘날 미국에서 가장 크고 가장 오래 운영된 놀이공원이며 가장 혁신적인 곳이기도 하다. 이리 호에 면한 시더 포인트는 클리블랜드나 톨레도에서 배를 타고 올 수 있는 곳으로 처음에는 소풍 공원에 불과했다. 그러다가 1870년에 독일 가구업자인 루이스 지스텔Louis Zistel이 이곳에 맥주 가게와 대중탕을 지었다. 하지만 명소가 되기 시작한 것은 1882년에 투자자들이 소풍 테이블, 온천, 댄스홀 등을 지으면서부터였다. 1888년에는 연극과 콘서트를 볼 수 있는 그랜드 파빌리온이 들어섰고 1892년에는 스위치백 기차가 생겼다. 1899년에는 조지 뵈클링George Boeckling이 경영을 맡으면서 전국적인 트렌드를 따라 시더 포인트를 종합 놀이공원으로 만들었다. 1902년에는 8자형 롤러코스터 레이서Racer를 선보였고 2년 뒤에는 당시 유행하던 인공 석호를 만들었다. 뉴포트의 성장을 반영하면서 1905년에는 브레이커스 호텔이 들어섰고, 다음 해에는 동전 오락실이나 사격 갤러리뿐 아니라 회전목마, 원형그네 등의 기구를 갖춘 '어뮤즈먼트 서클Amusement Circle'이 문을 열었다. 1908년에는 '딥 더 딥스 경관기차Dip the Dips Railway'가 등장했고 1912년에는 훨씬 큰 '립 더 딥스Leap the Dips 코스터'가 들어섰다. 1920년 무렵에는 세 개의 롤러코스터, 원주민 마을, 화재 진압 쇼, 밀랍 뮤지엄인 '에덴 뮤제Eden Musée' 등이 시더 포인트에서 운영되고 있었다. 훗날의 디즈니 월드처럼 시더 포인트는 상류층을 위해 호텔을 지었고 대중을 위해 놀이기구를

계속 업데이트했다.[60]

시더 포인트만이 아니었다. 애틀랜타 북부의 개발업자들은 숲과 거품 온천, 호수로 유명하던 47에이커 면적의 땅을 구매해서 '폰세 데 레온 공원Ponce de Leon Park'을 지었다(젊음의 샘을 찾아 다녔던 스페인 장교 폰세 데 레온의 이름을 딴 것이다). 1903년에 이곳은 모든 것을 갖춘 놀이공원이 됐다. 급경사 미끄럼틀, 회전목마, 관람차, 올드 밀Old Mill 경관기차, 집시 마을, 동전 오락실, 어린이를 위한 조랑말 승마장, 보트 탑승장, 호수 주위를 산책할 수 있는 2층짜리 다리 등 놀이공원에 있을 법한 것은 다 있었다. 그리고 하루에 500대씩 운행되는 전차가 애틀랜타 중심부에서부터 이곳까지 관람객들을 실어 날랐다.[61]

놀이공원으로 유명한 또 다른 도시로는 시카고를 들 수 있다. 슈트 파크Chutes Park(1896), 상수시Sans Souci(1899), 화이트 시티White City(1905)는 시가고 남부에, 루나 파크Luna Park(1908)와 리버뷰Riverview(1904)는 시카고 북부에 새로 생긴 고가 전철 근처에 있었다. 화이트 시티는 세인트루이스 박람회의 파이크Pike를 본떠 지어졌는데, 거대한 미끄럼틀인 '범프Bumps', 관람차, 회전목마, 롤러코스터, '슛 더 슈트Shoot the Chutes', 경관기차, '뷰티풀 베니스Beautiful Venice'(곤돌라 라이드), 하이럼 맥심의 '비행선'과 같은 놀이기구와 화재 진압 쇼, 미니 도시, 존스타운 홍수 등의 볼거리를 제공했다. 많은 것이 코니아일랜드에서 모방해온 것이었다. 지방색이 있는 유일한 볼거리는 '커민스 인디언 집회Cummins Indian Congress'였는데, 포트 디어본(나중에 시카고가 된다)에서 있었던 1812년의 원주민 대학살을 재현한 것이었다. 많은 공원이 그랬듯이 화이트 시티에도 높은 탑이 들어섰는데 300피트(91미터) 높이의 탑을 2만 개의 전구가 장식하고 있었으며 서치라이트가 장착되어 있었다. 100에이커 면적

우리를 중독시키는 것들에 대하여

의 놀이공원 리버뷰는 1907년에는 시카고 최대의 놀이공원이라는 타이틀을 갖게 됐고, 1911년에는 900만 명의 관광객이 찾는 명소가 됐다(1905년에 화이트 시티 관람객은 200만 명이었다).[62]

놀이공원은 해외로도 빠르게 퍼졌다. 20세기 초에 영국인 윌리엄 빈William Bean은 미국의 공원 개념을 '플레저 비치Pleasure Beach'라는 해변 리조트 형태로 들여왔다. 플레저 비치는 맨체스터에서 북서쪽으로 50마일(약 80킬로미터) 떨어진 블랙풀에 들어섰다. 빈은 이외에도 라 마커스 톰슨의 '경관기차'(1907)와 '모니터와 메리맥 전투 쇼'(1910) 등을 들여왔고 최신 유행을 따라잡기 위해 매년 미국을 오갔다.[63]

기계화되고 입장료가 붙은 전자 사투르날리아

기본적으로 놀이공원은 축제와 유원지를 찾던 사람들의 사투르날리아적 열망을 상업화되고 브랜드가 붙은 형태로 충족시키는 도구였다. 여기에는 현대 이전에는 존재하지 않았던 기술적 수단과 주제가 동원됐다. 놀이공원들은 놀랍도록 다양한 감각을 한데 집중시켜놓음으로써 쾌락을 제공했다. 이러한 사투르날리아적 열망은 세 가지의 방식으로 현대의 가치를 구성했다. 첫째로 새로움에 대한 추구를 상업적으로 활용했고, 둘째로 어린 시절로 돌아가는 경험을 판매했다. 그리고 마지막으로 '재미'에 대한 추구를 극도로 상업화했다.

가차 없이 새로움을 추구하는 것이야말로 놀이공원의 핵심이었다. 특히 초창기의 놀이공원들은 축음기 회사들이 매년 새로운 모델을 내놓았듯이 매년 새로운 볼거리와 탈거리들을 선보이면서 "계속해서 새로워지고 향상될 것"이라는 기대를 불러 일으켰다. 다른 포장된 쾌락에서와 마찬가지로, 핵심은 욕망을 창출하는 것이었고, 놀이공원들은 판타지 구조물과 진기한 것들을 계속해서 들여놓았다. 인기 있는 것, 새로운 것을 동원해 '놀라운 것'에 대한 기대치를 충족시키려는 것이었다. 하지만 새로움으로 호소하는 데는 한계가 있었다. 사실 더 이상 새로운 것을 제공할 수 없었다는 점이 루나 파크에서 프레데릭 톰슨이 퇴출된 이유 중 하나였다(투자자들은 1912년에 그를 몰아낸다). 새로움에 기반한 짜릿함은 사람들을 불러오기는 했지만, 아무리 새로운 놀이기구도 한 번 타고 나면 더 이상 새롭지 않았기 때문에 사람들을 다시 오게 만들 수는 없었다. 다시 와서 탈거리나 볼거리를 또 즐길 마음이 들게 하려면 놀라게 하는 것 이상이 필요했다. 성공을 거둔 곳들은 통제된 어지러움이나 공포, 훔쳐보는 놀라움, 향수 어린 추억, 심지어는 애국심에 이르기까지 여러 다른 감정들을 결합했다(20세기 말에는 디즈니가 테마 파크에서 이것을 너무나 성공적으로 해낸다).[64]

또한 성공적인 테마 파크들은 성인들이 어린 시절의 '신선한 경험'으로 돌아가는 것을 열망하도록 만들고 그 열망을 활용하는 데 능했다. 어린 시절로의 회귀는 꼭 아이들과 함께 시간을 보내면서 '경이로운 순수함'의 순간을 느끼는 것(코닥이 그랬듯이)을 의미하지는 않았다. 놀이공원은 오히려 성인이 성인적 의무, 특히 가정의 부담에서 해방되기 위해 오는 곳이었다. 물론 아이들도 코니아일랜드에 오긴 했지만 당시의 사진들을 보면 아이들은 대부분 해변에서 놀고 있고 루나 파크의 놀이기구에서는 (심지어 아이들을 위한 놀이기구 같아 보이는 스티플체이스의 미끄럼틀이나 회전뱅뱅이에도) 잘 보이지 않는다. 1910년의 사진들을 보면 아이들은 엄마 옆에서 파도에 물장구를 치고 있고, 미끄럼틀은 정장에 드레스를 입은 어른들이 타고 있다. 심지어 루나 파크는 엄마들에게 아이 돌봄이 서비스를 제공하기도 했다. 영국의 작가 E. V. 루카스E. V. Lucas는 1921년에 코니아일랜드를 방문하고 뉴욕의 '안전 밸브'(루카스는 코니아일랜드를 이렇게 불렀다)에 아이들이 보이지 않는 것에 놀라 이렇게 얘기했다. "마치 아이의 생일 선물을 어른이 가진 것처럼 보인다. 하지만 사실 스티플체이스와 루나 같은 공원들은 어른을 위해 디자인된 것 같다."[65]

1900년대 초에 놀이공원 입장료는 비싼 편이었고, 주 고객층은 젊은 임금 소득자들이었다. 그들은 아직 육아의 비용을 고려하지 않아도 되는 이들이었고, 아이가 없다는 것은 부모로서의 부담이 없는 성인들이 (비록 오후 한때뿐일지라도) 빅토리아시대 예의범절의 엄격한 제약을 벗어버리고 아이처럼 행동할 수 있다는 것을 의미하기도 했다. 이렇게 어린 시절로 돌아가는 것은 옛날의 사투르날리아에서처럼 심리적, 물리적 긴장을 완화해주었다. 물론 권위를 위협하지 않는 방식으로 말이다. 현대의 사투르날리아는 나머지 사회 구조는 다 그대로 두고서 나이만 뒤집었다. 롤린 하트Rollin Hartt는 1907년에 성인들이 롤러코스터에서 느끼는 짜릿함을 이렇게 묘사했다. "위험이 밝은 얼굴을 하고 내 안의 영원한 아이에게 도전하면서 조롱하는 것처럼 보인다. '겁쟁이!' (…) 그러면 당신은 어린아이처럼 울먹이면서 소리를 지른다. '어디 한 번 겁줘 봐! 덤벼 봐!'"[66]

프레데릭 톰슨도 자신의 루나 파크가 어른들을 어린 시절로 퇴행시킨다는 점을 잘 알고 있었다. "어른도 그저 키만 큰 어린아이이다. 그들이 휴일에 원하는 것은 정교하게 만들어진 아이들의 놀이이다."[67] 에드워드 틸유Edward Tilyou(스티플체이스 창립자의 아들)도 대부분의 사람들

Photograph by Brown Bros., New York.

THE HUMAN TOBOGGAN GIVES THE CELLAR DOOR CARDS AND SPADES.

그림7.6 코니아일랜드에서 미끄럼을 즐기는 어른들.
미끄럼 타는 여성들을 구경하는 남성들을 주목해 보라.

이 "어린 시절을 삶에서 가장 행복했던 시절로 생각하기 때문"에 이것이야말로 "그들이 놀이공원에서 누리고 싶어 하는 정신적 태도"일 것이라고 보았다. 그리고 그렇게 하면 그들은 돈을 더 많이 쓰고 싶어 했다. 젊은 성인들이 어린 시절에 대해 좋은 기억을 점점 더 많이 갖게 되었다는 것은 놀라운 일이 아니다. 부모들은 점점 더 자녀들에게 후해지고 있었고, 성인들은 스스로에게 후해지는 것에서 아이다움을 찾았다. 남성들은 놀이공원에서 재미있게 놀면서 빅토리아 시대의 고된 일과 치열한 경쟁에서 (그리고 가족 부양의 부담에서도) 벗어나고 싶어 했

우리를 중독시키는 것들에 대하여

다. 아이에게 돈을 쓰는 것은 이미 중산층의 미덕이 돼 있었고, 이는 내면의 아이에게도 마찬가지였다. 성인이 된 아이들은 강력한 상류층의 규범을 깨뜨리지 않고도 노는 데 돈을 쓸 수 있었다. 자신은 그저 아이일 뿐이기 때문이었다.[68]

하지만 피터팬 신드롬을 이토록 매력적으로 만든 것은 성인의 무거운 책임으로부터 도피할 수 있게 한 데서만 나온 것도, 어린 시절의 (상상된) 즐거움으로 돌아가게 해준데서 나온 것도 아니었다. 이것은 개인이 지상의 행복을 추구할 권리가 있으며 미래를 위해 일하고 봉사하고 성취할 의무만이 아니라 재미를 누릴 권리 또한 가지고 있다는 현대적 개념을 전적으로 품어 안은 것이었다. 그리고 놀이공원은 빅토리아시대가 이상적으로 여긴 자족적인 행복 대신, 상업적인 쾌락의 장소에서 모든 것을 아우르는 강렬한 감각을 제공했다.[69] 코니아일랜드, 리버뷰, 시더 포인트, 그리고 수백 개의 다른 놀이공원에 오는 사람들은 상상과 감각의 시뮬레이션을 추구했다. 그들도 먼 과거의 조상들처럼 사투르날리아적 즐거움과 자극, 가령 사회 전복, 조롱, 초자연적이고 기이한 것의 매혹을 원했다. 그러나 오늘날 이러한 즐거움과 자극은 산업 시대의 엔진과 발명에서 동력을 얻으며, 입장료가 붙어 있다. 놀이공원은 일종의 전자 기계화된 사투르날리아를 만들어냈다. 이곳에 들어선 놀라운 쾌락 제조 기계들은 돈을 내는 사람들에게 그 쾌락을 제공했다. 놀이공원은 일종의 장소화된 쾌락 꾸러미였고 인류의 오랜 감각적 추구에 뿌리를 둔 쾌락거리들의 집결지였다. 하지만 다른 포장된 쾌락과 마찬가지로, 놀이공원도 응축된 감각의 새로운 시대에 등장했으며 전자극장(혹은 기계화된 서커스)이 쾌락을 포장하고 상업화할 수 있게 만들어 준 새로운 테크놀로지들 덕분에 생겨날 수 있었다.

8장
가속화된 쾌락과 계량된 삶:
빨리감기로 보는 지난 세기

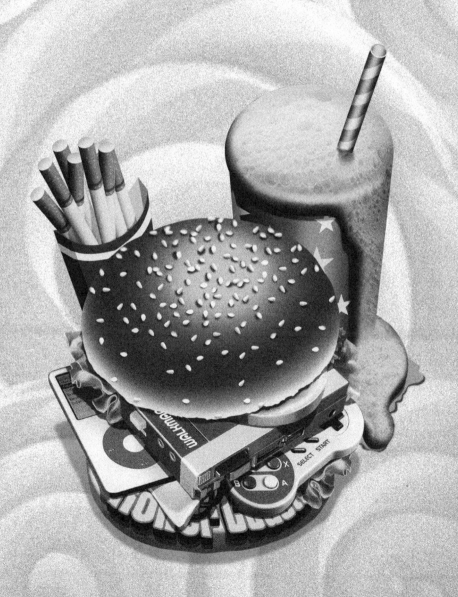

이 책은 포장된 쾌락이 어떻게 부상하게 되었는지에 대한 이야기다. 특히 1900년을 전후한 시기에 미국에서 매스 마케팅과 테크놀로지의 급속한 발달로 독특한 상품 집단이 등장한 과정을 다룬다. 이는 '현대 소비사회의 부상'이라는 더 큰 주제의 한 측면으로 볼 수도 있는데, 그 측면은 1920년대부터 현재까지 약 한 세기의 기간을 빨리감기로 돌려 보면 윤곽을 더 뚜렷하게 볼 수 있다.

우리가 살펴본 상품들은 당시에 떠오르고 있던 '소비사회'의 일부 였다. 즉 사람들이 물건을 만들기보다는 구매하게 되고, 또 그 어느 때 보다도 다양한 물건을 소비하게 된 '쇼핑 문화'의 일부였다. 한때는 쾌 락이 희소한 것이었고, 대개 사회적인 성격을 띠었으며, 심지어 공짜였 지만, 기계화와 매스 마케팅을 거치면서 상품화되고, 대량생산되고, 개 인 용량 단위로 판촉되고, 개인적 차원에서 소비되는 것으로 바뀌었 다. 우리가 구매하는 물건은 우리 정체성의 일부가 돼, 우리가 타인과 자신을 구분하는 방식과 타인과 소통하는 방식을 재구성했다.[1] 나아가 소비사회는 우리의 감각 경험도 변모시켰다.

거대사적 맥락에서 보면 이러한 감각 경험의 변화는 여전히 새로운 현상이며 그것의 장기적인 영향은 아직 분명히 드러나지 않았다. 하지만 20세기 이후부터는 크게 봐서 두 가지 과정이 작동하고 있는 것으로 보인다. 그 중 하나는 **강화**intensification다. 쾌락 제조자들은 질리고 지루해지는 것을 막기 위해 감각의 강도를 계속해서 높여왔다. 이는 업계에서의 경쟁에서 이기는 데도 효과적인 전략이었다. 소다 병은 더 커졌다. 핀볼 경기는 빛처럼 빠른 인터랙티브 비디오 게임으로 바뀌었다. 영화는 점점 더 놀라운 영상을 선보였다. 롤러코스터 엔지니어들은 기구를 신체적, 심리적 극단까지 밀어붙였다. 강렬함은 더 큰 강렬함을 낳았다. 새로움과 스릴은 금세 평범함과 지루함이 되어버렸기 때문에 고객을 끌기 위해서는 한층 더 새롭고 스릴 있는 것을 내놓아야만 했다.

강화는 포장 안에 전보다 더 많은 감각을 우겨 넣는 것 이상을 의미한다. 이는 포장을 꾸미고 포장된 제품을 더 쉽게 접할 수 있게 만든다는 의미이기도 하다. 상표와 같은 새로운 마케팅 기법들은 포장된 쾌락을 전에 없이 매력적이고 구매와 사용 면에서 훨씬 편리하게 만들었다. 마케팅의 원리들이 생겨나기 시작한 것도 이 맥락에서다. 상표의 로고가 우리 머릿속에 얼마나 깊이 새겨져 있는지를 생각해보면 잘 알 수 있을 것이다. '말보로'나 '코카콜라'의 로고를 못 알아볼 사람이 어디 있겠는가? 그리고 테크놀로지 덕분에 소비가 더 쉽게, 종종 더 "즉각적/직접적으로" 이뤄지게 됐다. 이제는 많은 상품(좋은 것이건 안 좋은 것이건)을 온라인에서 익명으로 구매할 수 있어서 점원이라는 매개를 통할 필요가 없어졌다. 접근의 즉각성(직접성)과 편리성은 사진, 종이담배, 통조림이 초창기에 가지고 있던 매력의 핵심이었다. 그리고 오늘날에는 아이팟에서 자동 셔플되는 수천 개의 곡과 오디오 스트리밍 서비스가 그와 비슷한 매력을 발한다. 이제 일회용 분량으로 팔리지 않는 것은 거의 없으며 대체로 그 일회용에는 점점 더 많은 자극이 담긴다.[2]

이러한 변화의 많은 부분이 새로운 테크놀로지, 그리고 공격적이고 과학적인 마케팅의 결과다. 19세기에 벌어진 기계와 전기 분야에서의 혁신은 20세기에 전자, 레이저, 그리고 무엇보다 디지털 분야의 기술 발달로 이어졌다. 재생된 소리는 (처음에는) 더 커졌고 더 원음에 충실해졌으며 (점차로) "초고도로 진짜 같아"졌다. 영상은 점점 해상도가 높아졌고 때로는 빛처럼 빨라졌으며 3차원의 형태까지 띠게 됐다. 개인용 컴퓨터, 그리고 이제 휴대용 컴퓨터들은 쾌락을 위해 기다려야 할 필요를 거의 없앴고 쾌락의 희소성도 거의 없앴다. 전에는 레코드나 스냅사진이나 잡지를 통해 얻던 청각적, 시각적 자극을 이제는 에디슨과 이스트먼도 입이 떡 벌어질 만큼 쉼 없이 쏟아지는 감각적 자극의 흐름 속에서 얻는다. 또한 컴퓨터 공학과 선형 동기 모터는 놀이기구를 인간이 유쾌함을 잃지 않고 견딜 수 있는 최대한의 한계까지 밀어붙인다. 요컨대 포장된 쾌락은 개인이 경험하는 삶의 속도를 높였고, 그에 따라 우리 삶은 자연의 느린 속도가 주는 불편함이나 다른 사람들이 끼치는 방해나 지연에 영향을 덜 받게 됐다. 삶의 지루한 부분들을 견뎌야 할 필요도 없어졌다. 이제 우리는 여기에 너무나 익숙해져서 스마트폰에서 음악, 사진, 영화, 비디오 게임, 우편, 텍스트, 음성 등 어느 것이라도 나오는 데 1, 2초 이상 걸리면 안달을 낸다. 그래

서 어떤 사람들은 이러한 제품들이 '기대'나 '추억'이 주는 즐거움을 앗아간다고 우려하기도 한다.[3]

다음으로 포장된 쾌락이 일으킨 두 번째 장기적 경향은 **최적화** optimization다. 이는 얼핏 보기에는 첫 번째 경향인 '강화'와 반대되는 것처럼 보인다. 하지만 제조업체들은 무작정 강도만 계속 높이는 것보다는 간접적이고 섬세한 감각 경험을 만들어내는 것이 더 성공적인 경우가 많다는 것을 깨닫게 되었다. '강화'에는 물리적으로나 심리적으로, 또 문화적으로 한계가 있을 수밖에 없다. 그래서 쾌락 공학자들은 쾌락을 최적화된 상태로 전달함으로써 판매를 극대화하는 방법들을 개발했다. 시간과 공간을 지배하려는 제조업체와 마케팅 전문가들의 가열찬 노력 덕에, 소비자들은 초코바, 소다, 인기 곡, TV 시트콤 등을 날마다, 달마다, 계절마다의 일상적인 리듬에 없어서는 안 될 양념으로 여기게 되었다. '강화된 쾌락'과 달리 '최적화된 쾌락'은 일상의 흐름에 잘 맞아 들어가도록 계량돼 있어서 노동 윤리를 저해하는 것 같지 않았고(오히려 노동 윤리를 강화하는 듯했다) 신체적, 정신적 건강에도 (적어도 단기적으로는) 해가 되지 않아 보였다. 이렇게 최적의 방식으로 전달된 쾌락은 우리의 두 번째 본성이 됐고 계량화된 현대인의 삶에서 핵심이 됐다.

8장에서는 20세기와 21세기를 빠르게 돌아보면서 이 책에서 논의한 혁신들이 이후 한 세기간 어떻게 됐는지 살펴보고자 한다. H. G. 웰스H. G. Wells의 타임머신을 타고, 1900년을 즈음해 생겨난 포장된 쾌락이 100여 년 뒤 우리 삶을 어떻게 에워싸고 규정하게 됐는지 보여주는 몇몇 장소에 들러보기로 하자.

슈퍼사이즈 소다와 넘쳐나는 쇼핑 수레

포장은 뻔하긴 하지만 생각해보면 굉장히 놀라운 능력을 가지고 있다. 상하거나, 흩어지거나, 사라져버렸을 것들을 담아서 보존하는 동시에, 멀리 있는 수많은 소비자들에게 내용물을 광고할 수 있게 해주니 말이다. 포장이 가진 이 두 가지 능력은 불과 한 세기만에 인간이 경험하는 거의 모든 영역에 영향을 미치게 됐다. 가령 설탕을 넣은 탄산음료를 다시 한 번 살펴보자.

병에 든 소다는 원래 식당이나 약국잡화점 음료수대에서 판매됐고 사람들은 주로 그곳에 앉아서 소다를 마셨다. 하지만 포장된 쾌락의 혁명을 거치면서 병 음료는 장소의 제약 없이 소비할 수 있는 것이 됐다. 1920년대 초에는 자동판매기에 비치됐고, 여섯 병들이 가정용 묶음으로 포장돼 당시 새로운 형태의 유통 매장이던 슈퍼마켓에 빠짐없이 진열됐다. 자동판매기를 통한 구매와 가정에서의 소비는 풍선껌 기계나 동전 축음기가 이미 성립시킨 바 있는, (점원의) 중개 없이 상품에 직접 접하고 개인 차원에서 소비하는 추세를 강화했다. 이런 변화는 매우 빠른 속도로 진전됐다. 1913년경부터는 엔진이 끄는 트럭이 말이 끄는 마차로는 상상도 할 수 없을 만큼 광범위한 지역에 병 음료를 실어 날랐다. 1924년에는 상점에 금속제 냉장고가 도입돼 언제든지 차가운 청량감을 누릴 수 있게 됐다(이 변화는 가정용 냉장고로 한층 더 진전되는데, 가정용 냉장고는 1916년에 생겼지만 널리 퍼진 것은 한 세대가 지난 뒤였다). 불편하던 유리병은 1936년에 음료수 캔이 발명되면서 긴 내리막을 걷기 시작했다. 음료수 캔은 처음에는 병처럼 목과 뚜껑이 있는 희한한 형태였다가 1940년부터 윗면이 평평한 원통형으로 바뀌었다.

그리고 1957년에는 가벼운 알루미늄 캔이, 1965년에는 캔 자판기가, 1970년에는 플라스틱 병이 나와서 무겁고 깨지기 쉬우며 차갑게 만드는 데 시간도 오래 걸렸던 유리병을 대체했다. 또 1965년 무렵이면 수거/재활용되지 않는 병이 일반화되면서 소비자들이 병 보증금을 내고 음료수를 산 뒤 빈 병을 다시 반납하던 비싸고 불편한 (하지만 친환경적인) 시스템이 흔들리게 된다.

이러한 변화로 음료수를 더 싸게 운송하고 더 편리하게 마실 수 있게 됐다. 편리함을 향한 쉼 없는 전진은 따개 달린 캔으로 또 한 번 진보했다. 처음에는 당겨서 따는 방식의 고리가 붙어 있었고(1962년에 맥주에서 처음 쓰였다) 1974년에는 딴 뒤에도 꼭지가 뚜껑에 계속 붙어 있는 캔이 나왔다. "더 쉽게 마시게 하는" 포장과 함께 "더 많이 마시게 하는" 포장도 발전했다. 1936년에 펩시는 코카콜라의 6온스들이 제품과 같은 값인 5센트에 12온스들이 제품을 내놓으면서 코카콜라의 시장 지배에 도전했다. 이는 이후에 이어질 수많은 '슈퍼사이징'의 첫 사례였다. 1960년이 되면 미국인의 연간 1인당 소다 소비는 185병으로 늘고, 1975년에는 485병으로 증가한다.[4]

음료에서 벌어진 '강화'의 과정과 관련해서 더 중요한 것은 1970년대 말에 값싼 고과당 옥수수 시럽이 설탕을 대체한 것이었다. 고과당 옥수수 시럽은 설탕과 달리 인슐린 분비를 일으키지 않고(인슐린은 포만감을 느끼게 한다), 불행히도 지방 세포를 자극한다. 얼핏 아무 문제도 없어 보이는 소다팝의 성공은 20세기의 마지막 30년 정도 동안 미국인의 평균 칼로리 섭취량이 3,300칼로리에서 3,800칼로리로 증가하는 데 작지 않은 역할을 했다. '빈 칼로리'를 (그리고 카페인도) 마시는 경향은 우유 소비의 감소 및 아동 비만의 극적인 증가와 나란히 발생

했다.[5]

　물론 새로 개발된 포장 식품 기술 중에는 그리 해롭지 않은 것들도 있었다. 급속 냉동 기술이 개발되면서 상하기 쉬운 해산물도 멀리까지 운송할 수 있게 됐고, 완두콩, 옥수수, 과일을 통조림으로 만드는 것보다 맛있는 상태로 보관할 수 있게 됐다. 급속 냉동 기술은 1920년대에 클래런스 버즈아이Clarence Birdseye가 발명한 것으로, 1929년 제너럴푸즈General Foods가 이 기술을 구매했지만, 냉동식품은 제2차 세계대전 이후까지도 미국의 부엌에서 보기 어려운 상품이었다. 냉장고가 비싸서 소매점과 가정에 들여놓기가 어려웠기 때문이다. 제2차 세계대전 중에 미 공군이 파병 파일럿의 개인 식사용으로 냉동식품을 도입했고, 1947년에는 칼 스완슨Carl Swanson이 냉동 칠면조 제품을 내놓으면서 'TV 디너'용 간편 식품이라는 새로운 범주를 열었다. 잘 만들어진 식사로 여겨지지는 않았지만, 스완슨은 적어도 조리에 거의 노력이 들지 않는 가정식을 제공했다. 그리고 더 중요한 것으로 스완슨은 식사를 개인화된 형태로 만들어 식구들이 함께 먹는 식사를 더 쇠퇴시켰다.[6]

　냉동 등 현대적인 포장 기법들은 중앙 집중적인 제조와 분배뿐 아니라 새로운 형태의 소매점을 필요로 했다. 특히 체인 식품점과 슈퍼마켓의 발달이 중요했다. 판매 카운터 뒤에서 점원이 큰 통에 담긴 밀가루를 덜어서 팔고 벽 쪽 선반의 항아리에 상표 없는 식품들을 담아놓고 팔던 동네 가게는 체인 식품점과 현대식 잡화점에 밀려 19세기 말에는 이미 사라지고 있었다. 1870년에 뉴욕의 그레이트 애틀랜틱 앤 퍼시픽 티 컴퍼니Great Atlantic and Pacific Tea Company(나중에 사명이 A&P로 바뀐다)는 작은 소매 체인점을 통해 차와 커피를 판매했고 1912년에는 캔 제품과 상자 제품도 취급했다. 1925년이 되면 이 회사는 1만 4,000개의 점포를 운영하게 되는데, 여기에는 약 10년 전에 개발된 새로운 매장 레이아웃이 도입됐다. 새로운 레이아웃은 1916년 테네시 주 멤피스의 클래런스 손더스Clarence Saunders가 피글리위글리Piggly Wiggly 매장에서 선보인 '셀프 서비스' 형태였다. 계산대 통로와 (고객이 직접 선반에 가서 물건을 꺼내 올 수 있는) 개가식 선반으로 돼 있어서, 전처럼 점원이 고객과 상품 사이의 카운터에서 구매를 도와줘야 할 필요가 없었다. 한발 더 나아가 1920년대에는 주차장을 갖추고 원스톱 쇼핑을 표방한 현대식 슈퍼마켓이 캘리포니아 주 남부에 등장했다(랄프Ralph's 등이 그런 사례다). 동부에서도 소매 유통의 혁신이 생겨났는데, 1930년에 마이클 컬렌Michael Cullen이 뉴욕 퀸스 지역에 창고형 매장을 열면서 대공황 시기의 고객에게 "날마다 최저가"를 약속한 것이다. 이는 코스트코Costco, 월마트Walmart, 샘스 클럽Sam's Club 같은 대형 할인점의 발달로 이어졌다.[7] 새로 등장한 슈퍼마켓들에서 판매한 식품 중 많은 것은 본질적으로 스낵, 즉 세 끼 식사 이외에 아무 때나, 아무 데서나, 주전부리로 먹을 수 있는 빠른 에너지 식품이었다. 물론 과자와 아이스크림은 도시 지역에 이미 오래전부터 존재했고 케이크와 사탕도 장터에서 쉽게 구할 수 있는 흔한 즐거움이었다. 하지만 20세기 후반에는 스낵의 종류와 접근성이 극적으로 증가했다. 단 것뿐 아니라 지방과 소금이 듬뿍 들어간 온갖 간식거리들이 쏟아져 나왔다. '길거리 음식'은 19세기부터도 당국자들에게 가정의 식사를 위협한다는 비난을 받았지만 그래도 사람들은 지역 박람회나 계절적으로 열리던 장터 같은 행사에서 프레첼 같은 짠 간식을 즐겼다. 그러다가 1890년대에 '크래커 잭'이 주로 충동구매로 팔리는 상품으로 소매상점에 자리를 잡으면서 일상적으로 간식

그림8.1 테네시 주 멤피스 시 내 피글리위글리 셀프서비스 매장의 혁신적인 디자인. 소비자들이 모든 상품 앞을 지나가도록 구조화한 배치와 회전문에 주목하라.

을 먹는 추세가 시작됐다. 이어 1930년대에 셀로판과 같은 플라스틱 포장재가 발달하면서 지방이 많이 들어간 주전부리 식품이 폭발적으로 증가했다. 감자 칩은 19세기 말에 등장했는데 큰 통에서 덜어서 팔던 초창기에는 금방 눅눅해져서 별로 인기가 없었다. 그러다가 1937년에 애틀랜타의 허먼 레이Hermay Ray가 플라스틱 포장이라는 신기술을 활용해 '레이스Lay's 포테이토칩'을 선보였다. 1959년에는 '프리토 콘칩 Frito Corn Chips'을 만드는 프리토(엘머 둘린Elmer Doolin이 창업했다)와 합병해 짠맛이 나는 과자의 종류를 계속 넓혀 갔다(합병된 회사 전체가 1965년에 펩시에 인수된다). 이러한 변화들이 일으킨 결과가 누적되면서, 쉽게 구할 수 있는 간식거리를 가지고 아무 때나 주전부리를 하는 습관이 퍼졌다(여기에는 개인화된 포장의 도움이 컸다). 이런 식품들은 운전 중에, 또는 책을 읽거나 TV를 보면서 먹는 식으로 동행인이 없거나 혼자 있는 시간에 소비되는 경우가 많았다. 포장된 주전부리는 집에서 조리하는 식사에 드는 노력과 식구들과 함께 먹는 식사가 가진 사회적 성격을 보완하고 때로는 몰아냈다.[8]

포장된 쾌락 식품의 진수를 꼽으라면 패스트푸드 음식, 특히 햄버거도 빼놓을 수 없을 것이다. 간 고기로 만든 패티는 1870년대에 독일계 미국인들이 운영하던 식당에서 선을 보였고, 1890년대부터는 도시의 노점상들이 빵 사이에 끼워서 판매했다. 그러다 1921년에 화이트 캐슬White Castle이 등장하면서 햄버거 매대가 체인 소매점 형태로 바뀌게 된다. 화이트 캐슬은 캔자스 주 위치타 시에서 햄버거를 팔던 조리사 J. 월터 앤더슨J. Walter Anderson의 발명품으로, 지극히 깔끔하고 네모낳게 생긴 식당에 그릴과 카운터, 그리고 흰 유니폼 차림으로 햄버거를 뒤집는 직원을 갖추고 있었다. 화이트 캐슬에 이어 많은 모방 점포(이름에 '화이트'가 들어간 것이 많았다)가 생겨났다. 1940년에는 리처드 맥도널드Richard McDonald와 모리스 맥도널드Morris McDonald 형제가 캘리포니아 주 샌버나디노(LA에서 60마일(약 100킬로미터) 동쪽)에 햄버거 매장을 열면서 한층 더 중요한 변화를 일으켰다. 맥도널드 형제는 메뉴 수를 줄이고 어셈블리 라인식 조리 방식을 도입했으며 소비자가 자동차를 탄채로 먹을 수 있도록 음식을 봉투에 담아서 창구를 통해 내어 주는 방식으로 매장을 혁신했다. 이 시스템은 1948년 무렵이면 탄탄하게 자리 잡게 되는데, 주문을 개별적으로 처리한 뒤 음식을 웨이터가 식기, 접시와 함께 챙겨서 테이블(이나 자동차)로 가져다주던 예전 방식보다

수익성이 높았다. 이 방식은 버거킹Burger King(1952), 케이에프씨Kentucky Fried Chicken(1952), 칼스주니어Carl's Jr.(1956), 타코벨Taco Bell(1962)에서 빠르게 모방했고, 이 브랜드들은 각각 수십 억 달러 규모의 프랜차이즈 체인으로 성장했다. 1954년에 맥도널드를 인수한 레이 크록Ray Kroc은 엄격하게 통제되는 새 프랜차이즈 시스템으로 업계를 다시 한 번 선도했다. 1960년대에 맥도널드는 드라이브인 매장 안에 테이블을 다시 들여놓았지만, 1969년에 웬디스Wendy's는 드라이브스루drive-through 매장(승차구매점)을 열면서 자동차 안에서 음식을 먹는 경향을 다시 촉진했다. 패스트푸드와 자동차가 주는 이동성 및 프라이버시의 결합은 멈출 수 없는 추세인 듯했다.[9]

패스트푸드점이 맞벌이 가정의 빡빡한 스케줄에 파고 들어가는 한편으로, 드라이브스루의 편리함은 가정에서 요리를 더 빨리 할 수 있게 해주는 제품의 수요 또한 증가시켰다. 케이크 가루 믹스 같은 반조리 식품은 재료들을 하나하나 준비해서 섞는 시간을 덜어줬다. 하지만 최근에는 이런 것들도 쇼핑 수레에서 사라지기 시작했는데, 케이크가 구워지는 30분조차도 쓰려는 사람이 별로 없는 것이다. 오늘날 상자에 담긴 식품이나 냉동식품이 아직도 존재하는 유일한 이유는 전자레인지가 오븐 요리의 조리 시간을 획기적으로 줄였기 때문이다.

물론 설탕과 지방이 많은 스낵과 패스트푸드에 대해서는 언제나 비판과 저항이 있었다. 포장 식품에 대한 반대는 역사가 길고, 자연 식품과 유기농 식품으로 돌아가자는 운동도 19세기부터 시작됐다(9장 참조). 설탕 범벅 식품에 대한 불신은 새로운 상품으로 표현되기도 했는데, 저칼로리 음료와 뒤이어 나온 제로 칼로리 음료가 그런 사례다. 1958년에는 '다이어트 라이트Diet Rite'(콜라)가 전국적으로 선을 보였고 이어서 '탭Tab'과 '다이어트 코크Diet Coke' 등 다른 저칼로리 음료들도 등장했는데, 모두 설탕 대신 인공 감미료를 사용한 제품들이었다. 1960년대 이후로는 음료뿐 아니라 식품도 저지방 제품이 슈퍼마켓 선반을 채우기 시작했다. 이런 식품은 지방, 설탕, 소금의 맛과 즐거움을 주면서도 체중 증가라든지 그 밖의 건강상 위협은 일으키지 않을 것으로 여겨졌다. 한편 1950년대 초에 담배가 암을 유발한다는 것이 밝혀지자 담배 회사들은 더 안전한 흡연이라고 거짓 약속을 하며 '필터' 담배를 내놨다(필터가 있다고 해서 니코틴을 덜 흡입하거나 덜 치명적으로 흡입하는 게 아니라는 점에서 이 약속은 거짓이다). 또 담배 회사들은 담배의 화학적 조성과 물리적 디자인을 조작해서 흡연자들이 '만족'을 얻기 위해 필요로 하는 만큼씩 얼마든지 흡연을 할 수 있게 했다.

업체들이 더 섬세한 노력을 기울인 부분은 슈퍼푸드와 담배에 든 쾌락의 용량을 최적화하는 것이었다. 이런 노력들은 여러 가지 형태로 나타났으며, 대부분 소비를 증대시켜서 수익을 높이는 것이 목적이었다. 더 순한 담배를 향한 끝없는 추구는 화력 건조에서 시작되어 가향, 멘톨화 등 여러 술수로 이어지면서, 사람들이 어렸을 때부터 담배를 피우도록, 그리고 줄담배를 피우도록 만들었다. 상대적으로 순한 새 담배들은 하루 종일 쉬지 않고 소비되면서 수백만 명에게 지루할 때 기운을 '북돋우고' 초조하고 스트레스 받을 때(아마도 니코틴이 부족해서 생긴 스트레스겠지만) 마음을 진정시켜주는 '안정제'의 역할을 하게 됐는데, 이 역시 최적화의 결과였다.

담배보다 덜 치명적인 종류의 최적화 사례는 식품 업계에서 찾아볼 수 있다. 당과 업체들과 스낵 업체들은 단순히 설탕과 지방을 다량으로 '주입'만 하기보다는 복잡한 '맛의 프로필'을 추가하면 더 강력한

우리를 중독시키는 것들에 대하여

제품이 된다는 것을 알게 됐다. 세심하게 디자인되고 복잡한 맛이 켜켜이 들어간 '스니커즈'는 이러한 최적화의 고전적인 사례다. 스니커즈 소비자는 단맛이 덜한 초콜릿 겉껍질을 뚫고 들어간 뒤 매우 단맛이 나는 캐러멜과 짠맛이 나는 땅콩의 대조를 느끼게 되며 마지막으로는 가장 안쪽에서 부드러운 누가의 보상을 받는다. 이는 더 정교해진 소비자의 입맛을 만족시키거나 옛날 아이들이 먹던 딱딱한 사탕을 넘어서는 데서만 그치는 것이 아니었다. 데이비드 케슬러David Kessler 등이 설명했듯이 식품업계는 "채워 넣고 층을 지우는" 기법을 알아냈다. 가령 포테이토칩에는 (진짜든 가짜든) 치즈, 향신료, 사워크림 등이 입혀졌다. 그 결과 크래커나 샐러드처럼 단순하던 식품에도 지방, 설탕, 소금이 많이 들어가게 됐고(이제 샐러드에는 칼로리가 듬뿍 든 '드레싱'이 얹어진다), 여러 가지 맛이 조합된 새로운 제품들도 생겨났다. 이러한 새로운 식품들의 목적은 감각을 압도하거나 강화하는 것이라기보다는 '식감'을 향상시켜서 맛의 조합을 '최적화'하는 것이었다. 카페인과 설탕이 자극제로 쓰였다면 지방은 윤활유이자 맛을 실어 나르는 운송 수단으로 쓰였다. 스니커즈에서 너무나 성공적으로 선보인 맛과 질감의 "역동적인 대조"는 곧 수많은 유사가공식품에 일반적으로 쓰이면서 식품의 매력을 강화했다. 핵심은 단지 더 많은 양이나 더 복잡한 맛이 아니라 소금, 지방, 설탕의 균형으로 호소력 있는(즉 판매에 최적화된) 맛을 만드는 것이었다. 식품 회사들은 자사 제품에 첨가한 감미료를 과당, 흑설탕, 맥아, 고과당 옥수수 시럽(요즘은 옥수수 설탕이라고도 부른다)과 같은 새로운 이름으로 불러서, 식품(가령 케첩이나 샐러드 드레싱)에 설탕과 소금이 들어갔다는 사실을 가리기도 한다. 또 저장 수명을 높이는 데 설탕과 포화지방을 사용하기도 하며, 운반을 용이하게 만들기 위해 여러 가지 다른 조작도 한다. 식품 업체들은 이렇게 먹을거리를 더 매력적이긴 하지만 덜 영양가 있게 만들고, 먹는 행위를 전에는 가능하지 않았던 방식으로 '습관성'이 되게 만든다.[10]

LP에서 MP3까지,
들고다니며 언제나 자유롭게 듣는 소리

녹음 분야에서도 지난 한 세기간 접근성과 강도의 증가, 그리고 일상으로의 통합이라는 비슷한 패턴이 나타났다. 1920년대 중반까지만 해도 녹음은 꽤 단순한 테크놀로지였다. 이때의 녹음 기술은 셸락 레코드에 나선형의 홈을 파서 기계적으로 소리를 재생하는 기술이었다. 에디슨은 진기를 이용해서 스튜디오에서부터 각 가정에 있는 플레이어까지 소리를 '전송'하고 싶어 했지만, 이는 새롭고 더 정교한 테크놀로지인 라디오가 나오고서야 가능해진다(그리고 라디오와 함께 훗날의 전자 녹음에 필수적인 테크놀로지들이 등장한다). 무선 라디오 방송을 하려면 우선 생生 음이나 어쿠스틱 음을 전자 신호로 변환하고, 그 전자 신호를 전자기파를 통해 수신기로 전송한 뒤, 수신기에서 그 신호를 다시 소리로 변환하는 기술이 필요했다.

라디오 기술에 문을 연 열쇠는 1863년에 전기회로가 전선 없이도 전자기를 방출할 수 있다는 사실이 알려진 것이었다. 전선 없는 에너지를 신호로 포착하는 것은 1888년에 하인리히 헤르츠Heinrich Hertz가 '불꽃 갭 라디오파 송신기'를 발명하면서 가능해졌다. 한두 해 뒤 굴리엘모 마르코니Gluglielmo Marconi는 이를 무선 전신이라는 실용적인 장

우리를 중독시키는 것들에 대하여

치로 바꾸었다. 이는 유선 전신과 비슷한 시스템이었는데 전기 펄스 대신 전자기 펄스를 전신 부호로 주고받도록 돼 있었다. 1906년에는 레지날드 페센든Reginald Fessenden이 소리를 '진폭 변조amplitude modulation, AM' 라디오 신호로 변환해 각기 다른 대역의 라디오파를 생성해내는 아크 생성기를 발명했다. 이로써 최초로 (모스 부호가 아닌) 음성과 음악을 송신할 수 있게 됐다. 물론 현대의 라디오가 나오려면 송신 쪽에서 벌 어진 이러한 기술 발달에 수신기 쪽의 발달이 결합돼야 했다. 1904년 에 존 A. 플레밍John A. Fleming은 이극진공관을 발명했다. 이 장치는 교 류 전파를 직류 신호로 바꾸어주는 정류整流 기능을 해서 전파가 가 청 음파로 전환될 수 있게 해줬다. 그리고 2년 뒤, 리 드 포리스트Lee De Forest가 신호를 증폭시키는 그리드를 삽입한 증폭 진공관을 개발해 서 수신 범위와 볼륨을 크게 개선함으로써 이 혁명을 완수했다. 하지 만 그 이후로 10년이 지나도록 라디오는 군대의 통신 용도나 기업들의 무선 전화 용도로 쓰일 뿐이었다. 1916년이 되어서야 데이비드 사노프 David Sarnoff(나중에 NBC 사장이 된다)가 라디오 수신기가 가정용 축음기 를 대신할 수 있을 것이라는 아이디어를 떠올리게 되는데, 이는 오늘 날 인터넷(음악 파일을 다운로드 할 수 있다)이 CD를 대신하게 된 것에 필 적할 만한 변화를 의미하는 것이었다. 그런데 1920년대 AT&T, 제너럴 일렉트릭, 웨스팅 하우스Westing House 등 라디오 기술을 가진 주요 기업 들이 특허 분쟁을 벌이고 있었기 때문에, 레코드와 축음기 회사들은 라디오가 축음기에 제기하는 막대한 위협이 조금 늦춰질 수도 있을 것이라고 기대했다. 하지만 제1차 세계대전 중에 미국 정부가 특허 풀 을 독려하면서 이 복잡한 테크놀로지들은 모두 아메리카 라디오 코퍼 레이션RCA: Radio Corporation of America으로 통합됐다.[11]

그래서 전자기 마이크를 개발한 주역은 빅터와 같은 레코드 회사가 아니라 AT&T의 벨 연구소가 됐고, 이곳에서 마이크는 녹음용으로 보다는 라디오 방송용 기술로서 발전했다. 1921년 무렵이면 25만 대의 라디오 수상기가 미국 가정에 보급되고 수많은 라디오 방송국이 생겨나 여기에 콘텐츠를 공급했다. 이 방송국들 중 상당수가 1926년에 NBCNational Broadcasting Company(이곳은 RCA와 관련이 있었다) 네트워크로 결합했고, 다른 곳들도 얼마 후 CBSColumbia Broadcasting Company로 네트워크를 구성했다. 네트워크 방송국들은 AT&T의 장거리 전화선을 통해 프로그램을 각 지역 방송국들로 전달해 전국적으로 방송을 하면서, 가정에 풍부한 '공짜' 음악과 엔터테인먼트를 공급했다. 재정은 광고로 충당했는데, 담배와 음료수 광고가 특히 많았다. 1925년에는 라디오 진공관 증폭기가 현대적인 스피커와 결합되어 이어폰 없이 들을 수 있을 만큼 볼륨을 높일 수 있게 되었다. 이러한 발전들은 1920년대 말 축음기와 레코드 업계를 붕괴 직전으로 몰고 갔다.[12]

하지만 라디오 기술은 축음기 회사들이 혁신을 이루도록 자극하는 계기가 되기도 했다. 축음기 회사들은 진동막을 통한 어쿠스틱 녹음과 나팔관을 포기하고 전자기 마이크, 증폭기, 스피커를 도입했는데, 이는 모두 라디오 분야에서 처음 발전한 기술들이었다. 1925년에는 전자기 카트리지와 바늘로 소리를 재생하게 되면서 전축(전자 축음기)으로의 전환이 마무리됐다. 이렇게 재생된 소리는 증폭기와 스피커를 통해 내보낼 수 있었다. 빅터는 1925년에 전자 레코드를 제작하기 시작했다. 이 전자 레코드는 (마이크 덕분에 가능해진) 더 넓은 주파수 범위를 다룰 수 있도록 특수하게 제작된 어쿠스틱 축음기에서 재생할 수 있었다. 그리고 1928년에는 (새로운 카트리지를 장착한) 플레이어와

RCA 라디오 증폭기 및 스피커를 연결해 전체가 다 전자화된 전축 시스템을 선보였다. 완고한 축음기 회사들, 특히 에디슨은 어쿠스틱 방식의 녹음과 재생이 가진 '진정성'을 저버리고 싶어 하지 않았지만, 전자 마이크가 기계적인 가로막보다 음역과 볼륨을 두 배 반이나 확장해서 훨씬 더 실제와 비슷한 소리를 낸다는 사실을 아무도 부인하지 못했다. 훗날 음향 엔지니어들은 여러 개의 마이크에서 나오는 소리와 톤을 결합해 라이브 공연보다 '우월한' 소리를 만들어냈다. 이러한 혁신들은 녹음된 소리의 감각을 크게 증강시켰다.[13]

하지만 새로운 레코드와 축음기가 시장에서 곧바로 호응을 얻지는 못했다. 라디오 수신기가 훨씬 편리하고 비용도 적게 들었기 때문이다. 라디오는 전원을 켜고 주파수를 맞추는 것 외에는 특별한 노력을 들이지 않고도 들을 수 있었고, 처음 수신기를 살 때만 비용을 들이면 이후부터는 프로그램을 공짜로 들을 수 있었다. 게다가 1930년대에는 소형 라디오가 출시되면서 수신기 값도 크게 떨어졌다. 물론 선택지는 레코드 카탈로그보다 적었지만(청취자는 채널을 돌리는 것만 할 수 있었다) 폴 화이트먼Paul Whiteman이 진행했던 〈크래프트 뮤직홀Kraft Music Hall〉과 같은 중급 정도의 평범한 프로그램에서도 꽤 다양한 콘텐츠를 제공했다. 라디오는 레코드 제작자들에게 큰 위협이었다. 1929년에는 재정적으로 곤란을 겪던 빅터가 RCA에 매각됐고, 에디슨은 레코드와 축음기 제작을 중단했으며, 1932년경에는 레코드 판매가 5년 전에 비해 94퍼센트나 떨어졌다. 데카Decca와 같은 새 음반 회사들은 대대적으로 소매가격을 낮췄고(음반 한 장당 1달러에서 35센트로, 나중에는 25센트로 값을 내렸다), 컬럼비아는 듀크 엘링턴Duke Ellington, 카운트 베이시Count Basie, 베니 굿먼Benny Goodman 등의 재즈 음악으로 소비자의 관

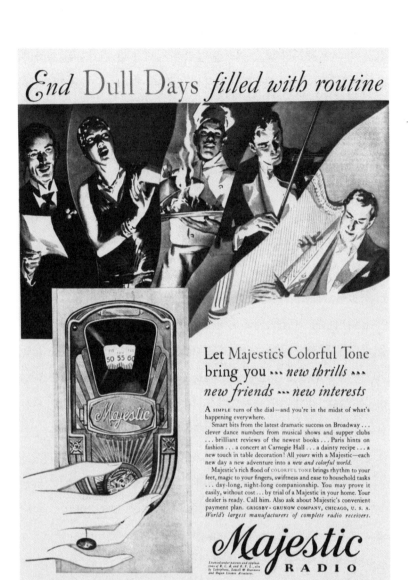

그림8.2 라디오의 등장과 함께 놀랍도록 다양한
약속들이 쏟아져 나왔다. 삶의 지루한 일상에 '색'을
불어넣어준다는 약속도 있었다.

우리를 중독시키는 것들에 대하여

심을 끌려 했다. 하지만 대공황으로 개인의 구매력이 크게 감소했고, 1936년에 판매된 음반의 절반 정도는 개인용이 아니라 바, 카페, 음료 수대 등에 설치된 22만 5,000개의 주크박스용으로 판매됐다. 동전 축음기 시절로의 흥미로운 회귀라 할 만하다.[14]

개인용 축음기는 훗날 재생 시간이 길고 음질이 개선된 레코드가 나온 후에야 (그리고 경기가 회복된 후에) 영광스런 귀환을 한다. 그런데 이 귀환을 위해서는 꼭 풀어야 했던 문제가 하나 있었다. 음반 하나에 담을 수 있는 음악이 너무 적다는 것이었다. 당시 일반적으로 사용되던 4분짜리 셸락 레코드는 크고 무거웠지만 곡을 많이 담을 수가 없었다. 노래 한 곡, 아니면 오페라, 실내악, 오케스트라 연주의 짧은 부분을 담는 것이 고작이었다. 사실 '더 오래 재생되는 레코드'에 대한 생각은 이미 오래전부터 영글고 있었다. 가령 1928년부터 라디오 프로그램 진행자들은 생방송에만 의존하지 않기 위해 '전자 트랜스크립션 레코드'(방송용 녹음판)를 만들어 지역 방송국들에 프로그램을 보내는 데 사용하고 있었는데, 이런 프로그램들은 분량이 적어도 15분은 돼야 했다(광고와 광고 사이의 방송 길이가 15분이었다). 그래서 생각해낸 방법이 당시 레코드의 표준이었던 10인치/78rpm짜리 대신 16인치/33⅓rpm 레코드를 사용하는 것이었다. 그러면서 15분짜리 프로그램을 담을 수 있게 됐고, 1940년대 말부터는 (시차가 있는 동부와 서부용으로) 생방송을 반복하는 대신 녹음방송을 사용했다.

하지만 소비자 입장에서 볼 때 유의미한 혁신이 나온 것은 컬럼비아/CBS의 피터 골드마크Peter Goldmark가 재생 시간이 긴 현대적인 LPlong-playing판을 내놓은 1948년이었다. 골드마크는 두 가지의 혁신을 달성했다. 우선 제2차 세계대전 이후로 공급량이 내내 부족했던 셸락 대신 비닐을 사용했다. 이로써 더 가벼우면서도 음질이 좋은 레코드를 만들 수 있었고(셸락은 늘 '직직' 소리를 냈다) 마이크로그루브 방식의 공정을 통해 레코드 한 장에 훨씬 더 많은 음악을 넣을 수 있게 됐다. 두 번째 혁신은 트랜스크립션용 레코드를 모방해서 78rpm이던 회전 속도를 33⅓rpm으로 줄인 것이었다. 이렇게 해서 클래식 음악의 20분짜리 한 악장을 중단 없이 담을 수 있게 됐다. 이러한 혁신들은 레코드의 황금기를 가져왔다. LP에는 클래식 음악뿐 아니라 뮤지컬의 사운드 트랙을 통째로 담을 수도 있었다. 100만 장이 팔린 첫 LP 레코드는 브로드웨이 뮤지컬 〈오클라호마Oklahoma!〉(1949년에 나온 뮤지컬로 작곡가 리처드 로저스Richard Rogers와 작사가 오스카 해머스타인Oscar Hammestein의 작품이다)의 사운드 트랙이었다. 로저스와 해머스타인이 만든 뮤지컬 〈남태평양South Pacific〉(1958)도 1950년대의 최대 LP 히트작이 됐다. 한편 RCA는 컬럼비아의 LP 레코드에 맞서, 1949년에 더 작고 가벼운 45rpm 레코드와 특수 제작된 고속 레코드 교환기(45rpm 레코드판의 중앙에 뚫린 구멍에 맞게 끼울 수 있었다)를 내놓아 45rpm 판들을 연속적으로 빠르게 재생할 수 있게 했다. 그러면서 LP는 클래식 음악처럼 긴 음악을 좋아하는 사람들을, 45rpm은 컨트리 뮤직이나 록 뮤직 같은 짧은 인기곡을 좋아하는 사람들을 각각 지배하게 됐다. 45rpm 레코드는 돈도 없고 긴 음악을 들을 인내심도 없는 젊은이들의 잡식성적인 음악 취향에 호소력이 있었다.[15]

　　45rpm과 LP의 시장 분할은 반세기 전 빅터의 블랙 라벨과 레드 씰의 시장 분할과 비슷한 면이 있었다. 십대들은 45rpm 레코드 교환기로 팝 음악을 들었고 더 나이든 층과 스스로 소리에 민감하다고 생각하는 사람들은 턴테이블로 베토벤, 아니면 20분이나 돌아가는 프랭

　　　　　　　　　　　　　　우리를 중독시키는 것들에 대하여

크 시나트라Frank Sinatra 앨범 같은 것을 들었다. 길이(와 청취자에게 필요한 집중 지속 시간)뿐 아니라 음질에도 차이가 있었다. 값이 싼 45rpm은 다양한 음악을 제공했고 접근이 쉬웠고 내구성이 있었지만, 음질은 완벽하지 않았다. 이런 면에서 이는 1954년부터 디스크자키가 소개하는 록 음악을 내보냈던 AM 라디오와 비슷했다고 볼 수 있다. 1905년의 블랙 라벨 소비자들도 그랬듯이, 십대들에게는 최신 유행하는 곡을 듣는 것이 정확한 음질로 듣는 것보다 중요했다. 이는 LP와 매우 대조적이었다. 컬럼비아 등이 만든 LP 레코드는 50년 전에 레드 씰 레코드가 그랬듯이, 원음에 충실한 음질이라는 점을 처음부터 강조했다. 그리고 레드 씰보다 이를 훨씬 더 잘 수행해내서, AM보다 음질이 좋은 FM 라디오를 듣던 고객군에게 호소력이 있었다. 또한 이미 LP가 등장하기 전부터도 [레코드 분야에] 새로 진입한 회사들은 [장비 분야에서] 고음질 오디오 기기를 내놓으면서, 떠오르는 "하이파이 오디오 애호가" 고객층의 수요에 부응하고자 했다. 1945년에 가라드 앤 피셔Garrad and Fisher는 컴포넌트 축음기를 선보였고, 곧 이어 가정용 자기띠 테이프와 녹음기/플레이어도 나왔다(하지만 테이프 녹음기는 이후로도 한참 동안 가정에서보다는 스튜디오에서 주로 사용된다).[16]

LP의 형태로 포장된 소리 역시 더 많은 소리, 더 높아진 접근성, 경험의 강도와 질의 증가라는 동일한 경로를 밟았다. 특히 질의 증가는 '스테레오' 녹음 기술의 개발로 크게 진전됐다. 이미 1930년에도 스튜디오들은 45도 각도로 파인 홈의 양쪽 면에 두 개의 별도 트랙을 새기는 기법을 실험하고 있었다. 가령 무대 양쪽으로 멀리 떨어진 곳에 마이크를 두고 두 개의 트랙에 각각 녹음을 하면 약간 다른 두 개의 소리를 얻을 수 있었다. 그 두 개의 트랙을 가정에서 (역시 멀리 떨어뜨려놓은) 두 개의 스피커로 재생하면 대단히 놀라운 결과가 나왔다. 옛날의 모노 사운드처럼 벽 구멍에서 나오는 것 같은 소리가 아니라 마치 공연장에서 듣는 것 같은 '사운드 아크'를 느낄 수 있었다(고 광고는 주장했다). 하지만 스테레오 레코드를 들으려면 특별한 장비가 필요했다. 이를 테면 새로운 바늘과 카트리지가 있어야 두 트랙을 다 포착할 수 있었고, 새로운 증폭기와 스피커가 있어야 두 트랙의 소리가 별도로 흘러나오게 할 수 있었다. 그래도 이 신기술은 1958년에 선을 보이자마자 곧바로 성공을 거뒀다. 소비자들은 거실이나 침실에서도 공연장에서와 같은 압도적인 소리를 들을 수 있도록 스피커의 위치를 잘 잡는 데 매우 신경을 썼다. 스테레오는 특히 남성 테크놀로지 애호가들에게 컬트에 가까운 집착의 대상이 됐다. 이들은 증폭기, 튜너, 카트리지, 턴테이블, 육중한 스피커 등 오디오 구성 장치들을 구매해서 직접 조립하기도 했다. 빅트롤라 이래로 축음기는 가구라고 주장돼 왔지만, 이제 더 이상 축음기는 가구로 가장하지 않았다. 축음기는 현대적인 패션의 표현이었고 버튼과 다이얼이 도입되어 내부의 작동이 가려지게 된 다음부터는 더욱 그랬다. 그리고 이 경이로운 전자 상자는 (적어도 애호가들에게) 스테레오 듣는 행위를, 주변에 신경 쓰지 않고 매우 집중해서 해야 하는 활동이 되도록 만들었다.[17]

혁신은 계속 이어졌다. 스테레오 애호가들에게 호소력을 높이는 쪽으로뿐 아니라, 휴대용 스테레오라는 방향으로도 발전이 이뤄졌다. 또 무한한 '히트' 곡들에 쉽게 접하게 하는 쪽으로도 진전이 있었다. 그리고 카세트테이프, CD, MP3 등의 새로운 레코드 포맷들도 차례로 선을 보였다. 새 포맷들은 짜증스러운 긁힘이 없었고 LP가 가지고 있던 20분의 시간 제약도 없었으며 45rpm을 즐기던 젊은 고객층도 끌

우리를 중독시키는 것들에 대하여

그림8.3 1950년대 십대들에게 인기를 끌었던 것은 45rpm 축음기였지만, LP 제조업체들은 휴대용 LP 축음기로 젊은층을 공략했다.

수 있었다. 이러한 혁신들이 쏟아지면서 한 세기의 성공을 구가한 축음기 레코드는 역사 속으로 사라졌다. 이 마지막 경로를 짚어보려면 트랜지스터 이야기를 해야 한다.

1930년대 이래로 벨 연구소 연구자들은 약하고 부서지기 쉽고 크기도 비교적 큰 전자 진공관을 더 견고하게 만들기 위한 연구를 진행해왔다(진공관은 라디오 기술에서 핵심이다). 여기에 필요한 것은 반도체, 즉 진공관이 가진 조절 및 증폭 기능을 흉내 낼 수 있는 소재였다. 결정적인 혁신은 1948년에 벨 연구소 과학자들이 실리콘 반도체 기반의 트랜지스터를 개발하면서 나왔다. 이는 더 작은 (따라서 휴대 가능성도 더 커진) 소리 기계의 가능성을 열었다. 1958년에는 트랜지스터 여러 개가 집적회로 속으로 들어갔고 1971년에는 마이크로프로세서 칩이 나오면서 더 많은 트랜지스터가 집적회로에 들어갔다. 이러한 칩들은 크기가 직고 전력을 매우 직게 소모했기 내문에 배터리로노 오랜 시간 작동될 수 있었고, 열을 덜 발산했기 때문에 타버리는 일도 별로 없었다. 1954년에 일본의 소니Sony는 (그리고 이후에 다른 제조업체들도) 이 기술의 라이선스를 구매해서 휴대용 라디오 개발에 트랜지스터를 활용했다. 휴대용 트랜지스터라디오는 가정용 스테레오만한 음질은 나오지 않았지만 들고 다닐 수 있었기 때문에 턴테이블과 바늘이 필요한 번거로운 레코드판의 대안으로 매력이 있었다. 한편 1964년에는 카세트테이프 플레이어가 처음으로 시중에 나왔다. 카세트 플레이어는 LP 레코드 플레이어에는 없는 능력이 있었는데, 음악을 자동차나 주머니에 넣고서 들을 수 있게 한 것이었다. 1970년대가 되면 포켓용 트랜지스터라디오를 즐기던 십대들 중 일부가 더 큰 소리가 나는 대형 휴대용 카세트 '붐 박스'(큰 상자 형태의 라디오/카세트 플레이어 겸용 기기)

우리를 중독시키는 것들에 대하여

로 갈아타게 된다. 그리고 1979년에는 여기에 개인화의 요소가 결합됐다. 소니가 비싸지 않고 주머니에 들어가며 휴대 가능한 카세트 플레이어를 내놓은 것이다. 상업화된 가장 유명한 제품은 '워크맨Walkman'이었는데, 이것은 초창기 라디오의 이어폰을 되살려내는 한편, 전과 달리 들으면서 움직일 수 있게(그리고 고립될 수 있게) 했다는 점에서, 반동적이자 혁명적인 제품이라고 할 만했다. 카세트 플레이어는 또 하나의 옛 개념을 되살렸는데, 축음기가 1890년대 말에 포기한 녹음 기능이었다. 일반인들도 저작권을 침해할 수 있는 길을 열어줬다는 점에서, 카세트의 녹음 기능은 지적 재산권과 관련해서도 흥미로운 시사점이 있었다.

하지만 카세트 시대는 비교적 짧게 끝났다. 1982년에 필립스Phillips가 레이저로 읽는 디지털 컴팩트 디스크, 즉 CD를 판매하기 시작했기 때문이다. CD는 투명 PVC 플라스틱으로 만든 작은 원반에 알루미늄을 얇게 씌운 뒤 디지털 코드를 새겨 넣은 것이었다. 아날로그 테이프나 레코드가 음파를 복제했던 것과 달리 CD는 음파에서 '표본만을' 추출해서(1초당 약 5만 회) 그 표본들을 일련의 펄스로, 즉 디지털 '비트'로 코딩했는데, 이 둘의 차이를 인식할 수 있는 사람은 거의 없었다. CD에서 재생 시간은 한 번 더 늘어나서, 이제 한 번에 80분까지 재생할 수 있게 됐다. 뒤집어 끼우는 수고 없이 LP의 양면 분량 전체를 다 들을 수 있는 길이었다. 또한 CD는 레코드 홈처럼 닳는 문제가 없었고 카세트처럼 소음이 나는 문제도 없었다. 이는 스테레오 LP를 듣는 고연령층 애호가와 45rpm을 듣는 젊은층 소비자 둘 다에게 호소력이 있었다. 게다가 디지털은 아날로그 테이프보다 복제본을 훨씬 빨리 만들 수 있었다. 6년 후인 1988년이 되면 CD는 LP 판매를 능가하고 카세트도 위협하게 된다. 그리고 1991년이 되면 음반 매장들은 LP와 테이프를 둘 다 취급하지 않게 된다.

디지털 CD의 승리 역시 오래 가지 못했다. 1996년부터 개인용 컴퓨터와 인터넷에 기반한 새로운 디지털 테크놀로지가 음악 시장을 지배하게 된 것이다. 디지털 파일(특히 MP3 포맷)은 복사가 쉬워서 수백 시간 분량의 음악을 PC 같은 디지털 기기에 저장했다가 원할 때마다 바로바로 들을 수 있었다. 스테레오와 하이파이의 시대에 소비자의 관심사가 음질이었다면, 오늘날 첨단 테크놀로지를 따라잡는 데 열정을 보이는 소비자들은 가격대가 무난하고 음악의 선택지가 제한 없이 광범위하기만 하다면, 소리는 '괜찮은' 수준만 되어도 받아들일 의사가 있었다. 무한해 보이는 선택의 자유야말로 이 마지막 단계의 음악 혁명을 추동한 동력이었다. 그리고 인터넷이 이끈 이 혁명과 함께, 기업이 정해서 전달해주던 음악 레퍼토리가 혼합적 취향의 "끝없이 달라지는 메뉴"로 바뀌었다.[18]

그렇다면 포장된 소리의 강화는 두 가지의 중요한 형태로 음악적 결실을 맺었다고 볼 수 있다. 원음에의 충실성, 그리고 즉각적인 접근. 그리고 이 두 가지 결실은 음악을 사적으로 듣는 것을 가능하게 했다. 이 때문에 지난 반세기간 라이브 음악은 쇠퇴하는 경향을 보였다. 하지만 최근 지역 뮤지션들의 라이브 바 공연이나 음악가의 콘서트 투어 등으로 라이브 음악이 다시 살아나고 있으며, 라이브 공연을 CD에 담아 한 번뿐인 공연과 청중의 환호를 판매하는 이들도 생겨났다. 다른 것들처럼 음악도 접하기 쉬운 형태로 쌓아두고서 개인이 언제든 사용할 수 있는 것이 됐다.[19]

포장된 소리가 미친 영향은 포장된 담배가 미친 영향이나 정크푸

우리를 중독시키는 것들에 대하여

드가 식사를 대체해 버린 영향보다는 덜 두드러진다. 하지만 새로운 포맷의 포장된 소리가 사회적, 감각적 경험을 재구성해왔다는 점은 분명하다. 물론 사회성에는 많은 형태가 있으며, 음악을 듣는 행위가 개인화되는 한편으로 자신이 만든 플레이 리스트를 서로 비교하면서 새로운 종류의 사회성도 생겨났다. 하지만 음악을 듣는 경험이 개인화되면서 청각의 초점이 좁아졌다. 가령 이어폰은 다른 이들과 소리를 함께 듣기 위해서가 아니라 다른 이들의 소리를 차단하기 위해서 사용된다. 이 점에서도 포장된 쾌락은 '강화'됐다. 또한 녹음된 소리는 지속적인 배경의 일부가 돼 일종의 기분 조절 장치의 역할을 하면서, 세상의 덜 매력적인 부분들을 차단해버린다.

사실 이미 오래전에 에디슨은 녹음된 음악이 기분을 조절하는 용도로 사용될 수 있다는 점을 알아봤다. 그리고 1934년부터 무작 코퍼레이션Muzak Corporation은 호텔과 식당에 녹음 음악을 제공했다. 나중에는 기업에도 도입됐는데, 하루 일과를 고려해 기분과 에너지의 필요에 따라 음악을 골라서 틀어 줌으로써(가령 10시 반에서 3시 사이에는 졸음을 쫓기 위해 비트가 빠른 음악을 틀어서) 노동 생산성을 높게 유지하려 한 것이었다. 1950년대 무작 경영진에 따르면, 이것은 "집중해서 듣는 것이 아니라 그저 들려오는 것을 듣는 것"으로, 청취자들 입장에서는 "엔터테인먼트가 아니었다." 그리고 21세기에 들어서자 아이팟이 수백만 명의 사람들에게 스스로 만든 무작이 돼 소리를 끊김 없이 흘려보내주면서 대화나 자연의 소리가 끼어드는 것을 최소한으로 축소시켰다.[20]

점점 더 빠르게 돌아가는 영상

1960년대에 흑백에서 컬러로 바뀐 것을 빼면, 필름 영상은 1888년에 셀룰로이드 롤 카메라가 나온 이후로 한 세기간 거의 변화가 없었다. 물론 폴라로이드 카메라(1949)가 등장해 몇 초 만에 즉석 사진을 산출하면서 중앙 집중화된 현상 및 인화 과정을 필요 없게 만들기는 했다. 하지만 화질이 일반 카메라에 미칠 바가 못 됐기 때문에 아마추어가 찍고 기업이 현상하는 시스템은 계속 살아남았다. 디지털 혁명이 오기 전까지는 말이다.

디지털 혁명은 포장된 음악에 미친 만큼이나 스냅사진에도 큰 영향을 미쳤다. 가장 핵심적인 변화는 이미지를 필름에 화학적으로 고정하던 공정이 매우 작은 센서로 빛을 감지해 고정하는 전자적 공정으로 바뀐 것이나. '전하결합소자CCD: charge-coupled devices'라고 불리는 이 센서는 1969년에 벨 연구소의 윌리엄 보일William Boyle과 조지 스미스George Smith가 발명했다. CCD는 수많은 미세 지점들에서 빛의 강도를 측정해서 이 '픽셀'들을 전하로 변형시킨다. 픽셀들은 컴퓨터 파일로 한 줄씩 옮겨진 뒤에 디지털 코드로 저장될 수 있다. 이 픽셀들의 격자가 바로 디지털 이미지다. 디지털 이미지는 여타의 디지털 파일과 마찬가지로 쉽게 복사할 수 있다. 또한 오디오 CD와 마찬가지로 방대한 수의 지점에서 '표본'을 뽑아 촘촘하게 배열하면 고화질 이미지를 만들 수 있다. 그리고 CCD 덕에 이미지를 전자적으로 스캔, 복사, 저장, 전송할 수 있게 됐다. CCD는 무겁고 비싼 기술이기 때문에 처음에는 천문학, 의학, 군대 등에서 주로 쓰였지만 데이터 압축과 저장 기술이 발전하면서 (그리고 제조비용이 낮아지면서) 1988년에는 개인용 디지털 카메라가 시장에 나왔다. 디지털 카메라를 이용하면 필름 현상을 기다릴 필요가 없었고 필름을 갈아 끼우지 않아도 수백 장, 수천 장의 사진을 찍을 수 있었다. 과거 코닥이 20~24장의 롤필름으로 약속했던 풍부함은 수백 배로 확장됐다. 디지털 사진은 이미지의 양만으로도 충분히 호소력이 있었지만, 단 하나의 고유한 이미지가 갖는 가치를 축소시키는 결과도 가져왔다. 인터넷 MP3 혁명이 특별한 노래들을 덜 특별하게 만들었듯이 말이다.[21]

이와 관련된 경향을 영화 화면의 속도가 빨라진 데서도 볼 수 있다. '볼거리로서의 영화'는 일상에서나 무대에서는 볼 수 없는 것들을 보여주어서 관객을 놀라게 하면서 현대 특유의 매혹을 촉발했다. 그러나 영화에 내러티브가 강화되면서 각 장면의 시각적 스릴 자체는 중요성이 점차 줄었다. 그리고 1920년대 중반이 되면 '사운드 트랙'이 내러티브 영화로의 전환을 한층 더 촉진하고 있었다. 사운드 트랙은 소리를 전자로, 전자를 다시 소리로 바꿀 수 있는 기술이 활용된 가장 심오한 사례라 할 만하다. 몇 가지의 기술 표준이 초창기 '토키'(유성 영화)의 지배권을 두고 경쟁했다. 별도로 동기화된 전자 녹음을 영화 장면에 맞게 동시에 재생하는 방법이 1927년 〈재즈 싱어Jazz Singer〉에 쓰였지만, 결국에는 영화 필름에 소리를 입히는 방식sound-on-film이 유성 영화의 표준으로 승리하게 된다. 이 방식에서는 음파가 전기 임펄스로 변환된 뒤 서로 다른 강도의 전광으로 변조돼, 영화 필름이 돌아가는 동안 그 가장자리에 사진으로 찍혀 복제된다. 재생을 할 때는 프로젝터에서 나오는 빛의 강도가 광전자 셀을 통해 변조 전류로 바뀌고, 이 변조 전류가 증폭기와 스피커를 통해 소리로 다시 변환된다.[22]

유성 영화의 도래 이야기도 포장된 쾌락의 익숙한 이야기다. 음악과 동작은 뮤지컬 영화와 엑스트래버갠저extravaganza(19세기 후반에 널리 상연된 음악극의 일종) 시대에 하나로 합쳐졌다. 가장 주목할 만한 것으로는 1930년대에 할리우드에서 버스비 버클리Busby Berkeley가 만든 뮤지컬 영화들을 들 수 있을 것이다. 또 사운드 트랙은 배우의 노랫소리와 말소리를 관객이 들을 수 있게 해 유명인을 추종하는 문화를 강화했다 (이 시대 흑백 영화 상영관을 본 사람이라면 누구나 알 것이다). 하지만 몇 가지 시각적 신기술은 영화에는 조금 더디게 도입된 편이었다. 특히 컬러 영화가 그랬다. 할리우드의 황금기를 지배했던 멜로드라마와 코미디에서는 특수 효과보다 스토리가 중요했다. 1950년대에 3D 영화와 와이드스크린 시네마스코프가 도입된 뒤에도 이야기와 대사의 중심성은 훼손되지 않았다.

하지만 1970, 80년대에 영상의 속도가 빨라지면서 많은 영화들이 달라졌다. 영화와 비디오 게임뿐 아니라 TV, 특히 광고에서도 시각적 강렬함을 높이기 위해 장면 지속 시간이 짧아졌다. 이는 적어도 처음에는 기술 혁신에서보다는 문화적 변화에서 추동을 받은 현상이었다. 특히 예전의 도덕주의적인 내러티브(특히 서부극과 범죄 영화)가 오늘날 액션 위주의 극본으로 대체됐다.[23] 가령 〈더티 해리Dirty Harry〉(1971)와 그 후속작들에서 클린트 이스트우드Clint Eastwood가 맡은 배역을 생각해보라. 〈더티 해리〉에서는 분노한 샌프란시스코 경찰(해리 캘러헌)이 연쇄 살인마에게 "개인적으로 정의의 값을 치르게 하기 위해" 경찰 관료제와 싸우는 스토리만 중요한 것이 아니다. 영화를 이끌고 가는 것은 주기적으로 배치된 잔인한 액션의 '타격'이고, 정작 해리의 캐릭터는 별로 발전하지 않는다.[24] 폭력적인 액션은 브루스 리Bruce Lee, 재키 챈Jackie Chan 등 날렵한 주먹질과 발길질을 하는 배우들이 출연하고 대사가 많지 않은 무술 영화에서 더 미학화됐다. 그리고 1970년대 중반이 되면 액션 배우 실버스타 스텔론Sylvester Stallone이나 아놀드 슈워제네거Arnold Schwarzenegger가 인기를 끌고, 착한 쪽과 나쁜 쪽이 정신없이 빠른 속도로 싸우는 내용이 할리우드의 B급에서 A급으로 올라선다.[25]

내러티브가 시들면서 적어도 모험 활극에서는 액션의 속도가 눈에 띌 정도로 빨라졌다(나이든 청중을 대상으로 한 드라마나 코미디에서는 그렇지 않았다). 브루스 윌리스Bruce Willis의 〈다이하드Die Hard〉(1988)(1편)와 7년 뒤에 나온 〈다이하드 3Die Hard with a Vengeance〉 사이에 '살해' 장면이 15회에서 162회로 늘어났음을 생각해보라. '타격'만 더 빈번하게 나온 것이 아니다. 폭력적인 액션 장면들이 미학적으로 흐르게 하기 위해 대개는 스토리가 희생됐다.[26]

장면 전환이 빠른 액션 영화와 나란히 디지털 비디오 게임도 떠올랐다. 그리고 이는 컴퓨터가 소형화되는 추세를 긴밀하게 따라갔다. 디지털 게임은 1958년 윌리엄 히긴보덤William Higinbotham이 발명한 '테니스 포 투Tennies for Two'(나중에는 '퐁Pong')로 소박하게 시작했다. 화면상에 보이는 점이 작대기를 맞으면 되튀게 만든 것으로, 이 최초의 비디오 게임은 컴퓨터 과학자들의 심심풀이 이상은 아니었다. 1961년에는 '스페이스워Spacewar'가 뒤를 이었는데, 원시적으로 생긴 우주선이 흑백 화면에서 지직지직 빛을 쏘아서 서로를 전멸시키는 게임이었다.[27] 비디오 게임이 오락실과 가정에서 사용되기까지는 10년이나 더 있어야 했다. 놀란 부시넬Nolan Bushnell의 전자오락실용 '아타리 게임'(1972)이 결정적인 분기점이었다. 그 게임이 1930년대부터 있었던 기계적/전자적 핀볼 게임을 몰아냈다. 축음기가 가정용으로 들어온 것과 비슷한 패턴으로 아타리 사는 가정용 '퐁'(1975)과 1977년 '아타리2600'을 내놓으면서 다양한 게임을 TV 수상기를 통해 즐길 수 있게 했다. 더 빠르게 움직이는 게임은 1978년의 '스페이스 인베이더Space Invaders'로 선을 보였고 대대적으로 인기를 끌었던 '팩맨PacMan'(1980)과 '동키콩Donky Kong'(1981)을 비롯한 일본 게임업체들의 제품도 연달아 등장했다. 비슷비슷해 보이는 게임들이 시장에 대거 쏟아져 들어오고(대개 호환이 됐기 때문에 여러 회사의 게임 카트리지를 아타리나 그 밖의 콘솔을 통해 작동할 수 있었다) 경쟁이 치열해지면서 1983년에는 일시적으로 비디오 게임 열풍이 꺼졌다. 하지만 2년 뒤에 닌텐도Nintendo 엔터테인먼트 시스템이 더 강력한 플레이어를 내놓고 닌텐도 시스템에 접근할 수 있는 카트리지를 엄격하게 통제하면서 게임을 되살려냈다. 닌텐도의 디지털 영웅 '마리오Mario'는 고릴라가 던지는 드럼통 같은 장애물들을 잘 피해갔지만, 곧 장애물을 뛰어 넘으면서 땅굴처럼 생긴 길을 돌아다니는 세가Saga 사의 '헤지호그 소닉Sonic the Hedgehog'에게 도전을 받는다.[28]

1990년대에는 게임 파일의 용량이 커지면서 시각적으로 보여줄 수 있는 것의 여지가 많아졌고 액션 속도도 빨라졌다. 특히 그래픽 폭력이 이를 잘 보여줬다. 초기의 사례로 '스트리트 파이터Street Fighter'와 '모탈 컴뱃Mortal Combat'이 있는데, 처음에는 가정에서보다는 오락실이나 바에서 하는 게임이었다. 죽거나 죽이는 게임의 강렬함은 이드 소프트웨어id Software의 1인칭 슈터 공상과학 호러 게임 '둠Doom'(1993)에서 빠르게 증가했다.[29] 이러한 흐름을 추동한 것은 아이들을 넘어 젊은 어른들에게로 게임의 소비층이 이동한 것이었으며, 더 빠른 게임에 대한 어른 고객들의 채워지지 않는 수요는 '그랜드 테프트 오토Grand Theft Auto'(1997)와 '헤일로Halo'(2001)까지 이어졌다.[30]

다른 포장된 쾌락과 마찬가지로 비디오 게임은 감각 경험의 양과 강도를 계속 올린 데서만 그친 것이 아니었다. 제조업체들은 게임하는 사람들이 게임에 깊이, 때로는 중독적으로 빠지게 하면서, 그들을 게임의 흐름 속에 파묻히게 하려고 노력했다. 예전에 '퐁'이나 '팩맨' 등의 게임을 할 때 사용했던 조이스틱, 버튼, 마우스는 닌텐도의 '위Wii' 게임 시스템으로 크게 바뀌었다(2006). '위'에서는 컨트롤러가 게임을 하는 사람의 신체 움직임을 포착해서, 게임 속에 들어가 있는 것 같은 환상을 더 완벽하게 제공한다.[31] 게임 디자이너들은 새로운 층위의 이미지, 소리, 촉감을 입히면서 어린 시절뿐 아니라 "일생에 걸쳐" 게임을 하도록 부추겼다. 게임 업체들은 적정 용량의 도전과 보상을 번갈아 처방했고, 좌절을 주는 부분과 지루한 부분들을 찾아내기 위해 심리학자들을 고용했다. 이러한 게임이 미치는 심리적인, 그리고 생리적인 영향은 너무나 강력해서, 아타리나 닌텐도를 하면서 자란 많은 사람들은 이 '장난감'들을 커서도 포기하지 않았다. 놀라울 정도로 많은 사람들이 가족이나 친구와 보낼 시간, 그리고 더 지속성 있고 덜 가상 공간적인 형태로 자신을 계발할 시간을 희생하면서, 성인이 되어서도 (점점 강도가 높아지는) 게임을 계속한다.[32]

영상이 섬광처럼 빨라지는 추세는 TV 프로그램과 광고에서도 볼 수 있었다. 1970년대에 리모컨이 널리 쓰이게 되고(발명은 1956년에 됐는데 당시에는 철사로 된 조잡한 장치였다) 1980년대에 케이블과 VCR로 채널이 많아지면서, 제작자들은 시청자를 계속 붙잡아두기 위해 점점 더 빠른 샷을 도입하게 됐다. 즉시 채널을 바꿀 수 있는 장치에 손가락을 올려놓은 채로, 시청자들은 즉각적이고 쉼없이 이어지는 엔터테인먼트를 요구했다. 그래서 카메라 샷에는 한 장면 안에서 여러 곳을 보여주거나, 제임스 글레이크James Gleick가 설명했듯이, "같은 장면을 여러

그림8.4 1970년대 말의 비디오 게임 오락실. 동전
축음기와 키네토스코프가 있었던 초창기 아케이드와
비슷하다.

각도에서 찍은 화면들을 1초보다 훨씬 짧은 시간에 세속 삽입해서 보여주는 방식이 도입됐다. 더블 커팅, 트리플 커팅 등이 그런 기법이다." 이러한 기조는 1981년에 MTV가 빠른 뮤직 비디오로 틀을 잡았고, 최근에는 경쟁 케이블 채널인 E!엔터테인먼트E!Entertainment가 "클립들, 인터뷰들, 프로모션 테이프들 등을 긁어 만든 짜깁기"일 뿐인 프로그램들을 내놓으면서 강화됐다. 이는 "채널을 휙휙 돌리는 데 익숙한 시청자들이 일단 이 채널에 들어오면 나가지 않고 머물게 하기 위해, 시선을 계속해서 붙잡아둘 수 있는 현란한 화면을 만들려는 시도에서 나온 것이었다."[33]

TV 광고의 속도와 길이도 비슷한 경로를 따랐다. 1978년에 평균적인 TV 광고의 장면 지속 시간은 3.8초였고 일반적인 30초짜리 광고는 7.9개의 장면으로 돼 있었는데, 1990년대 초에는 장면 지속 시간은

우리를 중독시키는 것들에 대하여

2.3초, 광고당 장면 수는 13.2개가 됐다. 소비자가 채널을 바꾸기 전에 광고 메시지를 전달하기 위해서였다.[34] 마우스 클릭도 그랬듯이, 리모컨은 즉각적인 충족에 대한 기대를 형성했다. 무어의 법칙(컴퓨터 칩의 역량이 2년마다 두 배로 증가한다는 법칙)이 속도에 대한 기대치의 기준이었고, 전자 기기의 영역에서 '느린' 것은 기대를 좌절시키는 열등한 제품임을 나타내는 지표가 됐다.[35]

새로운 테마 파크와 스릴 기계

포장된 쾌락 혁명의 계속되는 행진에서, '강화'와 '최적화'의 이중 타격은 복합 감각의 장소인 놀이공원도 마찬가지의 패턴으로 변화시켰다. 많은 놀이기구가 더 빨라지고 더 뱅뱅 돌게 됐다. 특히 1910년에 언더트랙 바퀴가 도입돼 롤러코스터 차량이 궤도를 이탈하지 않고도 급강화와 빠른 회전을 할 수 있게 되면서, 죽음에 도전하는 듯한 짜릿하고 환상적인 위험이 만들어졌다.

물론 속도, 높이, 회전 수를 높이는 것은 탑승객이 도저히 견딜 수 없는 정도까지 두려움이나 어지럼증을 일으키지는 않아야 한다는 점에서 제약이 있다. 사실 코스터 설치는 대공황과 제2차 세계대전으로 둔화됐고, 놀이공원도 하락세를 타서 1960년이 되면 미국에 200개 정도밖에 남지 않게 된다. 1920년대 전성기의 10분의 1이 된 것이다.[36] 그래도 이 시기에 예외적인 성공 사례가 하나 있었는데, 바로 1955년에 세워진 디즈니랜드다. 월트 디즈니는 단순히 무서운 놀이기구만으로는 부족하다고 생각하면서 참신해 보이는 개념을 제시했다. 방문자가 영화적 경관과 내러티브 안에 폭 감싸이도록 볼거리와 놀이기구들을 배치해 그것들로 자기완결적이고 총체적인 환경을 만든다는 개념이었다. 디즈니랜드는 영화에 익숙한 대중에게 영화에서 보았던 장면(그리고 이제까지는 영화에서만 볼 수 있었던 장면)에 직접 들어간 듯한 환상을 제공했다. 디즈니 자신의 문화적, 역사적 취향을 반영한 것들도 있었는데, 가령 작은 마을에서 보낸 어린 시절의 추억('메인 스트리트'), 동화책에서 본 것만 같은 아프리카 모험, 낭만화된 서부, 우주여행, 가정의 편리함에 대한 미래주의적 판타지 등이 그런 사례다. 디즈니의 회사는 1971년에 플로리다 주로 확장하면서 이 개념을 플로리다 중심부로도 가져다놓았다. 그리하여 완전히 새로운 공원, 리조트, 쇼핑 아케이드의 복합 공간이 탄생했는데, 바로 월트 디즈니 월드다.

디즈니는 이전의 놀이공원이 가지고 있었던 '기계로서의 놀이기구'라는 논리를 버렸다. 동작의 스릴을 계속해서 높이기만 하는 대신, 더 밋밋한 과거의 놀이기구(실내 경관 레일, 단순한 카니발 라이드 등)를 들여와서 거기에 '테마'를 부여했다. 기계 그네, 회전목마, 롤러코스터 등에 쓰이던 옛 테크놀로지들을 가져왔지만 여기에 내러티브를 결합해 역사, 문화, 그리고 추억의 디즈니 만화 캐릭터들과의 정서적 연결고리를 만들어냈다(가령 '아기 코끼리 덤보' 놀이기구). 사실 테마 자체는 광고되는 것만큼 혁명적이지는 않았고, 코니아일랜드의 '달 여행'이나 '존스타운 홍수'와 같은 20세기 초의 공원들의 내러티브 기반 볼거리에서 빌려온 것들이 많았다. 하지만 디즈니의 볼거리는 당대의 감성에 맞게 조정됐다. 가령 기인이 나오는 묘기 쇼나 재앙 테마는 사라졌다. 또 감정적인 영향을 높이기 위해 최신 기술들을 사용했다. 초기에는 자기 테이프로 로봇의 동작에 소리를 일치시킨 오디오 애니머트로닉스audio-animatronics를 선보였으며, 최근에는 3D 영화를 도입했다. 이렇게 해서 디즈니는 관객들이 '피터팬의 비행Peter Pan's Flight', '화성 임무Mission to Mars', '청중이 줄었어요Honey, I Shrunk the Audience', '공포의 트와일라이트 존 타워Twilight Zone Tower of Terror' 등을 경험하기 위해 긴 줄을 서서 수백 달러, 수천 달러를 쓰게 만들었고, 치밀하게 계량된 다중 감각적 '스릴'을 특징으로 하는 기구와 공간의 모델로 자리잡았다.[37]

하지만 디즈니랜드 이후에도 다른 곳들은 계속해서 '강화'의 경로를 밟았다. 쇠락했던 놀이공원들이 놀라울 정도로 되살아났고 롤러코스터 같은 '기계로서의 탈 것'들도 되돌아왔다. 1961년 식스 플래그스 오버 텍사스Six Flags over Texas(댈러스 근처)를 필두로, 애틀랜타(1968)와 세인트루이스(1971)의 식스 플래그Six Flag 공원이 뒤를 따랐고 모방작들이 속속 생겨났다. 캘리포니아 주 발렌시아의 매직 마운튼Magic Mountain(1971), 오하이오 주 신시내티의 킹스 아일랜드King's Island, 시카고 외곽의 그레이트 아메리카Great America(1974) 등이 새로 들어섰고, 오하이오 주의 시더 포인트나 펜실베이니아 주의 케니우드Kennywood, 허시파크Hersheypark와 같은 옛 공원들도 확장됐다. 단지 예전의 기계적 놀이기구로 되돌아가기만 한 것이 아니었다. 새 공원들은 디즈니의 접근 방식을 도입해 이상화된 역사적 장면 안에 놀이기구를 배치했다. 가령 식스 플래그스에서는 여섯 개의 역사적 시기가 각기 다른 깃발로 표현됐으며, 그레이트 아메리카에는 양키의 어촌, 유콘Yukon 탄광촌, 뉴올리언스 프렌치 쿼터 등을 본뜬 세트들이 들어섰다.[38] 하지만 정말로 사람들의 발길을 끈 요소는 더 무서워진 롤러코스터와 물미끄럼틀이었다. 옛 코스터들이 복잡하게 생긴 비계飛階와 나무 프레임에 부착된 트랙을 따라 움직였다면, 1960년대 이후에 나온 새 코스터들은 커다란 철제 기둥에 매달린 튜브 모양의 철로를 따라 움직였다. 이는 디즈니랜드가 1959년에 스위스 산을 따라 내려오는 봅슬레이 흉내를 낸 '마터호른Matterhorn'으로 처음 선보였고 다른 공원들로도 빠르게 확산됐는데, 대개는 돈이 많이 드는 디즈니랜드식 '테마'는 벗겨내고 동작적 짜릿함을 높일 수 있는 가능성만을 받아들였다.[39]

1975년에는 세 세트의 바퀴가 튜브 모양의 철제 트랙을 둘러싼 방식의 롤러코스터가 도입되면서 스릴의 정도가 한 차원 더 높아졌다. 트랙에 바퀴가 단단히 고정되므로 코스터가 나선형 선로를 따라 거꾸로 매달릴 수도 있었다. 놀이기구는 더 빨라지고 더 가팔라졌으며(그러면서 더 부드러워지기도 했다), 새로운 감각도 만들어냈다. '플러스 중력'은 가파른 길을 빠르게 올라갈 때 작용하며, 기구를 탄 사람들을 더 무거워진 것처럼 느끼게 한다. 반대로 '마이너스 중력'은 가속적으로 히강할 때 작용하며, 무게 없이 붕 뜬 것 같은 느낌이 들게 한다. 이 감각은 당시 언론에 많이 나오던 우주비행사가 (실제 우주에서건 훈련 중에서건) 느끼는 감각을 연상시켰다. 특허를 받고 브랜드가 붙은 롤러코스터 루프와 회전 방식은 20년 사이에 시장에 50개나 나왔다.[40] 놀이공원들은 코스터가 곡예 비행기 조종사의 경험을 모방해서, 뇌가 도파민을 분비하게 하고 이로써 천상의 감각을 느끼게 해준다고 광고했다. 신체가 위험에 처했다고 속은 뇌가 도파민을 분비해 심장, 폐, 피부 등의 신체 기관에 조난 신호를 보내면 타는 사람이 더 명징하게 깨어 있고 "살아 있는" 상태를 느끼게 된다는 것이었다. 이런 경험은 운동선수들이 느끼는 "러너스 하이"에 비견되곤 했다.[41]

새로운 스릴 라이드는 빠르게 열성 팬을 갖게 됐다. 특히 디즈니에 가기에는 자신이 너무 '쿨하다'고 생각하는 청소년들에게 인기를 끌었다. 1971년 씨월드 개발업자 조지 밀레이George Millay가 지은 매직 마운튼Magic Mountain은 처음에는 차분한 공원이었지만 1976년에 수직으로 하강하는 '레볼루션 자유낙하Revolution Free Fall'(2초 동안 시속 55마일 (약 90킬로미터)로 떨어진다)를, 얼마 후에는 높기로 유명한 '콜로수스Colossus'를 선보이면서 도약했다. 2003년이면 매직 마운튼은 '슈퍼맨' 등 16개의 롤러코스터를 운영하게 된다. '이스케이프Escape'는 선형 유도 모터 방식을 이용해 중력의 4.5배까지 가속할 수 있는 기구로, 7초만에 시속 100마일(약 160킬로미터)에 도달할 수 있었다. 시더 포인트 같은 옛 공원들도 코스터 열풍에 동참했다. 이곳은 2003년이면 16개의 스릴 라이드를 두게 되는데 수압 방식의 '탑 스릴 드래그스터TopThrill Dragster'는 기구에 탄 사람들을 42층 높이의 탑으로 들어올린다. 이 기구는 4초 이내에 시속 120마일(약 190킬로미터)까지 가속되는데, 기구에 탄 사람들은 다시 떨어지기 전에 순간적으로 무중력 상태를 경험하게 된다.[42]

디즈니마저도 스릴을 추구하는 관람객을 만족시키기 위해 노력했다. 1990년대에 모든 디즈니 테마 파크는 스릴 라이드에 테마를 입혔다. 올란도 디즈니 할리우드 스튜디오Disney Hollywood Studios의 '공포의 트와일라잇 존 타워'가 그런 사례다. 그것은 사실 그저 수직 통로로 낙하하는 기구에 불과했지만 으스스하고 허름한 호텔의 엘리베이터와 같은 모양새로 꾸며지고 어디론가 사람들이 사라진다는 미스터리 이야기로 포장됐다. 2006년에는 디즈니의 동물원 애니멀 킹덤 Animal Kingdom에도 코스터가 들어섰다. 이름은 '에베레스트 탐험Expedition Everest'이었는데, 히말라야 산맥의 설인 '예티'를 찾으려던 관람객에 대한 (그리 설득력은 없는) 스토리가 덧붙었다.[43]

결국 세상은 이렇게 변했다. 경쟁에서 이기고 판매를 늘리고 수익을 내기 위해 쾌락 제조자들은 더 많은 에너지와 맛을 식음료에 담고, 더 큰 볼륨과 곡조와 음역을 음향 기기에 담고, 더 많은 장면과 특수 효과와 빠른 컷을 영화와 비디오 게임에 담고, 더 빠르고 신체를 거부하는 듯한 감각을 놀이기구에 담았다. 많은 경우 이러한 강화는 감각의 순도를 높이면서, 감각의 복잡 미묘함과 사회적 상호작용은 벗겨냈다. 디즈니의 '테마'를 제외하면, 새로운 스릴 라이드는 플러스나 마이너스 중력들을 제공하는 것 이외에 다른 것은 표방하지조차 않는다.

하지만 때때로 강렬함만으로는 소비자들의 마음을 살 수가 없었고 강렬함을 좋아하지 않는 소비자들도 있었다. 포장된 쾌락의 판매자들은 감각을 계량하는 법을 알아나가면서 강화에 대한 좋은 대안을 발견했다. 안락과 자극을 밀어 넣었다 당겼다 하면서, 또 이 세상을 지속적인 소리와 음악으로 채우면서, 포장된 쾌락이 우리 일상에 스며들게 하기 위한 새로운 방법들을 개발했다. 포장된 쾌락은 맛, 취향 등을 다중화함으로써 단지 한 방의 자극을 주는 것이 아니라 감각을 복합적으로 만든다. 이러한 감각적인 세팅, 그리고 무언가 새로운 것을 약속하고 추억을 불러일으키는 종류의 즐거움은 디즈니를 찾은 사람들을 다시 또 찾아오게 만든다.

지난 세기에 소비문화에서 제조되고 마케팅된 쾌락들은 다양한 즐거움을 담은 다양한 꾸러미의 형태로 나타났다. 소다, 초코바, 담배, 축음기, 영화, 놀이공원의 놀이기구는 이 중 일부에 불과하다. 이러한 혁신들은 1880년에서 1910년 사이에 생겨났지만 그 이후로도 계속 도약하고 확장됐다. 이것들 모두는 감각의 강화와 상업화라는 공통점을 갖는다. 맛, 광경, 소리, 동작이 자연과 문화에서 '뽑혀져 나와서' 포장되고, 상표가 붙고, 개인 용량 단위로 판매됐다. 쾌락을 제조하는 사람들은 삶의 불편함을 줄여줬고, 삶에서 남아 있는 지루한 지점들을 강렬한 감각으로 채워줬다. 하지만 우리는 이러한 대변화가 우리를 둘러싼 상품들과 우리와의 관계에 어떤 문제를 야기했는지, 그리고 우리 미래에 이 혁명이 의미하는 바가 무엇인지도 생각해봐야 한다. 그것이 다음 장의 주제다.

9장
사시사철 새빨간 산딸기를?

우리는 과잉 소비의 시대를 살고 있으며, 가난한 나라들은 부유한 나라들을 따라잡기 위해 내달리고 있다. 과잉 소비의 나라들이 나머지 나라들에 대해 이렇게 기준을 설정하는 바람에, 세상을 누린다는 것은 곧 소비를 통해 세상을 포착하는 것을 의미하게 됐다. 포장된 쾌락은 바로 이런 새 세계를 가능케 한다. 인간이 전통적으로 경험해온 청각, 시각, 미각적 만족, 심지어 동작과 환각까지 끌어 모으고, 저장하고, 판매하는 새로운 방법을 가져와서 말이다. 이것이 포장된 쾌락이 일으킨 인간 감각의 대변혁, 즉 **포장된 쾌락의 혁명**이다. 이 혁명이 인간의 경험을 너무나 근본적으로 바꿔낸 나머지 우리는 종종 그 변화 자체를 잊곤 한다.

이 혁명은 부분적으로 (정말 부분적으로만) 부富의 증가와 관련이 있다. 제조상의 신기술들이 실질 가격을 떨어뜨리면서 전에는 희귀하던 것이 흔한 것으로, 사치품이 필수품으로 바뀌었다. 그러므로 이 혁명은 소비의 민주화와도 관련이 있다. 과거에 부유한 사람들만 누렸던 던 것을 이제는 가난한 사람들도 접할 수 있게 됐다. 또한 이 혁명은 상품 분배 양식의 변화로 상품에 대한 접근성이 막대하게 높아진 것과도 관련이 있다. 상품은 이제 계절과 공간의 제약을 초월해 전보다 훨씬 자유롭게 전 지구를 돌아다닌다. 지구의 가장 구석진 곳까지 퍼진 분배망은 도시 상품을(좋은 것이든 나쁜 것이든) 시골에, 시골 상품을 도시에 가져다준다. 심지어 오늘날에는 가상의 상품까지 가져다준다. 사실상 거의 모든 종류의 이미지, 소리, 텍스트를 전자적 수단으로 나를 수 있어서 (공간적으로 떨어져 있는 장소를 경험하는) '텔리프레즌스telepresence'가 가능해졌다. 정밀한 제조와 마케팅은 포장된 쾌락을 훨씬 더 유혹적으로 만들었고, 그와 동시에 마치 '선택'인 것처럼 보이는 부분을 만들고 확대했다. '선택'이라는 말은 소비자가 실제로 선택할 수 있는 여지가 얼마나 되며 그 선택이 얼마나 유의미한지를 대단히 헷살리게 만든다.

새로운 발명들을 통해 인간의 감각을 변화시켰다는 점도 이 혁명의 중요한 부분이다. 축음기는 소리를 포착해서, 사진은 광경을 포착해서 영구적으로 존재할 수 있게 했다. 그 결과 소리와 사진 모두 (좋게든 나쁘게든) '저렴'해졌다. 또 포장된 쾌락의 혁명은 새로운 감각을 만들거나 기존에 있던 감각들을 새롭게 조합(및 변형)하기도 했다. 놀이공원은 광경과 어지러움을 새로운 형태로 결합하는 한편, 여행을 축소시키고 가상의 것으로 만들었다. 초코바는 맛과 색과 향을 새롭게 조합해 뇌의 각기 다른 부분에 있는 신경을 공격함으로써 밋밋한 맛에 냄새도 거의 없는 당근을 훨씬 넘어서는 매력을 갖게 됐다. 그리고 광고는 매력적인 포장을 더하고 새로운 판타지를 강조해 맥주, 음료수,

종이담배를 건강과 낭만과 모험의 표상이 되게 했다.

자, 그런데 무엇이 문제인가?

욕망의 만족이 증가했다는 것 자체가 문제가 되지는 않는다. 어떤 면에서 그것은 '좋은 삶'에 대한 인간 본연의 추구라고 볼 수 있으니 말이다. 오늘날의 문제는 중용이 부족해서 생긴 것이라고만은 할 수 없으며, 사실 중용만을 강조하다 보면 개인의 통제력을 제약하는 외적 요인들을 과소평가하게 돼 문제를 지나치게 개인적인 수준으로 치환해버리게 된다. 비만의 확산은 아주 부분적으로만 욕심과 게으름의 문제다. 우리를 욕심과 게으름으로 몰고 가는 상업적, 기술적 요인들의 문제 또한 존재하기 때문이다. 이는 구매력의 문제만도 아니고 접근성의 문제만도 아니다. 구매력의 증가는 성공적인 경제의 기본적인 기능이고, 접근성의 증가는 민주주의의 미덕이다. 그리고 이상적으로는 모든 사람이 문명의 성과를 공평하게 접할 수 있어야 한다.

문제는 포장된 제품들이 사회적 영향이나 신체적 영향은 거의 고려하지 않은 채 매출과 수익을 극대화하려는 목적으로만 제조되고 판촉됐다는 데 있다.[1] 또 쾌락거리를 상품의 형태로 쉽게 접할 수 있게 되면서, 소비재가 아닌 것을 통해 얻을 수 있는 쾌락은 부차적인 것이 되거나 아예 밀려나버렸다. 쾌락 제조업체들이 꼭 극단적으로 밀어부치는 전략만 쓰는 것은 아니다. 업체들은 상업화된 감각적 새로움을 일상으로 밀어 넣었다 뺐다 하면서 그것들을 우리 삶에 통합시키려한다. 물론 핵심은 언제나 이윤의 극대화다.

중독성 있는 제품인 경우에는 이윤을 올리기가 어렵지 않다. 금융 거물이자 거대 투자자인 워렌 버핏Warren Buffett은 큰 담배 회사를 인수하면서 이와 비슷한 설명을 했다. "만드는 데 1센트가 든다. 팔 때는

1달러에 판다. 이 제품은 중독성이 있다." 실제로 포장된 쾌락 중 어떤 것들은 사용되는 방식과 신체에 흡수되는 방식에 따라 매우 심각한 중독성을 띠기도 한다. 예를 들면 니코틴은 그 자체로도 중독성이 있는 분자지만, 중독의 효과는 종이담배의 형태로 흡입될 때 극대화된다. 종이담배 제조자들은 수백억 달러를 들여가며 중독을 일으키는 완벽한 엔진을 고안하고, 여기에 광고와 포장을 결합해 담배의 매력과 영향력을 한층 더 키운다. 중독성 있는 물질에 대해 이야기할 때 우리는 흔히 그 물질 자체의 물리화학적 조성에만 초점을 맞추는 경향이 있다. 그런데 그것도 물론 중요하지만, 그 분자들이 '소비되는 방식'이 그 물질의 매력, 사용 방식, 중독의 강도에 어떤 영향을 미치는지도 살펴보아야 한다. 아편이나 코카 잎도 마찬가지다. 자체의 성분도 성분이지만, 높은 순도로 정제해서 주사로 맞거나 흡입하면 중독성이 훨씬 커진다.

잘 꾸며진 포장은 제품을 한번 써 보도록 사람들을 (아이들도) 유도하고, 이어서 끊거나 줄이는 것을 어렵게 만든다. 담배 회사들이 쓰는 악명 높은 미끼 전략이 바로 이것이다. 광고된 이미지(매력적인 포장도)는 미끼다. 그러나 멋있어 보이거나 어른스러워 보이는 이미지의 미끼를 물면 니코틴이 뇌 신경의 흐름을 바꾸고, 규칙적으로 니코틴의 자극을 주입하지 않을 경우 '정상적'인 상태라고 느끼기 어렵게 만든다. 그래서 담배 회사들은 니코틴 함량을 규제하거나 담뱃갑 포장에 광고를 금지하려는 움직임에 기를 쓰고 반대한다. 니코틴 없이는 중독을 만들고 유지할 수 없으며, 포장의 예술이 없으면 젊은이들을 유혹해 나쁜 습관에 발을 들이게 할 판타지 세계를 만들어낼 수 없기 때문이다.

오랫동안 담배업체들은 담배의 중독성을 부인하면서, 흡연자들이 라이터에 불을 붙이는 것은 매번 그들이 자유의지로 '선택'해서 하는 행위라고 주장했다. 하지만 이는 어떤 제품이 어떻게 디자인되느냐에 따라 소비자의 '선택'이 제약받게 된다는 점을 쏙 빼놓고 하는 말이다. 대개 소비자는 제품이 어떻게 디자인되는지를 '선택'하지 못하며, 따라서 제품의 디자인은 소비자 주권의 원칙이 닿지 못하는 영역이다. 식품, 담배, 놀이공원을 어떤 방식으로 만들지 선택하는 것은 **제조업체**지 소비자가 아니며, 소비자는 제조업체가 정한 길에서 벗어나기가 매우 어렵거나 불가능하다. 하지만 기업들은 소비자의 선택에 내재해 있는 이런 한계를 사람들이 알게 되는 것을 원하지 않는다. 소비자들이 제조업체나 규제 당국이 내리는 선택에 대해서는 모르는 채로 있기를 원하는 것이다. 초점은 항상 "자유로운 주체"로서의 소비자, 그리고 〔제조업체가 만든 것이 아니라〕 마치 매장의 선반에서 저절로 생겨난 듯한 상품들(혹은 어느 가연가솔린 제조업자의 말을 빌리면 '신의 선물'들)에만 맞춰진다.[2]

담배 이외의 다른 포장된 쾌락들도 습관을 형성하거나 크고 작은 중독을 일으킨다. 복합 감각적인 호소력을 가진 정크푸드뿐 아니라 고도로 제조된 소리, 광경, 동작의 자극도 마찬가지다. 금단 증상이 있든 없든 간에, 현대인이 더 사회적인 형태의 여가를 즐기겠다고 포장된 쾌락을 피하기는 쉽지 않다. 일을 하거나 공부를 하기 위해 피하는 것도 쉽지 않다. 손이 닿는 곳에 비디오 게임이나 아이팟이 있는 상황에서는 말이다.[3]

이러한 유혹의 메커니즘은 '파블로프의 개' 이론으로 설명할 수 있다. 이 이론에 따르면 습관적 행동은 간접적인 자극에 의해서도 발동될 수 있다. 행동심리학자들은 간접적인 자극이 쾌락이 원천들을 연상시켜 욕망을 불러일으키는 단서 역할을 할 수 있다는 사실을 오래전부터 알고 있었다(식욕을 자극하는 도넛의 냄새나 추억을 연상시키는 곡조 등). 이러한 단서들은 보상을 주는 자극을 계속해서 추구하려는 강렬한 욕망을 불러일으킨다. 단서들이 복합적으로 존재하는 경우에는 특히 더 그렇다. 그런 단서들이 작동하면서 포장된 쾌락의 소비자는 그 안에 있는 '보상'을 강렬하게 욕망하게 되고, 반복적인 소비는 인이 박힌 습관으로 굳어진다. 단서가 욕망으로, 다시 더 많은 소비로 이어지는 악순환이 벌어진다. 이러한 작용과 반작용의 연쇄는 점차로 뇌에 코드화돼 거의 인식되지 않은 채로 충동을 일으키게까지 된다. 그리고 일단 습관으로 굳어지면 욕망을 충족시키겠다는 목적조차 가질 필요가 없어진다. 데이비드 케슬러는 식품 소비를 설명하면서 이런 과정을 "조건 반사적인 과잉 섭취"라고 불렀다. 그리고 이와 비슷한 과정은 식품이 아닌 다른 포장된 쾌락에서도 발생할 수 있다.[4]

중요한 사실은 현대의 쾌락 제조자들이 강렬한 감각들을 제조해내면서 그와 동시에 소비자들이 그런 쾌락을 반복적으로 추구하게 할 '단서'들 또한 만들어냈다는 점이다. 그 결과로 다른 종류의 욕망들은 밀려나버렸다. 가령 케슬러는 '컴포트 푸드'(이 가증스러운 표현은 1980년대에서야 나온 말이다)에 대한 욕망이 다른 감정을 몰아낸다고 지적했다. "어느 한 시점에 뇌가 집중할 수 있는 자극의 양에는 한계가 있는데, 컴포트 푸드에 대한 욕망이 뇌의 작동기억을 온통 차지해버리기 때문"이라는 것이다. 물론 이러한 유혹에 잘 맞서는 사람들도 있다. 하지만 현대 세계를 가득 메운 현혹적인 포장과 광고들은 우리를 포장된 쾌락으로 이끄는 '유도적 환경'을 조성한다.[5]

포장된 쾌락을 더 접근 가능한 것, 더 호소력 있고 궁극적으로는 더 습관적인 것으로 만들고자 했던 제조업자와 마케팅 전문가들의 가열찬 노력으로, 이제 우리에게 포장된 상품들 너머에 있는 세상은 너무 멀고 바람직하지 않은 것이 돼버렸다. 자연의 매력은 쉽게 감지하기가 어렵고 (응축돼 있기 보다는) 여기저기 흩어져 있다. 자연에서는 대개 갈색과 녹색, 회색이 주를 이루고 그 가운데 아주 약간의 붉은 산딸기가 있다. 그런데 포장은 우리에게 산딸기를 사시사철 볼 수 있을 것이라고 약속한다. 그리고 이는 미세한 종류의 즐거움과 경험을 대체한다. 고화질 화면이 저화질 화면을, 편리함이 수고로움을 대체하는 것과 같이, 초코바는 당근을 대체해버린다. 또한 스릴 있는 볼거리와 놀이기구는 런던 호수 지구를 산책하면서 느끼는 장엄함이나 그랜드 캐니언을 고요히 바라보며 숙고하는 경험을 대체한다. 그리고 자연은 (가령 브로콜리나 아마추어 음악은) 광고를 하지 않는다. 아이팟에서 나오는 수천 개의 곡은 일할 때나 여행할 때나 놀 때나 쉬지 않고 배경 음악으로 흘러나오면서, 우리가 듣는 방식에 영향을 미치고, 심지어는 디지털 기기를 사용하고 있지 않을 때의 보고 듣는 방식에까지 영향을 미친다. 포장된 쾌락은 가장 저항이 덜한 경로로 가는 경향이 있다.

하지만 다 나쁘기만 한 것은 아니다. 고도로 제조된 형태의 포장 제품이 주는 편리함을 포기할 사람은 거의 없을 것이다. 스마트폰이나 인터넷을 통한 '정보'(이든 뭐든 간에)에의 방대한 접근, 그리고 앞으로 도래할 수많은 기기들에 대해서도 마찬가지다. 또 우리는 전자레인지용 냉동식품, 야채 통조림, 때로는 스니커즈와 같은 좀 더 일상적인 포장 제품들도 포기하지 않을 것이다. 그렇다면 어디에 어떻게 선을 그어야 할까? 물론 담배처럼 심하게 중독적이고 해로운 물질은 별도의 범주로 떼어 생각해야 할 것이다. 하지만 다른 포장된 쾌락들은 그것이

미친 도덕적 영향이 더 복잡하기 때문에 좋고 나쁘고를 명쾌하게 선 긋기가 쉽지 않다. 그리고 나쁜 것에 저항하고 나쁜 점과 받아들일 만한 점을 구별하는 것과 관련해서도 가지각색의 역사가 존재해왔다.

포장을 막기 위한 과거의 노력들

역사는 받아들일 수 있는 쾌락과 받아들일 수 없는 쾌락 사이에 선을 그으려는 노력으로 가득하다. 19세기 초의 금주주의자들은 증류주는 금지하려 했지만 맥주나 와인은 금지하려 하지 않았다. 실제로 1850년에는 증류주나 와인 대신 밝은 황갈색 맥주인 라거를 마시는 쪽으로 주류의 소비 패턴이 달라졌다. 라거는 운송, 보관, 저장이 비교적 쉬웠고 맥아에 씰이 디해진 뒤에는 한층 더 그렇게 됐다. 하지만 이러한 타협은 오래 가지 않았다. 대형 맥주 회사(팹스트Papst, 슐리츠Schlitz, 안호이저 부시Anheuser Busch 등)가 운영하는 살롱들이 노동자 계급 남성들이나 범죄자들이 모여드는 곳이 된 것이다. 맥주 회사들은 맥주가 가족의 식탁에 올라가도 좋은 건강한 음료라고 주장했지만, '여성 크리스천 금주 연합'(1874년 설립) 같은 단체는 모든 종류의 술이 가정생활을 위협한다며 금지해야 한다고 요구했다.[6] 어떤 경우에는 새로운 향정신성 상품에 반대하는 저항이 일었다가 업체의 광고 공세로 수그러들기도 했다. 20세기 초에는 담배 판매 금지를 요구하는 것이 매우 일반적인 정서였고 실제로 미국 내 15개의 주가 담배를 금지했다(이후 차례로 허용했고, 1927년 캔사스 주를 마지막으로 담배 금지법은 사라진다). 하지만 담배에 대한 저항은 담배가 해롭지 않은 쾌락이라고 주장하는 업체들의 광고 공세에 밀려 수그러들었다. 또 당국으로서는 담배에서 들어오는 조세 수입의 유혹을 포기하기 어려웠던 것으로 보인다. 1930년대가 되면 대부분의 주州가 담배세로 많은 수입을 올리게 된다.[7]

또 다른 향정신성 물질들은 규제의 양상이 또 달랐다. 1906년의 '식품 의약품 위생법'과 1914년의 '해리슨 마약류 조세법Harrison Narcotics Tax Act'은 코카인, 모르핀, 나중에는 마리화나까지 금지했다.[8] 또 미국은 1919년에 전국적으로 알코올 판매를 금지했다(사과주와 집에서 만드는 와인, 그리고 종교 성찬에 쓰는 와인은 허용했다). 하지만 담배와 알코올(1933년에 금주법이 폐지된 후)은 살아남았을 뿐 아니라 번성했다. 몇몇 불법 마약들은 잘 알려진 중독성을 가지고 있었는데, 그런 문제에 더해 정치인과 중산층 도덕주의자들은 코카인과 마리화나를 바람직하지 못한 소수자나 이민자와도 연관지었다. 반면 잠재적 중독성이 있는 다른 물질(니코틴과 카페인 등)은 문제되지 않았다. 차이는 무엇이었을까? 우선 니코틴과 카페인은 각성제여서 사람들의 노동 역량을 훼손하지 않았다(때로는 오히려 도움이 되었다). 그리고 1910년대 무렵이면 니코틴과 카페인 모두 강력한 경제적 (그리고 따라서 정치적) 이해관계를 갖게 됐다. 커피와 담배는 주요한 소비재 산업이었고, 흔히 낮 시간 동안 수백만 미국인의 기분을 관리하는 데 도움을 주는 물질로 여겨졌다. 이렇듯 사회적으로 받아들여질 수 있는 욕망과 그렇지 않은 중독을 구분한 것이 카페인, 니코틴, 그리고 궁극적으로 알코올이 번성한 데 필수적이었다.[9]

설탕이 들어간 슈퍼푸드와 음식의 과잉 섭취에 대해서도 판단의 경계는 계속 이동했다. 1900년까지만 해도 통통한 몸이 성공의 징표였고 마른 몸은 아프거나 가난하다는 표시로 여겨졌다. 하지만 고칼로리 식음료가 싸고 풍부해지면서, 잘 먹었음을 드러내는 시각적인 징후는 부유함이 아니라 자기통제의 부족으로 여겨지게 됐다. 그래서 부유한 사람들은 새로 생겨난 체중 감량실에 다니고 수없이 유행하는 다이어트를 시도했다. 1914년에 인기 잡지 〈리빙 에이지Living Age〉가 언급했듯이 "지방은 이제 무분별함으로, 거의 범죄로 여겨지게" 됐다. 체중 조절은 욕망에 고삐를 채우려는 더 광범위한 노력의 상징이 됐다. 또 비만이 노화를 촉진한다는 것이 밝혀지고 나서는 지방과의 전쟁이 젊음을 지속하는 방법이 되기도 했다. 게다가 코르셋이 없어지고 노출이 많은 옷이 유행하게 되면서 살이 찌면 티가 더 잘 나게 됐다. 마른 몸이 매력적으로 여겨지게 됐고, 담배 회사들은 이런 인식을 이용해서 담배가 몸매 관리의 방법이 될 수 있다고 이야기했다. 일례로 럭키 스트라이크는 광고에서 이렇게 조언했다. "단 것 대신 럭키를 집으세요!"[10]

1894년에 월버 애트워터Wilbur Atwater가 식품이 함유한 칼로리를 수량화하는 법을 알아낸 후, 이는 어떤 식품이든지 그것이 몸무게에 미치는 영향을 측정할 수 있는 방법으로 자리잡았고 한 세기간의 "칼로리 세는 시대"를 불러왔다. 단식과 플레처 식사법fletcherism〔소량씩 아주 오래 씹어 먹는 식사법〕, 지방 절제술에 이르기까지 오만가지 다이어트 방법이 나타났다 사라졌지만, 체중 감량이라는 목적은 포장된 쾌락의 식품이 존재하는 내내 사라지지 않았다. 또 내과 의사들은 (전염성 질병이 아닌) 퇴행성 질병에 대해 주목하면서 식품이 그러한 질병에 미치는 영향에 대해 알아가기 시작했다. 부분적으로는 존 하비 켈로그가 (향신료, 담배, 커피, 콜라와 함께) 고기의 문제점을 설파한 덕분에 아침 식사에서 시리얼이 고기를 대신하기 시작했고, 가정경제학자들은 생과일과 야채 소비를 독려했다. 그 결과 미국에서 1인당 쇠고기 소비가 1899년에 72 파운드(약 33킬로그램)였던 데서 1930년에는 55파운드(약 25킬로그램)로 떨어졌다. 마른 몸을 미덕으로 여기는 것은 절제를 강조하는 오랜 기독교 (특히 청교도) 전통에서 나온 것이기도 하지만, 포장된 의사식품의 위험성에 대한 인식이 높아지면서 1900년대 이후 절제에 대한 요구는 더 긴박성을 띠게 되었다. 이런 요인들은 어쩌면 미국을 날씬한 사람들의 나라로 만들 수도 있었을 것이다. 실제로 20세기의 첫 70여 년 동안에는 대부분의 미국인에게 비만이 그리 큰 문제가 아니었다.

그런데 담배의 위협이 완화되기 시작한 것과는 대조적으로 최근 들어 질병 수준의 비만이 폭발적으로 증가했다. 자동차의 확산과 스크린을 보는 좌식 생활로 신체적 활동이 줄어든 것, 스낵과 패스트푸드, 특히 고과당 옥수수 시럽이 든 식품의 소비가 증가한 것이 핵심 요인이었다.[11] 오늘날 고과당 옥수수 시럽은 설탕보다 유리한 조세 혜택과 FDA의 관리 태만(FDA는 고과당 옥수수 시럽을 아직도 "일반적으로 안전하다"고 본다)에 힘입어 말 그대로 수백 가지 소비재에 들어간다. 하지만 고과당 옥수수 시럽은 특히나 위험한 의사식품이어서, 사용을 제한하려는 움직임이 확산되고 있다.

다른 포장된 쾌락들에 대해서도 제한하려는 노력들이 있었다. 자칭 고상함의 표준을 수호한다는 사람들은 문화가 저속해지고 자극이 과다해지는 것을 우려하면서 초창기의 영화, 음악, 놀이공원을 비판했다. 막심 고리키Maxim Gorky 같은 지식인 엘리트는 놀이공원에서 경험할 수 있는 집중된 감각이 노동자 계급의 자기파괴적이고 정제되지 않은 열망을 분출시킨다고 보았다.[12] 이는 20세기 초의 사회 비판에서 흔히 나오던 주제였다. 도시 생활의 지루함과 빨라진 템포가 노동자들을 짧은 여가 시간 동안에 과도한 자극에 노출되도록 만든다는 것이었다. 1921년에 〈뉴 리퍼블릭New Republic〉의 브루스 블리벤Bruce Bliven은 코니아일랜드에 대해 이렇게 묘사했다. "뉴욕의 회오리 바람에 강타당한 정신은 시끄러운 기계의 소음에 피습당하고, 질주하는 속도에 자극을 받아, 고함 소리를 정상적인 톤이라고 생각하게 되고 그것보다 낮은 소리는 듣지 못하게 된다."[13]

약물과 탐식에 대한 비판도 그랬듯이, 놀이공원에 대한 비난은 (상속된 지위나 돈을 가지고 있는) 상류층의 특권과 편견을 반영하는 경우가 많았다. 보수적인 상류층은 취향을 설정하던 자신들의 오랜 역할이 상업적 문화의 부상으로 잠식당할 것을 우려했다. 신사 계급은 서커스 기획자들을 상대로 질 것이 뻔한 싸움을 하고 있었다. 서커스, 사이드 쇼, 영화, 인기 레코드 등이 도서관, 놀이터, 공공 교육의 경쟁 상대로 떠올랐으며, 이 모든 것이 개혁주의자들의 대상이 됐다. 당연하게도 상류층은 '대중오락'을 경멸했고 그것에 대한 접근을 규제하려 했다.[14]

1900년대 초 무렵이면 상류층은 조잡한 코니아일랜드에서도, 사이드 쇼를 즐기는 대중에게서도 떨어져 나왔다. 하지만 그들이 놀이공원을 완전히 거부한 것은 아니었다. 중산층의 휴식처는 라이 비치Rye Beach나 가족 단위로 가기 좋은 롱아일랜드의 플레이랜드Playland 등과 같은 더 차분한 환경에 지어졌다. 그리고 1920년대에는 쾌락 장소의 흥행주들이 어린아이들이 탈 수 있는 기구와 여러 세대가 아울러 즐기기 좋은 것들을 마련하면서 놀이공원을 중산층 가족에게도 적합한 공간이 되도록 만들었다(이는 1955년에 디즈니랜드에서 최고조를 이룬다). 한편 개혁주의자들은 다양한 방식으로 영화를 검열했다. 특히 영화가 저렴한 니켈로디언에서 상영되었을 때 이런 경향이 두드러졌다. 하지만 여기에서도 이들이 영화를 전적으로 거부한 것은 아니었다. 그보다, 부르주아 소비자들은 1910년대 중반부터 나타나기 시작한 호화 영화관을 찾았다. 그리고 얼마 지나지 않아 많은 이들이 재즈 레코드를 받아들였다. 특히 폴 화이트먼Paul Whiteman과 그의 오케스트라가 연주한 백인들의 취향에 맞게 변형된 재즈 음악이 인기였다. 계급 간 편견은 점차 완화되고는 있었지만 놀라운 방식으로 계속해서 살아남았고, 받아들여지는 쾌락과 받아들여질 수 없는 쾌락 사이의 경계가 계속해서 달라진 것은 그러한 계급 간 편견을 반영했다. 미국인들은 특정한 종류의 감각적인 탐닉에 제한을 둠으로써 다른 종류의 쾌락들, 가령 술, (때때로) 담배, 정크푸드, 디즈니랜드 같은 것들을 스스로에게 허락했다.[15]

쾌락을 제약하려는 움직임이 보인 이러한 혼란은 포장된 쾌락의 등장에 직면해 이 현상을 파악하고 그에 대응하려 한 당대의 지식인들을 불안하게 했다. 프랑스 사회학자 에밀 뒤르켐은, 빌보드와 쇼윈도에서 감질나게 유혹적인 감각적 자극이 계속해서 들어오면서 '대중'이 생기를 잃고 무기력해질 것이라고 우려했다.[16] 비슷하게 스페인의 호세 오르테가 이 가세트José Ortega y Gassett는 저서 《대중의 봉기Revolt of the Masses》(1930)에서 도시의 새로운 쇼핑 지구와 엔터테인먼트 지구가 "자유롭게 소비하지만 세련되지는 않은 소비자"인 저속한 대중을 끌어들인다고 우려했다. 그의 우울한 평가에 따르면 늘어난 소득과 자유 시간을 갖게 된 '대중'은 자신의 저속한 취향을 문화적으로 세련된 소수에게 강요하면서 세련됨과 교양을 내몰고 있었다. 문화판 그레샴의 법칙(통화에서 악화가 양화를 몰아낸다는 경제학의 법칙)이라 할 만한 이러한 주장

은 수 세대에 걸쳐 '대중문화'에 대한 비관론자들의 한탄에서 중심 주제가 됐다.[17]

올더스 헉슬리는 1923년 에세이 《플레저Pleasure》와 1931년의 유명작 《멋진 신세계》에서 이러한 견해를 완성했다. 헉슬리의 디스토피아는 시민이라기보다는 몽유하는 소비자들의 세계를 묘사하고 있는데, 그곳에서 사람들은 기분이 좋아지는 약인 소마를 먹고(이 약은 "기독교와 술의 장점만 있고 단점은 없다"), 국가가 승인한 가벼운 성관계를 가지며, 당대의 유성 영화보다 한술 더 뜬 '필리feelies'〔스토리 대신 극도로 환상적인 감각을 불러일으키는〕같은 향락을 무제한으로 즐긴다(헉슬리는 유성 영화 〈재즈 싱어〉를 보고 혐오감을 느꼈다고 한다). 그럼으로써 사람들은 개인의 사고나 주도권을 허용하지 않는 사회 질서에 "굴종하는 것을 사랑"하게 된다. 이 멋진 신세계에서 '행복'은 모든 인간적 감각을 즉각적으로 만족시킴으로써 〔희소성과의〕 길항 관계를 없애는 것을 의미한다. 사고의 자유는 극소수의 믿을 만한 엘리트에게만 허용된다. 독자들은 아마 오늘날에는, 정부의 독재가 없어도 소비 공학자들에 의해 이런 종류의 조작이 이뤄지고 있음을 발견할 수 있을 것이다.[18]

이런 종류의 두려움은 사라져가는 유럽 문화의 옹호자들만 느낀 것이 아니었다. 교육자들은 전통 놀이, 포크 송, 민속 춤, 수공예 등을 학교에서 가르쳐서, 공교육이 상업적 오락의 새로움이 미치는 영향에 대해 균형추 역할을 하게 하려 했다.[19] 미국에서 존 듀이John Dewey와 그를 따르는 사람들은 상업적 쾌락의 유혹에 맞서 균형을 유지하기 위해 학교가 "삶을 위한 교육"을 제공해야 하며, 여가 시간이 점점 늘어날 것이기 때문에 이 점은 특히 중요하다고 주장했다.[20] 코니아일랜드를 비판하는 사람들도 아이들을 위해 동네 놀이터와 공공 수영장을 짓고 어른들을 위해서는 공공 골프장과 테니스 코트를 짓자고 제안했다.[21] 하지만 공공 레크리에이션 전문가들은 (교육자들과 도서관학자들도) 자신이 무엇에 맞서고 있는지 알고 있었다. 루스벨트의 '사회적 경향에 대한 연구 위원회Research Committee on Social Trends'는 1933년에 문제를 다음과 같이 요약했다. "여가가 증가하는 시대에 교회, 도서관, 콘서트, 미술관, 성인 교육 등의 매력을 과연 상업화된 레크리에이션의 매력에 필적할만한 수준으로 만들 수 있을까?"[22]

하지만 이러한 한탄은 많은 면에서 중요한 점을 놓치고 있다. 뒤르켐은 포장된 쾌락이 사회적 효율성을 갉아 먹을 것이라고 우려한 데서 틀렸다. 헉슬리는 전체주의적인 국가가 쾌락주의를 촉진할 것이라고 본 데서 틀렸다. 그들은 현대의 욕망 제조자들이 '대중'만이 아니라 모든 사람에게 영향을 미치고 있음을 보지 못했다. 문제는 그들이 생각한 것보다 깊었다.

무엇을 되돌릴 것인가

우리가 포장된 쾌락들을 다 같은 것으로 취급하지 않는다는 것은 이제 명확해졌을 것이다. 포장된 쾌락들이 미친 영향은 각기 다르며, 따라서 그에 대한 태도와 조치도 각각 달라야 한다. 담배 같은 것은 중독성이 너무나 크고 치명적이므로(또 사람들이 실제로 좋아하지도 않으므로), 판매를 금지하는 것이 좋은 해결책일 수 있다. 실제로 법원은 종이 담배가 결함 있는 제품이며 제조업체들이 부정한 방법으로 영리를 올리고 있다는 취지의 판결을 내린 바 있다. 반면 포장된 쾌락 중에는 담배보다 위험성이 덜하거나 실질적인 위협을 제기하지 않는 것들도 있다. 많은 것들이 즐거움을 누릴 기회를 더 많이, 더 많은 사람에게 주면서 일상의 고단함을 누그러뜨려준다. 뒤쳐지고 배제되었다는 모멸감에서 벗어나도록 도와주는 것들도 있다. 하지만 포장된 쾌락 중에는 문제점을 가진 것들도 있으며 사용해도 좋을지에 대해 다시 생각해보아야 할 정도로 위험한 것들도 상당수 있다.

고과당 시럽에 기반한 식품, 아니면 그냥 평범한 설탕에 기반한 식품들을 생각해보자. 논란은 있지만 식음료에 첨가된 설탕에 세금을 부과하는 소위 '트윙키 세' 도입이 논의된 적이 있다. 트윙키 세는 1980년대 중반에 예일 대학교의 심리학자인 켈리 브라우넬Kelly Brownell이 정크푸드 소비를 억제하기 위한 방안으로 처음 제안했다. 트윙키 세로 거둔 조세 수입은 설탕이 잔뜩 들어간 식음료를 제조, 가공, 판매하는 상력한 기업들의 공격에 맞서 건강한 식품을 촉진하는 프로그램을 지원하는 데 쓰일 수 있을 것이다.[23] 최근에는 이런 종류의 조세를 지지하는 목소리가 높아지고 있으며, 음료 용기의 크기를 제한하거나 학교나 식당에서 취급하는 소다를 제한하자는 움직임도 일고 있다. 또 메뉴에 음식의 칼로리를 제시하는 식당들도 생겼다(대개 손님들은 그것이 무엇을 의미하는지를 잘 모르는 듯하긴 하지만).

한편 포장된 쾌락 중에는 위험 수준이 이보다 약한 것들도 있다. 포장된 쾌락들은 감각을 응축해서 자연이 거의 혹은 전혀 제공하지 못하는 광경과 소리와 감각을 제공하면서, 우리가 경험할 수 있는 것의 범위를 넓혀준다. 하지만 20세기 초 '볼거리로서의 영화'가 감각의 밀도를 높이고, 오늘날 비디오 게임이 한층 더 강렬하게 감각의 밀도를 높이면서, 우리는 덜 강렬하고 배워가면서 누려야 하는 종류의 쾌락은 무시하거나 경멸하게 됐다. 가령 산책은 감각에 지속적으로 자극을 가하지만 우리를 압도하거나 지치게 만들지는 않는다. 오히려 복잡한 삶의 미세한 측면들을 통해 즐거움을 주며 많이 하면 할수록 가공되지 않은 자연을 더 깊이 이해할 수 있게 한다. 맑은 공기를 마실 수 있고 운동도 되는 것은 물론이다. 하지만 이와 대조적으로 고도로 프로그램되어 우리를 온통 에워싸는 종류의 쾌락 꾸러미들은 (대표적으로 비디오 게임) 심리적 의존증을 낳는 경향이 있다. 사회심리학자 짐 블라스코비치Jim Blascovich와 제레미 베일린슨Jeremy Bailenson의 연구에 따르면 신체적 의존성이 있는 약물을 사용할 때와 의존성이 덜한 것들 (가령 비디오 게임)을 사용할 때 뇌에서는 몇몇 동일한 보상 중추가 반응한다.[24]

살펴보았듯이 포장된 쾌락에 접근할 수 있게 되면서 한때는 부유한 사람만 누릴 수 있었던 감각의 만족을 많은 사람들이 편리하게 누릴 수 있게 됐다. 그래서 1910년이면 일반인도 카루소의 레코드를 원하는 대로 들을 수 있게 되어 기뻐했고, 새천년에는 MP3로 최신 테크노 음악을 내려받아 들을 수 있게 되어 기뻐했다. 접근성을 약속한 것이야말로 소비자들이 애초에 포장된 쾌락을 구매하게 한 요인이었으며, 이는 오늘날에도 마찬가지다. 우리는 손가락으로 쓱 밀거나 마우스를 한두 번 클릭하는 것만으로 인터넷에서 사실상 무제한으로 제공되는 감각적 탐닉의 잔치를 (유료로든 무료로든) 누릴 수 있다.[25]

하지만 편리함은 우리가 우선순위를 정하는 기준에 편견을 일으킨다. 우리 선택은 가장 쉽고 빠른 것, 그리고 즉각적인 충족이 가능할 것 같은 쪽으로 점점 치우친다. '좋은 것은 기다려야 한다'고 주장하려는 것이 아니다. 다소 숙명주의적인 이 경구는 자라기를 기다려야만 (먹을) 농작물을 얻을 수 있고, 배가 도착하기를 기다려야만 (수익을 낼) 교역을 할 수 있고, 명절이 오기를 기다려야만 (축제의) 즐거움을 누릴 수 있었던 시절에나 통하던 말이다. 현대의 테크놀로지들은 이러한 기다림을 필요하지 않게 만들었다. 그렇더라도 즉각적인 만족은 금세 물리고 지루해져서 새로운 만족을 더 자주 추구하게 만든다. 음악 평론가 사이먼 레이놀즈Simon Reynolds는 "오늘날의 지루함은 (누릴 만한 거리들이 부족한) 허기의 상태가 아니라 시간과 관심을 너무 많이 차지하는 과다함 때문에 문화적 식욕이 상실된 상태다"라고 말했다. 쾌락을 만드는 사람들은 만족의 즉각적인 전달에만 초점을 맞추면서 사실상 행복을 방해한다. 심리학자들이나 신경과학자들이 발견했듯이, 행복은 쾌락을 자주 주입하는 데서 오는 것이 아니라 기대하고 계획하고 만족을 노력으로 얻어내는, 더 연장된 시간 동안의 관여에서 온다. 즉 목적지는 더 석고 여정은 더 길어야 하는 것이다.[26]

포장된 쾌락은 사회적인 경험이었거나 공유된 경험이었던 것을 개인화할 위험성도 있다. 개별 포장된 초코바나 음료수 캔을 가정의 식사와 비교해보라. 혹은 미국 원주민의 평화의 파이프를 오늘날의 아메리칸 블렌드 종이담배와 비교해보라. '나만의 방'으로 가는 경향에는 물론 장점도 있다. 한 방에 모두 모여 억지로 함께 있어야 하는 상황이라든지 교회나 축제가 부과하는 공동체적 의무의 제약에서 벗어날 수 있고, 그렇게 얻은 자유를 누릴 수도 있게 한다. 포장된 쾌락 중 어떤 것들은 분명 우리 모두가 바라는 자유의 실현을 돕는다. 또 어쩌면 우리는 불편함과 성가심을 없앤 상태로도 '군중의 경험'을 얻을 수 있기 때문에 MP3 플레이어를 좋아하는 것인지 모른다. 하지만 개인화 테크놀로지들은 사회성을 함양할 기회를 없애기도 한다. 그래서 우

우리를 중독시키는 것들에 대하여

리는 다른 사람들과 함께 일하고 대화하는 것에 서툴러지고 불편함을 느낀다.[27] 자연스럽게 나누는 대화를 버리고 아이팟을 택하는 것이 꼭 이어폰에서 나오는 소리가 더 매혹적이어서겠는가? 누구도 이어폰의 고립적인 즐거움에 완전하게 잠길 수는 없다. 또 많은 사람들이 네트워크와 공유 기능을 사용하는 것은 어느 정도 사회성을 높이기도 한다. 하지만 비디오 게임과 MP3 플레이어는 개인주의적인 근시안을 가져오고 타인과 가치를 공유하거나 대면적인 접촉을 하는 것을 어렵게 만들 수 있다.[28]

넓게 보면 포장된 쾌락은 풍부함과 접근성이 미치는 영향에 대해 질문을 제기한다. 포장된 쾌락은 값이 점점 싸지고 있는데다 이제 실질적으로 제한 없이 많은 양이 공급되고 있기 때문에 빠르게 쌓여간다. 고르고 쌓는 것은 원래 축음기 레코드가 가지고 있던 핵심적인 매력이었지만, 레코드를 계속 구매하다 보니 저장이 어렵다는 문제와 수집해놓은 것 중에서 원하는 것을 다시 찾아보기 어렵다는 문제가 생겼다. 성가신 원통형 대신 쉽게 저장할 수 있는 원반형을 택한 것은 초기의 한 가지 해결책이었다. 또 상표가 붙은 앨범이 봉투형 케이스에 담겨 나오면서 원하는 것을 선반에서 찾아 쉽게 꺼낼 수 있게 되었다. 이보다 훨씬 훌륭한 해결책도 나왔는데, MP3 플레이어로 무제한의 곡을 쌓으면서도 원하는 것을 검색으로 쉽게 찾을 수 있게 된 것이다. 하지만 쌓이는 것의 양 자체가 너무나 많아지면서 디지털화는 또 다른 심리적 문제를 낳았다. 이제는 잘 알려진 딜레마인 '선택의 과부하overchoice'와 '데이터 안개data smog'로 이는 선택지의 양이 너무 많아져서 생긴 문제다. 유튜브 같은 인터넷 사이트는 거의 무한한 양의 동영상에 즉각적으로 접할 수 있게 함으로써 '기억의 자원'을 방대하게 확대했고, 과거와 현재의 차이를 좁혔다. 그리고 디지털 서핑과 멀티태스킹이 일반화되면서 리처드 포먼Richard Foreman이 "팬케이크 인간"이라고 부른 "경험의 얄팍함"이라는 문제가 생겼다. 팬케이크 인간은 "넓고 얇게 퍼져서 방대한 정보의 네트워크에 버튼 터치 하나로 접하는 인간"을 뜻하는 말이다.[29] 여기에 더해 오늘날에는 물건을 획득하는 데 자연적인 제약은 거의 없고, 경제적인 제약은 더욱 없으며, 도덕적인 제약도 분명하게 그어져 있지 않다. 이는 또 다른 형태의 축적인 '수집'으로 이어진다. 그리고 노래, 영화, 게임은 물론, 인형, 장난감, 자동차, 또 그 밖의 셀 수 없는 다른 사물들은 소유자 자체를 소유하는 결과를 낳는다. 그 결과 해당 수집품 중심의 배타적 커뮤니티가 등장해 그 외 사람들과의 또 다른 단절을 일으킨다.[30]

이러한 '쌓기'는 또 하나의 명백한 질문을 제기한다. 어떤 사람이나 세급, 혹은 국가가 마땅히 소유해도 좋은 양이란 어느 정도일까? 포장된 쾌락이 불평등, 자원 고갈, 탄소 오염을 심화시키는 상황에서, 이는 특히나 중요한 문제다. 이런 문제의 상세한 내용들을 우리는 아직 모른다. 하지만 제약받지 않는 소비를 민주적이며 존엄한 종류의 행위로 여기게 만든 것이 그런 문제의 한 원인일 것이다. 물론 이는 일자리와 소득이 의존하고 있는 경제적 기계를 추동하는 데 도움을 주기도 했다. 보수주의자들과 경제자유지상주의자들이 '소비자 선택'을 근거로 들면서 쾌락 경제의 계속적인 확장을 정당화하는 것은 놀라운 일이 아니다. 하지만 진보적인 자유주의자들도 일자리와 좋은 삶에의 보편적인 접근이라는 이유로 할인점이나 쇼핑몰에서 무제한의 소비가 이뤄지는 것을 정당화한다. 그리고 이러한 소비자 문화에 대한 진지한 도전은 좌우파 모두에서 잔소리하는 설교꾼들의 말 정도로만 축소된다.

그렇다면 우리는 어떻게 해야 더 잘 대응할 수 있을까? 출발점은 실제로 벌어진 일들이 무엇이었는지를 파악하는 것이다.

쾌락이 드물고 얻기 어려운 것이었던 1900년에는 대부분의 사람에게 욕망을 확장하고 충족시켜준 것이 과학과 기업의 위업이었다. 그 결과로 나온 제조된 욕망의 혁명은 놀라운 성취, 즉 수많은 상품을 널리 분배한 20세기의 민주적인 소비자본주의를 가져왔다. 더 많은 상품은 더 많은 일자리를 의미했고 동시에 더 많은 소비에 참여하는 것을(그리고 소비주의에서 단절되는 길도) 의미했다. 하지만 20세기 소비자에게는 잘 작동했던 것이 21세기의 소비자에게는 잘 작동하지 않을 수도 있다.[31] 무한해 보이는 상품들은 미국인을 전 지구적인 식충이이자 욕망의 노예가 되게 만들었다. 그래서 반대자들은 미국인들을 조롱하고 경멸하고 위협한다. 이 모든 것들에 대한 접근이 더 넓은 세계로 퍼지면 어떻게 될까? 나머지 70억 인구에게로 퍼지면? 우리 미래는 환경과 에너지의 위기와 떼놓고 생각할 수 없는데, 환경 자원과 에너지의 상당 부분은 포장된 쾌락을 만드는 데 원료로 들어간다. 우리는 얼마나 오래 이 경로를 지속할 수 있을까?

과잉 소비가 인류의 미래를 위협한다면 우리는 우리의 개인적인 삶과 정치적인 삶에서 소비가 차지하는 역할을 다시 생각해야만 한다. 데이비드 케슬러는 패키지 식품의 유혹을 이기기 위한 첫 번째 단계는 습관적인 과식을 불러오는 단서에 우리가 얼마나 취약한지를 이해하는 것이라고 말했다. 식품업계는 "조건 반사적인 과잉 섭취의 코드를 만들어서 우리 식생활을 정확하게 조작하는 법을 알게 되었"을지 모른다. 이것은 우리가 그에 대해 지적으로 대응할 능력이 없다는 말은 아니다. 다만 우리는 식품을 어느 정도 탈정서화해야 하고 "조건 반사적인 과잉 섭취가 생물학적인 문제이지 성격적인 결함이 아니라는 점"을 깨달아야 한다.[32] 이는 식품뿐 아니라 제조되고 마케팅된 다른 쾌락들의 자극에도 마찬가지로 적용된다.

그렇다면 아이들에게는 이런 즐거움들을 어떻게 접하게 해야 할까? 혹은 접하게 하는 것이 바람직할까? 쾌락거리에 접하는 습관이 어린 시절에 형성되는 것이라면, 해결하기가 더 힘든 문제가 제기된다. 어떤 쾌락이 아동 발달에 건강하고 해가 없는 즐거움일까? 또 어떤 것이 가치 있는 역량과 감상의 기회들을 몰아낼 우려가 있는 것일까?[33] 대부분의 학자들은 비디오 게임이 아이들에게서 독서, 악기 연주, 자연 탐험 등의 창조적인 놀이(와 신체적인 활동)를 할 시간을 빼앗는다고 지적한다.[34] 그리고 비디오 게임은 다른 장난감과 달리 어른이 되어서도 계속하게 된다는 점이 문제라고 지적된다. 비디오 게임에는 어른이 되었을 때 손을 떼게 할 미성숙의 딱지가 붙어 있지 않으며, 게임 디자이너와 마케팅 전문가들은 이 점을 활용한다. 또 비디오 게임들은 사람이 모이지 않으면 할 수 없었던 전통적인 카드 게임이나 보드 게임과 다르다. 비디오 게임은 대개 혼자서 하며 언제 어디서나 할 수 있다. 아이들이 학교갈 시간, 숙제할 시간, 친구와 놀 시간이 없는 것이 당연하다. 가상의 세계에 파묻혀 있느라 그런 것이다.[35]

포장된 쾌락은 또 다른 방식으로도 아이들에게 영향을 미친다. 가장 대표적인 사례가 비만이다. 일반적으로 비만은 부모나 교사의 책임으로 여겨지지만 사실 제조업체와 정책결정자, 그리고 더 광범위한 사회 전체가 신경을 써야 마땅한 문제다. 그리고 한 가지 분명한 것은 포장된 쾌락이 아이들을 달래거나 돌보는 방편으로 쓰여서는 안 된다는 것이다. 우리는 비디오 게임이 교육적이라거나, (사탕과 TV 보는 시간처럼) 착한 일을 했을 때에 보상으로 적합하다는 수없이 들어온 이야기를 거부해야 한다.[36] 그리고 1960년대와 70년대에 '아이들에게 스낵과 짜릿함을 그치지 않고 판매하는 광고를 제한해야 한다'는 주장이 짧게나마 나왔던 것도 다시 고려해볼 필요가 있다.[37]

한편 어른들의 경우에는 인이 박힌 포장된 쾌락을 어떻게 줄일 수 있을까? 역량을 훼손시키는 종류의 만족을 대체할 새로운 만족의 원천을 찾는 것이 한 가지 방법이다. 이는 설탕과 지방을 단백질과 섬유질로 바꾸는 것처럼 간단할 수도 있다(물론 다이어트를 해본 사람이라면 말처럼 쉽지는 않다는 것을 알 테지만). 새로운 습관은 당과, 담배, 비디오 게임 등을 향해 통제되지 않는 욕망을 일으키는 단서들의 연쇄를 끊어낼 수 있다. 또 새로운 의례들(특히 사회적 의례들)을 발견해서 포장 제품들이 독려하는 고립적인 습관을 깨뜨릴 수도 있을 것이다. 의도적으로 감각을 재훈련시키는 것도 효과적인 방법이 될 수 있다. 가령 숙련과 경험으로 만족을 느끼게 되는 취미를 통해 포장된 쾌락이 해주지 않는 일을 함으로써, 감각을 넓게 분산시키는 것, 쾌락을 기대하고 계획하는 것, 그리고 추억을 보존하는 것이 '자극' 자체보다 더 중요해지도록 만드는 것이다. 이와 관련해서는 단순함과 고상함을 설파했던 옛 비관주의자들로부터 교훈을 얻을 수 있을 것이다. 물론 신체와 감각을 다시 훈련시키는 것이 쉬운 일은 아니다. 특히 금욕적이 되기를 원치 않는다면 더욱 그럴 것이다. 하지만 이 모든 것이 다 지루하게 들린다면, 어느 정도 그것은 금단 현상 때문이다(지루함 자체가 포장된 쾌락의 혁명 이전에는 잘 사용되지 않던 단어라는 것을 기억하자). 《추구의 행복The Happiness of Pursuit》에서 심리학자 시몬 에델만Shimon Edelman은 수세기 동안 인문주의자들이 주장해온 바를 신경과학으로 증명했다. 행복은 단지 어떤 목표를 실현하는 데서가 아니라 정신적, 육체적 활동 속에서, 경험을 추구하는 속에서, 그리고 미래를 기대하는 노력 속에서 얻어진다. 아담 스미스가 주장한 것처럼 모든 경제가 시간의 경제라면 경제는 〔해결책이 아니라〕 문제의 일부다. 속도와 편리함은 포장된 쾌락을 너무 많이, 너무 빠르게 가져다주어서 문제인 경우가 많다.[38]

포장된 쾌락의 문명이 떠오르기 전의 인간은 자연에 뿌리를 두고 있었다는 것도 기억하자. 우리 조상들이 살던 생물학적 세계는 쾌락을 '빠르게' 얻어야 했던 장소였다. 쾌락이 지속적으로 제공되지 않았기 때문이다. 감각의 공학자들은 여기에 착안해서 감각을 제조한다. 〔그리고 그들이 제조한〕 포장된 쾌락도 사라지기 쉬운 자연적인 쾌락이 탐닉되듯이 빠르게 탐닉된다. 빠른 만족을 비판하는 사람들은 핵심을 짚고 있다. 현대 쾌락의 테크놀로지는 대체로 (다는 아니더라도) 본능을 강화하는 것이시 육성을 강화하는 것이 아니다. 빠른 쾌락을 포기해야 한다는 의미가 아니다. 다만 육성을 필요로 하는 종류의 즐거움을 위해서도 공간, 시간, 욕망을 남겨두어야 한다는 말이다. 좋은 식사, 함께 부르는 노래, 풍경(혹은 풍경 그림)의 관찰, 스포츠나 취미 생활이나 사교 파티의 참여, 이 모든 것이 포장된 쾌락의 논리에 도전하는 것들이다.

'상황적인 쾌락'을 추구하는 것도 포장된 쾌락의 논리에 도전하는 데 도움이 된다. 웬디 파킨스Wendy Parkins와 조프리 크레이그Geoffrey Craig는 그들의 책《슬로 리빙Slow Living》에서 이를 "감각적 경험의 역사성에 기반을 둔 쾌락"이라고 설명했다. 이와 대조적으로 포장은 쾌락을 사회적, 자연적, 역사적 맥락에서 떼어낸다. 이 경향을 뒤집는 것이 아이들이 방학을 농장이나 자연에서 보내게 하는 것의 핵심이다. 사물이

우리를 중독시키는 것들에 대하여

어디에서 오고 어떻게 자신과 연결되는지를 보면서 인공적이지 않은 삶의 경이를 느끼게 하는 것이다. 슬로푸드 운동의 언어는 지나치게 낭만적이거나 모호하게 보이기도 하지만, 칼 오너리Carl Honore가 말했듯 이 "차분하고, 조심스럽고, 포용적이고, 정적이고, 직관적이고, 서두르지 않고, 인내하고, 성찰적인" 접근 방식은 빠르게 내달리는 삶을 (대체하지는 못한다 해도) 교정할 수 있을 것이다.[39]

자신이 행복하다고 말하는 미국인이 증가하지 않았다는 조사 결과들이 나오곤 한다(한 조사에 따르면 1980년에 35퍼센트였는데 2006년에 34퍼센트였다). 오랫동안 미국인들은 행복을 지상에서 얻을 수 있으며 그러한 행복의 추구가 기본적인 권리라는 주장을 받아들였다.[40] 그래서 미국인들은 다른 나라 사람들보다 행복에 대한 주장을 더 많이 하는 경향이 있다. 하지만 시간이 지남에 따라 미국인들이 점점 더 행복해지는 것 같지는 않다.[41] 물질적 진보(포장된 쾌락을 포함해서)는 이 점에서 별 도움이 되지 않는 것 같아 보인다. 어떤 포장된 쾌락은 우리를 원치 않는 습관에 묶어놓는다. 또 어떤 것은 우리가 더 좋아했을지도 모를 경험을 알지 못하게 만든다. 우리는 이렇게 포장된 쾌락이 우리에게 해준 것뿐 아니라 우리에게 저지른 것이 무엇인지도 보아야 한다. 그리고 포장된 쾌락을 넘어선 즐거움들도 찾아보아야 한다.

1장

1. Diane Ackerman, *Natural History of the Senses* (New York: Vintage, 1990), p.27, 6, 82-83; Peter Farb and George Armelagos, *Consuming Passions: The Anthropology of Eating* (Boston: Houghton Mifflin, 1980), p.22; Paul Rozin, "Sweetness, Sensuality, Sin, Safety, and Socialization: Some Speculations." in *Sweetness*, ed. John Dobbing (London: Springer, 1987). 〔국역본, 《감각의 박물학》, 작가정신, 2004.〕
2. Daniel E. Lieberman, "Evolution's Sweet Tooth," *New York Times*, June 5, 2012.
3. Microstock Posts, http://www.microstockposts.com/ever-wondered-how-many-images-are-on-the-internet/. 유튜브에는 매달 60억 시간어치만큼의 동영상이 업로드 된다. 2006년 600만 건이었던 동영상은 2013년 수억 건으로 늘었다.
4. Constance Classen, *Worlds of Sense: Exploration the Senses in History and Across Cultures* (London: Routledge, 1993), p.27-29: Farb and Armelagos, *Consuming Passions*, p.40; David Howes, ed., *Sensual Relations: Engaging the Senses in Culture and Social Theory* (Ann Arbor: University of Michigan Press, 2013), p.xix, 6-7, 44.
5. Lionel Tiger, *Pursuit of Pleasure* (Boston: Little, Brown, 1992), p.21-64.
6. James Owen, "Bone Flute Is Oldest Instrument, Study Says," National Geographic News, June 24, 2009, p.1-2.
7. Ackerman, *Natural History*, p.202-6; Deryck Cooke, *The Language of Music* (New York: Oxford University Press, 1987), p.31; Steven Mithen, *The Singing Neanderthals: The Origins of Music, Language, Mind, and Body* (Cambridge, MA: Harvard University Press, 2007), p.234; B. Bower, "Doubts Aired Over Neanderthal Bone 'Flute' (and reply by Musicologist Bob Fink)," *Science News 153* (April 4, 1998): p.215. 〔국역본, 《감각의 박물관》, 작가정신, 2004.〕
8. Ackerman, *Natural History*, p.213-14; William McNeill, *Keeping Together in Time: Dance and Drill in Human History* (Cambridge, MA: Harvard University Press, 1995), p.4. 〔국역본, 《감각의 박물관》, 작가정신, 2004.〕

9. Barbara Ehrenreich, *Dancing in the Streets: A History of Collective Joy* (New York: Metropolitan Books, 2006), p.22-23, 184, 210-15.
10. Ackerman, *Natural History*, p.218. 〔국역본, 《감각의 박물관》, 작가정신, 2004.〕
11. Ibid., p.142-46; Philipa Pullar, *Consuming Passions: Being an Historic Inquiry into Certain English Appetites* (Boston: Little, Brown, 1970), p.19, 87; Massimo Montanari, *Food is Culture* (New York: Columbia University Press, 2006), p.11-63.
12. R. Benders, *A History of Scent* (London: Hamish Hamilton, 1972), 91; Pullar, *Consuming Passions*, p.87.
13. Alan Hunt, *Governance of the Consuming Passions: A History of Sumptuary Law* (New York: St. Martin's Press, 1996), 1장; Farb and Armelagos, *Consuming Passions*, p.151-52; Massimo Montanari, *Culture of Food* (Cambridge: Blackwell, 1994), p.82-87.
14. Simon Schama, *Embarrassment of Riches: An Interpretation of Dutch Culture in the Golden Age* (New York: Knopf, 1987), p.125.
15. Carolyn Korsmeyer, *Making Sense of Taste* (Ithaca, NY: Cornell University Press, 1999), p.16-33; Montanari, *Culture of Food*, p.29, 59; Anthony Synnott, "Puzzling over the Senses: From Plato to Marx." in Howes, *The Varieties of Sensory Experience* (Toronto: University of Toronto Press, 1991), p.61-71.
16. Ehrenreich, *Dancing in the Streets*, p.87, 122, 138, 149, 179; Emmanual Le Roy Laduri, *Carnival in Romans* (New York: George Braziller, 1979), p.178-80, 313; Peter Burke, *Popular Culture in Early Modern Europe* (New York: Harper, 1978), 7장과 8장.
17. Ackerman, *Natural History*, p.148-51. 데이비드 케슬러는 자신의 저서 *The End of Over-eating: Taking Control of the Insatiable American Appetite* (New York: Rodale, 2009)를 통해 이를 알기 쉽게 설명했다. 다음 유튜브 동영상도 참고하라. Robert Lustig, "Sugar: The Bitter Truth," July 30, 2009, http://www.youtube.com/watch?v=dBnniua6-oM. 이 동영상은 2014년 2월 현재 430만 조회수를 기록하고 있다. 〔국역본, 《감각의 박물관》, 작가정신, 2004. / 《과식의 종말》, 문예출판사, 2009.〕
18. James Brook and Iain Boal, *Resisting the Virtual Life: The Culture and Politics of Information* (San Francisco: City Lights Books, 1995).
19. Farb and Armelagos, *Consuming Passions*, p.17, 84; Paul Bousfield, *Pleasure and Pain*, (1926; New York: Routledge, 1999), p.20-95; Michael Dietler, "Food, Identity, and Colonialism." in *The Archaeology of Food and Identity*, ed. Katheryn Twiss (Carbondale: Southern Illinois University, p.2007), 222; Jim Drobnick, "Olfactocentrism." in *The Smell Culture Reader*, ed. Jim Drobnick (Oxford: Berg, 2006), p.1-7; Pasi Falk, *The Consuming Body* (London: Sage, 1994); Robert Rivlin and Karen Gravelle, *Deciphering the Senses: The Expanding World of Human Perception* (New York: Simon and Schuster, 1984), p.9.
20. Emile Durkheim, *The Division of Labor in Society* (1893: New York: Free Press, 1964), p.17, 353-73; Robert S. Baker, *Brave New World: History, Science, and Dystopia* (Boston: Twayne, 1990), p.10; Aldous Huxley, *Brave New World* (1932; New York: Harper and Row, 1946), p.xvii-xviii, 284. 〔국역본, 《사회분업론》, 아카넷, 2012. / 《멋진 신세계》, 문예출판사, 1998.〕
21. 9장에서 더 상세히 다룰 것이다.
22. 소비사회가 대중에게 미친 긍정적 영향을 강조하는 초창기의 사회학 논의는 다음을 참고하

라. Simon Patten, *The Theory of Prosperity* (New York: Macmillan, 1902), p.230-31. 이에 대한 논평은 다음을 참고하라. Daniel Horowitz, *The Morality of Spending: Attitudes Toward the Consumer Society in America, 1875-1940* (Baltimore, MD: The Johns Hopkins University Press, 1985), p.3-44. 이런 주장을 옹호하는 신고전주의적 설명은 다음을 참고하라. George Stigler and Gary Becker, "De Gustibus Non Est Disputandum," *American Economic Review 67* (1977): p.76-90; Stanley Lebergott, *Pursuing Happiness* (Princeton, NJ: Princeton University Press, 1993), 1장과 6장.

2장

1. Peter Farb and George Armelagos, *Consuming Passions: The Anthropology of Eating* (Boston: Houghton Mifflin, 1980), p.4, 145, 161-69; Lionel Tiger, *Pursuit of Pleasure* (Boston: Little, Brown, 1992), p.33.

2. A. Hausner, *The Manufacture of Preserved Foods and Sweetmeats* (London: Scott, Greenwood & Son, 1912), 111, 123, 149; Sue Shephard, *Pickled, Potted and Canned: The Story of Food Preserving* (London: Headline, 2000), p.178-90.

3. Faber and Armelagos, *Consuming Passions*, p.52; Alec Davis, *Package and Print: The Development of Container and Label Design* (London: Faber and Faber, 1967), p.43; Eleanor Godfrey, *The Development of English Glassmaking, 1560-1640* (Chapel Hill: University of North Carolina Press, 1975), p.157-59; Edwin Morris, *Fragrance: The Story of Perfume from Cleopatra to Chanel* (New York: Scribner's Sons, 1984), p.62-63, 136-39.

4. 수렵인 때문에 풀을 뜯는 동물이 고갈되면서 서쪽으로는 베링 해협 건너로, 동쪽으로는 유럽으로 농경이 확산됐다. 사람들은 한때는 농경이 용기화를 촉발한 결정적인 요인이었다고 생각했지만, 농경과 가축화보다 정착 생활이 더 앞섰을 것이라는 연구 결과들이 나왔다. 그렇더라도 농경과 농경이 촉진한 먹을거리의 축적은 용기의 사용을 크게 확장시켰을 것이다. Clive Gamble, *Origins and Revolutions: Human Identity in Earliest Prehistory* (Cambridge: Cambridge University Press, 2007), p.198-203, 275-76. 클라이브 갬블은 칼붙이가 확장된 치아, 손톱, 발톱으로 기능했듯이 항아리가 위장의 확장으로 기능했을 것이라고 언급하기도 했다. 〔국역본,《기원과 혁명》, 사회평론아카데미, 2007.〕

5. Brian Hayden, "The Emergence of Prestige Technologies and Pottery," in *The Emergence of Pottery: Technology and Innovation in Ancient Societies*, ed. William Barnet and John Hoopes (Washington DC: Smithsonian Institution Press, 1995).

6. Jean-Pierre Warnier, "Inside and Outside: Surfaces and Containers." in *Handbook of Material Culture*, ed. Christopher Tilley 외 (London: Sage, 2006), p.192: Cameron B. Wesson, "Chiefly Power and Food Storage in Southeastern North America," *World Archaeology 31* (1999): p.145-64; Pierre Bourdieu, *Outline of a Theory of Practice* (Cambridge: Cambridge University Press, 1977), p.195.

7. Marijke van der Veen, "Food as an Instrument of Social Change: Feasting in Iron Age and Early Roman Southern Britain." in Twiss, *The Archaeology of Food and Identity*, ed. Katheryn Twiss (Carbondale: Southern Illinois University Press, 2007), p.112-29; Michael Dietler, "Feasts and Commensal Politics in the Political Economy: Food, Power, and Status in Prehistorical Europe." in *Food and the Status Quest: An*

Interdisciplinary Perspective, ed. Polly Wiessner and Wulf Schiefenhovel (Oxford: Berhgahn, 1996).

8. Michael Pollan, *The Omnivore's Dilemma* (New York: Penguin, 2006), p.294-95. 〔국역본, 《잡식동물의 딜레마》, 다른세상, 2007.〕

9. Massimo Montanari, *The Culture of Food* (Cambridge: Blackwell, 1994), p.5-11; William Longacre, "Why Did They Invent Pottery Anyway?" in Barnett and Hoopes, *The Emergence of Pottery*, p.266-78.

10. Tom Standage, *A History of the World in 6 Glasses* (New York: Walker, 2005), p.27-121; Michael Dietler, "Consumption, Agency, and Cultural Entanglement: Theoretical Implications of a Mediterranean Colonial Encounter." in *Studies in Culture Contact: Interaction, Culture Change, and Archaeology*, ed. James G. Cusick (Carbondale: Southern Illinois University Press, 1998); Patrick E. McGovern, "Vin Extraordinaire: Archaeochemists Sniff Out The Oldest Wine in the World," *Sciences 36* (1996): p.27-31; Gregory McNamee, *Movable Feasts: The History, Science, and Lore of Food* (Westport, CT: Praeger, 2007), p.91-92.

11. 발효는 빵 반죽에 필요한 이산화탄소와 치즈에 필요한 유산도 생성한다. 사워크라우트와 절인 고기를 만드는 데도 필수다. 다음을 참고하라. Montanari, *The Culture of Food*, p.11-17; Standage, *A History of the World in 6 Glasses*, p.27.

12. Dietler, "Consumption, Agency, and Cultural Entanglement," p.303; Shephard, *Pickled, Potted, and Canned*, p.125-26; James McWilliams, *A Revolution in Eating: How the Quest for Food Shaped America* (New York: Columbia University Press, 2005), 247-52.

13. Mandy Aftel, "Perfumed Obsession," in *The Smell Culture Reader*, ed. Jim Drobnick (Oxford: Berg, 2006).

14. Morris, *Fragrance*, p.18-30; David Courtwright, *Forces of Habit: Drugs and the Making of the Modern World* (Cambridge, MA: Harvard University Press, 2001), p.18, 72-74; Wolfgang Schivelbusch, *Taste of Paradise* (New York: Vintage, 1992), p.159.

15. Edward Emerson, *Beverages, Past and Present*, vol. 2 (New York: Putnam's Sons, 1980), p.23-35; Michael Pollan, *Botany of Desire* (New York: Random House, 2001), 1장.

16. Morris, *Fragrance*, p.xiv, 3-5; Courtwright, *Forces of Habit*, p.72-73, 243-45.

17. Hans Teuteberg, "The Birth of the Modern Consumer Age." in *Food, The History of Taste*, ed. Paul Freedman (Berkeley: University of California Press, 2007), p.234-37. 〔국역본, 《미각의 역사》, 21세기북스, 2009.〕

18. Schivelbusch, *Tastes of Paradise*, p.152-59; Courtwright, *Forces of Habit*, p.75; Jad Adams, *Hideous Absinthe, A History of the Devil in a Bottle* (Madison: University of Wisconsin Press, 2004), p.19, 58, 88, 124, 196-225.

19. Daniel Lord Smail, *On Deep History and the Brain* (Berkeley: University of California Press, 2008), p.164-83; Roy Porter and Dorothy Porter, *In Sickness and in Health: The British Experience, 1650-1850* (London: Fourth Estate, 1988), p.217-20.

20. Courtwright, *Forces of Habit*, p.32-38.

21. Peter Pormann and Emilie Savage-Smith, *Medieval Islamic Medicine* (Washington DC: Georgetown University Press, 2007), p.115-38.

22. Patricia Rosales, "A History of the Hypodermic Syringe, 1850-1920s" (PhD diss., Harvard University, 1997).

23. Rosales, "A Hisotry of the Hypodermic Syringe," p.1-40, 98, 114; Kit Barry, *Advertising Trade Cards* (Brattleboro, VT: 자가 출판, 1981), p.13.

24. Henry T. Brown, *507 Mechanical Movements: Mechanisms and Devices* (1901: New York: Dover, 2005); Susan Strasser, *Satisfaction Guaranteed: The Making of the American Mass Market* (Washington DC: Smithsonian Institution Press, 1989), p.7.

25. M. (Nicholas) Appert, *The Art of Preserving All Kinds of Animal and Vegetable Substances* (London: Black, Parry, 1811), p.1-19; Clarence Francis, *A History of Food and its Preservation* (Princeton, NJ: Princeton University Press, 1937).

26. Francis, *A History of Food*, p.9-11; Appert, *The Art of Preserving*, p.1-19.

27. Arthur Judge, *A History of the Canning Industry* (Baltimore, MD: Canning Trade Association, 1914), p.13-14; E. D. Fischer, *Everything for Canners* (Franklinville, NY, 1891), p.1-3; T. N. Morris, "Management and Preservation of Food," in *A History of Technology*, vol. 5, ed. C. Singer (Oxford: Clarendon, 1958); Alfred Lief, *A Close-up of Closures: History and Progress* (New York: Glass Container Manufacturers Institute, 1965); Kenneth R. Berger, *A Brief History of Packaging* (New York: Morris, 1958), 3장; Robert Opie, *The Art of the Label: Designs of the Times* (Secaucus, NJ: Chartwell, 1987).

28. Tom Hine, *The Total Package* (New York: Harper, 1995), p.69-70; Waverley Root and Richard de Rochemont, *Eating in America, A History* (New York: Morrow, 1976), p.158-59; Douglas Collins, *America's Favorite Food: The Story of Campbell Soup Company* (New York: Harry N. Abrams, 1994), p.23-24.

29. Hine, *The Total Package*, p.72; Hausner, *The Manufacturer of Preserved Foods*, p.4; James H. Collins, *The Story of Canned Foods* (New York: Dutton, 1924), p.95-104; Richard Cummings, *The American and His Food* (1940; New York: Arno, 1970), p.66-69.

30. William Cronon, *Nature's Metropolis: Chicago and the Great West* (New York: Norton, 1991); Richard White, *Railroaded: The Transcontinentals and the Making of Modern America* (New York: Norton, 2011).

31. Richard Cummings, *The American and His Food*, p.61-64; Root and de Rochemont, *Eating in America*, p.208.

32. Susan Williams, *Savory Suppers and Fashionable Feasts: Dining in Victorian America* (New York: Pantheon, 1985), p.114; John Hoenig, "A Tomato for all Seasons," *Business History Review* (2014).

33. Collins, *The Story of Canned Foods*, p.18-48; Judge, *A History of the Canning Industry*, p.54-56, 92-83; Cox Brothers and Co., *Canning Machinery* (Bridgeton, NJ: Cox Brothers, 1900); Strasser, *Satisfaction Guaranteed*, p.7, 32; Cummings, *The American and his Food*, p.67-68; Fischer, *Everything for Canners*, p.6-11; National Canner's Association, *Seventh Annual Convention, 1914* (Baltimore, 1914), p.7.

34. Collins, *The Story of Canned Foods*, p.24-48; Judge, *A History of the Canning Industry*, p.83-93; *Bottle, Jar and Can Filling Machinery* (Chicago: Charles L. Bastian Co., 1904); Ernest Schwaab, *Secrets of Canning* (Baltimore, MD: John Murphy, 1899), p.45-47. 오래된 깡통 더미가 발견된 현장의 고고학적 연구를 돕기 위해 쓰여진 통조림/병조림 역사에 대한 글을 다음에서 볼 수 있다. "How Old Is 'Old'? Recognizing Historical Sites and Artifacts," http://www.fire.ca.gov/resource_mgt/archaeology/downloads/Cans.pdf.

35. Walter Soroka, *Fundamentals of Packaging Technology*, 2nd ed. (New York: Institute of

Packaging Professionals, 2000); Hine, *The Total Package*, p.65-72; Davis, *Package and Print*, p.83.

36. Lief, *A Close-Up of Closures*, p.56-58. 메이슨 유리병에 대한 자세한 내용은 다음을 참고하라. http://www.answers.com/topic/history-of-packaging-and-canning.

37. Thomas Chester, *Carbonated Beverages* (New York: 1882), p.40-80; Beverage World, *Coke's First 100 Years* (Great Neck, NY: Beverage World, 1986), p.75-124; John Newberg, *Crowns: The Complete Story*, 3rd ed. (Paterson, NJ: Lent & Overkamp, 1961), p.1-2.

38. Beverage World, *Coke's First 100 Years*, p.50; Newberg, *Crowns*, p.99-101.

39. Beverage World, *Coke's First 100 Years*, p.124-43; Richard Tedlow, *New and Improved: The Story of Mass Marketing in America* (Cambridge, MA: Harvard Business School Press, 1996), p.112; Newberg, *Crowns*, p.138; Hine, *The Total Package*, p.74; Davis, *Package and Print*, p.46-47; Crawford Johnson, *Coca Cola Bottling Company* (New York: Newcomen Society, 1987).

40. Strasser, *Satisfaction Guaranteed*, p.31; Hine, *The Total Package*, p.60; Berger, *A Brief History of Packaging*.

41. Hine, *The Total Package*, p.61-62; Davis, *Package and Print*, p.66; "A History of Packaging," *Ohio State University Fact Sheet*, http://ohioline.osu.edu/cd-fact/0133.html.

42. Scott Bruce and Bill Crawford, *Cerealizing America: The Unsweeteend Story of American Breakfast Cereal* (Boston: Faber and Faber, 1995), p.20-29, 50; Gerald Carson, *Corn Flake Crusade* (New York: Rinehart, 1957), p.162-70; David Goodman and Michael Redclift, *Refashioning Nature: Food, Ecology and Culture* (London: Routledge, 1991), p.34-35; Andrew Smith, *Eating History* (New York: Columbia University Press, 2009), p.123-26, 141-52.

43. Stephen Fenichell, *Plastic: The Making of a Synthetic Century* (New York: HarperCollins, 1996), 3장; Berger, *A Brief History of Packaging*, p.56-58.

44. Fenichell, *Plastic*, 5장; George Borgstrom, "Food Processing and Packaging." in *Technology in Western Civilization*, vol. 2, ed. Melvin Kranzberg and Caroll W. Pursell (New York: Oxford University Press, 1967); Hyla M. Clark, *The Tin Can Book: The Can as Collectible Art, Advertising Art and High Art* (New York: New American Library, 1977); Morris, "Management and Preservation of Food"; Opie, *The Art of the Label*, 3장; Stuart Thorne, *The History of Food Preservation* (Kirby Lonsdale: Parthenon, 1986).

45. Charles L. Van Noppen, *Death in Cellophane* (Greensboro, NC: 저자 출판, 1937).

46. Richard Franken and Carroll Larrabee, *Packages that Sell* (New York, Harker, 1928), p.1-11.

47. Clayton Smith, *The History of Trade Marks* (New York: 자가 출판, 1923), p.9-11; Root and de Rochemont, *Eating in America*, p.158-59; Opie, *The Art of the Label*, p.1-9.

48. Strasser, *Satisfaction Guaranteed*, p.19, 30.

49. Ibid., p.44-45.

50. Robert Jay, *Trade Cards in Nineteenth Century America* (Columbia: University of Missouri Press, 1987), p.20-44, 69-74; David Cheadle, *Victorian Trade Cards* (Paducah, KY: Collector Books, 1996), p.13; Allan Brandt, *The Cigarette Century: The Rise, Fall, and Deadly Persistence of the Product That Defined America* (New York: Basic, 2007), p.19-44.

51. Strasser, *Satisfaction Guaranteed*, p.53, 91, 164-67.

52. Herbert Hess, *Productive Advertising* (Philadelphia: Lippincott, 1915), p.25-35, 111-15; Herbert Hess, *Advertising: Its Economics, Philosophy and Technique* (Philadelphia: Lippincott, 1931), p.154-95.

53. Charlene Elliott, "'Consuming the Other': Packaged Representations of Foreignness in President's Choice,. in *Edible Ideologies: Representing Food and Meaning*, ed. Katheleen LeBesco and Peter Naccarato (Albany, NY: SUNY Press, 2008), p.181-82; W.A. Dwiggins, *Layout in Advertising* (New York: Harper, 1928), p.117.

54. Matthew Luckiesh, *Light and Color in Advertising and Merchandising* (New York: Van Nostrand, 1923), p.1, 22, 39, 56-59; Franken and Larrabee, *Packages that Sell*, p.45, 91-95, 157; J. Z. De Camp, "The Influence of Color on Apparent Weight," *Journal of Experimental Psychology 2* (October 1917): p.51; James Rice, *Packaging, Packing and Shipping* (New York: American Manufacturer's Association, 1936), p.119-25.

55. Opie, *The Art of the Label*, p.52-53; Hine, *The Total Package*, p.50, Tedlow, *New and Improved*, p.15.

56. 역사학자 수전 스트라서는 핑크햄의 약품에 들어 있는 알코올이 용매, 추출제, 보존제 역할을 했으며, 때로는 이런 약품들이 소비자의 통증을 덜어주었다고 언급했다. Belle Waring, "NLM Seminar Focuses on 19th-Century Patent Medicine" *NIH Record*, April 6, 2007, http://nihrecord.od.nih.gov/newsletters/2006/04_07_2006/story04.htm; Susan Strasser, "Commodifying Lydia Pinkham: The Woman, The Medicine, The Company," *American College of Obstetricians and Gynecologists Clinical Review 12* (2007): p.13-16. 다음도 참고하라. John Haller and Robin Haller, *Physicians and Sexuality in Victorian America* (Urbana: University of Illinois Press, 1974), p.285-98; Cheadle, *Victorian Trade Cards*, p.163; Jay, *Trade Cards in Nineteenth Century America*, p.20-40, 44; Barry, *Advertising Trade Cards*, p.33-34, 64-69; Jim Heimann, *All-American Ads, 1900-1919* (Los Angeles: Taschen, 2005), p.51.

57. 예를 들어 다음을 참고하라. Trade Cards and Labels Collection, Col. 9, box 3, 8, Winterthur Library, Winterthur, Delaware.

58. Mark Pendergrast, *For God, Country and Coca-Cola* (New York: Charles Scribner's Sons, 1993), p.199.

59. Pamela Laird, *Advertising Progress: American Business and the Rise of Consumer Marketing* (Baltimore, MD: Johns Hopkins University Press, 1998), p.253-54; Hine, *The Total Package*, p.78, 91-267; Bruce and Crawford, *Cerealizing America*, p.67; Arthur Marquette, *Brands, Trademarks and Good Will* (New York: McGraw Hill, 1967), p.46; M. M. Manning, *Slave in a Box: The Strange Career of Aunt Jemima* (Chartlottesville, University of Virginia Press, 1998).

60. Collins, *America's Favorite Food*, p.30-69, 89, 121-22.

61. Franken and Larrabee, *Packages that Sell*, 3장; Hine, *The Total Package*, p.107; Tedlow, *New and Improved*, p.15; Elliot, "Consuming the Other," p.183; Carl Greer, *Buckeye Book of Direct Advertising* (Hamilton, OH: Beckett Paper Company, 1925), p.5.

62. Tedlow, *New and Improved*, p.27, 50-54; "Blazing the Trail." in *Report of Sales and Advertising Conference of the Bottlers of Coca-Cola 11*, Coca Cola Archives, March 27, 1923. cited in Tedlow, *New and Improved*, p.34; Strasser, *Satisfaction Guaranteed*, p.48-51; Beverage World, *Coke's First 100 Years*, p.62, 176, 81.

63. Strasser, *Satisfaction Guaranteed*, p.35, 356-57; Harvey Levenstein, *Revolution at the Table: The Transformation of the American Diet* (New York: Oxford University Press, 1988), p.38-41.

64. T. J. Jackson Lears, *Fables of Abundance: A Cultural History of Advertising in America* (New York: Basic, 1994), 4장.

65. 유니더 광고: *Harper's Weekly*, July 31, 1909, p.33, September 9, 1911, p.3; *Youth's Companion*, April 24, 1902, p.217, May 8, 1902, p.239; *Ladies' Home Journal*, January 1903, p.18; *Collier's* October 8, 1910, 뒤표지. "순수한 음식을 위한 웨스트필드 책Westfield Book of Pure Foods"에 나온 광고(카로, 크리스코, 켈로그, 녹스 젤라틴, 베이커스 바닐라, 비치넛이 후원했고 이들 제품이 광고에 등장함), *Collier's*, September 27, 1913, p.454.

66. John Lee, *How to Buy and Sell Canned Foods* (Baltimore, MD: The Canning Trade, 1926), p.11-13, 16, 21.

67. 슐리츠 광고, *Harper's Weekly*, May 21, 1904, 뒤표지, June 28, 1903, p.837.

68. 웰치스 광고, *Collier's*, April 23, 1908, p.33; May 14, 1910, p.32; May 24, 1913, p.11.

69. "순수한 음식을 위한 웨스트필드 책" 광고와 기사, *Collier's*, April 12, 1913, p.38; June 7, 1913, p.38; October 25, 1915, p.13; "Penny Poisons," *Collier's*, October 25, 1915, p.13; Lewis Allyn, "The Dealer Speaks," *McClure's*, November 1915, p.38.

70. 밴 캠프 광고: *Collier's*, June 26, 1909, p.25; *Ladies' Home Journal*, May 1910, p.55; 하인즈 광고, *Youth's Companion*, May 31, 1906, 뒤표지.

71. 콜게이트 광고, *Collier's*, May 22, 1909, p.13; 질레트 광고, *Collier's*, April 15, 1908, p.35; 엘리엇 박사의 '5피트 책꽂이' 시리즈 광고, *Collier's*, April 3, 1915, p.30, August 14, 1915, p.28.

72. 퀘이커 오트 시리얼 광고: *Collier's*, May 27, 1911, p.24; August 21, 1915, p.26 *Ladies' Home Journal*, June 1909, p.66; 밴 캠프 광고, Feb. 9, 1911, p.79; 캠벨 수프 광고, *Collier's*, September 4, 1915, p.34

73. 캠벨 수프 광고, *Ladies' Home Journal*, January 1916, p.31; 보덴 연유 광고, *Collier's*, October 23, 1909, p.33; 퀘이커 오트 시리얼 광고, *Collier's*, February 21, 1914, p.22, November 8, 1913, p.25.

74. 캠벨 수프 광고: *Collier's*, November 1, 1913, p.21, April 17, 1915, p.19; *Ladies' Home Journal*, January 1910, p.44, June 1916, p.41

75. 헌트 캘리포니아 과일 광고, *Ladies' Home Journal*, January 1913, p.1; 웰치스 포도 주스 광고, *Collier's*, January 17, 1914, p.25; 스나이더 케첩 광고, *Ladies' Home Journal*, January 1910, p.69; 돌 파인애플 주스 광고, *Ladies' Home Journal*, January 1910, p.69; 리비스 과일 광고, *Youth's Companion*, September 17, 1914, p.489.

76. 크림 오브 휘트 광고, *Ladies' Home Journal*, October 1913, p.64; 홀릭스 맥아 가루우유 광고: *Youth's Companion*, March 26, 1903, p.156, February 23, 1905, p.97; *Collier's* June 11, 1912, p.4.

77. 트레이드카드와 상표 컬렉션, Col. 9, Box 7, Winterthur Museum Library; Miriam Formanek-Brunell, *Made to Play House: Dolls and the Commercialization of American Girlhood, 1830-1930* (New Haven, CT: Yale University Press, 1993), p.90-92, 109-16; Joleen Robinson, *Advertising Dolls* (Paducah, KY: Collector Books, 1980), 1장과 2장; Gary Cross, *The Cute and the Cool* (New York: Oxford University Press, 2004), 3장.

78. F. E. Ruhling, "How Cracker Jacks Keeps Itself in the Lime Light," *Candy Factory*, June 1921, p.25-26.

79. 퀘이커 오트 광고, *Youth's Companion*, September 17, 1914, 뒤표지.
80. 퀘이커 오트 광고, *Collier's*, August 21, 1915, p.23, June 5, 1915, p.21; 포스트 토스티스 광고, *Ladies' Home Journal*, July 1909, p.40; 아이들의 열망에 호소하는 전략은 켈로그 콘플레이크 광고에도 나온다. *Collier's*, July 11, 1908, 뒤표지; *Ladies Home Journal*, July 1910, p.61, March 1911, 뒤표지; *Youth's Companion*, December 15, 1910, p.707.

3장

1. Claude E. Teague Jr. (R. J. Reynolds), "Research Planning Memorandum on the Nature of the Tobacco Business and the Crucial Role of Nicotine Therein," April 14, 1972, *Legacy Tobacco Documents Library*, University of California, San Francisco, http://legacy.library.ucsf.edu/tid/ryb77aoo.
2. Jordan Goodman, *Tobacco in History: The Cultures of Dependence* (London: Routledge, 1993), p.149-204. 18세기 영국의 담배 소비는 연간 1인당 2파운드[약 0.9킬로그램]정도였다. 다음을 참고하라. Robert C. Nash, "The English and Scottish Tobacco Trades in the Seventeenth and Eighteenth Centuries," *Economic History Review* 35 (1982): p.354-72.
3. (구글 엔그램 검색으로 볼 때) 1900년 이전에는 담배나 니코틴 중독에 대한 논의가 많지 않았다. 하지만 논의가 아예 없는 것은 아니었는데, 예를 들면 훗날 미국 대통령이 되는 존 퀸시 애덤스는 1845년에 브루클린의 새뮤얼 H. 콕스 목사에게 보낸 편지에서 자신이 젊었을 때 "담배를 피우고 씹으면서 중독이 된" 경위에 대해 언급하고 있다. 다음을 참고하라. Benjamin I. Lane, *The Mysteries of Tobacco* (New York: Wiley and Putnam 1846), 32. 이것은 담배업계 변호사들이 좋아하는 문서다. 이들은 재판 때마다 이 문서를 제시하면서 "위험 인지론"에 근거한 변론 전략의 하나로, 중독이 오래전부터 알려져 있던 "일반적 지식"이라고 주장해 왔다.
4. Robert Heimann, *Tobacco and Americans* (New York: McGraw-Hill, 1960). 17세기와 18세기에 종이로 만 담배는 걸인들의 담배로 여겨졌다. 18세기에는 쿠바 사람들이 면화로 만든 종이를 담뱃잎 싸는 데 사용하기 시작했다. 다음을 참고하라. Susan Wagner, *Cigarette Country: Tobacco in American History and Politics* (New York: Praeger, 1971). 1861년에 파리에서 사용된 수시니 담배말이 기계는 시간당 3,600개비를 말 수 있었다고 전해진다. 다음을 참고하라. Maurice Corina, *Trust in Tobacco* (London: Michael Joseph, 1975).
5. 이런 점을 종합적으로 담고 있는 책으로는 다음을 참고하라. Marc Linder, "Inherently Bad, and Bad Only": *A History of State-Level Regulation of Cigarettes and Smoking in the United States Since the 1880s* (Iowa City: University of Iowa Faculty Books, 2012), http://ir.uiowa.edu/books/2/. 1906년에 플로리다 주 보건국은 종이담배가 안에 들어있는 오염 물질 때문에 "모든 흡연자에게 담배 중독의 최악의 형태로 여겨져야 한다"고 언급했다 (*Florida Health Notes*, July 1906, 10). 하지만 1909년에는 "이런 방식[종이담배의 방식]으로 순화하는 것은 해롭지 않으며 어떤 경우에는 유익하다는 것이 일반적으로 알려진 바"라고 언급했다(*Florida Health Notes*, August 1909, 119-20, http://www.archive.org/stream/annualreportstat1909flor/annualreportstat1909flor_djvu.txt).
6. 다음을 참고하라. Tony Hyman, "Louis Susini's La Honradez: Cuban Cigarettes and the 1st Collectible: A National Cigar Museum Exhibit," http://cigarhistory.info/Cuba/Honradez.html. 포장재에 사용된 이미지들은 다음에서 볼 수 있다. http://hankwilliamslistings.com/ind-cuba.htm, http://cigarhistory.info/Cuba/Honradez_

labels.html.

7. Luis Ceuvas-Alcober, "Die spanische 'Picadura,'" *Chronica Nicotiana* 4 (March 1943): p.13.

8. 상표를 붙이고 담배를 곽에 담는 기계들도 중요했다. 다음을 참고하라. Tony Hyman, "Louis Susini's La Honradez: Cuban Cigarettes & the 1st Collectible," http://www/cigarhistory.info/Cuba/Honradez.html.

9. Samuel Hazard, *Cuba a pluma y lapiz*(펜과 연필이 있는 쿠바), trans. Tony Hyman (Hartford, CT: Harford Pub. Co., 1871).

10. 조지프 데 수시니 루이세코 백작은 다음 저서에서 최초로 세계 담배 소비량 총계를 추산했다. *La Cigarette: Sa consommation et sa fabrication mecanique au moyen des machines systeme Susini* (Paris: Imprimerie A. E. Rochette, 1872). 이에 따르면 연간 2,940억 개비의 종이담배가 소비되었다고 하는데, 아마도 상당히 과대평가된 수치일 것이다(한 자릿수 이상 차이가 날 수도 있다). 수시니 루이세코는 손으로 담배를 마는 데 들어가는 시간을 처음으로 계산하기도 했다. 종이를 집어서 자르는 데 3초, 부순 담배를 집어서 펼치는 데 10초, 종이에 풀을 묻히는 데 2초, 말아서 봉하는데 3초, 끝마무리를 하는 데 2초 등이었다. 또 하루에 10시간씩 휴식 없이 일할 경우 담배를 마는 노동자가 생산할 수 있는 최대량은 하루에 1,800개비일 것이라고 계산했다. 수시니 루이세코는 "콤파니 데 프랑세 타바크"의 임원이었지만 실제로 수시니라는 이름이 붙은 기계를 발명한 사람은 파리의 엔지니어인 유진 듀랑이었다. 수시니 루이세코가 이후에 낸 특허들은 구글 특허 검색으로 찾을 수 있다.

11. "Immense services au point de vue philanthropique" (Susini-Ruiseco, *La Cigarette*, p.10).

12. Robert N. Proctor, *Golden Holocaust: Origins of the Cigarette Catastrophe and the Case for Abolition* (Berkeley: University of California Press, 2011), p.37-38.

13. Allan Brandt, *The Cigarette Century: The Rise, Fall and Deadly Persistence of the Product that Defined America* (New York: Basic, 2007).

14. Richard B. Tennant, *The American Cigarette Industry: A Study in Economic Analysis and Public Policy* (New Haven, CT: Yale University Press, 1950), p.69.

15. 연속 공정으로 기다란 담배 속을 만드는 기계는 나중에 저가 시가와 '시가리요cigarillo'를 만드는 데도 쓰였다. 둘 다 튜브 형태로, 충분히 모양이 균등해서 기계를 이용해 비용 효율적으로 제조할 수 있었다. 시가(엽궐련)를 마는 것을 기계화하는 것은 늘 어려웠다. 하나의 담뱃잎 전체를 손상 없이 말기가 어렵기 때문이었다. 그러나 1930년대에 기술이 개선됐고 1960년대 중반이면 미국에서 판매되는 시가는 사실상 AMF의 270 기계로 만든 시가리요가 차지하게 된다. 자연 담뱃잎으로 풀 사이즈 크기의 시가를 만드는 기계로, 분당 16대의 시가를 만들 수 있었다. 1960년대에는 시가 제조 기계에 큰 발전이 있었는데, 가령 아렌코 PMB의 번치메이커 SW/WV(네덜란드 제품)를 사용하면 연속 공정 제조가 가능했다. 이 기계는 최종 포장만 빼고 모양이 다 잡힌 시가를 1분에 60~80대 생산할 수 있었고 그렇게 생산한 담배의 최대 길이는 10인치(약 25센티미터)였다. 기계화가 진전되면서 시가는 점점 더 종이담배와 비슷한 모양을 하게 됐다. 그리고 알칼리도도 점점 낮아져서 오늘날 판매되는 (저가) 시가는 대부분 갈색 종이에 싼 종이담배나 마찬가지다.

16. James A. Bonsack, "Cigarette-Machine," US Patent 238,640 (신청일 1880년 9월 4일, 특허발급일 1881년 3월 8일); 다음도 그의 특허다. US Patent 247,795 (신청일 1881년 6월 21일, 특허발급일 1881년 10월 4일; Nannie M. Tilley, *The Bright-Tobacco Industry, 1860-1929* (New York: Arno Press, 1972), p.12-34.

17. 제임스 본색은 연속 공정 담배 기계를 만든 최초의 인물이 아니다. 리처드 테넌트에 따르면, 앨버트 H. 후크가 만든 1872년 기계가 "무제한의 길이로 종이담배를 만드는 기계의 최초 시도로 알려져 있다"(Tennant, *The American Cigarette Industry*, p.17).

18. Vello Norman (Lorillard), "The History of Cigarettes," May 4, 1983, http://legacy. library.uscf.edu/tid/miy3oeoo.

19. Richard Kluger, *Ashes to Ashes: America's Hundred-Year Cigarette War, the Public Health, and the Unabashed Triumph of Philip Morris* (New York: Knopf, 1997); Brandt, *The Cigarette Century*.

20. 2000년에 몰린스는 담배 품질 조절 장치를 제조하는 필트로나 인스트루먼트 앤 오토메이션을 인수하고 사명을 세루리언으로 바꾸었다. 2002년에 이 회사는 리치몬드에 있는 담배 성분 분석소 아리스타 래버러토리를 인수했다. 다음을 참고하라. http://222/molins.com/company-history.aspx.

21. Robert N. Proctor, "The History of the Discovery of the Cigarette-Lung Cancer Link: Evidentiary Traditions, Corporate Denial, Global Toll," *Tobacco Control* 21 (2012): p.87-91.

22. 예를 들면 1979년에 R. J. 레이놀즈는 몰린스 마크9 담배말이 기계와 파우니 맥스-S 필터 부착 기계를 합해 1분에 5,600대의 개비를 생산했다. 이렇게 생산된 담배들은 개선된 AMF 고속 포장기로 담배갑에 넣어졌는데 그 고속포장기는 1분당 250갑 속도로 작업이 가능했다. 이 회사는 사시브, 몰린스, 그리고 GDX-1 포장기도 사용했다. 다음을 참고하라. "Status of Manufacturing Department Pojects and Activities for the Month of February 1979," March 14, 1979, http://legacy.library.ucsf.edu/tid/sok81b00.

23. Philip Morris, "Business Planning and Analysis," February 1987, http://legacy.library. ucsf.edu/tid/wwk34200. 필립모리스의 내부 문서는 장기 CPHL 목표를 언급하고 있다. 다음을 참고하라. "Philip Morris Manufacturing Eight-Year Plan, 1980-1987," http://legacy. library.ucsf.edu/tid/wis95200, C-3. 필립모리스의 CPHL 개선 5개년 계획에 대한 차트를 보려면 다음을 참고하라. "Five Year Plan 1982-1986," http://legacy.library.ucsf.edu/tid/dkh07200.

24. "RJR 1990 CPHL Estimate," May 9, 1991, http://legacy.library.ucsf.edu/tid/sje88h00; "Philip Morris U.S.a Physical Parameters," March 2000, http://legacy.library/ucsf/edu/tid/kb,75c00.

25. 이 기계는 1992년 1월에 인터넵콘 재팬 박람회에서 공개됐다. 다음을 참고하라. Japan Tobacco Inc. "Annual Report 1992," http://legacy.library.ucsf.edu/tid/bsa30a00.

26. 에디슨이 헨리 포드에게 보낸 편지는 포드의 다음 책에 다시 수록되었다. *The Case Against the Little White Slaver* (Detroit: Henry Ford, 1916), p.2.

27. Proctor, *Golden Holocaust*, p.210-23.

28. Ibid., p.31-35. 연통을 통한 화력 건조는 '더 깨끗한' 잎을 생산한다는 장점도 있었다. 직접 열을 가할 때 연기가 담뱃잎을 오염시키는 경우를 막아 주었기 때문이다. 또 불꽃을 가두기 때문에 화재를 막는 데도 도움이 되었다. 담배를 말릴 때 가열하기 위해 연통을 사용한 것은 1810년으로까지 거슬러 올라간다. 하지만 석탄을 사용한 것은 1830년이 되어서였고 상업화가 된 것은 남북전쟁이 지난 뒤였다. 금속제 연통에 맞게 담배 건조실을 개조하려면 돈이 많이 들었기 때문이다. 1860년대 이후 저가 금속판이 널리 보급되면서 연통용 금속관 가격이 낮아졌는데 이는 배불뚝이 난로(1830년대부터 널리 사용되기 시작한 초창기 가정용품 중 하나)가 확산되는 데도 일조했다. 다음을 참고하라. Barry Donaldson and Bernard Nagengast, *Heat &*

Cold: Mastering the Great Indoors (Ann Arbor, MI: ASHRAE, 1995).

29. 담배 광고의 영향에 대한 스탠퍼드 연구SRITA: Stanford Research into the Impact of Tobacco Advertising 웹
사이트를 참고하라. http://tobacco.stanford.edu/tobacco_main/slogans.php.

30. Brandt, *The Cigarette Century; Kluger, Ashes to Ashes.*

31. Brandt, *The Cigarette Century;* Proctor, *Golden Holocaust;* Naomi Oreskes and Erik M.
Conway, *Merchants of Doubt* (New York: Bloomsbury, 2010); Louis M. Kyriakoudes,
*Why We Smoke: History, Health, Culture, and the North American Origins of the Global
Tobacco Epidemic* (근간). 〔국역본,《의혹을 팝니다》, 미지북스, 2012.〕

32. William L. Dunn, "Motives and Incentives in Cigarette Smoking." 다음 콘퍼런스에서 발
표된 강연. CORESTA conference, Williamsburg, VA, October 22-28, 1972, http://legacy.
library.ucsf.edu/tid/jfw56b00, 5.

33. Proctor, *Golden Holocaust,* p.340-89.

34. Claude E. Teague Jr., "Research Planning Memorandum on the Nature of the Tobacco
Business and the Crucial role of Nicotine Therein," April 14, 1972, http://legacy.
library.ucsf.edu/tid/kfp76b00.

35. Dunn, "Motives and Incentives in Cigarette Smoking,"

36. 오스카 와일드 인용문은 그가 1891년에 펴낸 다음 책에 나온다. *Picture of Dorian Gray* (New
York: War, Lock and CO.), p.65; 브리티시 아메리칸 타바코 임원의 말은 다음에 나온
다. Colin C. Greig, "Structured Creativity Group," British American Tobacco R&D,
Southampton, 1984, http://legacy.library.ucsf.edu/tid/fsm86a99, p.10. 〔국역본,《도리언
그레이의 초상》, 열린책들, 2010.〕

37. U.S. Department of Health and Human Services, *Nicotine Addiction: A Report of the
Surgeon General* (Washington DC: U.S. Government Printing Office, 1988), p.vi. 여기에
서 니코틴은 "헤로인이나 코카인이 중독 물질인 것과 마찬가지로 중독 물질"이라고 언급된
다. 다음도 참고하라. Lennox M. Johnston, "Tobacco Smoking and Nicotine," *Lancet 243*
(1942): p.742.

38. 담배 업계가 소송에서 가장 우려한 것은 사람들이 담배를 중독 물질로 여기게 되는 것이었다.
한 담배 연구소 메모는 이렇게 기록하고 있다. "〔법무법인〕 '슈크, 하디'가 상기시켜 주었듯
이 제가 듣기로 중독에 대한 문제 전체는 상대 변호사가 폐암/담배 사건에서 사용할 수 있는
가장 강력한 무기입니다. 소비자가 '중독' 상태라면 우리는 지속적인 흡연을 '자유 의사에 의
한 선택'이라는 논리로 방어할 수가 없습니다." 다음을 참고하라. Paul Knopick to William
Kloepher, Sept. 9, 1980, http://legacy.library.ucsf.edu/tid/gkx74e00.

39. Roper Research Associates (for Philip Morris), "A Study of Cigaret Smokers' Habits
and Attitudes in 1970," May 1970, http://legacy.library.ucsf.edu/tid/jyx81a00, 13, 18,
39.

40. 시가는 이 점에서 종이담배와 흥미로운 차이를 보인다. 시가는 종이담배보다 드문드문 피우
고 축제의 맥락에서 피우는 경향이 크며 중독성이 덜하고 폐암을 덜 일으킨다. 전통적인 시가
는 폐로 흡입하지 않는 경우가 많기 때문이다(그러기에는 너무 독하고 알칼리도가 너무 세다).
하지만 최근 많은 제조업체들이 저가 시가를 내놓고 있는데, 그것은 생각보다 덜 독해서 폐로
흡입하는 것이 가능하다. 오늘날 미국에서 판매되는 대부분의 (저가) 시가는 종이만 갈색일 뿐
일반 종이담배와 마찬가지다. pH가 7 미만인, 흡입 가능한 수준의 담배인 것이다. 비싸고 큰
시가는 이런 면에서 더 '정직하다'고 할 수 있다. 이런 시가는 폐로 흡수되지 않을 것을 염두에
두고 제조되므로 덜 해롭다. 시가 제조업체들은 담배 무해론자들이 펴는 논리에 직접적으로

관여하지 않으며 흡연이 일으키는 건강 문제를 적극적으로 부인하지도 않는다. 또한 시가 제
조업체들은 제품의 디자인에서도 속임수를 덜 쓴다. 가령 어떤 시가에도 필터가 달려 있지 않
다. 필터가 있는 담배를 피우는 사람들은 이렇게 자문해 보는 것이 좋을 것이다. 필터에 어떤
이득이라도 있다면 왜 시가가 필터를 달지 않겠는가? 담배의 필터[거름장치]는 거르는 기능
을 하지 못하며, 따라서 연기가 흡연자의 입과 폐로 들어가서 암을 유발하는 것을 필터가 없는
담배보다 더 잘 막아 주지도 못한다. 다음을 참고하라. Proctor, *Golden Holocaust*, p.340-89.

41. Robert L. Bexon to ITL President Wilmat Tennyson and W. Sanders, File Viking, 1985,
CTRL No. 3784, p. 2 (강조는 원문), Database of Plaintiffs Counsels, Quebec Tobacco
Litigation, http://tobacco.asp.visard.ca/GEIDEFile/iTLoo684941.pdf?Archive=1312324
95941&File=Document.

4장

1. Roland Barthes, "Toward a Psychosociology of Contemporary Food Consumption."
   in *Food and Culture: A Reader*, ed. Carole Counihan and Penny Van Esterik (London:
   Routledge, 2008); Massimo Montanari, *Culture of Food* (Cambridge: Blackwell, 1994),
   p.63; Kathleen LeBesco and Peter Naccarato, *Edible Ideologies: Representing Food and
   Meaning* (Albany, NY: SUNY Press, 2008).

2. "By 2606, The US Diet Will Be 100% Sugar," *Whole Health Source* (blog), February 12,
   2012, http://wholehealthsource.blogspot.com/2012/02/by-2606-us-diet-will-be-100-
   percent.html.

3. Montanari, *Culture of Food*, p.95, 104-5, 118-21, 152, 167.

4. Hans Teuteberg, "The Birth of the Modern Consumer Age." in *Food, The History of Taste*,
   ed. Paul Freedman (Berkeley: University of California Press, 2007). [국역본, 《미각의 역
   사》, 21세기북스, 2009.]

5. Sidney Mintz, *Sweetness and Power: The Place of Sugar in Modern History* (New York:
   Penguin, 1985), p.15; Philip Gott and L. F. Van Houten, *All About Candy and Chocolate*
   (Chicago: National Confectioners' Association, 1958), p.1-23; Tim Richardson, *Sweets:
   A History of Candy* (London: Bloomsbury, 2002), p.43-57. [국역본, 《설탕과 권력》, 지호,
   1998.]

6. Robert Lustig, *Fat Chance: Beating the Odds against Sugar, Processed Food, Obesity & Disease*
   (New York: Hudson Street Press, 2012); L. M. Beidler, "The Biological and Cultural
   Role of Sweetners." in *Sweeteners: Issues and Uncertainties, ed. Academic Forum* (Washington
   DC: National Academy of Science, 1975), p.11-18. [국역본, 《단맛의 저주》, 한경비피,
   2014.]

7. Kevin Drum, "More on the Sugar Lobby," *Mother Jones*, February 7, 2010, http://www.
   motherjones.com/kevin-drum/2010/02/more-sugar-lobby.

8. L.A.G. Strong, *The Story of Sugar* (London: Weidenfeld & Nicolson, 1954), p.38, 40, 42;
   Richardson, *Sweets*, p.74-75.

9. Strong, *The Story of Sugar*, p.50-51, 67-68; C. Trevor Williams, *Chocolate and Confectionery*
   (London: Leonard Hill, 1964), p.1-4; Richardson, *Sweets*, p.116.

10. Sidney Mintz, *Tasting Food, Tasting Freedom* (Boston: Beacon, 1996), p.51-59.

11. Richardson, *Sweets*, p.59, 63, 70-73; Strong, *The Story of Sugar*, p.134-38; Williams, *Chocolate and Confectionery*, p.12-15.

12. A. C. Hannah, *The International Sugar Trade* (Cambridge: Woodhead, 1996), 2장; Wiliam Dufty, *Sugar Blues* (Radnor, PA: Chilton, 1975), p.14-21; Wendy Woloson, *Refined Tastes: Sugar, Confectionery, and Consumers in Nineteenth-Century America* (Baltimore, MD: The Johns Hopkins University Press, 2002), p.5, 29-30. 〔국역본, 《슈거 블루스》, 북라인, 2006.〕

13. John Rodrigue, *Reconstruction in the Cane Fields: From Slavery to Free Labor in Louisiana's Sugar Parishes, 1862-1880* (Baton Rouge, LA: LSU Press, 2001); Keith Sandiford, *The Cultural Politics of Sugar: Caribbean Slavery and Narratives of Colonialism* (New York: Cambridge University Press, 2000).

14. William Cronon, *Nature's Metropolis: Chicago and the Great West* (New York: Norton, 1991).

15. Michael Pollan, *The Omnivore's Dilemma* (New York: Penguin, 2006), p.60, 85-89. 〔국역본, 《잡식 동물의 딜레마》, 다른세상, 2008.〕

16. Lustig, *Fat Chance*. 이것을 다룬 훌륭한 영화로 아론 울프 감독의 〈킹콘King Corn〉(Balcony Releasing, 2007)이 있다. 〔국역본, 《단맛의 저주》, 한경비피, 2014.〕

17. Mintz, *Sweetness and Power*, p.9, 13; Mintz, *Tasting Food, Tasting Freedom*, p.19. 〔국역본, 《설탕과 권력》, 지호, 1998.〕

18. Mark M. Smith, *Sensing the Past: Seeing, Hearing, Smelling, Tasting and Touching in History* (Berkeley: University of California Press, 2007), p.80-84; Mintz, *Sweetness and Power*, 1장; Harvey Levenstein, *Revolution at the Table: The Transformation of the American Diet* (New York: Oxford University Press, 1988), p.31-33. 〔국역본, 《설탕과 권력》, 지호, 1998.〕

19. Mintz, *Sweetness and Power*, p.138-41, 143, 187-88, 192-93, 198; Mintz, *Tasting Food, Tasting Freedom*, p.13, 25-27. 〔국역본, 《설탕과 권력》, 지호, 1998.〕

20. Henry Weatherley, *Treatise on the Art of Boiling Sugar* (Philadelphia: Baird, 1865), p.1-5; William Jeanes, *Modern Confectionery* (London: John Holt, 1864), p.17-19, 23, 48, 53, 150-58, 182; H. Brauner, *H. Brauner's Instruction in Scientific Candy Making* (San Bernardino, CA: privately printed, 1915), p.1-22; William Rigby, *Rigby's Reliable Candy Teacher* (New York: 개인 인쇄, 1902), p.1-11; Charles Huling, *Notes on American Confectionery* (Philadelphia: Privately printed, 1891), p.15-18.

21. Jeanes, *Modern Confectionery*, p.53; Brauner, *H. Brauber's Instruction in Scientific Candy Making*, p.22; Victor Porter, *Practical Candy Making: Delicious Candies for Home or Shop* (New York: Frederick A. Stokes, 1929); George Herter and Russell Hofmeister, *History and Secrets of Professional Candy Making* (Waseca, MN: Herter's Inc., 1964), p.6-11.

22. Gott and Van Houten, *All About Candy*, p.1-23; Necco Company, *A Century of Candy Making* (Boston: Necco, 1947), p.9-10, 20-21; National Equipment Company, *Candy and Chocolate Making Machinery* (Springfield, MA: NEC, 1912), p.1, 2, 39.

23. Michael Redclift, *Chewing Gum: The Fortunes of Tastes* (New York: Routledge, 2004), p.31.

24. 껌 광고, *Collier's*, January 1. 1910, p.17; July 8, 1911, p.4; *Harper's Weekly*, November 25, 1899, p.1221; *Youth's Companion*, March 14, 1912, 뒤표지; May 18, 1905, 뒤표지; August 8, 1907, p.368.

25. Waverley Root and Richard de Rochemont, *Eating in America, A History* (New York:

Morrow, 1976), p.43-45; Redclift, *Chewing Gum*, p.39-41.

26. Redclift, *Chewing Gum*, p.35, 149-50.

27. Carolyn Wyman, *Jell-O, A Biography* (New York: Harcourt, 2001), p.ix-xi, 5, 14, 22.

28. 젤로 광고: *Ladies' Home Journal*, October 1993, p.53; June 1910, p.5; March 1916, p.66.

29. Richardson, *Sweets*, p.210; Woloson, *Refined Tastes*, p.11-12, 15; 당과 광고: *Youth's Companion*, February 9, 1899, p.22; February 2, 1903, p.71; January 17, 1907, p.26; *Collier's*, March 6, 1909, 뒤표지; May 15, 1915, p.33; 다음도 참고하라. Cele Otnes and Elizabeth Pleck, *Cinderella Dreams: The Allure of the Lavish Wedding* (Berkeley: University of California Press, 2003), 2장; Elizabeth Pleck, *Celebrating the Family: Ethnicity, Consumer Culture, and Family Rituals* (Cambridge, MA: Harvard University Press, 2000), 7장.

30. Marion Nestle and Malden Nesheim, *Why Calories Count: From Science to Politics* (Berkeley: University of California Press, 2012).

31. Woloson, *Refined Taste*, p.26-49.

32. Ibid., p.26-49, 52-3; Henry Bunting, *Specialty Advertising: The New Way to Build Business* (Chicago: Novelty News Press, 1910), p.76. "Penny Candies Up to Date," *Confectioner's and Baker's Gazette*, November 10, 1905, p.13-14; 당과 광고, *Youth's Companion*, October 27, 1892, p.563; Necco, *A Century of Candy*, p.20-28; Trade Cards and Label Collection, Col. 9 Box 2, Winterthur Museum Library, Winterthur, Delaware; Ray Broekel, *The Great American Candy Bar Book* (Boston: Houghton Mifflin, 1982), p.49-50, 68-71, 112-14.

33. "The Confectionary," *Friend* 8 (1834): p.141. cited in Woloson, *Refined Tastes*, p.54 (p.60-65도 참고하라); Sarah Rorer, "Why Sweets Are Not Good for Children," *Ladies' Home Journal*, March 1906, p.38, 144; David Nasaw, *Children of the City: At Work and at Play* (New York: Anchor, 2012), p.118, 131; Patrick Poter, "Advertising in the Early Cigarette Industry: W. Duke, Sons & Company of Durham," *North Carolina Historical Review* 48 (1971): p.35.

34. 구글 엔그램 뷰어는 다음에서 볼 수 있다. http://books.google.com/ngrams.

35. 담뱃잎에 함유된 당분에 대해서는 다음을 참고하라. Robert N. Proctor, *Golden Holocaust: Origins of the Cigarette Catastrophe and the Case for Abolition* (Berkeley: University of California Press, 2011), p.32-33.

36. William G. Clarence-Smith, *Cocoa and Chocolate, 1765-1914* (London: Routlege, 2000), p.10-11; Sophie Coe and Michael Coe, *The True History of Chocolate* (London: Thames and Hudson, 1996), p.31. 〔국역본,《초콜릿》, 지호, 2000.〕

37. Coe and Coe, *The True History of Chocolate*, p.13, 30-32; Mort Rosenblum, *Chocolate: A Bittersweet Saga of Dark and Light* (New York: North Point Press, 2005), p1-21, 51; J. C. Motamayor 외, "Cacao Domestication I: The Origin of the Cacao Cultivated by the Mayas," *Heredity*, 89 (2002): p.380-86. 〔국역본,《초콜릿》, 지호, 2000.〕

38. Girolamo Benzoni, History of the New World, cited in Coe and Coe, *The True History of Chocolate*, p.108(123, 208-9, 241도 참고하라). 1860년이 되면 초콜릿의 의료적 효능을 믿는 사람은 거의 없게 된다. 다음을 참고하라. Clarence-Smith, *Cocoa and Chocolate*, p.11-20; Woloson, *Refined Tastes*, p.110-15. 〔국역본,《초콜릿》, 지호, 2000.〕

39. 영국에서는 커피가 대중에게 확산되지 않았는데 아라비아의 (그리고 나중에는 영국 식민지가 아닌 곳의) 커피가 인도의 차보다 비쌌기 때문이다. 특히 1784년에 차에 세금이 면제된 뒤에

는 더욱 그랬다. 다음을 참고하라. Brian Cowan, *The Social Life of Coffee* (New Haven, CT: Yale University Press, 2005), 20, 22, 43, 77, 80; Tom Standage, *A History of the World in 6 Glasses* (New York: Walker, 2005), 7장과 8장.

40. 알프레드 레니의 말은 독일어로 보면 더 흥미롭다. Sätze가 '커피 찌꺼기'와 '공리'라는 두 가지 뜻을 갖고 있기 때문이다. "Ein Mathematiker ist eine Maschine, die Kaffee in Sätze verwandelt."

41. A. Hausner, *The Manufacture of Preserved Foods and Sweetmeats* (London: Scott, Greenwood, 1912), p.170-93; Gott and van Houton, *All about Candy*, p.79; Michael Lasky, *The Complete Junk Food Book* (New York: McGraw-Hill, 1977), p.46-47; Richardson, *Sweets*, p.226; Clarence-Smith, *Cocoa and Chocolate*; Coe and Coe, *The True History of Chocolate*, p.241-42.

42. Richardson, *Sweets*, p.228-29; Coe and Coe, *The True History of Chocolate*, p.250, 116-17, 177-78; Woloson, *Refined Tastes*, p.258-59; Clarence-Smith, *Cocoa and Chocolate*, p.23-27; Baker and Co., *Cocoa and Chocolate* (Dorchester, MA: Baker and Co., 1899), p.5-8.

43. Ray Broekel, *The Chocolate Chronicles* (Lombard, IL: Wallace-Homestead, 1985), p.110-15; Woloson, *Refined Taste*, p.150-52. 최근의 초콜릿 광고에서 이국적 이미지와 젠더를 활용한 것에 대한 분석으로는 다음을 참고하라. Ellen Moore, "Raising the Bar: The Complicated Consumption of Chocolate," in *Food for Thought: Essays on Eating and Culture, ed. Lawrence Rubin* (Jefferson, NC: McFarland, 2008).

44. Woloson, *Refined Tastes*, p.145; Timothy Erdman, "Hershey: Sweet Smell of Success," *American History Illustrated* 29 (March-April 1994): p.68

45. Coe and Coe, *The True History of Chocolate*, p.252-54.

46. Broekel, *The Cholate Chronicles*, p.22, 31, 34; Richardson, *Sweets*, 270-76; Michael D'Antonio, *Hershey: Milton S. Hershey's Estraordinary Life of Wealth, Empire and Utopian Dreams* (New York: Simon and Shuster, 2006); Joel Brenner, *Emperors of Chocolate: Inside the Secret Worlds of Hershey and Mars* (New York: Random House, 1999); John McMahon, *Built on Chocolate* (Lon Angeles: General Publishing, 1998).

47. Andrew Smith, *Peanuts: The Illustrious History of the Goober Pea* (Urbana: University of Illinois Press, 2002), p.75.

48. Broekel, *The Chocolate Chronicles*, p.75, 80, 83.

49. Broekel, *Great American Candy Bar Book*, p.11-40.

50. Stephen Jay Gould, "Phyletic Size Decrease in Hershey Bars," in *Hen's Teeth and Horse's Toes* (New York: Norton, 1980), p.313-19.

51. 엔그램 검색 결과에 따르면 '빈 칼로리'라는 표현은 1950년대 말까지는 많이 쓰이지 않았다.

52. '스낵'(snack, 주전부리)은 음식을 말하는 것일 뿐 아니라 행위를 말하는 동사(스낵하다, 주전부리하다)이기도 하다. 이는 적어도 원칙적으로는, 어떤 음식이라도 주전부리 거리가 될 수 있다는 의미이기도 하다. '스낵하기'는 [어떤 음식을 먹느냐보다는] 음식을 어떤 방식으로, 그리고 언제 먹는지와 관련이 있다. 끼니와 상관없이, 혹은 계속해서 무언가를 먹는 것은 '끼니' 자체만큼이나 오래된 것으로, 그런 식습관은 단지 특정한 먹을거리에 대한 접근성이나 그것을 소비하게 하는 압력하고만 관련된 것이 아니라, 노동이 수행되는 방식, 가족들이 보내는 일상의 구조, 노동 중의 휴식 스케줄 등에서 나온 것이기도 하다. 스낵하기의 습관을 불러오는 데 결정적으로 중요했던 것은 아마도 노동의 스케줄이나 소비를 지속적으로 유혹하는 요인들 등이었을 것이다.

53. Woloson, *Refined Tastes*, p.67-76; Root and de Rochemont, *Eating in America*, p.427-29; Paul Dickson, *The Great American Ice Cream Book* (New York: Atheneum, 1972), p.15-20; Anne Cooper Funderburg, *Chocolate, Strawberry, and Vanilla: A History of American Ice Cream* (Bowling Green, OH: Bowling Green State University Press, 1995), p.3, 73-75; Richardson, *Sweets*, p.195, 202; Root and de Rochmont, *Eating in America*, p.429.

54. Anne Cooper Funderburg, *Sundae Best: A History of Soda Fountains* (Bowling Green OH: Bowling Green State University Press, 2002), p.62; Woloson, *Refined Tastes*, p.79-99.

55. Elizabeth David, *Harvest of the Cold Months: The Social History of Ice and Ices* (New York: Viking, 1995).

56. Mark Lender and James Martin, *Drinking in America: A History* (New York: Free Press, 1982), p.4-16; John H. Brown, *Early American Beverage* (Rutland, VT: Tuttle Press, 1966), p.21, 77; Funderburg, *Sundae Best*, p.78-84.

57. Joseph Priestley, *Directions for Impregnating Water with Fixed Air* (London: Johnson, 1772).

58. Funderburg, *Chocolate, Strawberry, and Vanilla*, p.6-7; John Riley, *A History of the American Soft Drink Industry: Bottled Carbonated Beverages, 1807-1957* (Washington DC: American Bottlers of Carbonated Beverages, 1958), p.23, 34; Stephen N. Tchudi, *Soda Poppery* (New York: Scribners, 1986), p.8.

59. Riley, *A History of the American Soft Drink Industry*, p.4-26, 48-63, 248-51.

60. Ibid., p.4-10, 114.

61. 안트라닐산 메틸은 포도맛이 나는 합성 물질로, '쿨 에이드' 제조에 쓰인다.

62. Riley, *A History of the American Soft Drink Industry*, p.4-10, 114; Beverage World, *Beverage World: A 100 Year History 1882-1982* (Great Neck, NY: Beverage World, 1982), p.1-3, 218; Jasper Woodroof and G. Frank Phillips, *Beverages: Carbonated and Noncarbonated* (Westport, CT: Avi Publishing, 1974); "New Names for Soda Beverages," *Pharmaceutical Era*, June 11, 1896, p.747.

63. Funderburg, *Sundae Best*, p.44-49; "Some Soda Fountain Statistics," *Scientific American*, August 12, 1899, p.99; James Tufts, *Arctic Soda Water Apparatus* (Boston: Wilson and Son, 1890), p.45-47.

64. Tufts, *Arctic Soda Water Apparatus*, p.4-21, 47- 87; Root and de Rochemont, *Eating in America*, p.419; Funderburg, *Sundae Best*, p.10-40; Funderburg, *Chocolate, Strawberry, and Vanilla*, p.97, 41-42; Riley, *A History of the American Soft Drink Industry*, p.68, 90-91.

65. 이를 확실히 하기 위해 많은 음료수 판매대가 '와인 맛이 나는' 소다를 포기했다. 자신들이 제공하는 것은 〔술이 아니라〕 새로운 종류의 원기회복제라는 주장을 뒷받침하기 위해서였다. J. C. Furnas, *The Life and Times of the Late Demon Rum* (New York: Putnam, 1965), p.55, 88-97, 122-34, 168-69, 284-85; Funderburg, *Sundae Best*, p.88-92.

66. Funderburg, *Sundae Best*, 93-94, 201; "The Chas. E. Hires Co.," *Pharmaceutical Era*, June 15, 1893, p.84; Tchudi, *Soda Poppery*, p.21-23; 하이어스 광고: *Youth's Companion*, April 11, 1901, p.194; *Ladies' Home Journal*, May 1903, p.35. Winterthur advertisements, Collections 214, Box 1 and Trade Cards and Labels Colelction, Col. 9, Boxes 3 and 8. 윈터더 뮤지엄 도서관은 건강 음료라고 주장한 루트 비어와 사르사에 대한 광고를 많이 보유하고 있다.

67. Frank N. Potter, *The Book of Moxie* (Paducah, KY: Collector's Books, 1987), p.162, 82-83,

88.

68. Jeffrey L. Rodengen, *The Legend of Dr. Petter/Seven-Up* (Fort Lauderdale, FL: Write Stuff, 1995), p.29-40; Funderburg, *Sundae Best*, 67-72.

69. Woodroof and Phillips, *Beverages*, p.1-3; 클리코 클럽 광고, *Collier's*, February 18, 1914, p.26; June 12, 1915, p.33.

70. Michael Witzel and Gyvel Young-Witzel, *Soda Pop!* (Stillwater, MN: Voyageur, 1998), p.75-76; Mark Pendergrast, *For God, Country and Coca-Cola: The Unauthorized History of the Great American Soft Drink and the Company that Makes It* (New York: Scribner's 1993), p.22; J. C. Louis and Harvey Yazijian, *The Cola Wars* (New York: Everest House, 1980), p.18; Funderburg, *Sundae Best*, p.74-75.

71. Joseph F. Spillane, *Cocaine: From Medical Marvel to Modern Menace in the United States, 1884-1920* (Baltimore, MD: The Johns Hopkins University Press, 2002); Tim Madge, *White Mischief: A Cultural History of Cocaine* (Edinburgh: Mainstream Publishing, 2001).

72. Pendergrast, *For God, Country and Coca-Cola*, p.30, 36-7.

73. Louis and Yazijian, *The Cola Wars*, p.15-18, 76; Pat Watters, *Coca-Cola: An Illustrated History* (Garden City, NY: Doubleday, 1978), p.13-14; "To Pause and Be Refreshed," *Fortune*, July 1931, p.65, 111; Richard Tedlow, *New and Improved: The Story of Mass Marketing in America* (New York: Basic, 1990), p.22-26; Root and de Rochemont, *Eating in America*, p.422; Tchudi, *Soda Poppery*, p.25-34.

74. Bob Stoddard, *Pepsi 100 Years* (Los Angeles: General Publishing, 1997), p.11, 24, 34; Woodroof and Phillips, *Beverages*, p.70-73.

75. Beverage World, *Beverage World*, p.201; Tedlow, *New and Improved*, 3장.

76. Mintz, *Sweetness and Power*, p.130-34. 〔국역본, 《설탕과 권력》, 지호, 1998.〕

77. Ibid., p.201-3.

78. David M. Cutler, Edward L. Glaeser and Jesse M. Shapiro, "Why Have Americans Become More Obese?," *Journal of Eocnomic Perspectives* 17, no. 3 (Summer 2003): p.93. Katherine Flegal 외, "Prevalence of Obesity and Trends in the Distribution of Body Mass Index among US Adults, 1999-2010," *JAMA* 307 (2012): p.491-97.

5장

1. 한스 크리스티안 안데르센의 《인어공주》(1836)는 다음에서 볼 수 있다. http://hca.gilead. org.il/li_merma.html.

2. Oliver Read and Walter Welch, *From Tin Foil to Stereo: Evolution of the Phonograph* (Indianapolis: Bobbs-Merril, 1976), p.1-2; Jacques Attali, *Noise: The Political Economy of Music* (Minneapolis: University of Minnesota Press, 1985), p.87.

3. K. LaGrandeur, "The Talking Brass Head as a Symbol of Dangerous Knowledge in *Friar Bacon and in Alphonsus, King of Aragon,*" *English Studies* 5 (1999): p.408-22; Cyrano de Bergerac, *Histoire comique en voyage dans la Lune* (1649; London: Doubleday, 1899); Alfred Mayer, "Edison's Talking Machine," *Popular Science Monthly*, April 1878, p.719-20; David Lindsay, "Talking Head," *Invention and Technology*, Summer 1997, p.56-63; F. Rabelais, *The Histories of Gargantua and Pantagruel* (Harmondsworth, UK: Penguin,

1985), 제4권, 55장과 56장, p.566; Charles Grivel, "The Phonograph's Horned Mouth." in *Wireless Imagination: Sound, Radio, and the Avant-Garde,* ed. Douglas Kahn and George Whitehead (Cambirdge, MA: MIT Press, 1992), p.43.

4. Evan Eisenberg, *The Recording Angel: Music, Records and Culture from Aristotle to Zappa,* 2nd ed. (New Haven, CT: Yale University Press, 2005), p.12-14.

5. Thomas Edison, "The Perfected Phonograph," *North American Review,* June 1888, p.642-43.

6. *Scientific American,* November 17, 1877, p.304.

7. "The Talking Phonograph," *Scientific American,* December 22, 1877, p.384; Roland Gelatt, *The Fabulous Phonograph, 1877-1977* (New York: Macmillan, 1977), p.29; Count du Moncel, *The Telephone, Microphone and the Phonograph* (London: Kegan Paul, 1879), p.306-26; Wyn Wachhorst, *Thomas Alva Edison: An American Myth* (Cambridge, MA: MIT Press, 1981), p.20; Ronald Clark, *Edison, The Man who Made the Future* (New York: Putnam, 1977), p.76; Myrna Frommer, "How Well Do Inventors Understand the Cultural Conseuences of their Inventions?" (PhD diss., New York University, 1987), p.67.

8. Gelatt, *The Fabulous Phonograph,* p.32; Greg Milner, *Perfecting Sound Forever: An Aural History of Recorded Music* (New York: Faber and Faber 2000), p.23.

9. A. J. Millard, *America on Record* (New York: Cambridge University Press, 1995), p.24-28.

10. "The Talking Phonograph," p.384-85; "The Phonograph," *Harper's Weekly,* March 30, 1878, p.249-50; T.C. Fabrizio and George Paul, *Antique Phonograph Advertising* (Atglen, PA, Schiffer, 2002), p.vii: Frederick Garbit, *The Phonograph and its Inventor: Thomas Alva Edison* (Boston: Gunn Bliss 1878), p.8. "Phonograph," *Chicago Tribune,* Mach 16, 1878, p.16.

11. "The Phonograph," *Harper's Weekly,* p.249-50; Thomas Edison, "The Phonograph and its Future," *The North American Review,* May/June, 1878, p.527-32.

12. Edison, "The Phonograph and Its Future," p.527-36; Norman Lockyear, "The Phonograph," *Nature,* May 30, 1878, p.117; William Tegg, *The Telephone and the Phonograph* (London: McCorquodale, 1878), p.40; George Prescott, *The Speaking Telephone, Talking Phonograph and Other Novelties* (New York: Appleton, 1878), p.306; Mary Collins, *Thomas Edison and Modern America: A Brief History with Documents* (New York: Macmillan, 2002), p.65-72.

13. Edison, "The Phonograph and its Future," p.531; "The Phonograph," *Harper's Weekly,* p.249-50; Michael Chanan, *Repeated Takes: A Short History of Recording and its Effects on Music* (London: Verso, 1995), p.3.

14. Edison, "The Perfected Phonograph," p.648-49; David Suisman, *Selling Sounds: The Commercial Revolution in American Music* (Cambridge, MA: Harvard University Press, 2009), p.95.

15. "Reproduction of Articulate Speech and Other Sounds," *Scientific American,* July 14, 1888, p.15-16; "Progress of the New Edison Electric Phonograph," *Scientific American,* May 26, 1888, p.320; "Wireman's Wrecklessness," *New York Times,* May 12, 1888, p.8; Frommer, "How Well Do Inventors Understand the Cultural Consequences of their Inventions?" p.74.

16. "Progress of the New Edison Electric Phonograph," p.321; Gelatt, *The Fabulous Phonograph*, p.32-36, 41-43; Millard, *America on Record*, p.28-35, 38-41; Allen Koenigsberg, *Edison Cylinder Records, 1889-1912* (New York: Stellar Productions, 1969), p.xii.

17. *Phonogram*, April 1891, p.12 and October 1891, p.13; Read and Welch, *From Tin Foil to Stereo*, p.292.

18. Millard, *America on Record*, p.38-41; Read and Welch, *From Tin Foil to Stereo*, p.105-7; Frommer, "How Well Do Inventors Understand the Cultural Consequences of their Inventions?," p.77; A. O. Tate, *Edison's Open Door* (New York: Dutton, 1938), p.253.

19. Read and Welch, *From Tin Foil to Stereo*, 115-118, 301-332; Frommer, "How Well Do Inventors Understand the Cultural Consequences of their Inventions?" 78-80; Suisman, *Selling Sounds*, p.94-100; Q. David Bowers, *Put Another Nickel In: A History of Coin-Operated Pianos and Orchestrations* (New York: Vestal, 1966).

20. 에디슨 광고, *Phonogram*, November 1892, p.35; Koenigsberg, *Edison Cylinder Records*, p.xviii.

21. "Phonograph Improved," *New York Times*, April 5, 1896, p.16; "Improved Process of Duplicating Phonograph Records," *Scientific American*, April 20, 1901, p.242; Koenigsberg, *Edison Cylinder Records*, p.xix; Gelatt, *The Fabulous Phonograph*, p.56-57; James Weber, *The Talking Machine: The Advertising History of the Berliner Gramophone and Victor Talking Machine* (Midland, ON: Adio, 1997), p.2-3; Millard, *America on Record*, p.116; George Tewksbury, *Complete Manual of The Edison Phonograph* (Newark, NJ: U.S. Phonograph Company, 1897), p.13-19, 27.

22. Fabrizio and Paul, *Antique Phonograph Advertising*, p.47.

23. Weber, *Talking Machine*, p.5.

24. Read and Welch, *From Tin Foil to Stereo*, p.119-21; Gelatt, *The Fabulous Phonograph*, p.62-64; Millard, *America on Record*, p.45-47.

25. Frommer, "How Well Do Inventors Understand the Cultural Consequences of their Inventions?" p.86.

26. Attali, *Noise*, p.89.

27. Peter Copeland, *Sound Recordings* (London: British Library, 1991), p.12-15; Gelatt, *The Fabulous Phonograph*, p.46-55, 81; Timothy Day, *A Century of Recorded Music* (New Haven, CT: Yale University Press, 2000), p.9; John Harvith and Susan Harvith, eds. *Edison, Musicians, and the Phonograph* (Westport, CT: Greenwood, 1987), p.135.

28. Koenigsberg, *Edison Cylinder Records*, p.53-54, 111-35; Gelatt, *The Fabulous Phonograph*, p.75-80.

29. "A Talking Machine Fight," *New York Times*, November 20, 1898, p.7; Gelatt, *The Fabulous Phonograph*, p.110-13, 130-33; Millard, *America on Record*, p.49-50; Chanan, *Repeated Takes*, p.25; E. R. Fenimore Johnson, *His Master's Voice Was Eldridge R. Johnson* (Milford, DE: State Media, 1974), p.54-55; Suisman, *Selling Sounds*, p.102.

30. Millard, *America on Record*, p.54-56, 76-77; Chanan, *Repeated Takes*, p.54.

31. *Voice of the Victor*, September 1910, p.5; *Voice of the Victor*, July 1909, p.4; Read and Welch, *From Tin Foil to Stereo*, p.68.

32. 니퍼가 등장하는 빅터 광고, *Cosmopolitan*, October 1901, p.733; William Jenkins, *The*

Romance of Victor (Camden, NJ: Victor, 1927); *Ladies' Home Journal*, February 1912, p.78, April 1912, p.92; Weber, *Talking Machine*, p.73-79; 다음도 참고하라. Arnold Schwartzman, *Phono-Graphics: The Visual Paraphernalia of the Talking Machine* (San Francisco: Chronicle Books, 1993), p.13.

33. 에디슨 광고, *Scientific American*, January 26, 1901, p.62.

34. "A New Permanent Phonograph Record," *Scientific American*, March 9, 1901, p.147; "Improved Process of Duplicating Phonograph Records," *Scientific American*, April 20, 1901, p.242; Cylinder Preservation and Digitization Project, University of California Santa Barbara Library, http://cylinders.library.ucsb.edu/history-goldmounlded.php.

35. 에디슨 광고: *Collier's*, November 28, 1908, p.61, March 19, 1910, p.6; *Edison Phonographic Monthly*, October 2012, p.3, May 1914, p.3; 다음도 참고하라. Collins, *Edison and Modern America*, p.78; Koenigsberg, *Edison Cylinder Records*, p.xxii-lvi; Fabrizio and Paul, *Antique Phonograph Advertising*, p.50-51; Harvith and Harvith, *Edison, Musicians, and the Phonograph*, p.7; Millard, *America on Record*, p.66-68, 78-81; Read and Welch, *From Tin Foil to Stereo*, p.165; Weber, *Talking Machine*, p.94-95.

36. "Victor Disc Talking Machine," 리플릿, ca. 1902, Hagley Museum Library, Greenville, DE; 빅터 광고: *Collier's*, November 19, 1902, p.73; *Collier's*, December 4, 1904, p.2; *Voice of the Victor*, 1919, p.5; Weber, *Talking Machine*, p.112; "Victrola Newest Models, 1923," 광고 리플릿, Hagley Museum Library.

37. Gelatt, *The Fabulous Phonograph*, p.71; National Phonograph Company, "The Phonograph and How to Use it" (n.p., 1900), Hagley Museum Library; "Edison Diamond Disc Phonographs," np, 1914, Hagley Museum Library.

38. Victor Disk Talking Machine catalog, ca. 1900; Victor Talking Machine Co., 1910 catalog, Hagley Museum Library; 빅터 광고: *Outlook*, January 1, 1910, p.2, *Voice of the Victor*, 1919, p.30; Wanamaker Co. "Great Phonographs Price List," ca. 1920, Hagley Museum Library; Weber, *Talking Machine*, p.94-99; *Youth's Companion*, January 21, 1915, p.40; *Voice of the Victor*, 1919, p.42.

39. 컬럼비아 광고, *McClure's*, November 1907, p.103, January 1, 1909, p.47.

40. 에디슨 광고: Edison Phonograph Monthly, June 1903, 11; *Youth's Companion*, June 25, 1908, 312, *Ladies' Home Journal*, November 1907, 84; 다음도 참고하라. Gelatt, *The Fabulous Phonograph*, 164-68.

41. 에디슨 광고: *Collier's*, March 28, 1908, p.4; *Edison Phonograph Monthly*, April 1906, p.7; May 1906, p.9; March 1910, p.22-23; October 1911, p.8-9; *McClure's*, November 1907, p.24; *Collier's*, June 20, 1909, p.7, July 31, 1909, p.27; 다음도 참고하라. Read and Welch, *From Tin Foil to Stereo*.

42. Harvith and Harvith, *Edison, Musicians, and the Phonograph*, p.7, 9.

43. 에디슨 광고, *McClure's*, November 1907, p.399; 에디슨 편지, February 8, 1915, cited in Collins, *Edison and Modern America*, p.178-80.

44. 에디슨 광고: *Edison Phonograph Monthly*, December, 1903, p.12, 14; April 1904, p.7; April 1905, p.13; August 1911, p.11.

45. "Musical Ideals of Thomas A. Edison," *Edison Phonograph Monthly*, January 1914, p.1; Thomas Edison Inc., *Mood Music: A Complication of 112 Edison Re-Creations According to "What They Will Do for You"* (Orange, NJ: Edison, 1921), p.28-31; Milner, *Perfecting Sound*

Forever, p.47.

46. Fred Barnum, *A Century of Electronic Communications Milestones from Camden NJ, 1900-2001* (Camden, NJ: RCA, 2001), p.46; *Voice of the Victor*, May 1907, p.2; May 1908, p.9; October 1911, 표지; 빅터 광고: *Ladies' Home Journal*, July 1905, p.2, *McClure's* Fabeuray 1912, p.22; 다음도 참고하라. Frommer, "How Well Do Inventors Understand the Cultural Consequences of their Inventions?," p.98-90.

47. Read and Welch, *From Tin Foil to Stereo*, p.154; Schwartzman, *Phono-Graphics*, p.58; "Edison Diamond Disc Phonographs," (n.p., 1913), Hagley Museum Library; Suisman, *Selling Sounds*, p.101-24 (인용은 p.104), 125-49; 다음도 참고하라. Marsha Siefert, "The Audience at Home: The Early Recording Industry and the Marketing of Musical Taste." in *Audiencemaking: How the Media Create the Audience*, ed. James Ettema and D. Charles Whitney (Thousand Oaks, CA: Sage, 1994).

48. 빅터 광고: Schwartzman, *Phono-Graphics*, p.42; Consolidated Talking Machine, "Improved Gramopone, 1903," Hagley Museum Library; 빅터 광고: *Ladies' Home Journal* Oct. 1913, p.102; *Youth's Companion*, February 10, 1916, p.84.

49. 빅터 광고: *Outlook*, February 4, 1911, p.2; *Collier's* October 10, 1908, 뒤표지; *Voice of the Victor*, July 1909, p.4-5; Fabrizio and Paul, *Antique Phonograph Advertising*, p.8; 다음도 참고하라. Gelatt, *The Fabulous Phonograph*, p.142-44.

50. 빅트롤라 XVI 1907 광고, Schwartzman, *Phono-Graphics*, p.48; 빅터 빅트롤라 1910 리플렛; 빅터/빅트롤라 카탈로그, 1909; "Will there be a Victrola inyour home this Christmas," 1915, Hagley Museum Library; 빅터 광고: *Voice of the Victor*, May 1907, p.4; *Voice of the Victor*, May 1908, p.4; July 1912 표지.

51. Millard, *America on Record*, p.68-70; Oscar Saenger, "The Oscar Saenger Course in Vocal Training: A Complete Course of Vocal Study of the Tenor Voice." in *Music, Sound, and Technology in America: A Documentary History of Early Phonograph, Cinema, and Radio*, ed. Timothy D. Taylor, Mark Katz, and Tony Grajeda (Durham, NC: Duke University Press, 1912), p.103-4; 오스카 쟁거의 레코드를 위한 빅터 광고, *McClure's*, April 1917, p.1; 빅터 광고: *Boston Globe*, April 9, 1918, p.4; *Voice of the Victor*, November 1907, p.8; October 1914, p.18-19; *Ladies' Home Journal*, January 1912, p.56; 다음도 참고하라. Jacob Smith, *Vocal Tracks: Performance and Sound Media* (Berkeley: University of California Press, 2008), 3장과 4장.

52. 빅터 카탈로그, 1903, Hagley Museum Library; 빅터 광고: *Ladies' Home Journal*, October 1906, p.79; Schwartzman, *Phono-Graphics*, p.38, 42; *Voice of the Victor*, May-June 1911, p.1-4; *Voice of the Victor*, May 1908, p.7; 다음도 참고하라. 빅터 빅트롤라 카탈로그, 1910; 빅터 카탈로그, 1918, Hagley Museum Library.

53. Eldridge Johnson Speech, *Voice of the Victor*, July 1909, p.1.

54. 빅터 광고: *Talking Machine World*, July 1913, 표지; *Voice of the Victor*, July 1907, p.5.

55. *Voice of the Victor*, October 1911, p.6; 빅터 광고, *McClure's*, September 1905, p.2.

56. 컬럼비아 레코드 카탈로그, 1923, Hagley Museum Library; Mark Coleman, *Playback: From the Victrola to MP3, 100 Years of Music, Machines, and Money* (Cambridge, MA: Da Capo, 2003), p.20-27.

57. 컬럼비아 레코드 광고, *Ladies' Home Journal*, April 1916, p.65, June 1916, p.51.

58. 내셔널 포노그래프 컴퍼니 카탈로그, 1899, p.41, Hagley Museum Library.

59. 빅터 광고: Schwartzman, *Phono-Graphics*, p.36; *Ladies' Home Journal*, January 1912, p.56, February 1913, p.72; 다음도 참고하라. Victor Talking Machine Co., "How to Get the Most Out of Your Victrola," 1918, Hagley Museum Library.

60. "How to Get the Most Out of Your Victrola"; 내셔널 포노그래프 컴퍼니 카탈로그, 1905, p.1-5, Hagley Museum Library.

61. 전자제품이 대중문화를 가정에 들여온 효과에 대한 더 자세한 내용은 다음을 참고하라. Lynn Spigel, *Make Room for TV: Television and the Family Ideal in Postwar America* (Chicago: University of Chicago Press, 1992), 1장; Cecelia Tichi, *Electronic Hearth: Creating an American Television Culture* (New York: Oxford University Press, 1991), p.16, 19, 29, 32.

62. Katherine Grier, *Culture and Comfort: Parlor Makingand Middle-Class Identity, 1850-1930* (Washington DC: Smithsonian Institution Press, 1998); Mihaly Csikszentmihalyi and Eugene Rochberg-Halton, *The Meaning of Things: Domestic Symbols and the Self* (New York: Cambridge University Press, 1981).

63. 에디슨 포노그래프 리플렛 (ca. 1900). in Fabrizio and Paul, *Antique Phonograph Advertising*, p.91; 내셔널 포노그래프 컴퍼니 1906년 카탈로그, Hagley Museum Library; "A Master Product of a Master Mind: New Edison Diamond Amberola, 1917-18" (Orange, NJ: Edison, 1918); p.6-7.

64. Collins, *Edison and Modern America*, p.138-140; 에디슨 광고, *Youth's Companion*, January 30, 1908, p.55.

65. 에디슨 광고, *Ladies' Home Journal*, January 1912, p.33; *Collier's*, October 15, 1910, p.13; January 29, 1911, 뒤표지.

66. 빅터 광고, *Ladies' Home Journal*, August 1913, p.46.

67. Koenigsberg, *Edison Cylinder Records*, p.xxiv.

68. Gelatt, *The Fabulous Phonograph*, p.178, 208-18; Eisenberg, *Recording Angel*, p.18-22, 39; Suisman, *Selling Sounds*, 6장.

69. John Phillp Sousa, "The Menace of Mechanical Music," *Appleton's Magazine*, 8 (1906): p.278-84; Gelatt, *The Fabulous Phonograph*, p.146-47, 190-91; Eisenberg, *Recording Angel*, p.14-15, 144-47, 171.

70. Eisenberg, *Recording Angel*, 23, 38, 43; Chanan, *Repeated Takes*, 7, 9; F. Lesure and R. L. Smith, eds., *Debussy on Music* (New York: Knopf, 1977), p.288; Day, *A Century of Recorded Music*, p.213.

71. Chanan, *Repeated Takes*, p.12-13, 19-20.

6장

1. Donald Lowe, *History of Bourgeois Perception* (Chicago: University of Chicago Press, 1982), p.13. 냄새와 소음을 줄이기 위한 빅토리아 시대의 노력에 대한 자료는 다음을 참고 하라. Alain Corbin, *The Foul and the Fragrant: Odor and the French Social Imagination* (Cambridge, MA: Harvard University Press, 1986), 1장; Robert Jutte, *A History of the Senses: From Antiquity to Cyberspace* (Cambridge: Polity, 2005), p.181-85, 266-69, 272, 275-76; Mark M. Smith, *Sensing the Past* (Berkeley: University of California Press, 2007), p.8-27, 59-74; Jim Drobnick, ed., *The Smell Culture Reader* (Oxford: Berg, 2006).

2. John Hammond, *The Camera Obscura* (Bristol, UK: Adam Hilger, 1981), p.1-10; Laurent Mannoni, *The Great Art of Light and Shadow: Archaeology of the Cinema*, trans. and ed. by Richard Crangle (Exeter, UK: University of Exeter Press, 2000), p.3-27.

3. Jonathan Crary, *Techniques of the Observer: On Vision and Modernity in the Nineteenth Century* (Cambridge, MA: Harvard University Press, 1990), p.39.

4. Mary Marien, *Photography, A Cultural History* (London: Lawrence King, 2006), p.4-6.

5. Charles Musser, *The Emergence of Cinema* (Berkeley: University of California Press, 1990), p.24-25.

6. John Pepper, *Scientific Amusements for Young People* (London: Routledge, 1868), p.67; Mannoni, *The Great Art of Light and Shadow*, p.3-27, 77, 79, 93, 115-34, 136-75, 257; Musser, *The Emergence of Cinema*, p.22-24.

7. T. C. Hepworth, *Book of the Lantern* (New York: Edward Wilson, 1889), p.14-15; David Robinson, "Magic Lantern Shows," *Encyclopedia of Early Cinema*, ed. Richard Able (New York: Routledge, 2005), p.403-8.

8. Musser, *The Emergence of Cinema*, p.30-31, 35-37; T. Milligan, *Illustrated Catalogue of Magic Lantern Apparatus* (Philadelphia, 1882); Thomas Hall, *Hall's Illustrated Catalogue of Magic Lanterns* (Boston, 1881); Jesse Cheyney, *Catalogue of Magic Lanterns, Stereopticons, and Views* (New York: 1876).

9. Stephan Oettermann, *A Panorama History of a Mass Medium* (New York: Zone, 1997), p.7, 11-15, 20-22.

10. Germain Bapst, *Essai sur l'histoire des panoramas* (Paris, 1889), p.19; Oettermann, *A Panorama History*, p.31-33; Bernard Comment, *The Painted Panorama* (New York: Harry Abrams, 1999), p.27-30, 57-64.

11. Oettermann, *A Panorama History*, p.314, 323-25; John Banvard, *Panorama of the Mississippi River, Painted on 3 Miles of Canvas* (Boston: Putnam, 1847), p.5, 44; William Burr, *Burr's Pictorial Voyage to Canada, American Frontier and the Saguenay* (Boston: Dutton, 1850), p.43, 45 (인용은 p.4); John F. McDermott, *Lost Panoramas of the Mississippi* (Chicago: University of Chicago Press, 1971), p.vii, 5-8; Joseph Arrington, "Henry Lewis' Moving Panorama of the Mississippi River," *Louiana History* 6, no. 3 (Summer 1965): p.239-72.

12. Oettermann, *A Panorama History*, p.80.

13. Beaumont Newhall, *The Daguerreotype in America* (New York: Duell, Sloan & Pearce, 1961), p.9-11.

14. Comment, *The Painted Panorama*, p.57-60, 83, 133 (인용은 p.13).

15. Mannoni, *The Great Art of Light and Shadow*, p.xxv, 28.

16. 영국에서는 윌리엄 H. 폭스 탈보트가 또 다른 방법을 개발했다. 캘러타이프라는 이 기술은 할로겐화은을 바른 종이를 사용해 음화를 생성해서 (흐릿하지만) 여러 장의 복사본을 만들 수 있었다. Hammond, *The Camera Obscura*, p.9-18, 48, 73, 104; Newhall, *The Daguerreotype in America*, p.12-13; Pierre Bourdieu, *Photography: A Middle-Brow Art* (Stanford, CA: Stanford University Press, 1900), p.195; Reese Jenkins, *Images and Enterprise: Technology and the American Photographic Industry, 1839 to 1925* (Baltimore, MD: The Johns Hopkins University Press, 1975), p.31.

17. Jenkins, *Images and Enterprise*, p.10-11, 16, 19; Newhall, *The Daguerreotype in America*, p.20.

18. Jenkins, *Images and Enterprise*, p.3-5.

19. Ibid., p.38-45, 48-49; William Darrah, *The World of Stereographs* (London: Yacht Press, 1997), p.24-29.

20. Jenkins, *Images and Enterprise*, p.85-86.

21. Ibid., 50; Crary, *Techniques of the Observer*, p.128, Thomas Hawkins, *Instruments of the Imagination* (Princeton, NJ: Princeton University Press, 1995), Marien, *Photography, A Cultural History*, p.82-3; Darrah, *World of Stereographs*, p.4, 10-11, 21; Edward Earle, *Points of View: The Stereograph in America — A Cultural History* (Rochester, NY: University of Rochester Press, 1979), p.2-3, 18-19, 30, 32, 60, 64.

22. Marien, *Photography, A Cultural History*, p.23, 51-56, 63, 77, 79; Martin Jay, "Scoptic Regimes of Modernity." in *Visual Culture Reader*, ed. Nicholas Mirzoerff (London: Routledge, 1998), p.66-69.

23. Oliver Holmes, "The Stereoscope and the Stereograph," *Atlantic Monthly*, June ,1859, p.744 (강조는 원문대로); Oliver Holmes, "Stereoscope: or Travel Made Easy," *The Athenaeum*, March 20, 1858, p.371.

24. Earle, *Points of View*, p.12; Holmes, "The Stereoscope and Stereograph," p.744.

25. 이 변화에 대한 상세한 설명은 다음을 참고하라. Jenkins, *Images and Enterprise*, p.67-76, 81-84.

26. Ibid., p.98-100, 112, 114-15, 123, 181.

27. Eastman Film Co., *Kodak Primer* (Rochester, NY, 1888).

28. Nancy West, *Kodak and the Lens of Nostalgia* (Charlottesville: University Press of Virginia, 2000), p.30-31, 49, 63. 다음도 참고하라. Colin Ford and Karl Steinworth, eds., *You Press the Button, We Do the Rest: The Birth of Snapshot Photography* (London: D. Nishen, in association with the National Museum of Photography, Film and Television, 1988).

29. West, *Kodak and the Lens of Nostalgia*, p.20-25, 160; "Make your Kodak Autographic," 아마추어 광고, 1913-1917 #2; "The Picture Worth Taking is Worth Keeping," Kodak Ad Collection, 1916-27, #11; 다음에 소장됨. Eastman House Archives, Rochester, NY.

30. Gary Cross, *All-Consuming Century* (New York: Columbia University Press, 2000), 2장과 3장.

31. West, *Kodak and the Lens of Nostalgia*, p.20.

32. Ibid., p.1-5, 14. '수집'에 대해서는 다음을 참고하라. Susan Stewart, *On Longing: Narratives of the Miniature, the Gigantic, the Souvenir, the Collection* (Durham, NC: Duke University Press, 1993), 특히 p.151-69; Russell Belk, *Collecting in a Consumer Society* (London: Routledge, 1995), p.65-104; Jean Baudrillard, *The System of Objects* (1968; London, Verso, 1996), p.85-106; John Potvin and Alla Myzelev, eds., *Material Cultures, 1740-1920* (Burlington, VT: Ashgate, 2009). 〔국역본,《갈망에 대하여》, 산처럼, 2016.〕

33. West, *Kodak and the Lens of Nostalgia*, p.139.

34. Ibid., p.73-90; 코닥 광고: *Ladies' Home Journal*, June 1903, 뒤표지.

35. Beth Bailey, *From Front Porch to Back Seat: Courtship in 20th Century America* (Baltimore, MD: The Johns Hopkins University Press, 1988).

36. 코닥 광고: 제목 없음, Amateur and Professional Copy, 1895-1907 #6, n.d.; "Kodak Brings Your Vacation Home," Amateur and Professional Copy, 1926-30, July 1930, #5; *Kodakery*, January 1918, p.15, 모두 다음에 소장됨. Eastman House Archive.

37. Ad no, 5293, Kodak Ad Collection, 1926-27; *Kodakery*, October 1913, p.1, November

1917, p.16-17, 모두 다음에 소장됨. Eastman House Archives.

38. West, *Kodak and the Lens of Nostalgia*, p.11-12; Gary Cross, *The Cute and the Cool* (New York: Oxford University Press, 2004), 3장; Lindsay Smith, *The Politics of Focus: Women, Children and Nineteenth-Century Photography* (Manchester: Manchester University Press, 1998).

39. 브라우니 요정 이미지는 다음에 나온다. *Youth's Companion*, April, 4, 1900, p.22, 4; August 2, 1900, p.381; November 28, 1901, 뒤표지. 다음도 참고하라. Marc Oliver, "George Eastman's Modern Stone-Age Family: Snapshot Photography and the Brownie," *Technology and Culture* 48, no. 1 (January 2007): p.1-20.

40. 코닥 광고: "Capturing Sweet Sixteen," Kodak Ad Collection, Amateur and Professional Copy, 1911-14, 1911, #1; "Pride of Firsts," General Ads, 1928-29, 1928, #2; "Days that Would be Gone Forever," General Ads, 1926-1930, May 1928; "They are Boys and Girls so Short a Time," Amateur and Professional Copy, 1926-30, October 1929, #5; "There was Grandma," Amateur and Professional Copy, 1926-30, October 1928, #4; "In the Years to Come," General Advertising Copy 1928-29, July 1928, #3. 모두 다음에 소장됨. Eastman House Archives.

41. Roland Barthes, *Camera Lucida: Reflections on Photography* (New York: Hill and Wang, 1982), p.4. 〔국역본, 《밝은 방》, 동문선, 2006.〕

42. West, *Kodak and the Lens of Nostalgia*, p.139, 154.

43. Susan Sontag, *On Photography* (New York: Anchor, 1978), p.24, 34-41. 〔국역본, 《사진에 대하여》, 이후, 2005.〕

44. Mannoni, *The Great Art of Light and Shadow*, p.324, 340-41, 350; Mina Hammer, *History of the Kodak* (New York: House of Little Books, 1940), p.10-18.

45. Musser, *The Emergence of Cinema*, p.50-51, 62; *A Treasury of Early Cinema*, UCLA Film and Television Archives (이후 FTA로 표기), DVD 30; *Landmarks of Early Film*, FTA, DVD 27.

46. Paolo Cherchi Usai, "Eastman Kodak Company." 다음에 소장됨. Able, *Encyclopedia of Early Cinema*, p.197-98.

47. 연속적인 이미지 시퀀스를 포착하기 위해서는 필름이 렌즈 앞을 한 칸씩 불연속적으로 이동해야 했다. 크랭크의 회전 운동, 스프링 와인딩, 또는 전기 모터의 연속 운동을 카메라나 프로젝터의 조리개에서 불연속으로 변환해야 했다는 뜻이다. 에디슨의 키네토그래프 카메라는 톱니가 달린 두 개의 원반을 사용해서 이 효과를 냈다. Charles Musser, "Kinetoscope." in *Able, Encyclopedia of Early Cinema*, p.2358-59; W. K. L. Dickson and Antonia Dickson, *The Life and Inventions of Thomas Alva Edison* (Boston: Thomas Crowell, 1894), p.37-39; Ray Phillips, *Edison's Kinetoscope and its Films: A History to 1896* (Westport, CT: Greenwood Press, 1997), p.43.

48. Gordon Hendricks, *The Kinetoscope* (New York: Theodore Gaus' Sons, 1966), p.60-66; *Edison Phonographic News*, cited in Ray Phillips, *Edison's Kinetoscope and Its Films: A History to 1896* (New York: Praeger, 1997), p.28.

49. Hendricks, *The Kinetoscope*, p.7, 94.

50. Phillips, *Edison's Kinetoscope*, p.31, 33, 61-2; Hendricks, *The Kinetoscope*, p.55, 128-29; Paul Spehr, "William Dickson." in *Able, Encyclopedia of Early Cinema*, p.186.

51. Mannoni, *The Great Art of Light and Shadow*, p.427-33; Theresa Collins, *Thomas Edison*

and Modern America (New York: St. Martin's 2002), p.23-24; Gordon Hendricks, *Beginnings of the Biograph* (New York: Beginnings of the American Film, 1964), p.9-15, 30-33.

52. 영화사로는 에디슨과 바이오그래프뿐 아니라 미국의 비타그래프, 루빈, 셀리그, 그리고 파테와 같은 유럽 기업들도 있었다. Richard Abel, *Americanizing the Movie and "Movie-Mad" Audiences, 1910-1914* (Berkeley: University of California Press, 2002), p.134; Raymond Fielding, "Hale's Tours: Ultrarealism in the Pre-1910 Motion Picture," *Cinema Journal* 10, no. 1 (Autumn 1970): p.34-47.

53. *The Edison Kinetoscope Price List*, August 1895 (Cincinnati: Ohio Phonograph Co, 1895), p.7; Phillips, *Edison's Kinetoscope*, 69, p.140-41, 144; "Edison Films" FTA, DVDs 27, 30, 618; "1890s Films," FTA, VCR 13349.

54. Musser, *The Emergence of the Cinema*, p.17. 많은 역사가들이 이전과 다른 발명에 초점을 맞추는 데 비해 이 책은 초기 영화의 미학적 매력이라는 면에서 연속성을 주장한다. John Fell, *Film and Narrative Tradition* (Norman: University of Oklahoma Press, 1974). 이 책은 초창기 영화가 신문 만화, 3류 소설, 노래, 환등기, 연극 등에서 많은 것을 빌려 왔다고 주장한다. 로버트 앨런은 다음 저서에서 영화와 보드빌과의 관련성을 논의한다. *Vaudeville and Film, 1895-1915* (New York: Arno, 1980).

55. Abel, *Americanizing the Movies and "Movie-Mad" Audiences*, p.134; Charlotte Herzog, "The Movie Palace and the Theatrical Sources of Its Architectural Style," *Cinema Journal* 20, no. 2 (Spring 1981): p.24-28; Barton Currie, "The Nickel Madness," *Harper's Weekly*, August 24, 1907, p.1246.

56. Jean-Gabriel Tarde, *Laws of Imitation* (New York: 1903), p.239, 322-44; Tarde, *La Psychologie économique*, vol. 2 (Paris, 1902), p.151-56, 256, 264.

57. Tom Gunning, *D. W. Griffith and the Origins of American Narrative Film* (Urbana: University of Illinois Press, 1991), p.56-65, 85-87; Tom Gunning, "The World as Object Lesson: Cinema Audiences, Visual Culture and the St. Louis World's Fair, 1904," *Film History* 6, no. 4, (Winter 1994): p.423.

58 Tom Gunning, "The Cinema of Attraction(s): Early Film, Its Spectator and the Avant-Garde." in *Early Cinema: Space, Frame, Narrative*, ed. Thomas Elsaesser (London: British Film Institute, 1990), p.56-62; Tom Gunning, "Rethinking Early Cinema: Cinema of Attraction and Narrativity." in *Cinema of Attractions Reloaded*, ed. Wanda Strauven, p.389-416 (Amsterdam: Amsterdam University Press, 2006); Charles Musser, "A Cinema of Contemplation, Cinema of Discernment." in Strauven, *Cinema of Attractions Reloaded*, p.176.

59. Musser, *The Emergence of Cinema*, p.128; Frank Kessler, "Trick Films." in *Encyclopedia of Early Cinema*, p.643-45; Samantha Barbas, *Movie Crazy: Fans, Stars, and the Cult of Celebrity* (New York: Palgrave, 2001), p.11-14; Kemp Niver, *The First Twenty Years: A Segment of Film History* (Los Angeles: Locare Research Group, 1968), p.19-34, 38-39; *Early Trick Films*, FTA, VA 1008; *Porter's Films, 1898-03*, FTA, VA 1528 (트릭 무비 시리즈); *Wonderful Wizard of Oz, 1910*, FTA, DVD 618; *Winsor McCay Cartoons*, FTA, DVD 5951.

60. Musser, *The Emergence of Cinema*, p.225-63; Collins, *Thomas Edison and Modern America*, p.22; Andrea Stulman Dennett and Nina Warnke, "Disaster Spectacles at the Turn of the Century," *Film History* 4, no. 2 (1990): p.101-11; Niver, *The First Twenty Years*, p.42;

"Actuality Films," FTA, DVD 30; DVD 2851; *Life of an American Policeman*, FTA, DVD 2851; *Life of an American Fireman* (Edison, 1903), *The Great Train Robbery* (Edison, 1903), FTA, VA 1528; *The Suburbanite* (Biograph, 1904), FTA, DVD 618.

61. Henry Jenkins, *The Wow Climax: Tracing the Emotional Impact of Popular Culture* (New York: New York University, 2007), p.4-10.

62. 이에 대한 요약은 다음을 참고하라. Musser, *The Emergence of Cinema*, 10장.

63. Abel, *Americanizing the Movies and "Movie-Mad" Audiences*, p.17-19; Douglas Gomery, *Shared Pleasures: A History of Movie Presentation in the United States* (Madison: University of Wisconsin Press, 1992); Tom Gunning, "Motion Picture Patents Company," in *Able, Encyclopedia of Early Cinema*, p.447-48; Tom Gunning, "Cinema of Attractions," in *Able, Encyclopedia of Early Cinema*, p.124-26.

64. Abel, *Americanizing the Movies and "Movie-Mad" Audiences*, 2장, 3장, 4장; Richard Abel, *The Red Rooster Scare: Making Cinema American, 1900-1910* (Berkeley: University of California Press, 1999), 3장, 5장; Ben Singer, *Melodrama and Modernity: Early Sensational Cinema and its Contexts* (New York: Columbia University Press, 2001), p.149-88; Bill Brown, ed. *Reading the West: An Ahtnology of Dime Westerns* (Boston: Bedford, 1997). 〔국역본,《멜로드라마와 모더니티》, 문학동네, 2009.〕

65. 시리즈 영화의 초기 사례로는 다음이 있다. *Hazards of Helen* (Kalem, 1915), FTA, DVD 618; 다음도 참고하라. David Zinman, *Saturday Afternoon at the Bijou* (New Rochelle, NY: Arlington House, 1973), p.288-300; Jim Harmon and Donald Glut, *Great Movie Serials: Their Sound and Fury* (Garden City, NJ: Doubleday, 1972), p.2-5; Kalton Lahue, *Continued Next Week: A History of the Moving Picture Serial* (Norman, OK: University of Oklahoma Press, 1964), 4-10장.

66. Gunning, *D. W. Griffith and the Origins of American Narrative Film*, p.85, 89-91.

67. Abel, *Americanizing the Movies and "Movie-Mad" Audiences*, p.232-33; Samantha Barbas, *Movie Crazy: Fans, Stars, and the Cult of Celebrity* (New York: Palgrave, 2001), p.15-28, 35-57; Richard DeCordova, *Picture Personalities: The Emergence of the Star System in America* (Urbana: University of Illinois, Press, 1990), p.85-90.

68. Herzog, "Movie Palace," p.15-21; Abel, *Americanizing the Movies and "Movie-Mad" Audiences*, p.51. Douglas Gomery, *Shared Pleasures: A History of Movie Presentation in the United States* (Madison: University of Wisconsin Press, 1992), p.34-40, 69-87; Steven Ross, *Working-Class Hollywood: Silent Film and the Shaping of Class in America* (Princeton, NJ: Princeton University Press, 1998).

69. Walter Benjamin, *The Work of Art in the Age of its Technological Reproductibility, and Other Writings on Media*, ed. Michael Jennings, Brigid Doherty, and Thomas Levin (Cambridge, MA: Harvard University Press, 2008), p.22, 26, 29, 35, 37. 〔국역본,《기술복제시대의 예술작품/사진의 작은 역사 외》, 길, 2007.〕

70. Hugo Münsterberg, *The Photoplay* (New York: Appleton, 1916), p.157, cited in Kay Sloan, "The Loud Silents: Origins of the Social Problem Film." in *Movies and American Society*, ed. Steven Ross (New York: Blackwell, 2002), p.52-53.

71. Benjamin, *The Work of Art*, p.39-41; Jutte, *A History of the Senses*, p.300-1. 〔국역본,《기술복제시대의 예술작품/사진의 작은 역사 외》, 길, 2007.〕

72. Benjamin, *The Work of Art*, p.22-5, 27. 〔국역본,《기술복제시대의 예술작품/사진의 작은 역

사 외》, 길, 2007.)

73. Guy Debord, *Society of the Spectacle* (New York: Zone Books, 1995), p.12-13, 18.

7장

1. David Sloan Wilson, *Darwin's Cathedral: Evolution, Religion, and the Nature of Society* (Chicago: University of Chicago Press, 2002).

2. Peter Laslett, *The World We Have Lost* (New York: Scribner, 1984), 2장; Joffre Dumazedier, *Sociology of Leisure* (New York: Elsevier Scientific, 1974), p.34; Christina Hole, *British Folk Customs* (London: Hutchinson, 1976), p.63, 137.

3. Michael Judge, *The Dance of Time: The Origins of the Calendar* (New York: Arcade Publishing, 2004) p.6, 56, 143, 145-59, 199-203; Hole, *British Folk Customs*, p.137.

4. Charles Caraccioli, *An Historical Account of Stourbridge* (Cambridge, 1773), p.20-21, cited in Robert Malcolmson, *Popular Recreations in English Society* (Cambridge: Cambridge University Press, 1973), p.21; William Addison, *English Fairs and Markets* (London: Batsford, 1953), p.95-225.

5. Mark Judd, "Popular Culture and the London Fairs, 1800-1860." in *Leisure in Britain*, ed. John Walton and James Walvin (Manchester, UK: Manchester University Press, 1983), p.2-25; Jack Santino, *All Around the Year: Holidays and Celebrations in American Life* (Urbana: University of Illinois Press, 1994), p.90, 145-64.

6. Peter Burke, *Popular Culture in Early Modern Europe* (New York: Harper, 1978), p.178-204; Emmanuel Le Roy Ladurie, *Carnival in Ramans* (New York: G. Braziller, 1979), p.305-24.

7. Burke, *Popular Culture*, p.178-204; Mikhail Bakhtin, *Rabelais and His World* (Bloomington: Indiana University Press, 1984), 1장. 카니발의 미국식 변용에 대해서는 다음을 참고하라. Santino, *All Around the Year*, p.88-96. 〔국역본, 《프랑수아 라블레의 작품과 중세 및 르네상스의 민중문화》, 아카넷, 2001.〕

8. Marie Luise Gothein, *History of Garden Art: From the Earliest Times to the Present Day*, vol. 1 (London: J. W. Dent, 1928), p.25-30; Julia Berrall, *The Garden: An Illustrated History from Ancient Egypt to the Present Day* (London: Thames & Hudson, 1966), p.35-39.

9. Robert Berger, *In the Garden of the Sun King* (Washington DC: Dumbarton Oaks, 1985); Karen Jones and John Wills, *The Invention of the Park* (Cambridge: Polity, 2005) p.9-25.

10. Kenneth Woodbridge, *The Stourhead Landscape* (London: The National Trust, 2002); Tom Williamson, *Polite Landscapes* (Baltimore, MD: The Johns Hopkins University Press, 1995); John D. Hunt, *Gardens and the Picturesque* (Cambridge, MA: MIT Press, 1992); Johnes and Wills, *The Invention of the Park*, 2장; Terrence Young, "Grounding the Myth." in *Theme Park Landscapes: Antecedents and Variations*, ed. Terence Young and Robert Riley (Washington, DC: Dumbarton Oaks, 2002), p.6-7.

11. Edward Harwood, "Rhetoric, Authenticity, and Reception: The Eighteenth-Century Landscape Garden, the Modern Theme Park, and their Audiences." in Young and Riley, *Theme Park Landscapes*, p.66.

12. Susan Stewart, *On Longing: Narratives of the Miniature, the Gigantic, the Souvenir, the Collection* (Durham, NC: Duke University Press, 1993), p.75. 〔국역본, 《갈망에 대하여》, 산

456

처럼, 2016.)

13. Jones and Will, *The Invention of the Park*, p.38-39; Neville Braybrooke, *London Green; The Story of Kensington Gardens, Hyde Park, Green Park & St. James' Park* (London: Gollancz, 1959), p.26-27; Judith Adams, *The American Amusement Park Industry: A History of Technology and Thrills* (Boston: Twayne, 1991), p.3-8.

14. Roy Porter, *English Society in the Eighteenth Century* (New York: Penguin, 1982), p.242-50; T. Lea Southgate "Music at the Public Pleasure Gardens of the Eighteenth Century," *Proceedings of the Musical Association*, 38th Sess. (1911-1912), p.141-42; Warwick Wroth, The London Pleasure Gardens of the Eighteenth Century (London: Macmillan, 1896).

15. James Granville Southworth, *Vauxhall Gardens* (New York: Columbia University Press, 1941), p.36-71; David Coke, *Vauxhall Gardens* (New Haven, CT: Yale University Press, 2011); John Quinlan, "Music as Entertainment in 18th-Century London," *Musical Times*, July 1, 1932, p.612-14.

16. Heath Schenker, "Pleasure Gardens, Theme Parks, and the Picturesque." in Young and Riley, *Theme Park Landscapes*, p.69-89; Roy Rosenzweig and Elizabeth Blackmar, *The Park and the People: A History of Central Park* (Ithaca, NY: Cornell University Press, 1992); T. M. Carrett, "A History of Pleasure Gardens in New York City, 1700-1865" (PhD diss., New York University, 1978).

17. R. S. Neale, *Bath, 1680-1850* (London: Routledge, 1981); Peter Borsay, *The Image of Georgian Bath, 1700-2000* (Oxford: Oxford University Press, 2000); James Stevens Curl, "Spas and Pleasure Gardens of London, from the Seventeenth to the Nineteenth Centuries," *Garden History* 7, no. 2 (Summer 1979): p.27-68; Warwick Wroth, The London Pleasure Gardens of the Eighteenth Century (1896; London: Macmillan, 1979).

18. Phyllis Hembry, *The English Spa* (London: Athlone Press, 1990), p.1-25, 99, 135-37, 302-5.

19. Curl, "Spas and Pleasure Gardens of London," p.47, 55; Kristina Taylor, "The Oldest Surviving Pleasure Garden in Britain: Cold Bath, Near Tunbridge Wells in Kant," *Garden History* 28, no. 2 (Winter 2000): p.277-82.

20. Anthony Hern, *The Seaside Holiday: The History of the English Seaside Resort* (London: Cresset Press, 1967), p.7-11, 45-55, 140-45; Sue Berry, "Pleasure Gardens in Georgian and Regency Seaside Resorts: Brighton, 1750-1840," *Garden History* 28, no. 2 (Winter 2000); p.222-30; John K. Walton, *The English Seaside Resort: A Social History 1750-1914* (Leicester, UK: Leicester University Press, 1983), p.158-61; Alain Corbin, *The Lure of the Sea* (Cambridge: Polity, 1994); Sue Farrant, *Georgian Brighton, 1750-1820* (Brighton, UK: University of Sussex, 1980), 1장.

21. George Waller, *Saratoga: Saga of an Impious Era* (Englewood Cliffs, NJ: Prentice Hall, 1966), p.56-108; Jon Sterngass, *First Resorts: Pursuing Pleasure at Saratoga Springs, Newport, and Coney Island* (Baltimore, MD: The Johns Hopkins University Press 2001), p.241; Theodore Corbett, *The Making of American Resorts: Saratoga Springs, Ballston Spa, Lake George* (New Brunswick, NJ: Rutgers University Press, 2001), p.79; Cindy S. Aron, *Working at Play: A History of Vacations in the United States* (New York: Oxford University Press, 1999).

22. John Sears, *Sacred Places: American Tourist Attractions in the Nineteenth Century* (New York: Oxford University Press, 1989), p.28, 185-88; Sterngass, *First Resorts*, p.7-74, 1, 117-45, 204-20, 227.

23. Patrick Beaver, *The Crystal Palace: A Portrait of Victorian Enterprise* (Chilchester, UK: Phillimore, 1986), p.47, 57; David Nasaw, *Going Out: The Rise and Fall of Public Amusements* (New York: Basic Books, 1993), 2장과 3장; Robert Bogdan, *Freak Show* (Chicago: University of Chicago Press, 1988), p.50-51; Robert Rydell, *World of Fairs: The Century-of-Progress Expositions* (Chicago: University of Chicago Press, 1993), 1장, 4장, 5장.

24. Robert Rydell, *John Finding, and Kimberly Pell, Fair America* (Washington DC: Smithsonian Institution Press, 2000), p.37-39; "The Great Wheel at Chicago," *Scientific American*, July 1, 1893, p.234; Adams, *The American Amusement Park Industry*, p.31-35; James Gilbert, *Perfect Cities: Chicago's Utopias of 1893* (Chicago: University of Chicago Press, 1991), p.108-18; Edo McCullough, *World's Fair Midways* (New York: Exposition Press, 1966), p.24-71.

25. Tom Gunning, "From the World as Object Lesson: Cinema Audiences, Visual Culture and the St. Louis World's Fair, 1904," *Film History*, 6, 4 (Winter, 1994): p.425-35.

26. Winterthur Museum, Collection 45, file 2; Gunning, "St. Louis World's Fair," 435-37.

27. Gunning, "St. Louis World's Fair," 437; Rydell, *All the World's a Fair*, p.159.

28. Adams, *The American Amusement Park Industry*, p.7; John K Walton, *Black-pool* (Edinburgh: Edinburgh University Press, 1998), p.14-22.

29. 버펄로 빌의 쇼는 미국의 여러 곳에서 공연되었고 해외에서도 공연되었다. 전형적인 서부 테마로 이뤄진 버라이어티 쇼로, 인디언, 멕시코인, 카우보이가 참여하는 경주, 대드우드 역마차 강도 사건의 재연, 명사수 쇼, 포니족 인디언의 머리가죽 춤과 전쟁 춤 같은 것이 포함되어 있었다. William Deahl, "Buffalo Bill's Wild West Show in New Orleans," *Louisiana History: The Journal of the Louisinana Historical Association* 16, no. 3 (Summer 1975): p.289-98.

30. Gary Cross and John Walton, *The Playful Crowd: Pleasure Places in the Twentieth Century* (New York: Columbia University Press, 2005), 1-4장. 이 기이한 '엘리펀트 호텔'(1884년부터 1896년까지 있었다)에 대해서는 다음을 참고하라. Clay Lancaster, *Architectural Follies in America* (Rutland, VT: Charles Tuttle, 1960), p.194-96.

31. Gary Kyriazi, *The Great American Amusement Parks* (Secaucus, NJ: Citadel Press, 1976), p.34-42.

32. Ibid., p.47-57; "New Steeplechase to cost $1,000,000," *New York Times*, December 29, 1907; "Summer Amusement Parks," *New York Times*, August 16, 1908; 틸유 인용은 다음에 나온다. Reginald Kauffman, "Why is Coney?" *Hampton's Magazine*, August 1909, p.224.

33. David Nye, *American Technological Sublime* (Cambridge, MA: MIT Press, 1996).

34. Oliber Pilat and Jo Ranson, *Sodom by the Sea, An Affectionate History of Coney Island* (Garden City, NY: Doubleday, 1941), p.144-46; Woody Register, *Kid of Coney Island: Fred Thompson and the Rise of American Amusements* (New York: Oxford University Press, 2001), p.92, 132-33.

35. Adams, *The American Amusement Park Industry*, p.48. Register, *Kid of Coney Island*, p.121.

36. Stephen Weinstein, "The Nickel Empire: Coney Island and the Creation of Urban Seaside Resorts in the United States" (PhD diss., Columbia University, 1984), p.249.

37. Barr Ferree, "The New Popular Resort Architecture, Dreamland, Coney Island," *Architects' and Builders' Magazine*, August 1904, p.499; Weinstein, "The Nickel Empire," p.220-23. 다음도 참고하라. David R. Francis, *The Universal Exposition of 1904* (St. Louis, MO: St. Louis Purchase Exposition Co., 1913), p.567. '천지창조'에 대한 묘사를 여기에서 볼 수 있다.

38. Jeffrey Stanton, "Coney Island - Dreamland," April 1998, p.1-11, www.westland.net/ coneyisland/articles/dreamland.htm.

39. Frederic Thompson, "Amusing the Million," *Everybody's Magazine*, September 1908, p.378-86; Thompson, "Amusement Architecture," *Architectural Review* 16, no. 7 (July 1909): p.87-89; Michele Bogart, *Public Sculpture and the Civic Ideal in New York City, 1890-1930* (Chicago: University of Chicago Press, 1989), p.248-57.

40. Richard Le Gallienne, "The Human Need for Coney Island," *Cosmopolitan*, July 1905, p.243; Cross and Walton, *The Playful Crowd*, 3장.

41. John Kasson, *Amusing the Million* (New York: Hill and Wang, 1978), p.70; William Mangels, *The Outdoor Amusement Industry from Earliest Times to the Present* (New York: Vantage, 1952), p.165; Daniel Boorstin, *The Image: A Guide to Pseudo-Events in America* (New York: Harper & Row, 1961). 〔국역본, 《이미지와 환상》, 사계절, 2004.〕

42. Kyriazi, *The Great American Amusement Parks*, p.67-70; Stanton, "Coney Island - Dreamland," p.1-11.

43. Julian Hawthorne, "Some Novelties at Buffalo Fair," *Cosmopolitan*, September 1901, p.490-91, "Pan-American Exposition," 프로모션 브로셔(Buffalo, NY, 1901), p.29; Register, *Kid of Coney Island*, p.71, 74-76; Albert Paine, "The New Coney Island," *Century*, August 1904, p.544; *Official Catalogue and Guide Book to the Pan-American Exposition, Buffalo, N.Y.* (New York: Charles Ehrhart, 1901), p.44.

44. Rollin Lynde Hartt, "The Amusement Park," *Atlantic Monthly*, May 1907, p.675-76. 다음 으로 다시 출판됨. Rollin Hartt, *People at Play* (New York: Houghton Mifflin, 1909), p.75-76; "Great New Dreamland at Coney Island this Year," *New York Times*, April 23, 1905.

45. "Luna Park Opens," *New York Times*, May 7, 1905; "Roof Gardens and Summer Theatrical Offerings," *New York Times*, June 11, 1905; Michael Immerso, *Coney Island: The People's Playground* (Piscataway, NJ: Rutgers University Press, 2002), p.71; "Luna Park," *New York World*, July 20, 1902; Francis, *The Universal Exposition of 1904*, p.600. 갤 버스톤 홍수 쇼에 대한 묘사를 여기에서 볼 수 있다.

46. Lynn Sally, *Fighting the Flames: Spectacle Performance of Fire at Coney Island* (New York: Routeldge, 2006), p.52-63; Rem Koolhass, *Delirious New York* (New York: Oxford University Press, 1978), p.49; Stanton, "Coney Island - Dreamland."

47. Andrea Stulman Dennett and Nina Warnke, "Disaster Spectacles at the Turn of the Century," *Film History* 4, no. 2 (1990): p.101-11; "Special Features of White City," *White City Magazine*, May 1905, p.52; Sally, *Fighting the Flames*, p.89-97.

48. Marvin Zuckerman, *Sensation and Risky Behavior* (Washington DC: American Psychological Association, 2007); Marvin Zuckerman, *Behavioral Expressions and Biosocial Bases of Sensation Seeking* (New York: Cambridge University Press, 1993); Brian Sutton-Smith, *Ambiguity of Play* (Cambridge, MA: Harvard University Press, 2001): Ivana Hromatko and Ana Butkovic, "Sensation Seeking and Special Ability in Athletes:

An Evolutionary Account," *Journal of Human Kinetics* 21 (2009): p.5-13.

49. Garrett Soden, *Falling: How Our Greatest Fear Became our Greatest Thrill – A History* (New York: Norton, 2003), p.1-20, 79, 108 (인용은 p.38).

50. Kasson, *Amusing the Million*, p.59, 60; Adams, *The American Amusement Park Industry*, p.45.

51. Hartt, "The Amusement Park," p.675.

52. Mangels, *The Outdoor Amusement Industry*, p.37-50, 137, 163; Soden, *Falling*, p.22-29, 160-62.

53. Todd Throgmorton, *Roller Coasters of America* (Oscelola, WI: Motor Books, 1994), p.26-27; Todd Throgmorton, *Roller Coasters: United States and Canada* (Jefferson, NC: McFarlane, 2000), p.1-18. 《사이언티픽 아메리칸》에 실린 다음 글들도 참고하라. "Looping the Double Loop," 90, July 8, 1905, p.493; "Leap-Frog Railway," 93, July 8, 1905, p.29-30; "Mechanical Joys of Coney Island," 99, August 15, 1908, p.101; "Mechanical Side of Coney Island," 103, August 6, 1911, p.104-13; "How High Can You Go," *New Yorker*, August 30, 2004, p.48.

54. Immerso, *Coney Island*, p.137-47; Pilat and Ranson, *Sodom by the Sea*, p.220-25; Throgmorton, *Roller Coasters*, p.13-16.

55. Michael DeAngelis, "Orchestrated (Dis)orientation: Roller Coasters, Theme Parks, and Postmodernism," *Cultural Critique 37* (Autumn 1997): p.113; Jean Baudrillard, "Consumer Society." 그의 다음 저서에 수록됨. *Selected Writings* (Stanford, CA: Stanford University Press, 1988), p.49.

56. Anson Rabinbach, *The Human Motor: Energy, Fatigue, and the Origins of Modernity* (New York: Basic, 1990). 이 책은 이 시기의 산업 피로에 대해 다룬다.

57. "Mechanical Joys of Coney Island," *Scientific American*, p.109; Lauren Rabinovitz, "Urban Wonderlands: Siting Modernity in Turn of the Century Amusement Parks," *European Contributions to American Studies* 45, no. 1 (2001): p.88; Koolhass, *Delirious New York*, p.27, 42; Kasson, *Amusing the Million*, p.72-74.

58. Nye, *American Technological Sublime*.

59. 헨리 페인 광고, *Harper's Bazaar*, June 23, 1894, p.27, 25.

60. David Francis, *Cedar Point* (Charleston, SC: Arcadia, 2004), p.20-26.

61. "How Ponce de Leon was Made into an Amusement Park," *Atlanta Constitution*, July 17, 1904.

62. "Bumps," *White City Magazine*, February 1905, p.28; "Johnstown Flood at White City," *White City Magazine*, March 1905, p.13; "Shooting the Chutes," *White City Magazine*, May 1905, p.30; Scott Newman, "Boundless Pleasures: Young Chicagoans, Commercial Amusements, and the Revitalization of Urban Life, 1900-1930" (PhD diss., Loyola University Chicago, 2004), p.24-38; Stan Bark, "Paradises Lost," *Chicago History 22* (March 1993): p.26-49.

63. John Walton, "Social Development of Blackpool, 1788-1912" (PhD diss., Lancaster University, 1974), p.327-29; Peter Bernett, *Century of Fun* (Blackpool: Blackpool Pleasure Beach, 1996), p.12-25; Cross and Walton, *The Playful Crowd*, 1장; John Walton, Riding on Rainbows: Blackpool Pleasure Beach and Its Place in British Popular Culture. (St. Albans: Skelter Publishing, 2007).

64. Register, *Kid of Coney Island*, p.141; Jones and Wills, *Invention of the Park*, p.99-100; Cross and Walton, *The Playful Crowd*, 4장과 5장.
65. 다음에 소장된 사진 자료. Brooklyn Historical Society, V1974.22.6.40; V1974.19.1.4; E. V. Lucas, *Roving East and Roving West* (London: Methuen, 1921), p.111. 성인에게 아동의 '경이로운 순수함'을 연상시키는 것에 대해서는 다음을 참고하라. Gary Cross, *The Cue and the Cool: Wondrous Innocence and Modern American Children's Culture* (New York: Oxford University Press, 2003).
66. Hartt, "The Amusement Park," p.675.
67. Thompson, "Amusing the Million," p.385-87; Frederic Thompson, "Amusing People," *Metropolitan Magazine*, July 106, p.602-3; Frederic Thompson, "The Summer Show," *Independent*, July 6 1907, p.1461.
68. Edward Tilyou, "Human Nature with the Brakes Off – Or: Why the Schoolma'am Walked into the Sea," *American Magazine*, July 1922, p.19, 92; Register, *Kid of Coney Island*, p.12, 16.
69. Darrin McMahon, *Happiness: A History* (New York: Atlantic Monthly Press, 2006), p.12-13; Peter N. Stearns, *Satisfaction Not Guaranteed: Dilemmas of Progress in Modern Society* (New York: New York University Press, 2012), 2장. 〔국역본, 《행복의 역사》, 살림, 2008.〕

8장

1. Gary Cross, *All-Consuming Century: Why Commercialism Won in Modern America* (New York: Columbia University Press, 2000).
2. Stephen Kline, Nick Dyer-Withford, Greig De Peuter, *Digital Play: The Interaction of Technology, Culture and Marketing* (Montreal: McGill-Queen's University Press, 2003), p.84-108.
3. Herve Fischer, *Digital Shock: Confronting the New Reality* (Montreal: McGill-Queen's University Press, 2006).
4. Jasper Woodroof and G. Frank Phillips, *Beverages: Carbonated and Noncarbonated* (Westport, CT: Avi Publishing, 1974), p.5-6; Anne Cooper Funderburg, *Sundae Best: A History of Soda Fountains* (Bowling Green, OH: Bowling Green State University Press, 2002), p.123-53; Beverage World, *Coke's First 100 Years* (Great Neck, NY: Beverage World, 1986), p.105-51, 164; "History of Packaging and Canning," Answers.com, http://www.answers.com/topic/history-of-packaging-and-canning.
5. Kelly Brownell and Katherine Horgen, *Food Fight: The Inside Story fo the Food Industry, America's Obesity Crisis and What We Can Do About It* (New York: McGraw-Hill, 2004), p.28-30.
6. Harvey Levenstein, *Paradox of Plenty: A Social History of Eating in Modern America* (New York: Oxford University Press, 1993), p.106-7; Robert Phipps, *The Swanson Story* (Omaha, NE: Swanson Foundation, 1977), p.77-80; Karal Ann Marling, *As Seen on TV: The Visual Culture of Everyday Life in the 1950s* (Cambridge, MA: Harvard University Press, 1994), p.232-34.
7. William Walsh, *The Rise and Decline of the Great Atlantic and Pacific Tea Company* (Secaucus,

NJ: Stuart, 1986), p.34-35; Richard Longstreth, *The Drive-In, the Supermarket, and the Transformation of Commercial Space in Los Angeles, 1914-1941* (Cambridge, MA: MIT Press, 1999), p.82-111; Andrew Smith, *Eating History* (New York: Columbia University Press, 2009), p.177-79.

8. Smith, *Eating History*, p.128-30; Tim Richardson, *Sweets* (London: Bloomsbury, 2002), p.23-25.

9. Richard Pillsbury, *From Boarding House to Bistro: The American Restaurant Then and Now* (Boston: Unwin, 1990), p.48-105; Andrew Smith, *Hamburger: A Global History* (London: Reaktion Books, 2008), p.15-20; David Hogan, *Selling'Em by the Sack: White Castle and the Creation of American Food* (New York: NYU press, 1997), 1장; John Love, *McDonald's Behind the Arches* (new York: Bantam, 1995), p.25, 160; Smith, *Eating History*, p.219-28.

10. 이에 대한 최근의 분석으로는 다음을 참고하라. David Kessler, *End of Overeating* (New York: Rodale, 2009), p.67-134. 〔국역본, 《과식의 종말》, 문예출판사, 2009.〕

11. Sungook Hong, *Wireless: From Marconi's Black-Box to the Audion* (Cambridge, MA: MIT Press, 2001); Steven Wurtzler, *Electric Sounds: Technological Change and the Rise of Corporate Mass Media* (New York: Columbia University Press, 2007); Susan Douglas, *Inventing American Broadcasting, 1899-1922* (Baltimore, MD: Johns Hopkins University Press, 1987).

12. Oliber Read and Walter Welch, *From Tin Foil to Stereo: Evolution of the Phonograph* (New York: Boobs-Merrill, 1976), p.224, 256; A. J. Millard, *America on Record* (New York: Cambridge University Press, 1995), p.136-57; Roland Gelatt, *The Fabulous Phonograph 1877-1977* (New York: Macmillan, 1977), p.218; Michael Chanan, *Repeated Takes: A Short History of Recording and its Effects on Music* (London, Verso, 1995), p.38-39.

13. Gelatt, *The Fabulous Phonograph*, p.220-44; Chanan, *Repeated Takes*, p.56-67; Millard, *America on Record*, p.145.

14. Gelatt, *The Fabulous Phonograph*, p.245-67; Mark Coleman, *Playback: From the Victrola to MP3, 100 Years of Music, Machines, and Money* (New York: Da Capo, 2003), p.43.

15. Timothy Day, *A Century of Recorded Music* (New Haven, CT: Yale University Press, 2000), p.19; Coleman, *Playback*, p.39, 59-68, 76-85.

16. Coleman, *Playback*, p.57-59; Greg Milner, *Perfecting Sound Forever: An Aural History of Recorded Music* (London: Faber and Faber, 2009), p.109-12; Simon Reynolds, *Retromania: Pop Culture's Addiction to its Own Past* (New York: Faber and Faber 2-12), p.60-75.

17. Coleman, *Playback*, p.98-101; Day, *A Century of Recorded Music*, p.20; Tom Anderson, *Making Easy Listening: Material Culture and Postwar American Recording* (Minneapolis: University of Minnesota Press, 2006), p.149, 170-78.

18. Coleman, *Playback*, p.xv(인용), xvi, 159-63; Day, *A Century of Recorded Music*, p.2-20; Milner, Perfecting Sound Forever, p.19-94.

19. Anderson, *Making Easy Listening*, p.7-12, 24, 34-37, 44, 111; Jacques Attali, *Noise: The Political Economy of Music* (Minneapolis: University of Minnesota Press, 1985), p.87, 128; David Suisman, *Selling Sound: The Commercial Revolution in American Music* (Cambridge, MA: Harvard University Press), p.282.

20. 다음을 참고하라. Jan Jarvis, "Notes on Muzak." in *The Phonograph and Our Musical Life*,

ed. H. Wiley Hitchcock (Albany: SUNY Press, 1977), p.13-15; Attali, *Noise*, p.111-12; Suisman, *Selling Sound*, p.256-58.

21. "Charge-Coupled Device," Wikipedia, http://en.wikipedia.org/wiki/Charge-coupled_device#History; Martin Lister, ed., *The Photographic Image in Digital Culture* (London: Routledge, 1995).

22. Millard, *America on Record*, p.149.

23. Eric Lichtenfeld, *Action Speaks Louder: Violence, Spectacle, and the American Action Movie* (Westport, CT: Praeger, 2004), p.17.

24. Ibid., p.22-25; John Taylor, "Dirty Harry." in *Movies of the Seventies*, ed. Ann Lloyd (London: Orbis, 1984), p.172-73.

25. Derek Elley, "Martial Arts Films." in *Lloyd, Movies of the Seventies*, p.190-91; Yvone Tasker, *Spectacular Bodies: Gender, Genre, and the Action Cinema* (New York: Routledge, 1993), p.2-3, 79-80.

26. Lichtenfeld, *Action Speaks Louder*, p.186-87; Larent Bouzereau, *Ultra Violent Movies* (Secaucus: Carol Publishing, 1996), p.91; Thomas Leitch, "Aristotle vs. the Action Film." in *New Hollywood Violence*, ed. Steven Schneider (Manchester, UK: Manchester University Press, 2004), p.116-17.

27. Barry Atkins, *More Than a Game: The Computer Game as Fictional Form* (Manchester, UK: Manchester University Press, 2003), chap. 1; Kline 외, *Digital Play*, p.84-108.

28. David Sheff, *Game Over: How Nintendo Conquered the World* (Wilton, CT: Gamepress, 1999), p.150-57; J. C. Herz, *Joystick Nation* (Boston: Little Brown, 1997), p.14-22, 33-37, 55; Leonard Herman, *Phoenix: The Fall and Rise of Video Games* (Springfield, NJ: Rolenta Press, 2001), p.89-99; Steven Malliet and Gust de Meyer, "The History of the Video Game." in *Handbook of Computer Games Studies*, ed. Joost Raessens and Jeffrey Goldstein (Cambridge, MA: MIT Press, 2005), p.26-28. 〔국역본, 《닌텐도의 비밀》, 이레미디어, 2009.〕

29. Kline 외, *Digital Play*, p.128-150.

30. 비디오 게임 업계 협회인 '엔터테인먼트 소프트웨어 협회'에 따르면 1997년에는 비디오 게임을 하는 사람 중 절반 이상이 18세 미만이었지만 2005년이면 평균 연령은 33세가 되고 2011년에는 37세로 높아졌다. 이는 어린 시절에 비디오 게임을 접한 X세대의 연령대와 대략 일치한다. Entertainment Software Association, http://www.theesa.com/archives/files/Essential&20Facts%202006.pdf, "Essential Facts about the Computer and Video Game Industry: 2011 Sales, Demographic and Usage Data," http://www.theesa.com/facts/pdfs/ESA_EF_2011.pdf.

31. Jaron Lanier, *You are Not a Gadget* (New York: Knopf, 2010); Jim Blascovich and Jeremy Bailenson, *Infinite Reality: Avatars, Eternal Life, New Worlds, and the Dawn of the Virtual Revolution* (New York: HarperCollins, 2011), p.170-81; E. Aboujaoude, L. M. Koran, N. Gamel, 외 "Potential Markers for Problematic Internet Use: A Telephone Survey of 2,513 Adults," *CNS Spectrums* 11 (2006): p.924-30; Robert E. Kraut 외, "Social Impact of the Internet: What Does it Mean?" *Communications of the ACM*, 41 (1998): p.21-22. 〔국역본, 《디지털 휴머니즘》, 에이콘출판, 2011.〕

32. Gary Cross, *Men to Boys: The Making of Modern Immaturity* (New York: Columbia University Press, 2008), p.212-25; "Lost in an Online Fantasy World As Virtual

Universes Grow, So Do Ranks of the Game-Obsessed," *Washington Post*, August 18, 2006.

33. James Gleick, *Faster: The Acceleration of Just about Everything* (New York: Pantheon, 1999), p.177, 185-90. 〔국역본, 《빨리빨리!》, 이끌리오, 2000.〕

34. J. MacLachlan and M. Logan, "Camera Shot Length in TV Commercials and Their Memorability and Persuativeness," *Journal of Advertising Research* 33 (1993): p.57-63.

35. Simon Gottschalk, "Speed Culture: Fast Strategies in Televised Commercial Ads," *Qualitative Sociology* 22 (1999): p.312; Wendy Parkins and Geoffrey Craig, *Slow Living* (Oxford: Berg, 2006), p.38.

36. Todd Throgmorton, *Roller Coasters of America* (Osceloa, WI: Motor-books, 1994), p.13-16.

37. Gary Cross and John Walton, *The Playful Crowd: Pleasure Places in the Twentieth Century* (New York: Columbia University Press, 2005), 5장. 다음도 참고하라. Brenda Brown, "Landscapes of Theme Park Rides: Media, Modes, Messages." in *Theme Park Landscapes: Antecedents and Variations*, ed. Terence Young and Robert Riley (Washington, DC: Dumbarton Oaks, 2002), p.358-62.

38. Todd Throgmorton, *Roller Coasters* (Jefferson, NC: McFarland, 1993), p.32-33; Scott Rutherford, *The American Roller Coaster* (Osceola, WI: MBI Publishing, 2000), p.102-3.

39. Throgmorton, *Roller Coasters*, p.26; Robert Cartmell, *The Incredible Scream Machine* (Bowling Green OH: Bowling Green State University Popular Press, 1987), p.182; "Matterhorn," *News from Disneyland*, December 12, 1959.

40. Roller Coaster Data Base, http://www.rcdb.com/glossary.htm; Rutherford, *The American Roller Coaster*, p.82.

41. http://channel.nationalgeographic.com/channel/supercoasters/facts.html; Throgmorton, *Roller Coasters*, p.35; Robert Coker, *Roller Coasters* (New York: MetroBooks, 2002), p.8-11.

42. 상세한 내용은 시더 포인트의 웹 사이트를 참고하라. http://www.cedarpoint.com/rides/Roller-Coasters/Top-Thrill-Dragster; "Roller Coasters: A Steep Upswing," Business Week, June 21, 1999, p.8; "The Year of the Roller Coaster," *Lighting Dimensions*, November 1, 2003, p.11 "The Thrill isn't Gone," *The New Yorker*, August 30, 2005, p,48.

43. "Body Wars," *Disney News*, Spring 1989, p.36; "Rock 'n Roller Coaster," *Eyes and Ears* (월트 디즈니 월드 사내 뉴스레터), April 23, 1998, p.1-3; "On Track," *Disney Magazine*, Fall 1998, p.44-47.

9장

1. Gene Wallenstein, *The Pleasure Instinct: Why We Crave Adventure, Chocolate, Pheromones, and Music* (New York: Doubleday, 2009), p.190-204. 〔국역본, 《쾌감 본능》, 은행나무, 2009.〕

2. David Rosner and Gerald Markowitz, "A 'Gift of God'? The Public Health Controversy over Leaded Gasoline During the 1920s," *American Journal of Public Health* 75 (1985): p.344-52.

3. David Kessler, *The End of Overeating: Taking Control of the Insatiable American Appetite* (New

York: Rodale, 2009), p.7-17. 포장된 감각에 어떻게 해서 이렇게 의존하게 되었는지에 대한 포괄적인 분석은 다음을 참고하라. David Linden, *The Compass of Pleasure: How our Brains Make Fatty Foods, Orgasm, Exercise, Marijuana, Generosity, Vodka, Learning, and Gambling Feel So Good* (New York: Viking, 2011). 〔국역본, 《과식의 종말》, 문예출판사, 2009.〕 / 《고삐 풀린 뇌》, 작가정신, 2013.〕

4. Kessler, *The End of Overeating*, p.35-62, 168. 〔국역본, 《과식의 종말》, 문예출판사, 2009.〕

5. Ibid., p.138-68; Daniel Lord Smail, *On Deep History and the Brain* (Berkeley: University of California Press, 2008), p.118-47. 〔국역본, 《과식의 종말》, 문예출판사, 2009.〕

6. Kenneth J. Meier, *The Politics of Sin: Drugs, Alcohol, and Public Policy* (Amonk, NY: M .E. Sharpe, 1994), p.48, 65; Maureen Ogle, *Ambitious Brew: The Story of American Beer* (New York: Harcourt, 2003), 3장.

7. Cassandra Tate, *Cigarette Wars: The Triumph of the Little White Slaver* (New York: Oxford University Press, 1999); Marc Linder, "Inherently Bad and Bad Only": *A History of State-Level Regulation of Cigarettes and Smoking in the United States since the 1880s* (Iowa City: University of Iowa Faculty Books, 2012), http://ur.uiowa.edu/books/2/.

8. John McWilliams, *The Protectors: Harry F. Anslinger and the Federal Bureau of Narcotics, 1930-1962* (Newark: University of Delaware Press, 1990).

9. Robert N. Proctor, *Cancer Wars: How Politics Shapes What We Know and Don't Know about Cancer* (New York: Basic Books, 1995), p.110-11; Proctor, *Golden Holocaust: Origins of the Cigarette Catastrophe and the Case for Abolition* (Berkeley: University of California Press, 2012); David Courtwright, *Forces of Habit: Drugs and the Making of the Modern World* (Cambridge: MA: Harvard University Press, 2001), 4장과 8장; Philip Hilt, *Smoke Screen: The Truth Behind the Tobacco Cover-Up* (Reading, MA: Addison-Wesley, 1996), 1장과 2장.

10. Peter Stearns, Fat History: *Bodies and Beauty in the Modern West* (New York: New York University Press, 1997), p.22.

11. Hillel Schwartz, *Never Satisfied: A Cultural History of Diets, Fantasies, and Fat* (New York: Anchor Books, 1986), p.5, 11, 83-105, 5장; Andrew Smith, *Eating History* (New York: Columbia University Press, 2009), p.113-23; Sterns, *Fat History*, p.12-56, 105-12; John Coveney, *Food, Morals and Meaning: The Pleasure and Anxiety of Eating* (London: Routledge, 2000), p.xiii; Robert H. Lustig, *Fat Chance: Beating the Odds Against Sugar, Processed Food, Obesity, and Disease* (New York: Hudson Street Press, 2012). 〔국역본, 《단 맛의 저주》, 한경비피, 2014.〕

12. Gary Cross and John Walton, *The Playful Crowd: Pleasure Places in the Twentieth Century* (New York: Columbia University Press, 2005), p.97-100.

13. Bruce Bliven, "Coney Island for Battered Souls," *New Republic* 28 (1921): p.374.

14. 예를 들어 다음을 참고하라. Frank R. Leavis, *Mass Civilization and Minority Culture* (Cambridge: Minority Press, 1930); Lewis Mumford, *Sticks and Stones: A Study of American Architecture and Civilization* (New York: Norton, 1924).

15. Cross and Walton, *Playful Crowd*, 3장.

16. Emile Durkheim, *Suicide: A Study in Sociology* (1897; Clencoe, IL: Free Press, 1951), 246-58; 다음도 참고하라. Durkheim, *Division of Labor in Society* (1893; Glencoe, IL: Free Press, 1964), p.17, 353-73. 〔국역본, 《에밀 뒤르켐의 자살론》, 청아출판사, 2008. / 《사회분업론》, 아카넷, 2012.〕

17. Jose Ortega Y Gasset, *The Revolt of the Masses* (1930; New York: Norton, 1957), p.7-8, 3장; Bernard Rosenberg and David M. White, eds., *Mass Culture: The Popular Arts in America* (New York: Free Press, 1957); Daniel Horowitz, *Consuming Pleasure: Intellectuals and Popular Culture in the Postwar World* (Philadelphia: University of Pennsylvania Press, 2012), 2장.

18. Aldous Huxley, "Pleasures." in Aldous Huxley, *Complete Essays: Vol. 1, 1920-25*, ed. Robert S. Baker and James Sexton (Chicago: Ivan Dee, 2000), p.354-57; Robert S. Baker, *Brave New World: History, Science, and Dystopia* (Boston: Twayne, 1990), p.10, 73-98; Aldous Huxley, *Brave New World* (1931; New York: Harper and Row, 1965), p.xvii-iii, 52, 78, 268, 284; Laura Frost, "Huxley's Feelies: The Cinema of Sensation in Brave New World," *Twentieth Century Literature* 52 (2006): p.443-73; Laura Frost, *The Problem with Pleasure: Modernism and its Discontents* (New York: Columbia University Press, 2013). 〔국역본, 《멋진 신세계》, 문예출판사, 1998.〕

19. James Rorty, *Where Life Is Better* (New York: Reynal & Hitchcock, 1936); Louis Adamic, *My America* (New York: Harper, 1938); Erskine Caldwell, *Some American People* (New York: McBride, 1935).

20. Gary Cross, *Time and Money: The Making of Modern Consumer Culture* (London: Routledge, 1993), 5장.

21. Jesse Steiner, *Americans at Play* (New York: Harper Brother, 1933), 3장; President's Committee on Recent Social Trend, *Recent Social Trends in the United States*, II (New York: McGraw-Hill, 1933), p.995; Jeff Wiltse, *Contested Waters: A Social History of Swimming Pools in America* (Chapel Hill: University of North Carolina Press, 2007).

22. "Introduction," President's Research Committee on Social Trends, *Recent Social Trends*, I, p.liii.

23. Kelly Brownell and Katherine Horgen, *Food Fight: The Inside Story of the Food Industry, America's Obesity Crisis and What We Can Do About It* (New York: McGraw-Hill, 2004), p.12-27, 229-31. 이러한 접근 방식에 대한 비판은 다음을 참고하라. Sander Gilman, *Fat: A Cultured History of Obesity* (Cambridge: MA: Polity Press, 2008).

24. Jim Blascovich and Jeremy Bailenson, *Infinite Reality: Avatars, Eternal Life, New Worlds, and the Dawn of the Virtual Revolution* (New York: Harper-Collins, 2011), p.176-85; E. Aboujaoude, L. M. Koran, N. Gamel, "Potential Markers for Problematic Internet Use: A Telephone Survey of 2,513 Adults," *CNS Spectrums*, 11 (2006): p.924-30.

25. Blascovich and Bailenson, *Infinite Reality*, p.191-255.

26. Simon Reynolds, *Retromania: Pop Culture's Addiction to its Own Past* (New York: Faber and Faber, 2012), p.75; Shimon Edelman, *Happiness of Pursuit: What Neuroscience Can Teach Us about the Good Life* (New York: Basic Books, 2012).

27. Robert Putnam, *Bowling Alone: The Collapse and Revival of American Community* (New York: Simon and Shuster, 2001). 〔국역본, 《나 홀로 볼링》, 페이퍼로드, 2009.〕

28. 인터넷이 심리적, 사회적 문제를 일으킨다는 비판에 대한 반박은 다음을 참고하라. Katelyn Y. A. McKenna and John A. Bargh, "Plan 9 from Cyberspace: the Implications of the Internet for Personality and Social Psychology," *Personality and Social Psychology Review* 11 (2000): p.57-95. 인터넷에 대한 비판론은 다음을 참고하라. Brad Bushman and B. Gibson, "Violent Video Games Cuase an Increase in Aggression Long after the Game

Has Been Turned Off," *Social Psychological and Personality Science* 1 (2010): p.168-74. 통합적 견해는 다음을 참고하라. James Brook and Iain A. Boal, *Resisting the Virtual Life* (San Francisco: City Lights, 1995).

29. David Shenk, *Data Smog: Surviving the Information Glut* (New York: Harper, 1997); Reynolds, *Retromania*, 2장; Nicholas Carr, *Shallows: What the Internet is Doing to Our Brains* (New York: Norton, 2010); Richard Foreman, "The Pancake People, or, 'The Gods are Pounding My Head,'" August 3, 2005, http://www.edge.org/3rd_culture/foreman05/foreman05_index.html. cited in Reynolds, *Retromania*, p.73. 〔국역본, 《생각하지 않는 사람들》, 청림출판, 2011.〕

30. Russell Belk, *Collecting in a Consumer Society* (London: Routledge, 1995), p.29-35; Reynolds, *Retromania*, 3장.

31. Gary Cross, *All-Consuming Century: Why Commercialism Won in Modern America* (New York: Columbia University Press, 2000), 1장과 8장.

32. Smail, *On Deep History and the Brain*, p.117; Kessler, *The End of Overeating*, p.244-45, 184-88, 192, 206, 204. 〔국역본, 《과식의 종말》, 문예출판사, 2009.〕

33. Susan Linn, *The Case for Make Believe: Saving Play in a Commercialized World* (New York: New Press, 2008).

34. Mark Griffiths and Mark Davies, "Does Video Game Addiction Exist?" in *Handbook of Computer Games Studies*, ed. Joost Raessens and Jeffrey Goldstein (Cambridge, MA: MIT Press, 2005).

35. Stephen Kline, Nick Dyer-Witheford, Greig De Peuter, *Digital Play: The Interaction of Technology, Culture, and Marketing* (Montreal: McGill-Queen's University Press, 2003), p.84-108.

36. John Beck, *The Kids are Alright: How the Gamer Generations is Changing the Workplace* (Cambridge, MA: Harvard Business School Press, 2006); Steve Johnson, *Everything Bad Is Good for You: How Today's Popular Culture is Actually Making Us Smarter* (New York: Riverhead Books, 2005). 〔국역본, 《바보상자의 역습》, 비즈앤비즈, 2006.〕

37. Edward Palmer, *Children in the Cradle of Television* (Lexington, MA: Lexington Books, 1987), p.32-36; Michael Pertschuk, *Revolt against Regulation* (Berkeley: University of California Press, 1982), p.12, 69-70.

38. Edelman, *Happiness of Pursuit*.

39. Wendy Parkins and Geoffrey Craig, *Slow Living* (Oxford: Berg, 2006), p.52; James Gleick, *Faster: The Acceleration of Just About Everything* (New York: Pantheon, 1999), p.86-87; Carl Honore, *In Praise of Slow* (London: Orion, 2004), p.4; Geoff Andrews, *The Slow Food Story: Politics and Pleasures* (Montreal: McGill-Queen's University Press, 2008); Carlo Petrini, *Slow Food Revolution: A New Culture for Dining & Living* (New York: Rizzoli, 2006). 〔국역본, 《빨리빨리!》, 이끌리오, 2000. / 《느린 것이 아름답다》, 대산출판사, 2005.〕

40. Darrin McMahon, *Happiness: A History* (New York: Atlantic Monthly Press, 2006), p.12-13, 199, 204, 241; Steven Pinker, *How the Mind Works* (New York: Norton, 1997), p.389-93. 〔국역본, 《행복의 역사》, 살림, 2008. / 《마음은 어떻게 작동하는가》, 동녘사이언스, 2007.〕

41. David Blanchflower and Andrew Oswald, "Well-Being over Time in Britain and the

USA," *Journal of Public Economics* 88 (2004): p.1359-86; Richard Esterlin, "Will Raising the Incomes of All Increase the Happiness of All?" *Journal of Economic Behavior and Organization* 27 (1995): p.35-48; 이에 대한 비판으로는 다음을 참고하라. Betsey Stevenson and Justin Wolfers, "Happiness Inequality in the United States," *Journal of Legal Studies* 37 (2008): 76(데이터).

2장

그림2.1 〈하퍼스 뉴 먼슬리 매거진Harper's New Monthly Magazine〉, 1871.2, 338쪽.
그림2.2 미국 특허청(no. 857,736), 1907.
그림2.3 미국 특허청(no. 766,788), 1904.
그림2.4 게리 크로스 개인 소장.
그림2.5 〈세인트 니컬러스 매거진Saint Nicholas Magazine〉, 1908.2, 30쪽.
그림2.6 〈새터데이 이브닝 포스트Saturday Evening Post〉, 1914.7.4, 뒤표지.

3장

그림3.3 미국 특허청(no. 238,640), 1881.
그림3.4 http://tobacco.stanford.edu/tobacco_main/index.php. 이런 종류의 광고 이미지 수천 점을 보유한 사이트로, 해당 이미지를 컬러 사진과 동영상으로 다운받을 수 있다.

4장

그림4.1 미국 의회도서관 소장(LC-USZ62-7841).
그림4.2 〈새터데이 이브닝 포스트〉, 19285.2, 108쪽.
그림4.3 〈세인트 니컬러스 매거진〉, 1916.2, 14쪽.
그림4.4 미국 의회도서관 소장(LCUSZ62-83203).
그림4.5 미국 특허청(no. 3,254), 1843.
그림4.7 디트로이트 출판사Detroit Publishing, 미국 의회도서관 소장(LC-D417-404).

5장

6장

7장

8장

ㅊ

ㅋ